LES
EXILÉS DE LA TERRE

> Aborder un sujet qui a déjà tenté Cyrano, Swift, Edgar Poë, Jules Verne et beaucoup d'autres, est chose hardie. Ceux-là me jettent la première pierre, que le problème n'a jamais fait rêver par les nuits claires d'août.   L'Auteur.

COLLECTION HETZEL

ANDRÉ LAURIE

LES EXILÉS DE LA TERRE

SÉLÈNE-COMPANY LIMITED

DESSINS DE GEORGE ROUX

I. LE NAIN DE RHADAMÈH. — II. LES NAUFRAGÉS DE L'ESPACE

BIBLIOTHÈQUE
D'ÉDUCATION ET DE RÉCRÉATION
J. HETZEL ET Cie, 18, RUE JACOB
PARIS

Tous droits de traduction et de reproduction réservés.

PREMIÈRE PARTIE

LE NAIN DE RHADAMÈH

CHAPITRE I

A SOUAKIM

Le dîner avait pris fin; on venait de passer au salon, largement ouvert de toute l'ampleur de sa baie vitrée sur la nappe immobile de la mer Rouge, qu'un beau crépuscule de janvier envahissait lentement.

M. Kersain, consul de France à Souakim, recevait ce soir-là M. Norbert Mauny, un jeune astronome qui lui avait été tout particulièrement recommandé par le ministre des affaires étrangères.

La lettre officielle invitait le consul à se mettre à l'entière disposition de M. Mauny, en l'aidant de son mieux dans l'accomplissement de sa mission scientifique. Un post-scriptum confidentiel ajoutait que cette mission avait un caractère *secret*. Aussi M. Kersain n'avait-il prié à dîner, avec le jeune savant, que le lieutenant de vaisseau Guyon, commandant l'aviso français le *Lévrier*, dans les eaux de Souakim.

Le consul était veuf. Les honneurs de la table avaient été faits par sa fille Gertrude, qui venait de s'acquitter avec beaucoup de bonne grâce de ses devoirs de maîtresse de maison, et maintenant, assise au piano, entamait en sourdine un nocturne de Chopin.

Il faisait un temps doux et tiède. Ce dîner à quatre, tout officiel qu'il fût, avait été des plus gais, comme il arrive d'ordinaire entre Parisiens qui se trouvent réunis n'importe où, et qui « se reconnaissent » sans s'être jamais vus. On s'était conté les dernières histoires du boulevard, on avait causé des amis communs qu'on se découvrait à tout instant. Au café, la causerie devint encore plus intime qu'elle ne l'avait été à table, et le consul crut le moment venu d'aborder une question qui n'était pas sans piquer sa curiosité.

« Vous venez au Soudan en mission scientifique..., dit-il à Norbert Mauny. Y a-t-il indiscrétion à vous demander de quel ordre est cette mission ?

— Il n'y a aucune indiscrétion, répondit le jeune homme en souriant, et votre question, monsieur le consul, n'a rien que de naturel. Mais, m'en voudrez-vous si je vous déclare que je ne puis satisfaire une curiosité si légitime, l'affaire qui m'amène en Afrique devant rester absolument secrète, s'il est possible ?...

— Secrète même pour le commandant Guyon et pour moi ?... répliqua M. Kersain d'un air un peu étonné. Cette mission n'a rien de politique, j'imagine ?... La lettre du ministre me dit que vous êtes astronome, — astronome adjoint à l'Observatoire de Paris, — et, si je suis bien informé, un des plus distingués parmi nos jeunes savants...

— Je suis astronome, en effet, et c'est en cette qualité que j'arrive à Souakim. Ma mission n'a rien de politique. Mais, pour des motifs très complexes, je crois préférable de n'en pas indiquer la nature, même au représentant de la France en ce pays, puisqu'elle n'y est pas connue encore; et c'est dans ces termes que le ministre des affaires étrangères me recommande à vous. Non seulement, au surplus, ma mission n'est pas politique, mais elle a un caractère purement privé... Ce sont des capitaux anglais qui en font les frais. Les associés qui m'accompagnent, et qui sont arrivés avec moi à bord du *Dover-Castle*, ne sont Français ni les uns ni les autres. Nous venons en Afrique faire une tentative d'ordre... industriel. Tout ce que j'ai cru pouvoir solliciter de notre gouvernement, c'est son appui moral en cas de besoin. M. le ministre des affaires étrangères a bien voulu me l'accorder, et m'assurer que je vous trouverai en toute circonstance disposé à me faciliter la tâche que j'entreprends... »

Tandis que Norbert Mauny donnait ces explications, le consul de France et le lieutenant de vaisseau l'observaient avec attention.

C'était un grand jeune homme, mince, brun, qui paraissait âgé de vingt-six à trente ans. Son front pur et hardiment dessiné, ses yeux clairs et vifs, son nez droit sur une bouche bien fendue, son menton énergique et fier, tous ses traits respiraient la franchise, la bravoure et la bonté. Il portait l'habit noir avec l'aisance qui caractérise l'homme de bonne compagnie, mais, en même temps, avec ce laisser-aller qui semble spécial aux hommes d'action. Sa voix était mâle, sa parole brève et nette. Sérieux sans avoir l'air pédant, mais avec une sorte de gaieté intérieure qui rayonnait dans son regard et dans toutes ses manières, c'était un beau type de Français, — on aurait pu dire de *grand Français*, car en lui la supériorité était visible et s'imposait d'emblée.

Aussi le consul, satisfait de son examen, mit-il toute sa courtoisie à changer immédiatement le sujet de la conversation.

M. Kersain était un diplomate de vieille roche, très apprécié dans la carrière, et qui aurait atteint les plus hautes fonctions réservées à ses adeptes, si une passion malheureuse pour les antiquités nubiennes, et la santé de sa fille, qui exigeait un pays chaud, ne l'avaient indéfiniment arrêté au bord de la mer Rouge.

Gertrude avait vingt ans. Frêle et souple comme un roseau, avec le teint d'une blancheur laiteuse et une profusion de magnifiques cheveux blonds, qui semblaient l'écraser sous leur masse, — il n'y avait qu'à la voir pour comprendre par quel fil léger elle tenait à la vie. En effet, sa mère était morte de phthisie, toute jeune encore, et cette perte avait été la grande douleur de l'existence de M. Kersain. Il craignait de voir les mêmes symptômes qu'il avait si anxieusement épiés jadis chez sa femme, se reproduire peu à peu chez son enfant. De temps à autre, une toux légère secouait ce corps gracieux et débile, une rougeur inquiétante se marquait sur ces joues délicates.

Gertrude s'en préoccupait assez peu : elle était douce et charmante, adorée de tous ceux qui l'approchaient, et de sa nature disposée à l'espérance, comme il arrive souvent à ces êtres d'élite, « trop parfaits pour rester en ce monde », selon le dicton populaire.

Mais son père ne pouvait s'aveugler sur des signes aussi menaçants. S'il avait été tenté de le faire, les médecins ne le lui auraient pas permis.

Averti qu'un climat moins sec pourrait être fatal à Gertrude, c'est surtout pour elle qu'il avait voulu rester à Souakim, où s'étaient faits ses débuts dans la carrière consulaire. Il lui consacrait tous les instants dont il pouvait disposer et semblait n'avoir pour but, dans la vie, que de veiller sur la santé de cette enfant, de satisfaire ses désirs et même ses caprices. Heureusement elle en avait peu, étant vraiment modeste et, par surcroît, parfaitement élevée.

Les réticences du jeune astronome avaient, en dépit de lui-même et de son hôte, jeté un certain froid dans la causerie. Aussi chacun fut-il bien aise de voir apparaître un homme de cinquante ans environ, frais, rose et guilleret, — le docteur Briet, oncle de Mlle Kersain, médecin-voyageur qui s'était depuis quelques mois établi à Souakim tout exprès pour soigner sa nièce.

Il ne se passait guère de soirée sans qu'il vînt au consulat, et son entrée ne manquait pas d'être joyeusement saluée.

« Bonjour, mon oncle! s'écria Gertrude en allant au-devant de lui.

— Mon cher docteur, laissez-moi vous présenter à notre compatriote, M. Norbert Mauny... M. le docteur Briet, ajouta le consul en désignant les deux hommes l'un à l'autre. »

Ils échangèrent un salut et, tout de suite le docteur, avec sa manière simple et joviale :

« Je savais l'arrivée de M. Mauny et, bien entendu, je le connaissais déjà de réputation, dit-il cordialement. On ne lit pas les *Comptes rendus* de l'Académie des Sciences sans savoir que M. Norbert Mauny a fait de magnifiques travaux d'Analyse spectrale et découvert deux planètes télescopiques, *Priscilla* et... comment diable appelez-vous l'autre?...

— Elle n'est encore baptisée que d'un numéro, répondit en riant le jeune astronome. On découvre tant de planètes de nos jours, que c'est à ne plus savoir comment les nommer, ajouta-t-il modestement.

— Appelez-la *Gertrudia*, dit le commandant Guyon, en regardant Mlle Kersain.

— Oh! commandant!... Vous n'y pensez pas! protesta la jeune fille.

— Mais, au contraire, c'est une excellente idée, répliqua Norbert, et je serai ravi d'en profiter, mademoiselle, si monsieur votre père et vous daignez m'y autoriser. Ce qu'il faut pour ces petits astres, c'est un nom distinctif et qui ressemble le moins possible aux autres. *Gertrudia* serait parfait... J'adopte *Gertrudia!*...

— Oh! papa, quel bonheur!... Je vais avoir une étoile à moi!... s'écria l'enfant toute joyeuse. Mais vous me la montrerez, n'est-ce pas, monsieur, que je la reconnaisse?...

— Très volontiers... quand elle sera visible!... dans sept à huit mois, si le temps le permet.

— On ne peut donc pas la voir tous les soirs? demanda Gertrude un peu désappointée.

— Oh! non... Sans quoi, il y a beau jour qu'elle serait signalée et nommée... Mais nous connaissons déjà suffisamment ses habitudes pour ne plus la laisser passer sans lui dire au revoir...

— Voilà toujours un bouquet que le premier venu ne peut offrir à une dame!... dit le docteur. Et vous êtes, sans doute, en mission astronomique?... reprit-il sans songer à mal.

— Pas précisément! répondit Norbert, qui cette fois, ne put s'empêcher de rire. Je vois qu'il n'est pas facile de porter un secret, ajouta-t-il en remarquant la mine étonnée du docteur, surtout quand on est décidé à ne pas mentir pour donner le change. Je pourrais vous déclarer que je viens chercher le ciel pur du Soudan pour de nouvelles observations interplanétaires... J'aime mieux vous dire une partie de la vérité... Je viens étudier les voies et moyens d'une entreprise quelque peu chimérique, — ou, du moins, qui paraîtrait telle à beaucoup de bons esprits si je leur en faisais le programme. Or, le malheur veut que j'aie déjà à l'Observatoire la réputation d'un cerveau brûlé. Je me trouve donc condamné à ne rien dire de mon projet avant d'avoir réussi, — sous peine d'être considéré et peut-être traité comme un aliéné... Vous comprendrez, messieurs, que, dans ces conditions, j'aie pris avec moi-même la résolution formelle de n'en parler à personne. Si je suis assez heureux pour atteindre mon but, on le verra bien!...

Sinon, il sera tout à fait inutile qu'on se moque de moi et qu'on ajoute des obstacles nouveaux à tous ceux qui se dressent déjà devant mon entreprise... Pour le moment, d'ailleurs, elle se réduit à l'établissement d'une station scientifique sur le plateau de Tehbali, dans le désert de Bayouda...

— Une station scientifique dans le désert de Bayouda! s'écria le docteur. Vous choisissez votre temps!... Croyez-vous, d'aventure, que messieurs les Soudanais vont vous la laisser organiser tout à votre aise?... Je ne donnerais même pas cent sous de la peau d'un Européen qui essaierait seulement de pénétrer jusqu'au Haut-Nil. Et vous songez à le franchir, à vous en aller aux confins du Darfour?... Permettez-moi de vous le dire, c'est tout simplement de la démence.

— Quand je vous disais qu'au premier mot on m'accuserait de folie! répliqua froidement Norbert. Vous êtes témoins, messieurs, que je ne me trompais guère!...

— Ma foi, je ne m'en dédis pas! reprit le docteur Briet. Pénétrer au cœur du Soudan est maintenant au moins aussi hasardeux qu'il peut l'être de s'en aller chez les Touaregs. Oubliez-vous le sort de tous ceux qui ont voulu s'aventurer au sud de la Tripolitaine, — Dournaux-Dupéré en 1874, mon brave et excellent ami, le colonel Flatters en 1881, le capitaine Masson, le capitaine Dianous, le docteur Guiard, les ingénieurs Roche, Béringer et tant d'autres avant eux?...

— Je n'oublie rien, dit le jeune astronome sans se départir de son calme. Mais les conditions géologiques et sidérales dont j'ai besoin ne se trouvent réunies que dans le désert de Bayouda, sur le plateau de Tehbali. Il faut bien que j'aille les y chercher!

— Prenez garde d'y trouver toute autre chose, s'écria le consul d'un ton significatif. Vous pouvez en croire un vieil Africain : il n'y a présentement qu'une manière d'aller au Darfour, — c'est avec un régiment de tirailleurs algériens et un convoi de trois mille chameaux!

— Je ne me vois pas bien à la tête de tant de tirailleurs et de tant de chameaux! répliqua gaiement le jeune savant. J'ai fait à deux reprises mes vingt-huit jours, tout comme un autre, mais je n'ai jamais dépassé le grade de caporal ni commandé plus de quatre hommes. Il faudra que je me contente de mon domestique Virgile, qui est précisément un ancien tirailleur d'Afrique, et d'un bon guide, si je le trouve. Au moins les Soudanais comprendront que je me présente en ami.

— En ami ?... Un giaour ?... Allez leur demander ce qu'ils en pensent, et vous m'en direz des nouvelles, s'il vous reste une langue pour conter vos impressions!...

— Décidément, docteur, vous allez me faire croire que j'entreprends quelque chose de surhumain. Ces Soudanais sont donc de si méchantes gens ?...

— Des gens décidés à ne pas laisser un Européen sortir vivant de chez eux, — voilà ce que je puis vous dire!... Et ils sont deux ou trois millions au bas mot, parfaitement disciplinés, obéissant aveuglément à leurs chefs, armés jusqu'aux dents, disposant de ressources immenses... N'avez-vous pas entendu parler du Mahdi ?

— Le Mahdi ?... Cette espèce d'illuminé musulman, qui s'est insurgé sur le Bahr-el-Ghazal, à deux ou trois cents lieues d'ici ?...

— Précisément. Eh bien, monsieur Mauny, ce Mahdi-là, si l'on n'y prend pas garde, nous mangera tous tant que nous sommes, avant un an. Il nous chassera de Souakim, il nous chassera de Khartoum et d'Assouan. Il nous chassera peut-être du Caire et même d'Alexandrie!...

— Mais n'a-t-on pas envoyé des troupes égyptiennes pour le combattre ?

— Il n'en fera qu'une bouchée, si même il ne les enrôle pas sous ses ordres. J'ai mes renseignements, vous dis-je!... C'est une guerre sacrée qui commence. Dans six mois, — un an au plus, — le Mahdi sera à Khartoum!...

— Un an, c'est déjà quelque chose!... Peut-être ne m'en faudra-t-il pas tant pour réaliser mon projet. »

Le docteur se contenta de lever les bras au ciel.

« Ainsi, dit le lieutenant de vaisseau en s'adressant à Norbert Mauny, vous persistez à aller vous mettre dans la gueule du loup ?

— Oui, commandant.

— Eh bien ! vous n'avez pas froid aux yeux pour un astronome ! »

Tout le monde avait écouté cette discussion avec un vif intérêt, mais personne avec l'intérêt qu'y apportait Mlle Kersain. Tandis que Norbert Mauny déclarait son projet, et que le docteur Briet développait ses objections, elle était restée silencieuse, les yeux grands ouverts, pâlissant à la pensée des dangers auxquels allait s'exposer le jeune savant, pleine d'admiration pour le courage tranquille avec lequel il en acceptait le programme. Les émotions qui l'agitaient étaient si visibles sur sa physionomie expressive et mobile, que son père s'en inquiéta et fit signe au docteur de changer de conversation. En même temps, il sonnait pour demander le thé, qui fut apporté par une petite servante arabe, et que Gertrude se mit à offrir, selon son habitude. S'emparant alors de Norbert Mauny, le consul l'emmena sur la terrasse.

« Sérieusement, lui dit-il en lui prenant le bras, j'éprouve de grands scrupules à me prêter à une entreprise comme la vôtre.

— Que voulez-vous que je fasse? répliqua très simplement le jeune savant. Je n'y suis pas seul. Des capitaux considérables y sont engagés. Un comité de surveillance m'accompagne à bord du *Dover-Castle*, qui m'a amené ici avec tout notre matériel. Et, je vous le répète, ce que je viens tenter n'est possible qu'au Soudan. C'est là seulement, à ma connaissance, que se trouvent réunies toutes les conditions physiques indispensables; l'état d'anarchie même où est plongé le pays a été un des éléments de mon choix. Cela nous dispense de démarches fastidieuses et d'autorisations que pas un pouvoir régulier ne nous donnerait peut-être. Non seulement c'est au désert que nous allons opérer, mais ce désert appartient à une région qui ne relève provisoirement de personne, le gouvernement égyptien étant impuissant à y établir son autorité nominale. Ce sont là des avantages précieux et décisifs, dont il n'est pas permis de ne point profiter.

— Mais enfin, comment comptez-vous triompher de l'hostilité notoire, implacable, des tribus arabes que vous rencontrerez nécessairement sur votre passage ?

— De la manière la plus simple. En les prenant pour auxiliaires, au lieu de les avoir pour ennemies.

— Et vous croyez y réussir ?

— Je l'espère.

— J'ai peine à partager votre confiance... Mais enfin, si votre projet est irrévocable, il faut au moins que vous preniez toutes les précautions possibles. Nous avons ici même, à Souakim, un homme qui pourrait vous être utile par sa connaissance des mœurs et des hommes de la région. C'est Mabrouki-Speke, le vieux guide nègre qui a successivement servi Burton, Speke, Livingstone et Gordon. Voulez-vous que je vous mette en rapport avec lui ?

— Très volontiers. Je ne demande, naturellement, qu'à augmenter mes chances de succès... Mon expédition sera longue à organiser, ne fût-ce qu'en raison du lourd matériel que j'emporte : avant de quitter Souakim, j'aurai probablement plus d'une fois recours à vos bons offices.

— Ne craignez pas d'en abuser, » dit le consul en serrant cordialement la main de son hôte avant de le ramener au salon.

Aussitôt, Gertrude s'avança vers eux avec une tasse qu'elle offrit à Norbert.

« Vous partez, c'est décidé ? » lui demanda-t-elle, tandis qu'elle plongeait la pince d'argent dans le sucrier.

Il y avait au fond de son doux regard une sympathie naïve et attristée qui alla droit au cœur du jeune homme. Il éprouva tout à coup un sentiment de regret presque douloureux et dont il s'étonna lui-même. C'était comme s'il se fût agi de quitter

I

« VOUS PARTEZ, C'EST DÉCIDÉ ? »

une sœur chérie ou une amie d'enfance. Un soupir lui monta aux lèvres; il dut faire effort pour l'étouffer et dire en souriant :

« Je pars, mais pas tout de suite. Les préparatifs nous prendront bien deux ou trois semaines, et je ne fais pas encore mes adieux au consulat de France... »

Gertrude ne répondit pas. Ses yeux s'étaient remplis de larmes. Elle s'inclina légèrement et se détourna pour aller sur la terrasse regarder les étoiles qui scintillaient au ciel.

CHAPITRE II

UN FIVE-O'CLOCK SUR LA MER ROUGE

« M. Mauny me plaît beaucoup, décidément, dit le consul de France en s'asseyant, le lendemain matin, vis-à-vis de sa fille, à la table du déjeuner. Le docteur assure que c'est un savant tout à fait distingué. Avec cela, de bonnes manières, une énergie évidente, et beau garçon, ce qui ne gâte rien.

— En un mot, répondit Gertrude en riant comme pour dissimuler un léger embarras, il a fait votre conquête, cher père. Peut-être, après tout, ajouta-t-elle avec une pointe de malice, en sera-t-il plus charmé que surpris, quand il le saura...

— Ah! voilà les jeunes filles! s'écria le consul. Toujours prêtes à découvrir les défauts de leurs admirateurs les plus sincères! Car je me suis aperçu que M. Mauny te trouvait fort de son goût... Mais enfin, puisqu'il n'a pas eu le don de te plaire, poursuivit-il avec une bonhomie bien jouée, j'aime autant le savoir tout de suite. Je viens précisément de recevoir de lui un mot où il m'invite à visiter ce soir le *Dover-Castle*, et tu es comprise dans l'invitation. J'en serai quitte pour y aller seul et t'excuser sur quelque prétexte !...

— Un prétexte pour ne pas visiter le *Dover-Castle* ? Vous vous moquez de moi, cher papa !... répliqua vivement Gertrude. C'est plutôt un prétexte pour m'y introduire que j'aurais cherché !... Je suis très reconnaissante à M. Mauny de m'avoir comprise dans son invitation, croyez-le bien. Et, s'il faut vous le dire, ce n'est pas sans arrière-pensée que j'avais fait allusion, en dînant hier soir, à la fine mâture du navire qui occupe tout Souakim depuis trois jours. Seulement j'avais cru que c'était peine perdue, et qu'un astronome était trop engagé dans les régions transcendantes pour remarquer la curiosité d'une pauvre petite personne sans importance, et surtout pour y compatir.

— Voilà comme on juge ! dit M. Kersain. Eh bien, donc, c'est chose entendue. Tiens-toi prête à sortir vers cinq heures, au coucher du soleil : un canot nous attendra au quai. »

Le consul se plongea dans la lecture de ses journaux, qu'il avait l'habitude de lire en déjeunant, et sa fille le quitta bientôt pour aller faire ses préparatifs en bavardant avec sa petite femme de chambre arabe, Fatima. Plus d'une heure à l'avance, elle était prête et, quand M. Kersain vint la prendre pour la conduire au quai, il la trouva déjà gantée.

Souakim n'est pas une grosse ville. En trois minutes, le père et la fille arrivèrent sur le port. Ils aperçurent aussitôt Norbert Mauny, qui paraissait les attendre en compagnie d'un étranger, et qui se dirigea vivement au-devant d'eux.

« Nous osions à peine espérer que Mlle Kersain nous ferait l'honneur de se joindre à vous, monsieur le consul, dit-il en serrant les deux mains qui se tendaient vers lui. Laissez-moi vous présenter mon ami, sir Bucephalus Coghill, qui est de

II

NORBERT PRÉSENTE LES COMMISSAIRES

notre expédition, et qui va avoir le plaisir de vous faire avec moi les honneurs du *Dover-Castle*... »

Sir Bucephalus Coghill, baronnet, était un jeune homme de vingt-six ans au plus, grand, mince, blond, d'une élégance accomplie, qui portait sa nationalité anglo-saxonne écrite sur sa face rose, mais semblait, à première vue, plutôt taillé pour les émotions du champ de courses que pour les travaux d'une expédition scientifique. Néanmoins, il avait beaucoup voyagé, ce qui lui fournit immédiatement un sujet de conversation fort animé avec M. Kersain et sa fille.

Norbert, lui, paraissait préoccupé de ce qui se passait, à quelques pas de là, dans un groupe formé de plusieurs Arabes et de trois Européens, auxquels un vieux nègre, vêtu de toile blanche, servait d'interprète.

« C'est Mabrouki-Speke !... Vous l'avez déjà déniché ! dit M. Kersain au jeune astronome, en suivant la direction de son regard.

— Oui, il est là en négociation pour notre compte avec des chameliers et ne semble guère arriver à leur faire entendre raison !... »

En effet, c'étaient des cris, des vociférations, des objurgations comme on n'en entend qu'en Orient, pour peu qu'il s'agisse de régler la plus petite affaire. Un grand gaillard barbu et enturbané, au nez crochu et aux yeux de vautour, se démenait encore plus que les autres, déclarant qu'il ne pouvait pas accepter un centime de moins, prenant à témoin de son honnêteté Allah et les puissances infernales, jurant sur la tête de son père et de sa postérité qu'il allait être réduit à mourir de faim. Mais toute cette éloquence produisait peu d'effet sur les Européens. L'un d'eux se détacha soudain du groupe et, se rapprochant de Norbert, lui dit sans préambule, avec un fort accent tudesque :

« Ces chiens-là demandent dix piastres par chameau et n'en veulent pas démordre...

— M. Ignaz Vogel, un des commissaires de notre expédition, dit Norbert Mauny avec une froideur visible. »

Le fait est que le commissaire ne payait pas de mine. C'était une sorte de nabot, pourvu de bagues et de breloques abondantes, vêtu d'un costume à carreaux que surmontait, sur une grosse tête rougeaude, un chapeau minuscule, et dont le sourire jaune, le langage hybride, les petits yeux convergents complétaient une physionomie au total assez suspecte.

« Vous me permettez de donner une minute à une affaire urgente? dit Norbert à ses invités qui s'inclinèrent.

— Dix piastres? reprit-il en prenant Vogel à l'écart. Et combien de chameaux?

— Vingt-cinq, à dix piastres par tête, je trouve cela exorbitant.

— Eh non!... C'est pour rien, au contraire. Pensez-donc à la distance qu'il s'agit de franchir!... Que n'avons-nous cinq cents chameaux, à ce prix, au lieu de vingt-cinq!... Arrêtez-les au plus vite, sans pourtant laisser trop voir à ces hommes combien nous avons besoin d'eux...

— A vos souhaits, » répondit l'autre.

Puis, se tournant vers le consul et sa fille :

« Monsieur et mademoiselle, je ne vous dis pas adieu, mais au revoir : j'aurai tantôt le plaisir de vous retrouver à bord. »

Sur quoi, grattant le sol du pied droit, en manière de salut, il partit pour rejoindre ses chameliers.

« L'étrange associé pour M. Mauny et pour ce jeune Anglais si correct, » se disaient *in petto* M. Kersain et Gertrude.

Mais le plaisir de s'embarquer en canot eut bientôt effacé la désagréable image de M. Ignaz Vogel. Six matelots de bonne mine, maniant l'aviron avec ensemble, amenèrent, en deux minutes, l'embarcation au pied de l'escalier du *Dover-Castle*. Le capitaine y attendait les invités et s'empressa de leur faire visiter le navire.

On admira en gros et en détail la propreté, la discipline, le bon ordre qui régnaient partout. On demanda, selon l'usage, mainte explication à peine comprise et aussitôt oubliée. On se fit nommer les moindres bouts de corde. On loua tout abondamment. Enfin, quand les rites accoutumés en pareille occasion furent accomplis, on passa au principal, c'est-à-dire au goûter, que les deux jeunes gens avaient fait dresser sous la tente de l'arrière.

Sur la table, couverte de fruits, de glaces et de pâtisseries encadrées de fleurs, M. Kersain et sa fille remarquèrent avec surprise une profusion de superbe argenterie et de porcelaines rares. Le consul ne put s'empêcher d'en faire compliment à Norbert.

« C'est à sir Bucephalus, et non à moi, que revient la gloire de ces splendeurs ! répliqua en riant le jeune savant. Je suis loin, croyez-le, de manger habituellement dans la vaisselle plate ou de boire mon thé dans des tasses de Chine. Mais sir Bucephalus, les trois autres commissaires de l'expédition et moi, nous prenons nos repas en commun, et voilà à quel luxe asiatique le baronnet nous associe.

— Aucun luxe ne saurait être exagéré pour fêter les hôtes qui nous honorent aujourd'hui, dit galamment sir Bucephalus. Mais je les supplie de croire que je saurais fort bien m'en passer, pour mon compte. Je suis, à cet égard, un agent irresponsable entre les mains de mon tyran domestique.

— Sir Bucephalus, expliqua Norbert, possède un valet de chambre modèle, qui a grandi à l'ombre du manoir héréditaire, et qui se reprocherait comme un crime de ne pas régler la vie de son maître conformément à toutes les lois de l'étiquette.

— Il a au moins le mérite de décorer fort bien une table, dit Gertrude, et ces fleurs de grenade sont d'un effet délicieux. »

Tyrrel Smith, le valet de chambre en question, survenant à ce moment avec le champagne, on passa à d'autres discours, et bientôt de joyeux éclats de rire s'envolèrent sur les eaux calmes de la mer Rouge.

Comme on était en train de deviser le plus cordialement du monde, Ignaz Vogel apparut, escorté des deux personnages que l'on avait entrevus avec lui sur le port. Norbert les présenta aussitôt :

« M. Peter Gryphins... M. Costérus Wagner, commissaires de l'expédition. »

Les trois nouveaux venus prirent place à table sans cérémonie.

« Encore des commissaires! pensa Gertrude. Ils ont plutôt l'air de domestiques en vacances. Décidément, M. Mauny n'a pas la main heureuse pour ses commissaires!

— Avez-vous conclu votre affaire sans être trop écorchés par ces madrés coquins? demanda le consul de France, à qui les trois figures hétéroclites ne revenaient guère, mais qui tenait à se montrer aimable par égard pour ses hôtes.

— *Dam'it!* répondit élégamment Peter Gryphins, qui semblait venir en droite ligne d'une écurie, avec son veston étriqué, son pantalon guêtré, son col de papier et sa face de bookmaker bien rasé. — C'est à peine si nous avons pu raccoler trente-cinq chameaux au lieu de cinquante qu'on nous avait promis.

— Ces Arabes se donnent le mot pour se moquer de nous, ajouta Ignaz Vogel. Je doute fort que nous arrivions à réunir les moyens de transport nécessaires.

— Avez-vous donc besoin d'un grand nombre de gens et de bêtes? demanda le consul.

— Il nous faut au moins huit cents chameaux, répondit Norbert, et un nombre de conducteurs proportionné. Il s'agit de débarquer tout notre matériel et de le transporter sur le plateau de Tehbali, c'est-à-dire à environ cent vingt lieues d'ici à travers le désert... Ce n'est pas chose facile, je le sais. Mais enfin, ce serait chose possible si la mauvaise foi de ces gens ne nous crée pas des difficultés insurmontables.

— Que ne m'avez-vous parlé plus tôt de vos embarras? s'écria le consul; je vous aurais épargné des allées et venues bien inutiles!... Sachez que pour les transports en grand, il n'y a rien à faire et vous n'arriverez à rien, dans toute la région de Souakim, si vous ne traitez directement avec le vrai maître du pays.

— Et quel est ce maître ? demanda Norbert.

— C'est un « saint » local, Sidi-Ben-Kamsa, le mogaddem de Rhadamèh, chef de la puissante tribu des Chérofas... Non seulement vous ne trouverez pas de chameaux sans sa permission, mais, si vous aviez commis l'imprudence d'en amener d'Égypte ou de Syrie, vous eussiez été sûrement attaqué et pillé dans le désert.

— Parlez-vous sérieusement ? s'écria le jeune astronome.

— Très sérieusement. Il faut, de toute nécessité, gagner ce haut personnage à votre entreprise, ou y renoncer.

— Et quel moyen pourrai-je trouver, humble mécréant que je suis, pour gagner la protection d'un saint mogaddem ? Cela me paraît plus difficile encore que de raccoler ces insaisissables chameaux! dit Norbert.

— Bon!... Oubliez-vous qu'une clé d'or ouvre bien des portes ?

— Eh quoi! Le saint serait-il accessible à des sentiments mercenaires ?

— Entre nous, je crois qu'il n'en a guère d'autres. Sidi-Ben-Kamsa est un des phénomènes les plus curieux de ce pays. C'est à lui qu'on a recours en toute occasion et pour le consulter sur toutes choses. Il donne audience chaque matin au lever du soleil, comme le Commandeur des Croyants dans les *Mille et une Nuits.* Ses réceptions sont très courues et il serait souverainement inconvenant de s'y présenter les mains vides.

— Qu'à cela ne tienne! dit gaiement Norbert. Nous sommes tout prêts à y aller les mains pleines. Est-ce loin d'ici ?

— A deux journées ou, pour mieux dire, à deux nuits de marche, à peu près.

— Nous ne ferions pas mal de nous rendre dès demain auprès de ce saint personnage. Qu'en dites-vous, Coghill ?

— Je dis que cette excursion deviendrait une véritable

partie de plaisir, si M. et Mlle Kersain étaient de la fête, répondit le baronnet sans sourciller.

— Mlle Kersain!... Ma fille!... dirent simultanément Norbert et le consul.

— Grand merci, monsieur! s'écria vivement Gertrude. Vous ne pouviez rien proposer qui me fût plus agréable. Et si mon père veut bien dire oui, je m'engage à vous montrer qu'une femme peut voyager au désert sans être un embarras pour personne... Oh! cher père, consentez, je vous en prie!... Vous savez que je meurs d'envie depuis longtemps de voir ce fameux mogaddem!... Je vous promets de me bien porter, petit père, et de ne pas me fatiguer.

— J'entends, j'entends, dit en souriant M. Kersain, qui n'avait aucune envie de refuser ce plaisir à sa fille, mais qui craignait d'être importun. Mais est-il sûr au moins que nous ne serons pas de trop, monsieur Mauny?

— Oh! monsieur le consul, sir Bucephalus vous a dit qu'à ces conditions le voyage deviendra une partie de plaisir. Je puis vous assurer qu'il nous paraîtrait maintenant par trop terne s'il fallait le faire seuls, après avoir espéré vous avoir pour compagnons.

— On n'est pas plus gracieux, monsieur, répliqua le consul. C'est donc chose dite. Voici assez longtemps que mon beau-frère, le docteur Briet, me propose de faire avec ma fille et moi cette curieuse excursion. Si vous y consentez, il sera des nôtres. Je ne doute pas qu'il ne soit prêt à partir quand vous le jugerez à propos. »

Le baronnet et Norbert s'inclinèrent en signe d'assentiment. Quant aux trois « commissaires », personne n'avait l'air de s'inquiéter de leur présence, ni de les considérer comme devant faire partie de l'expédition. Mais l'un d'eux, — celui que Norbert avait désigné sous le nom de Costérus Wagner, et qui semblait appartenir à l'espèce des savants déclassés, s'il fallait en juger par les larges ailes de son chapeau et par les longs cheveux jaunes qui traînaient sur son collet, — Costérus

Wagner, qui n'avait pas encore ouvert la bouche, dit à ce moment :

« Croyez-vous nécessaire que Vogel, Gryphins et moi nous fassions ce voyage ?

— En aucune façon, répliqua Norbert avec un empressement significatif. Et, si vous pensez qu'il soit préférable de surveiller ici le débarquement du matériel...

— Le débarquement est l'affaire du capitaine, interrompit Peter Gryphins d'un ton assez maussade. Et les statuts sont formels : nous ne devons pas vous quitter...

— Les statuts ayant été votés sur ma proposition, ce n'est pas à moi qu'il appartient d'y contredire, répliqua Norbert avec une intention ironique qui n'échappa ni au consul ni aux « commissaires », car ils firent visiblement la grimace.

— Je pense que le mieux sera de charger Mabrouki-Speke de tous les préparatifs, dit-il au consul, et, si vous l'avez pour agréable, nous pourrions fixer le départ à demain ?

— A demain soir, bien entendu, répliqua M. Kersain ; car on ne voyage guère en ce pays, comme vous le savez sans doute, que le soir et le matin... Voulez-vous que nous prenions rendez-vous à six heures, au consulat ?

— A six heures, c'est convenu.

— Que je suis contente ! s'écria Gertrude ravie. Merci, cher père. Merci, mille fois, messieurs !... Sir Bucephalus, vous avez proposé que je sois de la partie : c'est à vous surtout que je présente mes remerciements !... »

Si naturelle que fût l'expression de cette reconnaissance, elle causa à Norbert un mouvement de dépit dont il ne fut pas le maître, et qu'il eut quelque peine à dissimuler.

« Ce diable de Coghill, pensa-t-il, le voici déjà au mieux avec Mlle Kersain !... Jamais je ne saurai comment me faire bien venir d'elle. C'est un don ou un talent qui me manque... Apparemment, j'ai trop causé avec les télescopes pour savoir causer avec les dames !... »

M. Kersain, qui le vit préoccupé, se leva pour prendre

congé de ses hôtes. Mais ils insistèrent pour le reconduire et ne le laissèrent, lui et sa fille, qu'à la porte du consulat.

Ils revinrent alors au *Dover-Castle* et, trouvant sur le quai Mabrouki-Speke qui les attendait, ils en profitèrent pour lui donner leurs ordres. Le vieux guide connaissait son métier. Il les écouta attentivement et promit que le lendemain, à l'heure dite, tout serait prêt pour le départ.

CHAPITRE III

AU DÉSERT DE NUBIE

La petite caravane conduite par Mabrouki-Speke devait d'abord se diriger droit à l'ouest, par la route de Berber, puis tourner au sud vers l'oasis de Rhadamèh. Cette route traverse, en sortant de Souakim, une région montagneuse et accidentée. Mais, après quelques heures de marche, le paysage change et se fond graduellement en dunes arides qui ondulent à perte de vue vers l'horizon. Le chemin est un simple sentier tracé par le passage des caravanes et qui tendrait incessamment à disparaître sous les sables que soulève le simoun, si, de loin en loin, un squelette de cheval ou de chameau, une carcasse desséchée par le soleil et sonore comme un tambour, ne servait en quelque sorte de repère et de borne métrique. Telle est, jusqu'au Nil, la partie du désert de Nubie qui s'étend entre la mer Rouge et le fleuve, sur une largeur de cent dix lieues environ. L'aspect ne ressemble en rien, comme on voit, à celui du Sahara proprement dit; mais il est peut-être plus morne encore, plus monotone et plus désolé.

Après mûre délibération, les trois « commissaires » Costérus Wagner, Ignaz Vogel et Peter Gryphins s'étaient décidés à rester à Souakim; et, quoique Norbert Mauny crût démêler dans cette résolution une arrière-pensée hostile, il ne pouvait s'empêcher de s'en féliciter : leur compagnie n'avait évidemment aucun charme pour lui. L'expédition ne se composait donc que de M. Kersain, de sa fille, du docteur Briet, du baronnet et de Norbert, tous à cheval et accompagnés de gens de service. Gertrude avait revêtu pour le voyage une longue robe de coutil blanc; elle était coiffée d'un petit casque de toile à voilette bleue qui lui seyait à merveille, et avait à ses côtés sa jeune servante Fatima, en costume arabe sur une mule noire. Elles ouvraient la marche, escortées des quatre cavaliers et tantôt précédées, tantôt suivies de Mabrouki-Speke.

L'arrière-garde se composait de sept chameaux chargés de vivres, d'eau potable et d'objets de campement; ce n'était pas la partie la moins pittoresque de la caravane. On y comptait d'abord cinq serviteurs arabes perchés sur le cou de leurs chameaux, entre les outres et les ballots, et ne montrant qu'un bout de face bronzée au milieu de leurs grandes draperies blanches; puis deux personnages de mine et d'aspect tout à fait différents : l'un était Tyrrel Smith, le valet de chambre de sir Bucephalus, qui semblait faire connaissance sans aucun enthousiasme avec le trot dur et saccadé du chameau; l'autre, un grand gaillard à la physionomie brune et gaie, vêtu de toile grise et coiffé d'une *chéchia* algérienne, n'était autre que Virgile, le « brosseur » de M. Mauny.

Nous disons « brosseur » par la raison que c'est la qualité même que prenait Virgile quand on l'interrogeait sur sa situation sociale : et de fait, il n'y en avait pas qui pût mieux la définir. D'abord, Virgile n'avait jusqu'à ce jour servi que des officiers français à titre d'ordonnance. C'était un tirailleur

GERTRUDE ÉTAIT COIFFÉE D'UN PETIT CASQUE

algérien que le frère de M. Mauny, capitaine de l'armée d'Afrique, avait tenu à lui choisir pour compagnon et pour auxiliaire en appprenant son départ pour le Soudan, parce qu'il savait ce que valait Virgile. D'autre part, le brave garçon ne pouvait prétendre ni à la dignité de valet de chambre, ni à celle de cuisinier, de cocher ou de groom. Absolument étranger aux principes les plus élémentaires de l'étiquette et même aux usages de la vie civilisée, c'était un « brosseur » et pas autre chose, mais un brosseur incomparable, plein de ressources, ce qu'on appelle en campagne un *débrouillard*.

Pour le moment, l'air de profond mécontentement que Virgile lisait sur la face bien rasée de Tyrrel semblait l'égayer au plus haut degré.

« Eh bien! l'ami, dit-il en lui tapant sur l'épaule, comme le chameau de Tyrrel se trouvait toucher le sien, vous aimeriez mieux un wagon de première classe, pas vrai? »

Outre qu'une pareille familiarité n'était pas du tout dans les habitudes de M. Tyrrel Smith, il ne comprenait qu'imparfaitement le français. Aussi, répondit-il seulement par une moue dédaigneuse, destinée dans sa pensée à marquer la distance incommensurable qui sépare, sur l'échelle sociale, le *butler* d'un baronnet du « brosseur » d'un simple astronome.

Mais Virgile ne se tint pas pour battu; ou plutôt, il ne remarqua pas les grands airs de Tyrrel, que son âme ingénue n'aurait pas compris, d'ailleurs, s'il les avait constatés. Il prit une gourde artistement sculptée qu'il portait suspendue à son cou par un cordon rouge comme sa chéchia et la passa avec courtoisie à son compagnon de voyage.

« Goûtez-moi cela, camarade, et vous m'en direz des nouvelles! » dit-il avec un large sourire.

Cette politesse venait précisément toucher Tyrrel Smith à l'endroit sensible. Il avait pour l'eau-de-vie française une estime toute spéciale. Aussi ne se fit-il pas prier pour porter à ses lèvres austères le goulot de la gourde, et ne la rendit-il à Virgile qu'après une accolade prolongée. Ce sacrifice à Bacchus parut lui délier la langue et lui faire retrouver tout son français.

« A quelle heure... nous... arriver... hôtel? demanda-t-il avec un effort visible pour se montrer gracieux.

— A l'hôtel! s'écria Virgile. Vous ne supposez pas apparemment, que les hôtels poussent dans le désert de Nubie comme des champignons?... Nous ferons probablement halte vers minuit pour un repos de trois ou quatre heures, sous la tente, et, après avoir mangé un morceau sur le pouce, nous repartirons.

— Mais... les gentlemen... et les ladies? objecta Tyrrel.

— Eh bien, les gentlemen et les ladies feront, comme nous, un somme sur une couverture, puis ils casseront une croûte et se remettront en selle...

— Je... désapprouvais... hautement... pour sir Bucephalus!... »

L'émotion empêcha Tyrrel d'achever sa pensée. Il se sentait la gorge étreinte par une véritable angoisse professionnelle, à l'idée que son maître pût se trouver réduit à un pareil régime. Cette perspective le plongea dans un accès de spleen dont il ne sortit que vers minuit, en arrivant à la halte fixée par Mabrouki, au point même où le chemin de Rhadamèh s'embranche sur la route de Berber.

Tout le monde avait fait gaillardement cette première étape. En un tour de main, les serviteurs arabes eurent allumé des torches, planté des piquets, dressé les tentes, étalé les provisions sur un tapis autour duquel on prit place avec un appétit aiguisé par six heures de voyage.

Tyrrel Smith constata avec douleur le manque absolu de service de table. Il crut devoir protester contre cette violation des lois sacrées de l'étiquette en se tenant, sombre et immobile, cravaté et ganté de blanc, debout derrière son maître, pendant toute la durée du souper.

La collation terminée, Gertrude et Fatima se retirèrent dans une des tentes, les trois Français et le baronnet dans une autre, et chacun ne songea plus qu'au repos.

Ce repos ne fut pas de longue durée. Il n'y avait pas une heure que les voyageurs s'étaient endormis, quand ils furent réveillés par un bruit de voix, de pas, de piétinements. Fatima se glissa hors de la tente pour aller aux nouvelles.

« C'est une tribu berbère qui s'en va chez le mogaddem de Rhadamèh, dit-elle en rentrant. Ils sont au moins une centaine, et tous montés sur des ânes.

— Il faut voir cela! » s'écria Gertrude, qui se leva aussitôt pour rejoindre son père et les autres voyageurs, déjà debout pour examiner les arrivants.

Les Berbères étaient, en effet, tous montés sur des ânes de très petite taille qu'ils conduisaient avec un simple licou. Il y avait parmi eux des femmes et une douzaine d'enfants absolument nus dont le premier soin, en apercevant une mare d'eau stagnante près du campement, fut d'aller y barboter. Les nouveaux venus comptaient d'ailleurs s'y établir aussi, comme cela devint bientôt évident.

Heureusement, leur installation ne fut pas longue. Tout le monde se rendormit et le silence régna encore une fois sur le désert.

Mais soudain un vacarme inattendu vint troubler le sommeil des voyageurs.

« Qu'est-ce que cela? s'écria Gertrude assez effrayée, en se réveillant.

— Tout simplement un âne qui brait! » répondit Fatima.

Et de fait, c'était l'un des bourriquots, satisfait sans doute d'avoir enfin trouvé un peu d'herbe et de fraîcheur, qui exprimait sa joie à sa manière, — non par des notes aiguës comme ses frères d'Europe, mais par une gamme de sons bas et profonds, peut-être plus éclatante encore. Le solo de ce maître chanteur dura bien trois minutes.

« Enfin! s'écria Mlle Kersain quand il eut fini; ce n'est pas malheureux!... »

Mais un autre âne commença presque aussitôt sa partie sur un ton perçant.

« Hélas! gémit Fatima d'une voix désolée, maintenant ils vont tous y passer, l'un après l'autre!...

— Que veux-tu dire?

— Oh! je les connais bien, maîtresse : quand un commence, tous l'imitent successivement... Ils sont plus de soixante. Nous en avons pour trois heures au moins!...

— Tu es sûre de cela?

— Vous allez les entendre!... Je ne m'y trompe pas!... répliqua Fatima d'un accent piteux.

— Mais alors on ne peut pas songer à dormir?

— Hélas! non.

— Eh bien, c'est amusant! »

Des colloques du même genre avaient probablement lieu dans les tentes voisines, car de tous côtés s'élevaient des voix irritées. Et, pendant ce temps, un troisième, un quatrième, un cinquième bourriquot continuaient la lente et monotone sérénade.

Tyrrel Smith se trouva sans doute le moins patient des auditeurs.

« Vous tairez-vous, vilaines bêtes, qui ne pouvez seulement pas laisser dormir un gentleman!... » hurlait-il furieux.

Empoignant un bâton qui se trouva sous sa main, il courut sus aux ânes, se mit à les frapper à tour de bras.

Aussitôt, saisis d'une véritable frénésie musicale, ils entonnèrent en chœur une mélodie formidable. Tyrrel Smith, aveuglé par son zèle et prenant ce *crescendo* pour une provocation personnelle, frappait de plus en plus fort, sans égard pour les cris et les vociférations des Berbères, que sa conduite scandalisait visiblement.

Virgile, à son tour, était accouru.

« Arrêtez! cria-t-il. Vous ne ferez que les exciter davantage. Mais je connais le moyen de les réduire au silence. Venez avec moi. Il appela les autres serviteurs, leur donna ses instructions et tout à coup, à la surprise générale, une tranquillité profonde succéda au vacarme.

L'idée de Virgile était fort simple. Sachant que les ânes ne peuvent braire de tout leur cœur que la queue en l'air, il avait imaginé de les obliger à baisser cet appendice, en les réunissant autour des ballots de provisions et les attachant par la queue aux cordes de ces ballots. L'argument avait paru sans réplique aux bourriquots.

Après avoir bien ri du remède inventé par Virgile, chacun alla se reposer.

A quatre heures du matin, la crécelle de Mabrouki annonça que le moment était venu de se remettre en route. Les voyageurs sortaient un à un de leurs tentes, quand la voix de Virgile, montée à un diapason fort élevé, attira leur attention.

« Chiens d'Arabes! s'écria-t-il. Gibier de potence! Vous me le payerez!...

— Qu'est-ce donc, Virgile? Qu'y a-t-il? demanda M. Mauny en accourant au bruit.

— Il y a... il y a que ces chiens de diables noirs ont décampé avant nous, avec toutes nos provisions!...

— Est-ce possible?

— Voyez. Ils ont tout emporté... La viande, les conserves, les biscuits... jusqu'aux outres d'eau!... Et cela, par pure malice, car ils avaient assez d'eau ici sans prendre la nôtre!

— Il faut nous mettre à leur poursuite, dit Norbert. Ils ne peuvent être bien loin!

— Qu'en pensez-vous, Mabrouki? demanda M. Kersain.

— Je crois que cela ne servira de rien... A supposer que nous les rattrapions, ils auront déjà caché les vivres dans le sable et s'éparpilleront dès qu'ils nous apercevront.

— Eh bien, alors, que faire?... Nous ne pouvons pourtant pas mourir de faim!

— Il y aurait un moyen...

— Lequel?

— Ce serait d'aller à la zaouïa de Daïs acheter quelques provisions.

— Est-ce loin?

— A trois lieues d'ici à peu près, vers le levant. Mais le chemin est trop mauvais pour les chevaux.

— En ce cas, à quel parti s'arrêter?

— Si vous voulez, je vais m'y rendre avec deux hommes et deux chameaux, et je vous rejoindrai à la prochaine halte. Il n'y a qu'à aller tout droit au sud : un des Arabes vous conduira. »

Ce plan fut adopté et aussitôt mis à exécution. Mabrouki partit sans plus tarder, tandis qu'on pliait les tentes.

A ce moment apparut un être étrange et dans lequel il fut d'abord difficile de reconnaître le correct, l'irréprochable Tyrrel Smith. C'était lui, pourtant, mais mouillé, fangeux, couvert de crotte de la tête aux pieds et dans un état pitoyable. Un éclat de rire général accueillit son arrivée.

« Je n'y comprends rien, dit-il. Il faut qu'il ait plu à torrents. Voilà dans quel état je me suis réveillé...

— C'est sérieux! » dit Virgile, comme frappé d'une idée subite.

Il courut à la tente qu'avait occupée le domestique modèle et la trouva inondée. Le sol ne formait qu'une flaque d'eau, au milieu de laquelle flottaient les outres de cuir, naguère pleines et maintenant absolument vides.

« Encore un tour de ces chiens de Berbères! dit Virgile. C'est leur remerciement pour les coups de bâton que vous avez administrés à leurs bourriquots!...

— Félicitons-nous qu'ils n'aient pas emporté les outres! s'écria le docteur Briet, très optimiste par tempérament. Au moins nous pourrons les remplir à la mare que voilà...

— Oui, dit Virgile, les remplir avec de la lavure de négrillons!

— Comment cela?

— Ils s'y sont si bien vautrés qu'il n'y a plus une goutte d'eau potable. Ce n'est que de la fange. »

On constata avec chagrin que Virgile disait vrai. Quand à Tyrrel Smith, son indignation ne connaissait plus de bornes.

« Il n'y a plus d'eau ? criait-il d'une voix étranglée par l'émotion.

— Plus une goutte !...

— Mais alors, dit-il, rouge de colère, alors, comment... moi... préparer... le *tub* de sir Bucephalus ?...

— Son quoi ?...

— Son *tub*... son bain... là !...

— Ah ! par exemple, s'écria Virgile en riant, voilà le cadet de mes soucis, je vous jure !... »

Mais cette conclusion ne consolait pas Tyrrel Smith.

On se remit en marche, sans beaucoup d'enthousiasme, il faut le dire, car personne n'aurait été fâché d'avoir un morceau à se mettre sous la dent. Au dernier moment, on avait vu Virgile activement occupé à rassembler des brindilles de bois et des poignées d'herbe sèche, dont il formait un gros fagot.

« Craignez-vous de geler en route, et comptez-vous faire du feu sur l'arçon de votre selle ? lui demanda Tyrrel, encore ulcéré de ses railleries.

— Vous avezp récisément deviné la chose, » répliqua Virgile sans se troubler.

Il ne quitta la halte qu'après avoir chargé son chameau de deux énormes fagots et des quatre outres vides.

Le soleil ne se montrait pas encore à l'horizon ; l'air était doux et frais : tout en marchant et bavardant, les voyageurs finissaient par oublier qu'ils n'avaient pas eu de premier déjeuner et que le second était encore problématique. Le docteur Briet, toujours curieux de savoir ce que Norbert et son comité de surveillance venaient faire au Soudan, essaya de nouveau, et à deux ou trois reprises, de se le faire dire. Mais le jeune savant éludait toutes ses questions, et, quant au baronnet, c'est à peine s'il y répondait par un monosyllabe.

Après trois heures de marche, on arriva à un bouquet d'arbres d'apparence anémique, clairsemés sur des mousses et des touffes de gazon dont les brins soyeux et délicats ressemblaient à du verre filé. L'Arabe ayant déclaré que c'était la halte désignée par Mabrouki, et où il devait venir rejoindre la caravane, on y établit immédiatement le camp. Mais c'est en vain qu'on y chercha l'eau dont cette verdure avait donné l'espoir : on n'en trouva pas trace.

Deux heures se passèrent à attendre Mabrouki. Le soleil était maintenant assez haut sur l'horizon, la chaleur commençait à devenir accablante et tous les estomacs criaient famine.

« Nous avons des fusils! dit soudain Virgile. Je ne vois pas pourquoi nous attendrions plus longtemps notre déjeuner!... »

Et, avant qu'on eût pu lui demander la moindre explication, il la donnait en abattant coup sur coup deux oiseaux de l'espèce des faisans, que son œil perçant avait découverts paisiblement endormis sur la cîme d'un palmier.

Il n'en fallut pas plus pour mettre en rumeur toute la gent empennée logée dans le bouquet d'arbres, et qui s'envola à grands cris dans l'azur, pour redescendre après quelques minutes. Le baronnet et Norbert, voyant que l'ingénieux Virgile avait déjà allumé un feu magnifique avec ses deux fagots et se mettait en devoir de plumer ses faisans, imitèrent son exemple et eurent bientôt abattu une douzaine d'oiseaux de plumages variés. C'était largement suffisant pour le rôti. Mais un peu de pain n'aurait pas déparé le menu, comme le fit gaiement remarquer Gertrude.

« Du pain?... s'écria Virgile. Rien de plus facile à se procurer! c'est l'affaire d'un quart d'heure!... Eh! camarade, ajouta-t-il en s'adressant à Tyrrel Smith, qui restait les bras ballants à le regarder, — venez donc par ici avec moi!... »

Il l'entraînait vers une sorte de ravin creusé par les pluies et où croissaient des espèces de roseaux de deux à trois mètres.

« Que feriez-vous de ceci, s'il vous plaît? demanda-t-il à l'Anglais d'un air narquois.

— De ces roseaux?... Ma foi, je ne sais pas trop...

— Ce ne sont nullement des roseaux. C'est ce que nous appelons en Algérie du sorgho, et ce que les gens d'ici appellent de la dhoura... pas de première qualité, peut-être, mais quand on n'a pas le choix!... Nous allons commencer par faire la moisson, puis nous nous transformerons en boulangers... »

Tout en parlant, il coupait avec son couteau de poche plusieurs tiges de sorgho, toutes chargées de grains, les réunissait en gerbe et les rapportait au camp. Les graines étaient parfaitement mûres et se laissaient aisément écraser entre deux pierres.

« Mais, pour fabriquer du pain, il faut de l'eau! fit observer le docteur.

— C'est ce que je pense, » répondit Virgile.

Il fouilla dans sa poche, en tira une balle de plomb qu'il coula dans son fusil, après l'avoir chargé avec soin, puis il regarda autour de lui et parut considérer avec attention un énorme figuier de forme bizarre, qui dressait à une trentaine de mètres son tronc dépourvu de branches et de feuilles. Tout à coup, il épaula son fusil et visa ce tronc.

« Bon! s'écria Smith. Le voilà qui tire à la cible!... »

Le coup partit, la balle pénétra dans le figuier. Aussitôt un filet d'eau fraîche et limpide coula de la blessure.

Fatima ouvrait de grands yeux et n'était pas très éloignée de considérer comme un sorcier le brave Virgile. Quant à lui, il avait déjà sauté sur une outre et la remplissait à sa fontaine improvisée.

« Ce que c'est que l'esprit pratique! s'écria le docteur. Je savais bien que les peuplades du Soudan ont l'habitude de creuser ainsi les troncs de certains arbres pour en faire des citernes, en les fermant ensuite avec soin; mais jamais je ne me serais avisé d'en chercher une dans ce figuier, ni surtout de l'ouvrir de cette manière!...

— Oh! je n'ai pas inventé le procédé! dit modestement Virgile. Je le tiens des Touaregs. Ils ont l'habitude de tirer ainsi un coup de fusil pour ouvrir leurs réservoirs, et, comme ce figuier m'avait toute la mine d'en être un, j'ai voulu en avoir le cœur net... Mais voilà mon outre à peu près pleine...

Monsieur Smith, ayez l'obligeance de la tenir sous la fontaine, pendant que je vais prendre les autres sacs de cuir sur le dos de mon chameau... »

Le docteur revint vers les voyageurs, qui avaient cherché sous la tente un abri contre l'ardeur du soleil, et leur conta le nouvel exploit de Virgile. Tous voulurent aussitôt aller voir l'arbre merveilleux, et boire au plus vite quelques gorgées d'eau.

Comme ils arrivaient au pied du figuier, ils y trouvèrent Virgile dans un état d'extrême surexcitation.

« Il n'y a plus d'eau !... leur cria-t-il, et je ne sais ce qu'est devenu l'Anglais avec l'outre pleine que je lui avais confiée... Smith !... monsieur Smith !... reprit-il à tue-tête.

— Qu'est-ce qu'il y a? répondit une voix assez lointaine, sous une tente écartée.

— Il y a que je demande où vous êtes et surtout où est mon eau...

— L'eau?... Ici, parbleu !... »

Et la face flegmatique de Tyrrel Smith se montrait à l'ouverture de la tente.

Virgile y courut, suivi de tous les voyageurs. Un spectacle inattendu s'offrit à leurs yeux.

Le domestique modèle avait tiré de son inépuisable valise un magnifique *tub* de caoutchouc, l'avait ouvert à terre et rempli de toute l'eau de l'outre, sans même en distraire une goutte pour apaiser sa soif; il y avait versé un flacon de vinaigre de toilette, jeté une grosse éponge de Venise, et maintenant, l'air satisfait, un peignoir blanc sur le bras, il s'inclinait devant sir Bucephalus, en disant avec solennité :

« Le bain de monsieur est prêt ! »

Il fallut retenir Virgile, qui avait sauté sur Tyrrel et voulait l'étrangler.

« Triple idiot! disait de son côté le baronnet, voilà encore un de vos coups !... Mademoiselle, messieurs, je ne sais comment vous faire mes excuses... Mais croyez bien que je ne suis pour rien dans l'incroyable ineptie de mon domestique... Je ne sais ce qui me retient de le jeter dans son *tub* et de lui tenir la tête sous l'eau jusqu'à asphyxie complète. »

Tyrrel Smith, plus étonné que contrit, paraissait ne rien comprendre à ses reproches. Ce qu'il avait fait lui paraissait tout naturel. Le devoir d'un bon valet n'était-il pas de préparer chaque matin le bain de son maître?... Virgile, si on l'avait laissé faire, se serait probablement chargé de modifier du tout au tout cette manière de voir. Mais, par bonheur pour les oreilles de Tyrrel Smith et pour tout le monde, en ce moment critique l'arrivée de Mabrouki-Speke fut signalée.

Il avait été retardé plus longtemps qu'il ne l'aurait voulu par les mauvais chemins et les lenteurs des gens de la zaouïa. Mais enfin il rejoignait le camp avec des provisions, de l'eau fraîche, tout ce qui manquait... Dès lors, il ne restait plus qu'à rire de la mésaventure de Virgile, et c'est ce qu'il fit d'aussi bon cœur que les autres, en se promettant d'ouvrir l'œil désormais sur son camarade Tyrrel.

Le voyage s'acheva sans incident. Au coucher du soleil, on se remit en route pour s'arrêter de nouveau vers minuit, et repartir à quatre heures du matin, de manière à arriver de bonne heure à la résidence du mogaddem.

CHAPITRE IV

LE MOGADDEM ET SON NAIN

Il était sept heures du matin, et le soleil commençait déjà à devenir brûlant, quand Mabrouki-Speke, étendant le bras vers la tache blanche qui se montrait sur une colline au bord de l'horizon, dit :

« Voilà Rhadamèh... »

Toutes les lorgnettes sortirent de leurs étuis. On distingua un dôme, un minaret, de grands murs éblouissants dans la verdure.

« Avant quarante minutes nous y arriverons! ajouta le guide.

— Et ce ne sera pas trop tôt!... s'écria Mlle Kersain en portant la main au petit casque de toile blanche qui la coiffait. Ce couvre-chef martial m'étouffe, à la lettre, et je n'ose pourtant pas l'ôter.

— Gardez-vous-en bien! lui dit Norbert avec sollicitude. Vous prendriez une insolation.

— Vous aimeriez mieux qu'elle frappât une autre tête, — la mienne, par exemple! fit observer en riant le docteur Briet, qui s'épongeait le front à tour de bras. Ces jeunes astronomes sont d'une imprévoyance! Voyez un peu ce que deviendrait l'expédition, privée de son médecin en chef... Ce serait pitoyable. Et pourtant j'ai beau me débarrasser imprudemment de mon casque, vous ne le remarquez même pas!... »

En moins d'une demi-heure, la petite caravane fut arrivée au pied de la colline; les chevaux et les chameaux gravirent gaillardement un chemin pierreux; bientôt, ils s'arrêtèrent sur une sorte de place ou de terrain vague, fermé du côté de l'orient par les murs de la zaouïa. C'est le nom qu'on donne, en pays mahométan, aux couvents ou stations qui servent de siège et de résidence à un dignitaire ecclésiastique.

Les voyageurs mirent pied à terre, entourés d'une foule grossissante de pèlerins de tout ordre, de toutes couleurs et de tout âge, venue pour consulter le célèbre mogaddem. Il y avait là des nègres du Darfour et du Kordofan, des Arabes au grand burnous, des Turcs en culotte plissée, — jusqu'à des marchands juifs étalant leurs pauvres denrées au milieu des chevaux, des ânes et des chameaux. Quelques-uns de ces ânes ressemblaient singulièrement à ceux que Virgile avait, l'avant-dernière nuit, si prestement guéris de leur manie musicale; mais comment s'assurer que c'étaient bien les mêmes, ou reconnaître dans cette masse bigarrée d'hommes et d'enfants les Berbères entrevus pendant la nuit? Personne n'y songea : on avait hâte d'expédier les affaires et de voir le mogaddem.

Il recevait les hommages des fidèles dans une vaste salle dallée qui s'ouvrait directement sur la place par une porte à deux battants. L'accès étant libre, les voyageurs y entrèrent comme tout le monde.

Leur première impression fut celle du plaisir physique qu'ils éprouvaient à se trouver dans une grande nef voûtée, percée seulement de hautes ouvertures à vitraux de couleur, et dont la fraîcheur était délicieuse, au sortir du grand jour torride et aveuglant. Quand leurs yeux se furent habitués à la demi-obscurité qui régnait en ce lieu, ils aperçurent, au bout de la salle, celui qu'ils venaient chercher.

Le saint homme était assis à l'arabe, au milieu d'un merveilleux tapis carré, seul ornement visible sur la nudité du sol et des murs. Vêtu d'une grande chemise en cotonnade et coiffé d'un étroit turban blanc, il se tenait immobile et les yeux baissés, comme absorbé dans une profonde méditation. Sa maigreur était extraordinaire. Quoiqu'il parût à peine âgé d'une quarantaine d'années, de nombreux fils d'argent se montraient dans sa barbe d'un noir de charbon. Il égrenait sous ses doigts, minces et secs comme ceux d'une momie, un lourd chapelet d'ambre. N'eût été le mouvement de ses mains, on aurait pu le croire privé de sentiment, car sa bouche entr'ouverte semblait ne laisser échapper aucun souffle et ses longs cils eux-mêmes ne palpitaient pas.

Tout autour du tapis se pressaient les fidèles, suivant d'un œil avide la fuite des grains d'ambre sous les doigts du mogaddem. De temps en temps, une rangée de musiciens, assis contre le mur de gauche, battaient de la paume de la main contre leur tam-tam. Une sorte de gémissement lugubre remplissait alors la nef, et un frisson sacré courait sur l'épiderme des assistants. Tous, ils paraissaient attendre quelque chose : et souvent ils n'attendaient pas en vain.

Un bâton de bois sec, jeté comme par hasard devant le mogaddem, se redressait tout à coup en sifflant et rampait, d'un mouvement onduleux, jusqu'à ses pieds vénérés. C'était un serpent!... Déjà les fidèles s'élançaient pour sauver le prophète... Mais le serpent allongeait sa tête et se couchait docilement — redevenu un simple bâton!...

Ou bien, par l'étroite ouverture pratiquée au milieu de la voûte, entraient des pigeons blancs qui venaient s'ébattre autour du saint, et qui tout à coup, sur un signe, sur un soupir, restaient immobiles, planant à trois mètres du sol, comme s'ils eussent été suspendus... Un autre signe, un autre soupir, et tous ensemble ils reprenaient leur vol!...

Les fidèles demeuraient frappés de stupeur devant ces prodiges. A chaque nouveau miracle, ils se dépouillaient fiévreusement de ce qu'ils pouvaient avoir de plus précieux — un poignard à gaîne d'argent, — une bourse de soie, — une noix de coco curieusement ciselée, — et le jetaient aux pieds du saint.

Mais lui, indifférent, restait plongé dans l'extase. Il fallait, pour obtenir son attention, des offrandes d'une haute importance : une pièce de soie, une sébile de poudre d'or, un fragment d'ivoire... Alors il poussait un soupir, relevait ses lourdes paupières et marmottait quelques mots en réponse à la question qui lui était posée par le suppliant.

La première place, à sa droite, était occupée par un être singulier, une sorte de gnome grimaçant et difforme, qui attira d'abord la curiosité des visiteurs, presque à l'exclusion du saint lui-même.

Sa taille n'était pas plus élevée que celle d'un enfant de quatre ans, quoique ses épaules fussent d'une largeur extraordinaire. Il était, à la lettre, aussi large que haut; et ses bras, dont les muscles saillants annonçaient une force peu commune, tombaient presque jusqu'à ses énormes pieds. Si l'on ajoute à cette tournure un teint d'un noir d'ébène, une bouche démesurément fendue, un nez camard et des yeux cachés par une paire de besicles à lentilles épaisses, on aura le portrait d'un monstre assez complet. Son costume se composait d'une blouse indienne en soie rouge, serrée sur son pantalon blanc par une large ceinture bleue; de bottes de maroquin jaune et d'un immense turban blanc, d'où l'on eût dit que sortait sa barbe, tant était courte la distance du front à la bouche.

Ce nain semblait être muet. Debout au bord du tapis, à deux mètres environ du mogaddem, il gardait tournées vers lui ses besicles reluisantes, sans paraître s'apercevoir qu'il y eût près

IV

MABROUKI VENAIT DE DÉPOSER DES CADEAUX

d'eux aucun étranger. Mais, par instants, ils échangeaient quelques signes qui leur servaient évidemment de langage. Ce mode mystérieux de communication frappait de terreur les fidèles. Le docteur Briet dit tout bas à Norbert qu'il croyait y reconnaître l'alphabet des sourds-muets.

Au moment où les voyageurs arrivèrent près du saint, l'impassibilité habituelle du nain se démentit un instant. Un geste de surprise ou d'admiration lui échappa. Ses yeux jetèrent des flammes sous ses lunettes. Mais, presque aussitôt, il reprit son attitude passive et se remit à contempler le mogaddem, toujours plongé dans l'extase.

Cependant le guide Mabrouki venait de déposer sur le tapis des cadeaux sans lesquels il eût été du plus mauvais goût de se présenter devant le saint homme. L'austère physionomie du mogaddem s'éclaira d'un rayon de joie terrestre, quand il aperçut à ses pieds un chronomètre en or, une lunette d'approche, un beau fusil à deux coups et un crêpe de Chine. Sous ses paupières, pieusement baissées, on vit soudain le regard s'allumer; sortant avec un profond soupir de sa contemplation muette, il daigna jeter sur ses nouveaux fidèles un regard de mansuétude.

Norbert s'avança alors au premier rang et, par l'intermédiaire de Virgile, qui répétait ses paroles en arabe, il formula sa requête dans les formes.

Le mogaddem était retombé dans une immobilité profonde, les yeux fermés, les mains croisées sur son chapelet, il en sortit pour consulter le nain du regard. Celui-ci lui fit rapidement divers signes, puis se prosterna sur le sol et le frappa trois fois de son front.

Après un nouvel intervalle de silence, le mogaddem éleva une voix grêle et murmura quelques paroles que Virgile s'empressa d'interpréter. Le saint homme était tout disposé à donner aux voyageurs le concours de ses enfants, les braves de la tribu de Chérofa. Mais, avant tout, il fallait consulter l'oracle...

« Quel oracle? demanda Norbert.

— L'oracle du saint cheik Sidi-Mohammed-Jeraïb, expliqua discrètement Mabrouki, tandis que le mogaddem, retombé dans sa méditation, ne donnait plus signe de vie...

— Et où perche ce nouveau saint?...

— Dans son tombeau, à cinq cents pas d'ici, répondit avec douceur le vieux guide, qu'une longue pratique des Européens avait habitué à ne plus s'étonner de leurs audaces de langage. Seulement, ajouta-t-il à demi-voix, cela coûtera encore bon!...

— Qu'importe, si c'est nécessaire!...

— Et puis, ce peut être amusant! » dit Gertrude, qui ne demandait qu'à voir de nouveaux prodiges.

Sans plus s'occuper du mogaddem et de son nain, dont l'immobilité parfaite marquait d'ailleurs que la séance était finie, les voyageurs sortirent pour se diriger vers le tombeau du cheik. On l'apercevait sur un espace découvert, à trois ou quatre cents mètres de la salle d'audience, en dehors de la zaouïa.

Il ne pouvait être question de remonter à cheval pour faire un si court trajet. La petite troupe se mit donc en marche.

Elle n'avait pas fait vingt pas que le pied de Mlle Kersain buta contre une pierre. Aussitôt on vit le baronnet et Norbert s'élancer simultanément vers elle en arrondissant le bras pour le lui offrir.

Gertrude ne put s'empêcher de rire, et, ne voulant désobliger ni l'un ni l'autre, elle accepta gaiement les deux appuis qui se présentaient. Cet arrangement sembla plaire assez peu à ses deux cavaliers, qui prirent chacun de son côté un air des plus maussades. Il n'en fallut pas davantage pour achever d'égayer Mlle Kersain.

« Le vilain monstre! s'écria-t-elle en riant. Avez-vous remarqué, messieurs, comme il ressemble à un singe? Je me demande d'où peut venir l'influence qu'il paraît avoir sur le mogaddem... car évidemment le saint ne fait rien sans son avis!...

— Ils doivent avoir commis ensemble quelque mauvais coup, dit Norbert d'un ton tragique.

— Pourquoi cette supposition ? objecta le baronnet. Ne suffit-il pas d'une foi commune pour les lier étroitement ?

— La foi dans la puissance de l'argent, sans doute ? riposta ironiquement le jeune savant, à qui n'avait pas échappé le regard coulé par le mogaddem sur son offrande.

— Elle est parfaitement compatible avec des convictions plus nobles, répliqua sir Bucephalus. Que peut-on faire sans argent ?

— Je croirais volontiers que le nain est tout simplement le prestidigitateur en titre du mogaddem, dit le docteur, qui écoutait, avec M. Kersain, cette petite discussion. Avez-vous remarqué son accoutrement indien ? J'ai vu souvent le pareil au Bengale, porté par les jongleurs du pays, qui faisaient précisément les mêmes tours, celui du serpent, celui des colombes, et d'autres encore plus surprenants.

— Ceux-là le sont déjà suffisamment ! s'écria Gertrude. Comment peut-on arriver à faire ainsi rester tous ces pigeons en l'air et parfaitement immobiles ?...

— Il est probable qu'ils *paraissent* l'être seulement, tout en battant très légèrement de l'aile, et qu'ils sont sous l'influence d'une espèce d'hypnotisme. Mais j'ai vu mieux que cela dans l'Inde : un enfant de sept ans planant à trois mètres du sol, comme faisaient tout à l'heure les colombes.

— Vous l'avez vu de vos yeux ?

— Ce qui s'appelle vu. Et en plein air, sans supercherie quelconque, je veux dire sans fils suspenseurs, ni supports d'aucune sorte.

Impossible de s'expliquer le phénomène par les notions de la science actuelle en Europe... Et ce n'est pas le seul de ce genre... Par exemple, j'ai vu, dans une autre occasion, un magicien bengali semer, sur le sol desséché d'une allée de jardin qu'il venait de gratter avec l'ongle, une graine de camélia qui a germé sous nos yeux, grandi aux dimensions d'un arbuste, pour finir par se couvrir de fleurs, tout cela en moins d'un quart d'heure...

— C'est inouï !

— Oh ! ce prodige encore peut s'expliquer par une simple illusion des sens, résultant d'une prodigieuse habileté de main chez le thaumaturge ! Mais il y a d'autres tours de ces jongleurs et de ces fakirs indiens que j'oserais à peine vous conter, tant ils paraissent incroyables à qui ne les a pas vus. Ces gens ont une foule de secrets traditionnels dont l'explication touche à des phénomènes que la physiologie moderne commence à peine à aborder. »

Tout en causant ainsi, on arrivait au tombeau du cheik, petit édifice cubique composé d'une seule pièce de cinq mètres de long sur quatre de large, surmonté d'une coupole, et sur lequel trois palmiers découpaient leur ombre élégante.

Sous la porte d'entrée, deux derviches, à la face parcheminée et à la tête complètement rasée, attendaient les visiteurs. Ils s'avancèrent avec de grands saluts et, apprenant de Virgile qu'il s'agissait de consulter l'oracle, commencèrent par réclamer une contribution préalable de cinq piastres par personne. Après l'avoir reçue et empochée, ils déclarèrent que la seconde formalité devait être de se déchausser pour pénétrer dans le sanctuaire. Force fut donc aux voyageurs de se soumettre à cette exigence et de laisser leurs bottines à la porte.

A ce moment, une nouvelle difficulté se présenta. Les deux derviches s'opposaient à l'entrée de Mlle Kersain et de Fatima dans la salle dont ils venaient d'ouvrir la porte. Il fallut, pour triompher de ce scrupule, faire luire au soleil une nouvelle pièce d'or.

Enfin la négociation prit fin et il devint possible de pénétrer dans le saint tombeau. C'était une salle absolument nue ou, du moins, ornée seulement d'un tapis usé par les genoux des fidèles. Dans l'angle de droite, on remarquait une sorte de coupe ou de vasque de marbre gris, sans ouverture apparente. L'un des derviches expliqua, par l'intermédiaire de Virgile, que cette coupe recevrait les questions et donnerait les réponses de l'oracle ; mais il fallait d'abord prononcer la formule consacrée.

« Soit ! dit Norbert en haussant les épaules. Puisqu'il le faut, Virgile, dicte la formule... »

Les deux derviches se prosternèrent alors sur le tapis et, élevant les mains au-dessus de leur tête, ils prononcèrent ensemble une prière arabe.

Virgile la répéta lentement, pour permettre à son maître d'articuler chaque mot avec lui ; ce que fit le jeune homme, non sans impatience.

« Maintenant, dit le derviche qui portait la parole, que le seigneur étranger s'adresse directement à Sidi-Mohammed-Jeraïb...

— Sapristi ! dit Norbert à mi-voix, l'oracle devrait bien parler français !...

— Je parle français !... » répondit aussitôt une voix caverneuse et qui semblait sortir du fond de la coupe.

Les visiteurs s'attendaient si peu à cette manifestation, qu'ils restèrent d'abord frappés de stupeur. Mlle Kersain avait pâli. Fatima ouvrait des yeux dilatés par l'épouvante et paraissait prête à tomber en syncope.

Mais Norbert, surmontant bien vite une émotion uniquement causée par la surprise, se penchait déjà en souriant vers la vasque.

« Sidi-Mohammed-Jeraïb, dit-il, puisque tu sais si bien le français, nous allons causer à cœur ouvert. J'ai besoin de ton puissant appui pour obtenir de la tribu de Chérofa, ta fille bien-aimée, les moyens de transport qui me sont nécessaires. Veux-tu me les accorder ? »

Au nom du saint, les deux derviches avaient jeté de la myrrhe dans les cassolettes tout allumées attachées à leur ceinture et s'étaient mis à les balancer. Un parfum pénétrant se répandait dans la salle avec le filet de fumée qui en sortait. La voix de la coupe de marbre répondit :

« Avant tout, j'ai besoin que tu me dises ce qui t'amène au Soudan et quel est le but de ton entreprise. »

Le jeune astronome ne put retenir un geste d'étonnement. Quant à ses compagnons de voyage, ils se rapprochèrent, vivement intéressés par l'allure du dialogue.

Après un instant d'hésitation, Norbert se décida à reprendre la parole :

« Je viens étudier les merveilles des cieux, et installer à cet effet un observatoire sur le plateau du Tehbali, répondit-il.

— Tu ne dis pas *toute* la vérité ! répliqua l'oracle. Ton but est plus audacieux !... »

Norbert perdit un instant contenance et resta silencieux.

« Je suis omniscient, reprit alors l'oracle. Rien ne m'échappe. Je connais le présent, le passé et l'avenir. Veux-tu que je te le prouve en te disant ce que tu viens faire sur la montagne de Tehbali ?

— Volontiers, dit Norbert toujours riant.

— Ne ris pas !... il n'y a pas lieu... car ton entreprise est folle... Tu viens ici pour lutter contre les lois éternelles qui régissent la nature... Si tu es notre ami, nous ne pouvons que te plaindre, car tu sortiras vaincu de cette lutte... Si tu es notre ennemi, la nature se chargera de notre vengeance !... »

Rien ne peut donner une idée de l'effet que produisit sur l'auditoire attentif cette prédiction sinistre, articulée par une bouche invisible. Quant à Norbert, il ne riait plus. En dépit de toute sa raison, il avait peine à dominer la stupeur où le plongeaient les réponses de l'oracle. Cependant, il hésitait à croire que personne à Rhadamèh pût vraiment se trouver en possession de son secret.

« Crois-tu que rien m'échappe de ce qui touche le peuple d'Allah ? reprit la voix avec un accent terrible. Ton projet n'était pas formé depuis trois minutes que je le connaissais !... Tu prétends *suspendre le cours de la Lune, la rapprocher de la Terre et la mettre à la portée de l'avidité humaine !...* Voilà ton projet insensé !... Mais, je te le dis ici : il ne réussira pas !... »

Norbert et sir Bucephalus se regardaient avec stupéfaction. Était-il bien possible que leur secret n'en fût plus un ?...

Comment l'oracle prétendu pouvait-il le connaître? Il n'y avait pour eux qu'une explication possible : un des commissaires restés à Souakim avait commis une indiscrétion, et cette indiscrétion, voyageant plus vite que la caravane, était arrivée avant elle à Rhadamèh...

Qu'elle y eût trouvé, non seulement une oreille pour la recevoir, mais un interprète intelligent, et cela en français, — et cela par la voie singulière de cette vasque de marbre, c'était encore bien étonnant!...

Le docteur Briet ne dissimulait pas l'intérêt que lui inspiraient ces révélations. Ses yeux pétillants allaient de Norbert à sir Bucephalus, interrogeant leur physionomie pour y trouver la confirmation des dires de l'oracle. M. Kersain et Gertrude n'étaient pas moins surpris. Quant à Fatima, depuis que la voix se faisait entendre, elle était tombée à genoux, la face dans ses deux mains, en proie à un accès de terreur superstitieuse. Et, certes, cette voix menaçante, qui semblait sortir de terre, les soupirs des derviches accroupis sur le tapis, le parfum balsamique qui s'échappait des cassolettes en spirales de fumée bleuâtre, tout cela était assurément fait pour agir sur des nerfs aussi impressionnables que ceux de la petite suivante... Virgile seul prenait philosophiquement les choses, et promenait sur cette scène étrange un regard qui n'avait rien perdu de son insouciance accoutumée.

Norbert fut le premier à se remettre.

« Enfin, dit-il d'un ton impérieux, si tu sais quel est notre projet, tu es certain qu'il n'a rien d'hostile au peuple arabe... Veux-tu, oui ou non, nous fournir les moyens de transport nécessaires?...

— Je le veux, » dit l'oracle.

Et descendant tout à coup aux détails terrestres :

« Tu payeras d'avance dix piastres par homme et par bête, et, dans sept jours, les huit cents chameaux, qui te sont indispensables, avec leurs conducteurs, attendront tes ordres sous les murs de Souakim...

— Voilà ce qui s'appelle parler! s'écria Norbert en souriant, et cet oracle-ci s'entend à mener rondement les affaires!... A qui faudra-t-il payer les seize mille piastres?

— A l'envoyé du mogaddem, qui ira, muni de son reçu, les prendre au consulat de France.

— Affaire entendue... Mais, dis-moi, Sidi-Mohammed-Jeraïb, l'alliance que nous contracterons finira-t-elle avec le transport?

— Elle durera aussi longtemps que tu payeras régulièrement le tribut au mogaddem.

— Quel tribut?

— Celui que tu lui dois, si tu veux que ses enfants te protègent au désert et te fournissent, pour tes travaux, les bras qui te manquent.

— Comment! dit un peu ironiquement Norbert, ils se prêteraient à servir l'entreprise que tu condamnes?

— Oui: si tu payes le tribut, ils n'ont point à s'inquiéter de tes projets.

— Et quel sera le chiffre du tribut?

— Vingt fois vingt piastres par mois.

— J'y consens volontiers, répondit Norbert.

— Alors adieu... et qu'Allah soit avec toi!... »

Sur ces mots, un gémissement lugubre parut sortir de la vasque. Les derviches, se relevant aussitôt, entonnèrent une psalmodie lente et basse, et se retirèrent à reculons vers l'entrée de la salle, sans cesser de balancer leurs cassolettes. Les visiteurs, imitant instinctivement ce mouvement de retraite, se retrouvèrent à la porte et, encore sous le coup de la surprise qu'ils venaient d'éprouver, se rechaussèrent en silence. Fatima, complètement étourdie par les prodiges auxquels elle avait assisté, trébuchait sur ses babouches, et ne les aurait pas retrouvées si Virgile ne les eût obligeamment ramassées pour les lui placer dans les mains.

On se remit en marche vers l'emplacement écarté où Mabrouki avait déjà fait dresser les tentes et apporter les provisions fraîches qu'il s'était procurées à la zaouïa. Au bout de quelques instants, tous les témoins de la scène du tombeau — sauf Norbert, qui paraissait plongé dans ses réflexions — commencèrent d'échanger leurs impressions sur ces faits étranges.

En somme, nul n'y comprenait rien. On ne doutait pas qu'il n'y eût sous les apparences quelque adroite jonglerie, mais sans rien voir comment elle avait pu être conduite. L'explication donnée par l'oracle des projets du jeune astronome excitait une vive curiosité, spécialement chez le docteur.

« Voyons, sir Bucephalus, disait-il en riant au baronnet, vous êtes de la conspiration, vous, et vous savez si l'oracle a dit vrai !... Voici Mlle Kersain qui meurt d'envie de connaître le fin mot de la chose. Laisserez-vous à M. Mauny le plaisir de le lui révéler?

— Parlez pour vous, mon oncle, je vous en prie, s'écria gaiement Gertrude, et n'essayez pas de masquer votre curiosité derrière la mienne. Vous savez fort bien que, depuis trois jours, vous n'avez ni paix ni trêve parce que vous ignorez le secret de ces messieurs !...

— Je l'avoue, répliqua le docteur. Mais je jure que ma curiosité est toute scientifique.

— Il est certain que M. Mauny n'a pas dit non à ce qu'a allégué l'oracle, fit observer M. Kersain. Mais, s'il ne juge pas à propos de nous confier ses projets, ce n'est pas à nous de forcer sa confidence.

— Bast! répliqua le docteur. Puisque c'est désormais le secret de Polichinelle!... »

A ce moment, Norbert Mauny, qui marchait en silence, releva la tête.

« L'artifice dont se sert cet oracle est fort simple, dit-il tout à coup en s'adressant au consul et à sa fille. C'est évidemment un tube acoustique établi entre la zaouïa et le tombeau du cheik, pour permettre au mogaddem d'entendre les questions et d'y répondre; à moins que ce ne soit un simple fait de ventriloquie. Mais il n'en reste pas moins singulier que ce gaillard-là parle aussi bien français et surtout qu'il ait eu vent de mon projet!... Car enfin, l'oracle n'a pas menti!... Je viens bien au Soudan avec la prétention de faire descendre la Lune à ma portée... Et, sous peine de passer pour un fou, il faut maintenant que je vous explique par quels moyens je prétends essayer d'y parvenir... N'est-ce pas votre avis, monsieur? ajouta-t-il en s'adressant au baronnet.

— Assurément, répondit celui-ci.

— Eh bien, donc, poursuivit Norbert, si Mlle Kersain et ces messieurs veulent me faire crédit d'un peu de patience, je leur raconterai en déjeunant comment est née une idée qui doit, à la première vue, leur paraître saugrenue... Je ne leur demande pas de la trouver d'emblée réalisable. Je les supplie de penser que j'ai de bonnes raisons pour ne pas la trouver aussi insensée que le prétend l'ombre du cheik... »

Les choses ainsi arrangées, à l'inexprimable satisfaction du docteur Briet, on arriva aux tentes et l'on s'assit autour du déjeuner. Puis, au dessert, le jeune savant prit la parole. Sans le suivre dans son récit, nous en donnerons la substance, en y ajoutant quelques détails complémentaires, qu'une réserve assez naturelle l'empêchait de donner sur ses associés.

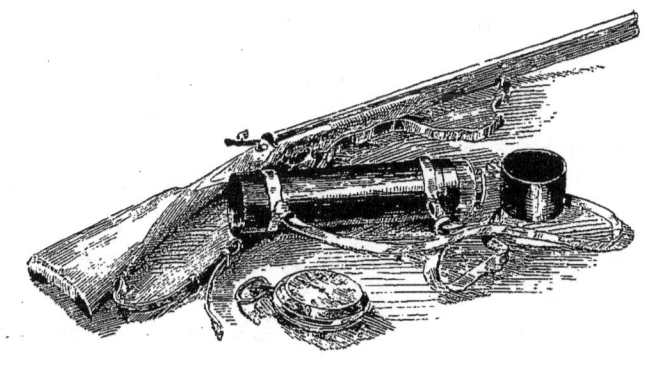

CHAPITRE V

LE BUREAU DE QUEEN STREET A MELBOURNE

Sept mois avant l'arrivée du *Dover-Castle* à Souakim, trois hommes étaient réunis au rez-de-chaussée d'une maison de Queen street, une des plus belles rues de la puissante cité de Melbourne, la reine de l'Australie. Quoiqu'il fût près de midi, c'est-à-dire l'heure de la plus grande activité commerciale dans les villes anglo-saxonnes, ces hommes étaient désœuvrés et lisaient nonchalamment l'*Argus*, le *Herald*, la *Tribune*, des journaux du matin.

Ils siégeaient respectivement sur des fauteuils de maroquin vert, devant de grands pupitres d'acajou, dans une vaste pièce séparée du vestibule par des panneaux de glaces dépolies, et de la rue par un vitrage où des lettres de cuivre disaient aux passants :

ELECTRIC TRANSMISSION COMPANY (LIMITED).

Peter Gryphins, Vogel, Wagner and C°.

Sole agents.

Contre le mur de droite, un magnifique coffre-fort étalait l'appareil rébarbatif de sa porte d'acier et aux serrures compliquées. Au mur de gauche, une cheminée de marbre portait des modèles de machines électriques et de câbles sous-marins. Des épures et tableaux graphiques magnifiquement encadrés couvraient toutes les surfaces libres. Le téléphone, discrètement attaché dans un coin, attendait les communications confidentielles. Des guichets, percés dans les glaces dépolies, étaient prêts à s'ouvrir pour « les versements », les « renseignements » et les « dividendes ». Un épais tapis de Turquie couvrait le parquet. L'ensemble était brillant, opulent et calme.

Trop calme, s'il fallait en juger par l'inaction des trois associés.

« Ignaz Vogel, dit tout à coup l'un d'eux.

— Peter Gryphins?...

— Combien avons-nous en caisse?

— Sept livres sterling, onze shillings et trois pence!

— Quelles rentrées prévoyons-nous avant la fin du mois?

— Il y a un effet de vingt livres sur Wolf; mais qui ne sera pas plus payé, sans doute, que celui du mois dernier; quatre livres dues par Johannsen, et dix-huit shillings à toucher chez Krause.

— Et combien avons-nous à payer, le 30 ?

— Trois mille livres sterling, six shillings et deux pence.

— Dettes exigibles?

— Tout ce qu'il y a de plus exigibles: souscrites avec la signature sociale, le timbre de la maison et le numéro d'ordre, sur papier aux armes royales.

— Dans ce chiffre ne sont compris ni les mémoires en souffrance, ni le loyer?...

— Non, Peter Gryphins.

— Ni tes appointements, les miens, ceux de Costérus Wagner et les gages de Muller?

— Non, Peter Gryphins; pas même le salaire de mistress Cumber, la femme de charge.

— S'il en est ainsi, Ignaz Vogel, il y a apparence que la maison Peter Gryphins, Vogel, Wagner et Cie figurera, vers le 7 du mois prochain, sur la liste officielle des faillites.

— Dites sur la liste des banqueroutes frauduleuses, Peter Gryphins, et vous serez dans le vrai. »

Sur cette conclusion plus ironique qu'attristée, les deux associés se replongèrent dans la lecture de leur journal.

« C'est notre faute aussi ! s'écria au bout d'un instant celui qui n'avait pas encore dit un mot, Costérus Wagner. Nous avons voulu englober dans notre affaire toutes les applications possibles et impossibles de l'électricité !... Cela ne frappe pas l'imagination du public. Il fallait se contenter d'une idée simple et neuve, fût-elle impraticable. Du « transport par l'électricité de la force des vagues et marées », par exemple ! On aurait compris cela !... Ah ! si c'était à recommencer.

— Voilà encore Costérus qui se lance dans ses lubies, dit Peter Gryphins en relevant le nez.

— Eh ! parbleu ! vous voyez bien ce qui réussit de nos jours en fait de sociétés par actions !... C'est la fantaisie... les « mines de platine du Congo », — les « nids d'hirondelle de Formose », — les « bitumes du Devonshire », — les « faux cheveux de l'Herzégovine... » Plus c'est absurde, plus cela plaît aux gobe-mouches. Mais des câbles transatlantiques, des machines d'induction, des accumulateurs électriques, — qu'est-ce que vous voulez que cela dise à la cervelle des cuisinières, des jockeys et des ténors, qui sont aujourd'hui les véritables détenteurs du capital?... »

Le timbre de la porte, en résonnant dans le vestibule, arrêta court ces effusions. On entendit un bruit de pas et deux petits coups secs frappés à l'un des guichets, celui qui portait la mention : *Payements*.

Ignaz Vogel l'ouvrit sans se presser et se trouva en présence d'une tête encadrée de favoris rouges. Le dialogue s'engagea comme suit :

« Le directeur, M. Peter Gryphins?...

— Il n'est pas là pour le moment.

— Toujours absent?

— Comme vous dites.

— Quand sera-t-il de retour?

— Aussitôt qu'il aura réglé une importante affaire à Sidney. »

Ici un silence. Puis la voix reprit :

« C'est pour cette facture de coffre-fort qui n'a pas encore été réglée... Ne pourriez-vous pas me la solder?... Voici la onzième fois que je la présente.

— Nous n'avons pas d'ordre. Mais, si vous êtes pressé et tout à fait à court d'argent, je pourrais demander à M. le directeur l'autorisation de vous payer. On écrira ce soir même...

— Ce n'est pas que je sois à court d'argent, dit la face aux favoris rouges, manifestement vexée.

— Alors vous ne voulez pas qu'on écrive?... Fort bien, on n'écrira pas, » riposta immédiatement Ignaz Vogel, comme si cette solution coupait court à toute difficulté.

Et il referma le guichet.

On entendit un bruit de pieds hésitants et indécis, quelques paroles vaguement grommelées; enfin l'homme s'en alla.

Un quart d'heure environ s'écoula dans le silence; puis le timbre résonna de nouveau, un pas lourd fit gémir le parquet du vestibule, et une main frappa au guichet des titres. Cette fois ce fut Peter Gryphins qui alla ouvrir.

« Un ballot pour l'*Electric Transmission Company*, dit une tête de camionneur coiffée d'une casquette cirée. Envoi de Simpson, agent de change, 27, Hercules street. Voulez-vous signer? »

Peter Gryphins échangea un regard navré avec les deux autres, signa et ouvrit la porte, au seuil de laquelle le messager déposa son ballot avec une lettre. Après quoi il se retira.

Peter Gryphins lut à haute voix :

« J'ai le regret de vous retourner ci-joint les cinq cents titres de votre Compagnie que vous m'aviez chargé de négocier. En dépit de tous mes efforts, il m'a été impossible d'en placer un seul, à un prix quelconque, et l'état du marché ne permet pas d'espérer pour l'avenir un résultat plus favorable. Recevez, messieurs, mes salutations.

« ARTHUR REGINALD SIMPSON. »

« Ce sont les derniers titres que nous avions dehors? demanda Peter Gryphins.

— Les derniers. Tous les autres sont déjà rentrés et rangés en ligne dans cette armoire, répliqua Ignaz en ouvrant un panneau qui se dissimulait dans la muraille... Dix mille belles feuilles de papier de Hollande, qui vaudraient au moins deux pence chacune s'il n'y avait rien d'imprimé, et qui ne valent pas un liard avec notre vignette! » ajouta-t-il en soupirant.

Après avoir déposé l'envoi de M. Simpson sur la seule tablette qui restât libre, il referma le placard et regagna son pupitre.

« N'est-ce pas à croire que ces actions sont empoisonnées? gémit Costérus Wagner. Je comprendrais qu'on n'en eût placé que mille, que cent, que cinquante!... Mais pas une!... Qu'il ne se soit pas trouvé, sur tout le continent australien, un homme — un seul — pour comprendre notre idée et y mettre vingt livres sterling!... »

Précisément à cet instant, comme si l'imprécation de

Wagner eût évoqué l'oiseau rare qu'il ambitionnait, un coup timide fut frappé au guichet des *Renseignements*.

— *L'Electric Transmission Company*, s'il vous plaît? demanda une face blême et frais rasée, émergeant d'un faux col immaculé et surmontée de cheveux jaunes plaqués sur les tempes.

— C'est ici, répondit Costérus, spécialement préposé à ce guichet.

— Est-ce que la souscription est close ? reprit la face blême avec une anxiété visible.

— Quelle souscription?

— Celle de la Compagnie — *limited*...

— Oui, monsieur, répliqua Costérus d'un ton assez rogue, car il crut à une mystification.

— Ah! que je suis donc fâché!... que je suis donc fâché!... s'écria la face blême. Je n'ai vu qu'hier votre prospectus dans un vieux numéro du *Herald*. Mais j'espérais être encore à temps pour souscrire quelques actions!... Mon Dieu, que je suis donc fâché!... »

Costérus persistait à croire à une mauvaise plaisanterie. Mais la physionomie de son interlocuteur était si sérieuse et même si affligée, il y avait dans ses petits yeux gris un regret si évident d'arriver trop tard pour participer aux avantages de cette merveilleuse affaire, que Costérus se sentit rassuré, et, après réflexion, enchanté.

« Quand je dis que la souscription est close, reprit-il d'un ton diplomatique, je parle de la souscription publique... Comme vous le pensez bien, il ne nous reste plus une seule action de notre Société; nous avons dû réduire dans une large proportion les innombrables demandes qui nous ont été adressées dès le premier jour... »

Ici la face blême parut de plus en plus désappointée, et ses lèvres exhalèrent un soupir.

« Mais enfin, si vous étiez disposé à faire un sacrifice, à payer d'une prime l'immense avantage de posséder quelques-uns de nos titres, peut-être parviendrait-on à décider un de nos souscripteurs à vous les céder... Vous en faut-il beaucoup?...

— Oh! mon Dieu ,non!... Une trentaine, ou quarante... Du moins si c'est possible... »

Quarante actions!... C'était près d'un millier de livres sterling!... Costérus Wagner échangea un regard avec ses deux associés, muets de surprise et d'espoir.

— Je crois que je pourrai arranger cela, reprit-il d'un accent paternel, si vous êtes disposé à payer chaque action vingt et une livres, au lieu de vingt. Mais il faudra déposer un acompte...

— J'ai la somme sur moi, dit l'autre en exhibant d'une main fiévreuse un paquet de banknotes.

— Très bien. Je vais la recevoir... Ignaz, voulez-vous préparer un reçu... Veuillez passer à l'autre guichet, monsieur. Vos nom, adresse et profession, s'il vous plaît?...

— Tyrrel Smith,. valet de chambre de sir Bucephalus Coghill, baronnet, 29, Curzon street, à Londres, présentement hôtel Victoria, à Melbourne.

— Excellente maison, reprit Costérus avec un signe de tête protecteur... Au cas où sir Bucephalus désirerait quelques titres aux mêmes conditions, nous serions heureux de les mettre à sa disposition... Voici votre reçu, monsieur... Vous n'avez pas un timbre sur vous?... Non!... Ignaz, veuillez avancer le timbre à monsieur... Monsieur, à l'avantage de vous revoir!... Les titres seront à vos ordres sous deux ou trois jours... » Le guichet se referma sur les bank-notes, et Tyrrel Smith s'en alla triomphant.

Huit cent quarante livres! Il y avait huit cent quarante livres dans la caisse de l'*Electric Transmission Company!* Jamais elle n'en avait tant vu!...

« Avant tout, s'écria Ignaz Vogel, sans la moindre transition, je propose un lunch sérieux! »

Adopté à l'unanimité. On causerait mieux les pieds sous la table.

Muller, le garçon de bureau, qui passait la journée à bâiller dans le vestibule, fut dépêché à la taverne la plus voisine, et bientôt un festin plantureux prit, sur la table de l'office, la place des pupitres d'acajou.

« Mon avis, dit Peter Gryphins, quand les mâchoires commencèrent à fonctionner avec plus de lenteur, c'est de procéder sans délai au partage du dividende, et de mettre, dès ce soir, la clef sous la porte. L'actionnaire de nos rêves s'est trouvé exister, mais il est évidemment seul en son genre. Nous ne pouvons espérer d'autre recette. Profitons sagement de celle qui nous est échue aujourd'hui.

— Approuvé! s'écria Ignaz Vogel. En donnant à Muller, pour ses gages, une quarantaine de shillings, il restera à chacun de nous deux cent soixante seize livres, soit six mille neuf cents francs en monnaie de France, cinq mille cinq cent vingt marcs en monnaie d'Allemagne. C'est une jolie petite somme, qui ferait peu de bien à nos créanciers et qui nous sera, à nous, de la plus grande utilité!...

— Nous serons fort avancés avec deux cent soixante seize livres, s'écria Costérus d'un air dédaigneux. Comment pouvez-vous penser seulement à un partage aussi sot?... Quoi!... nous aurions un bon bureau, admirablement situé dans une des grandes rues de Melbourne, huit cent quarante livres sterling en caisse, et l'expérience acquise dans une première tentative, — et nous ne saurions pas tirer parti de tout cela?... Ce serait stupide!... »

Costérus appuya cette déclaration d'un formidable coup de poing sur la table.

« Ce serait stupide, répéta-t-il. Comme je vous le disais tout à l'heure, il n'a manqué à notre projet de société que de frapper suffisamment l'imagination du public. Frappez cette imagination, et ce n'est pas un actionnaire que vous trouverez, comme aujourd'hui, c'est dix mille, vingt mille actionnaires... Frappez cette imagination, et ce n'est pas huit cent quarante livres qu'on vous apportera, c'est huit cent mille livres, huit cent millions de livres, — ce que vous demanderez!... Eh bien, j'ai une idée, moi, qui la frapperait joliment, l'imagination du public!. .

— Voyons l'idée de Costérus, » dirent en chœur Ignaz et Peter.

Leur associé avait sur eux l'immense supériorité que donne toujours la science positive. Son histoire était singulière. C'était un exemple typique de ce que peuvent devenir des facultés éminentes et le génie le plus marqué pour les hautes études, quand le simple bon sens et l'esprit de conduite pratique ne les accompagnent pas. Costérus Wagner avait été l'un des élèves les plus brillants du Friedrich-Karl-Gymnasium de Berlin et de l'Université de Gœttingue. A vingt ans, il était docteur en philosophie, noté parmi les jeunes physiciens les plus distingués de l'Allemagne, et attaché, en qualité d'auxiliaire, à l'observatoire d'Hildesheim. A vingt-cinq ans, il était connu du monde savant comme l'auteur d'un remarquable mémoire sur la radiation stellaire. Malheureusement le caractère ne répondait pas, chez Costérus, à la vigueur de l'intelligence. Il avait pris à l'Université des habitudes d'ivrognerie et les avait gardées; il était négligent de tous les devoirs sociaux et de toutes les convenances; de plus, il s'exagérait sa propre valeur au point de se croire lésé dans ses droits parce qu'il n'occupait qu'un poste secondaire et ne faisait pas encore partie de l'Académie des Sciences. Ses allures cassantes et dédaigneuses pour ses chefs, les scandales continuels que donnait sa vie privée, avaient de longue date préparé sa chute définitive. Il ne manquait qu'une occasion pour la consommer, et cette occasion ne manqua pas longtemps. Costérus Wagner lutta d'abord : il essaya de vivre en donnant des leçons comme professeur libre ou *privat-docent*. Mais partout ses vices le suivaient et ses vices étant la véritable cause de son insuccès, le résultat se répétait partout.

D'échec en échec, il finit par tomber au dernier degré de la misère et de la déconsidération, émigra, vint aborder à Melbourne. Et comme, en dépit de sa dégradation, son intelligence conservait toujours une certaine supériorité, il conçut le projet d'appliquer industriellement les découvertes récentes sur le transport des forces mécaniques par l'électricité. Entré par hasard en rapport avec Ignaz Vogel, un de ses compatriotes, et Peter Gryphins, un Américain, qui avait gagné quelque argent dans une entreprise de cirque forain, principalement en exhibant un nain monstrueux, il fonda avec eux la maison de Queen street. Le succès, une fois de plus, ne couronna pas ses efforts. L'idée fondamentale de l'aventure était peut-être juste; elle était incontestablement basée sur des faits expérimentaux d'un très grand intérêt, mais elle avait le tort d'être trop neuve et d'être présentée par des hommes étrangers à toutes les habitudes du marché australien. Les trois associés eurent bientôt usé le peu de capitaux et d'activité qu'ils avaient mis en commun. Le plus clair de leur argent s'en alla en frais d'installation et de publicité, en appointements pour eux-mêmes, et en primes pour des intermédiaires qui les leurraient de vaines promesses. En six mois, ils étaient, comme on dit, au bout de leur rouleau et sur le point de franchir la bande, parfois bien étroite, qui sépare la faillite de la banqueroute.

C'est à ce moment que Tyrrel Smith apporta ses bienheureuses huit cent quarante livres, et que Costérus Wagner conçut le projet de se remettre en campagne, en s'adresssant cette fois à la crédulité publique pour l'abuser et l'exploiter.

« Avez-vous quelques notions d'astronomie? poursuivit-il, en s'adressant à ses deux associés. Non?... Peu importe. Ou, plutôt tant mieux! Vous serez précisément dans le cas du public qu'il s'agit d'amorcer... Sachez donc que la Terre sur laquelle nous vivons est une des planètes qui circulent autour du Soleil. C'est un astre comme les autres, un globe d'assez petite importance, que l'on peut comparer à un boulet de canon colossal, tournant sur lui-même à la façon d'une toupie, tout en décrivant autour du foyer solaire une courbe annuelle, qui n'est pas un cercle, mais une ellipse... D'autres planètes analogues, les unes plus grandes, les autres plus petites que la Terre, se trouvent également suspendues dans l'espace à des distances diverses du Soleil. Par quelles forces sont-elles ainsi tenues en suspension? me demanderez-vous. Je vous répondrai, sans entrer en des explications plus complexes : par le mouvement même dont elles sont animées et par l'attraction que ces globes exercent les uns sur les autres. Parmi ces planètes, il en est d'assez voisines de nous pour qu'on puisse déjà entrevoir l'heure où l'humanité terrestre entrera en relations avec elles par voie de télégraphie optique ou autrement. Peut-être même arrivera-t-on un jour à voyager d'un de ces globes à l'autre, comme on va aujourd'hui de Londres à Paris, à Melbourne ou à San Francisco. Nous n'en sommes pas encore là, tant s'en faut...

« Mais parmi les mondes qui nous entourent, qui sont nos plus proches voisins, et que l'Astronomie contemporaine commence à connaître avec un grand degré d'exactitude ou même de détail, — il en est un qui fait en quelque sorte partie de notre système et qu'on peut considérer comme une véritable dépendance de la Terre. C'est son satellite, la Lune.

« Il faut vous dire que, selon toute apparence, la Lune a fait jadis partie de la matière en fusion dont se composait originairement la Terre, et ne s'est séparée d'elle qu'à une époque relativement récente. Elle est animée d'un mouvement propre de rotation autour de notre globe, mais en même temps obéit à celui qui nous emporte avec lui autour du Soleil. Quant à la distance qui la sépare de nous, cette distance est si petite qu'on peut, eu égard aux chiffres habituels de l'astronomie, la considérer comme presque nulle. Il suffira, pour vous le faire comprendre, de vous expliquer que nous roulons à quatorze millions de lieues de Mars, la planète la plus voisine de nous, tandis que la Lune n'est guère qu'à 90,000 lieues de notre Terre. La différence est proportionnellement la même qu'entre des villes éloignées respectivement de 156 lieues et d'*une* lieue.

« Une dépêche télégraphique irait d'ici à la Lune en une seconde et demie. Il y a certainement des touristes et des guides alpins qui ont fait à pied, sur la Terre, tout le chemin qui nous sépare de la Lune. Ce chemin ne représente guère que vingt fois la distance de Londres ou Paris à Melbourne. Vous voyez qu'on peut et qu'on doit strictement considérer la Lune comme un véritable faubourg de notre planète...

— Évidemment! dirent ensemble Peter Gryphins et Ignaz Vogel, qui écarquillaient les yeux pour mieux comprendre, mais ne saisissaient néanmoins que par lambeaux ce raisonnement, tout élémentaire qu'il fût.

— Eh bien! reprit Costérus Wagner, qui s'était levé et qui marchait maintenant à grands pas dans la salle : étant donné ce voisinage de la Terre et de la Lune, ne trouvez-vous pas surprenant qu'on n'ait pas encore tenté d'aller d'un globe à l'autre?...

— Mais je croyais qu'on l'avait tenté en Amérique, à l'aide d'un prodigieux canon et d'un obus-wagon, objecta Peter Gryphins.

— Oui, un Français a tenté l'aventure et l'a même réalisée avec un plein succès; son entreprise garde une haute valeur au point de vue qui va nous occuper. Mais elle est restée unique en son genre, précisément parce qu'elle reposait sur des moyens exceptionnels et difficiles à reproduire. Mon idée, à moi, celle que je vous propose de soumettre au public, ou, pour mieux dire, de mettre en action, aurait une importance *industrielle*... Il s'agit de conquérir positivement la Lune — j'entends d'ouvrir des communications directes et définitives avec elle, de pouvoir s'y rendre et en revenir à volonté — en un mot, de l'*annexer* à notre monde avec toutes ses dépendances et toutes ses richesses connues ou inconnues!...

— Est-ce que c'est possible? demanda Ignaz Vogel.

— Je le crois sincèrement. Mais permettez-moi de vous faire remarquer, jeune et naïf ami, que peu nous importe!... Toute l'affaire se réduit en l'espèce, comme disent les gens de loi, à constituer une société par actions pour la conquête de la Lune. La question n'est pas que cette conquête soit réellement possible, mais seulement *qu'elle le paraisse*... Or, cela, j'en fais mon affaire!... Et j'ajoute que le voyage même auquel Peter Gryphins vient de faire allusion nous y aidera dans une large mesure...

— Mais quel intérêt pourrait-on trouver à prendre de ces actions?

— Quel intérêt? Mais je crois qu'il est assez évident! Supposez qu'on vous offre un monde nouveau, entièrement inexploité et plein de richesses minérales de tout ordre — or, argent, platine, pierres précieuses, houille, marbres, sel gemme et le reste... Croyez-vous que ce ne serait pas séduisant?

— Il y a donc tout cela dans la Lune?

— Assurément il y a tout cela et bien d'autres choses encore, mais c'est établi, c'est notoire, cela résulte de tous les travaux faits en astronomie depuis cinquante ans, c'est imprimé dans tous les traités spéciaux... La Lune est presque aussi connue maintenant que si l'homme y avait déjà mis le pied d'une façon permanente. Nous en avons dressé la carte géographique; nous connaissons ses mers, ses continents; nous avons mesuré la hauteur de ses montagnes; nous leur avons donné des noms, nous en avons photographié l'aspect, nous en savons par analogie la composition chimique... Bref, il ne reste qu'à prendre possession de ce monde, déjà plus minutieusement décrit que l'Afrique et l'Australie centrales, la Nouvelle-Guinée et les régions polaires du globe terrestre!...

— Alors, allons-y tout de suite! s'écria Peter Gryphins. Je demande mon billet sur l'heure.

— Le billet coûtera un peu cher, répondit Costérus Wagner d'un ton significatif. Et c'est pourquoi, mes amis, nous nous adresserons, si vous le voulez bien, en vue d'en couvrir les frais, à celui qui a plus d'argent dans sa caisse que MM. de Rothschild eux-mêmes, à monsieur Tout-le-Monde!...

— Costérus, laissez-nous vous embrasser! dirent Peter et Ignaz en le serrant dans leurs bras avec enthousiasme. Si votre prospectus est aussi clair que vos explications, notre fortune est faite, et c'est par milliers, par millions, qu'on nous apportera de bonnes guinées anglaises!...

— Eh bien, rédigeons sur l'heure ce prospectus, répliqua Costérus, et que, dès demain, il paraisse dans tous les journaux!... »

Sur quoi il s'assit à son bureau et, prenant une grande feuille de papier, il écrivit en tête : Selene-Company *limited*. *Société en commandite pour la conquête et l'exploitation des richesses minières de la Lune.* Capital social : deux millions de livres sterling.

V

RÉDIGEONS CE PROSPECTUS

CHAPITRE VI

LA SELENE-COMPANY *LIMITED*

Costérus Wagner avait vu juste, le jour où il avait dit qu'en matière de sociétés par actions, l'essentiel est de frapper l'imagination publique et de s'adresser directement à la bêtise humaine.

Ce qu'il y avait d'insensé dans son projet fut précisément ce qui en fit le succès. L'énormité même de la prétention servit à la faire discuter. Des journaux graves et qui n'auraient jamais donné dix lignes gratuites à l'annonce d'une honnête compagnie de pavage, consacrèrent plusieurs colonnes à l'examen du prospectus de la *Selene-Company*, qui chatouillait au plus haut point la vanité coloniale. Ceux qui croyaient le moins à la possibilité de réaliser l'entreprise étaient satisfaits que l'idée en eût été émise en Australie. Bref, le retentissement en fut si prodigieux dans le monde océanien, qu'il se répandit dans toutes les couches sociales et que les demandes d'actions, accompagnées d'un premier versement, commencèrent à affluer au bureau de Queen street.

Bientôt un facteur spécial dut être préposé au soin d'y apporter chaque jour, en voiture cadenassée, les lettres chargées qui pleuvaient de tous les points de la rose des vents. Peter Gryphins, Wagner, Vogel and C°, *sole agents*, se virent dans la délicieuse obligation de recourir à une maison de banque pour y déposer le fonds social. Voulant faire noblement les choses, ils choisirent une des plus célèbres, la fameuse maison Boutts and C°.

Le plus étrange en cette affaire, c'est que Costérus ne s'était même pas donné la peine d'indiquer par quel moyen il prétendait réaliser son programme. En quoi il avait probablement été bien avisé; car les adversaires systématiques que rencontre toujours une tentative nouvelle se trouvaient réduits aux conjectures et ne pouvaient par conséquent attaquer sérieusement un plan qu'ils ne connaissaient pas. Costérus déclarait que ce plan était son secret et qu'il entendait le garder pour lui jusqu'à la constitution définitive de la société, ne voulant pas qu'on lui volât son idée. Les gobe-mouches déclaraient une telle réserve absolument judicieuse, et n'en étaient que plus disposés à apporter leur argent dans une entreprise si sagement conduite.

En réalité, le seul plan que le comité fondateur de la *Selene-Company* eût en vue, c'était d'encaisser deux millions de livres sterling. Et, il faut bien le dire, cette sorte de plan résume, dans ce monde sublunaire, la philosophie pratique d'un grand nombre de sociétés financières.

Quoi qu'il en soit, l'affluence des souscripteurs se trouva si considérable qu'il fallut, bien réellement cette fois, réduire le chiffre de toutes les demandes d'actions, et, le jour fixé pour la constitution de la société en réunion privée, retenir pour l'assemblée des souscripteurs la grande salle du Victoria Hôtel. La séance devait être présidée par un jeune seigneur de passage en Australie, lord Randolph Clederow, qui avait personnellement souscrit cinq cents actions, et en outre, parié, avec sir Bucephalus Coghill, mille guinées à 1 contre 30 que l'entreprise réussirait. C'est-à-dire que sir Bucephalus Coghill, qui n'y croyait pas du tout, s'était engagé à payer 30,000 guinées si l'affaire se réalisait, contre la chance d'en recevoir 1,000 seulement dans le cas contraire. Cette proposition, empruntée aux usages du turf, marquait assez bien quelle faible confiance le jeune baronnet avait dans la *Selene-Company,* dont le prospectus lui avait été présenté par son valet de chambre modèle.

Le 15 octobre, l'affluence était nombreuse au rendez-vous. Il y avait des gens de Bourse, de gros négociants, des armateurs, des courtiers, des représentants de toutes les professions commerciales. Sur l'estrade, devant une table couverte de drap vert, lord Randolph Clederow, flanqué d'un négociant en vins et d'un marchand de thé, occupait le fauteuil. C'était un long jeune homme blond et presque imberbe, extraordinairement myope, muni d'un monocle à demeure sous son arcade sourcilière droite, et vêtu avec une élégance parfaite.

Les préliminaires remplis, et la présidence de lord Randolph une fois acclamée par l'assemblée, sur la proposition du négociant en vins, appuyée par le marchand de thé, Costérus Wagner prit la parole pour développer son programme.

L'heure était venue, dit-il, où les continents terrestres se trouvant tous répartis entre les diverses races humaines, il fallait songer à découvrir un champ nouveau pour l'activité britannique. Les Anglo-Saxons s'étaient établis dans l'Amérique du Nord, en Australie, dans l'Inde et dans l'Afrique australe; ils rayonnaient sur les trois quarts du globe, et n'avaient plus guère à la surface de la Terre de conquêtes possibles, puisqu'une conférence récente venait *d'internationaliser* l'Afrique centrale. Était-ce à dire que tout espoir d'étendre encore leur action dans l'univers fût désormais fermé? Costérus Wagner ne le pensait pas.

Tout près de la Terre, à quelques milliers de lieues dans l'espace, il y avait un autre monde, un monde inexploité, qui attendait seulement, pour livrer ses richesses à l'humanité, d'être enfin réclamé par elle... (*Applaudissements.*) Un monde qui était si bien une annexe naturelle de notre globe terrestre, qu'il lui était indissolublement lié, et l'accompagnait à perpétuité dans son voyage circumsolaire... Un monde si voisin de nous, que nos lunettes astronomiques ont pu déterminer la forme de ses continents, la hauteur de ses montagnes et la configuration de ses mers... Un monde si étroitement associé à notre vie, que de la plus haute antiquité ses phases servent à nous mesurer le temps, comme son action directe détermine les marées de nos océans... La Lune, en un mot — qu'il faut se décider à arracher à son isolement pour établir des relations directes entre elle et cette Terre, sa véritable mère-patrie, sa protectrice et sa souveraine... (*Nouveaux applaudissements.*)

Costérus Wagner ne voulait pas faire à ses auditeurs l'injure de leur rappeler ce que chacun sait aujourd'hui sur ce monde lunaire, déjà fouillé à fond par nos télescopes. Ils n'ignoraient assurément pas que la Lune est un globe de 869 lieues de diamètre, dont la surface est égale à la treizième partie de celle de la Terre, à quatre fois celle de l'Europe, à quarante et une fois celle de la France : ce qui constitue assurément une colonie des plus respectables. Quant à la distance qui sépare ce globe de la Terre, l'orateur ne voulait en parler que pour constater combien elle est peu importante : 96,000 lieues à peine et, à certains moments 90,000 lieues, c'est-à-dire neuf fois la circonférence du globe terrestre, vingt fois la distance qui sépare Melbourne de Londres !

Costérus Wagner ne craignait pas de dire qu'actuellement, avec les moyens dont dispose la science, la Lune est plus près de nous que le cap de Bonne-Espérance ou l'île de Cuba ne l'étaient des Grecs du temps de Périclès et des Romains du siècle d'Auguste.

Le seul point sur lequel il voulait appeler l'attention de son auditoire était celui-ci : on ignorait encore si la Lune était habitée ou non. Eh bien, il était aussi indispensable d'entrer en relation avec elle dans un cas que dans l'autre!... Était-elle habitée par une espèce humaine suffisamment nombreuse et arrivée à un certain degré de civilisation?... Il importait au plus haut point de faire de ces nouvelles couches sociales des clients pour les manufactures anglaises. La Lune, au contraire, était-elle inhabitée? Alors il devenait indispensable d'ouvrir à l'industrie britannique les immenses richesses minérales que recélait nécessairement ce sol vierge!...

Cet audacieux dilemme provoqua dans l'auditoire un tel enthousiasme, que les applaudissements, éclatant de toutes parts, couvrirent la voix de l'orateur. « *Hear!... Hear!...* (Écoutez, écoutez!) » criait-on. « Nous sommes avec vous!... Constituons la société!... » vociféraient un certain nombre de souscripteurs pressés.

« J'entends qu'on me demande de constituer la société, dit Costérus, quand le silence se fut un peu rétabli. Nous sommes ici pour cela, et j'ai le plaisir d'annoncer à l'honorable assemblée que les dix mille actions offertes au public sont déjà largement souscrites, — si largement qu'il a fallu réduire toutes les grosses demandes. (*Nouvelle salve d'applaudissements.*) Il ne reste donc qu'à passer à la formalité du vote, si le noble président l'a pour agréable; mais avant tout, selon l'usage, je crois devoir inviter les personnes qui désirent présenter des objections quelconques à prendre la parole. »

Personne ne demanda la parole. Seul, un jeune homme placé dans le fond de la salle se leva comme pour une question, et presque aussitôt se rassit sans avoir ouvert la bouche. Lord Randolph Clederow, après avoir attendu trois minutes, se pencha successivement vers ses deux assesseurs et dit :

« Messieurs, j'ai l'honneur de mettre aux voix la constitution définitive de la *Selene-Company limited, Société anonyme par actions, pour la conquête et l'exploitation des richesses minières de la Lune,* au capital de deux millions sterling, divisé en dix mille actions. Ceux qui sont d'avis de procéder à cette constitution immédiate voudront bien lever la main... »

Tous les bras se levèrent, comme si des fils invisibles les avaient simultanément tirés vers le plafond.

« Contre-épreuve, » reprit le président.

Pas une main ne protesta contre le vote unanime.

« Il ne peut y avoir de doute sur le sentiment de l'assemblée, poursuivit lord R. Clederow. (*Applaudissements et acclamations.*) En conséquence, j'ai l'honneur de déclarer la *Selene-Company* bien et dûment constituée... Je vais maintenant donner lecture des statuts qui doivent, aux termes de la loi, être votés séparément, article par article... « *Article* 1er : « La direc-« tion des travaux est et reste confiée jusqu'à leur complet « achèvement à M. Costérus Wagner, assisté de MM. Peter « Gryphins et Ignaz Vogel, initiateurs de l'entreprise. » Je mets l'article aux voix : ceux qui sont d'avis de l'accepter voudront bien...

— Je demande la parole, dit au fond de la salle, avec un accent français assez marqué, le jeune homme qui avait paru tenté de la prendre au moment du premier vote. Sa carte, transmise de main en main, arriva rapidement au président, qui dit, après l'avoir lue :

— Monsieur Norbert Mauny, docteur ès sciences, astronome adjoint à l'Observatoire de Paris, en mission à la Nouvelle-Zélande et la Tasmanie, a la parole. »

Tous les yeux se portèrent sur l'étranger, qui s'avançait déjà vers la tribune et en prenait possession.

« Messieurs, dit-il aussitôt, j'ai demandé la parole pour une simple observation. J'ai souscrit vingt actions de la *Selene-Company* : c'est vous dire que je suis partisan de l'entreprise, que je la crois réalisable, et que j'espère la voir se réaliser. Mais, si j'ai compris, jusqu'à la constitution définitive de la société, le secret gardé par les initiateurs sur les moyens qu'ils comptent mettre en œuvre pour réaliser leur programme, — je ne comprendrais pas que l'on passât ici à la discussion des statuts sans connaître, au moins en principe, la nature de ces moyens... C'est sur ce point que je viens réclamer quelques explications avant de remettre nos intérêts à tous et ceux de la Science entre les mains du comité initiateur. »

La justesse et la modération de cette requête parut frapper tout l'auditoire.

« Il a raison! il a raison!... » dirent plusieurs voix.

Costérus Wagner, visiblement dépité, dut revenir à la tribune.

« Messieurs, répondit-il audacieusement, un des éléments indispensables du succès, dans une entreprise de cette nature, est le secret absolu des opérations. Vous m'avez fait crédit jusqu'à ce jour de votre confiance, permettez-moi de la réclamer encore comme notre unique garantie contre les imitateurs et les rivaux!...

— Il y a un moyen de tout concilier, répliqua Norbert Mauny : que les initiateurs du projet communiquent leurs plans à une délégation de l'assemblée, désignée sur l'heure, et qui se retirera dans un salon particulier; que cette délégation, composée d'hommes compétents, nous fasse un rapport sommaire, sans rien communiquer au public de ce qu'elle croira devoir garder secret... Nous procéderons alors en connaissance de cause à la discussion des statuts...

— C'est vrai!... c'est vrai!... crièrent plusieurs souscripteurs.

— Non!... non!... pas de délégation!... Des explications nettes et publiques!... » dirent d'autres.

Il y eut un long tumulte. Après avoir recueilli un grand nombre d'avis individuels, le président crut devoir déclarer que le sentiment général lui paraissait être en faveur d'une explication publique, cette explication dût-elle comporter des réserves, si c'était nécessaire.

Costérus Wagner, après s'être consulté avec ses associés, sembla alors prendre son parti de l'incident.

« Ma foi, messieurs, reprit-il en revenant pour la troisième fois à la tribune, j'aurais préféré le secret absolu, je l'avoue, et je persiste à croire que ce serait le parti le plus prudent, le plus sage à tous égards... Mais je comprends la légitime curiosité qui vous anime ; et je crois qu'à tout prendre il ne saurait y avoir de graves inconvénients, notre société étant désormais irrévocablement constituée, à vous dessiner mon projet dans ses grandes lignes... (Applaudissements... Hear!... Hear!...) En voici donc le principe. La distance *périgéenne* est de 90,000 lieues à peine, je le rappelais tout à l'heure. Or, qu'est-ce que 90,000 lieues ? Environ 30 fois le diamètre du globe terrestre. Pas même la totalité des lignes ferrées actuellement posées à sa surface, si nous les supposons mises bout à bout... Est-ce là de quoi arrêter la génération qui a percé le mont Cenis et le Saint-Gothard, l'isthme de Suez et l'isthme de Panama ?... Je ne le pense pas. La question se réduit à mes yeux à construire un tunnel aérien et tubulaire, assujetti au sol d'une manière suffisante, et s'allongeant verticalement à la rencontre de la Lune, sur la longueur voulue. Ce tunnel, cette cheminée, comme on voudra l'appeler, sera construit en segments de fonte ajustés bout à bout. Supposez un de ces segments établis, la suite n'est plus qu'une affaire de multiplication... L'entreprise peut paraître hardie, mais elle est réalisable. Toutes proportions gardées, elle n'est pas autre que celle qui consisterait à planter sur une orange de six centimètres de diamètre un tube capillaire de 1 mètre 42 centimètres de long... Remplacez cette orange par le globe terrestre, et le tube capillaire par un tube aussi large et aussi long qu'il le faudra, le problème reste pratiquement le même... Voilà l'idée en gros... Je me réserve, bien entendu, de garder pour moi le détail des voies et moyens qui la rendront d'une exécution facile. Le simple bon sens vous dira que je ne saurais sans danger les développer ici. Il me suffira de vous affirmer que les plans sont prêts, qu'ils ont été longuement mûris et étudiés, qu'ils n'ont rien de chimérique et paraîtront tout simples aussitôt que nous en serons venus à l'exécution !... »

Quelques applaudissements saluèrent cette conclusion. Mais ils étaient peu nombreux et comme indécis. Au fond, on pouvait le voir, l'assemblée était plus désappointée que séduite par les explications de l'orateur. Tous les yeux se tournaient vers Norbert Mauny, qui les avait écoutées avec un dédain mal dissimulé.

« Une simple question ! dit-il. Quels moyens comptez-vous employer pour voyager dans votre cheminée ? Une corde, comme les ramoneurs ?

— Le problème comporte plusieurs solutions, répliqua Costérus Wagner. On pourra les étudier tout en construisant le tunnel.

— Vous aurez le temps, en effet, riposta l'astronome français ; car cette entreprise — en la supposant possible — vous prendra une longue suite d'années !

— Pas aussi longue que vous semblez le croire ! s'écria Costérus Wagner. Je me fais fort de tout achever en cinq ans !...

— En cinq ans ? dit Norbert, qui tira son calepin. Nous sommes loin de compte !... Si je comprends bien votre idée, c'est une espèce de tour de Babel que vous voudriez construire, n'est-il pas vrai ? Un énorme phare dressé sur la base la plus large, la plus haute que vous pourrez trouver sur l'Himalaya, par exemple, et s'élevant d'étage en étage jusqu'à la Lune. Je ne pousse pas l'indiscrétion jusqu'à vous demander par quel procédé vous fournirez de l'air respirable à vos ouvriers quand ils seront arrivés à une certaine hauteur au-dessus du sol... Ce que je vous dis, chiffres en mains, c'est ceci : supposons que votre tour s'élève de 100 mètres la première année — ce qui sera déjà plus haut qu'aucun monument humain, à deux ou trois exceptions près, — il faudra, pour l'achever... savez-vous combien d'années ?... 3,600,000 ! Supposons que le progrès annuel soit d'une lieue : il vous faudra encore 90,000 ans... De 125 lieues : il vous faudra 720 ans. De 1,000 lieues (quatre millions de mètres !...) : il vous faudra 90 ans...

« Pour achever votre tour en cinq ans, il faudrait l'élever de 17,000 lieues (c'est-à-dire de *soixante-huit millions* de mètres) par an!... Voilà ce qui résulte de la plus élémentaire des opérations arithmétiques... Votre plan est donc purement et simplement impraticable à ce point de vue, en supposant qu'il ne le soit pas à tous les autres ! »

Une douche d'eau glacée tombant sur l'auditoire ne l'aurait pas plus subitement refroidi que cette argumentation. Costérus Wagner était atterré et ne trouvait pas un mot à répondre.

« Il faut annuler le vote et reprendre notre argent, cria tout à coup un négociant en grains.

— Oui!... oui!... reprenons notre argent! répondirent, comme autant d'échos des centaines de voix.

— Vous n'en avez pas le droit! hurla Peter Gryphins en se jetant sur le devant de l'estrade pour montrer le poing à l'auditoire, il y a chose votée, procès-verbal. — Le Parlement lui-même ne pourrait pas annuler la décision prise!... Les actions souscrites appartiennent à la Compagnie... Quiconque n'en approuve pas la direction n'a qu'à se retirer. Mais les fonds restent acquis!...

— Et c'est l'important à vos yeux, n'est-il pas vrai? » riposta une voix aiguë, dominant le tumulte.

Le président essayait vainement de rétablir l'ordre. Il se disposait à se couvrir pour indiquer qu'il levait la séance. Mais Norbert Mauny fit signe qu'il n'avait pas fini.

Aussitôt le silence se rétablit.

« Est-ce à dire que tout soit mauvais dans l'idée de cette compagnie? reprit-il. Je ne le crois pas. J'avouerai même que je n'avais pas attendu ses annonces pour en être convaincu. Depuis plusieurs années déjà, je m'occupe du problème qui en est la base et je pense que c'est une honte pour l'humanité de n'avoir pas encore conquis la Lune, ce satellite si voisin de nous!...

« Comme M. Wagner, j'estime que, si nous ne la faisons pas dès maintenant, cette conquête, nos fils ou nos petits-fils la feront à coup sûr et riront de ceux qui l'auront crue impossible... Et c'est pourquoi, en apprenant par les journaux que l'entreprise allait être tentée, j'ai voulu lui apporter mon obole, j'ai envoyé ma souscription et passé le détroit de Torrès. Ce que je me permets de critiquer, ce n'est donc pas le principe de l'expérience, c'est seulement la solution qu'on propose. Cette solution me paraît erronée, puérile, impraticable. Je crois, au contraire, la difficulté relativement facile à vaincre, par d'autres moyens...

— Allons donc !... Il fallait donc le dire !... Vous avez votre petit projet personnel ! rugit Costérus Wagner.

— Oui, j'ai mon projet personnel et je le développerai devant l'assemblée, — si elle le désire, reprit Norbert. Je suis venu exprès à Melbourne. Mais, avant tout, je dois dire qui je suis, pour qu'on ne voie pas en moi un rêveur et un utopiste....

— Oui !... oui !... c'est cela... parlez !... » dit l'auditoire, charmé de cette parole chaude et vibrante.

Et Norbert Mauny, encouragé par les applaudissements qui soulignaient ses paroles, commença par faire modestement, mais franchement, quoique à grands traits, son histoire. Il expliqua ce qu'il était, quels avaient été les objets spéciaux de ses études et de ses travaux. Fils d'un inspecteur général des forêts, il s'était senti de bonne heure entraîné vers les sciences mathématiques, avait subi avec succès l'examen de l'École navale, puis celui de l'École polytechnique et, à vingt-deux ans, se voyait nommé élève astronome à l'Observatoire de Paris. Successivement attaché à deux expéditions scientifiques à Tahïti et à l'île Kerguelen, il avait eu le bonheur de découvrir deux planètes non décrites au lendemain du jour où l'Académie des Sciences venait de lui décerner un de ses grands prix pour des études d'analyse spectrale. Peu de temps après, il entrait en possession d'une petite fortune indépendante et repartait en mission pour la Tasmanie. C'est précisément alors que la nouvelle de la société financière en voie de formation à Melbourne était venue le surprendre. Par nature, Norbert se sentait porté à ces sortes de spéculations qui, sur l'aile de l'hypothèse, s'envolent au delà de la science contemporaine. Bien souvent, dans les longues nuits qu'il passait à observer la Lune, à explorer ses continents, ses cratères et ses vallées, à photographier les moindres détails de sa surface, — il s'était pris à songer aux moyens d'aborder sur ces lointains rivages. Et, non content d'y rêver, il en avait parlé. Plus d'un vieil astronome, usé sous le harnais, habitué à prendre routinièrement ses observations quotidiennes et à les développer à l'aide des formules classiques, s'indignait alors de ces théories dont Norbert ne faisait pas mystère. Le jeune homme avait beau montrer les enjambées gigantesques des sciences physiques et les progrès immenses que la connaissance de la Lune enregistre presque chaque année; il s'évertuait vainement à expliquer que prendre, avec l'unique secours de la lunette et de la chambre obscure, des portraits de notre satellite plus détaillés que ne le sont encore les cartes du continent africain, est, à coup sûr, un acheminement plein de promesses vers des relations plus directes encore. On traitait ces espérances comme des hérésies. Et Norbert, révolté de cet esprit de routine, se jurait de garder ses idées pour lui seul, jusqu'au jour où il lui serait possible de les appliquer.

De longue date, il pensait avoir trouvé la solution du problème. La seule difficulté qui l'arrêtât était celle du gros capital nécessaire. Or, ce capital était fait maintenant. Peut-être l'assemblée n'avait-elle plus le droit de le reprendre : elle avait, à coup sûr, celui de l'employer et de le gouverner à son gré. Adopterait-elle la solution que Norbert allait lui dévoiler? Toute la question était là désormais.

« Parlez!... parlez!... répondit l'auditoire.

— J'arrive donc au plan que je crois réalisable, dit le jeune orateur en s'arrêtant pour boire un verre d'eau. »

CHAPITRE VII

SIC VOS NON VOBIS

« Avant tout, reprit Norbert Mauny en s'adressant à l'assemblée de Victoria-Hall, que sa parole élégante et claire tenait déjà sous le charme, nous devons envisager la nature du problème qui se pose devant nous.

« Que voulons-nous tous ici?... Aller à la Lune dans un but de curiosité scientifique, et revenir de ce voyage avec un cahier de notes et d'observations?... Sans doute, plus d'un s'en contenterait. Mais je ne crois pas me tromper en affirmant que les actions de la *Selene-Company* n'ont pas précisément été souscrites dans ce but... (*Sourires approbatifs.*) Ce que veut la majorité d'entre nous, c'est un procédé *permanent* d'accès à la Lune, une méthode qui puisse, une fois mise en œuvre, nous permettre d'y aller et d'en revenir, d'en exploiter les richesses, de transporter à terre les produits de cette exploitation... Il faut, en outre, que cette méthode ne présente pas de difficultés trop sérieuses, qu'elle ne soit pas au-dessus de nos ressources financières, — qu'elle soit pratique en un mot, et puisse entrer dans les mœurs de l'humanité, comme la navigation maritime ou les chemins de fer y sont déjà...

« Eh bien, messieurs, il y a deux obstacles principaux à l'invention d'une telle méthode. Le premier est l'éloignement de la Lune, insignifiant en théorie, très considérable dans la pratique; le second est le doute qui subsiste encore sur la nature de son atmosphère... Cette atmosphère existe-t-elle? Un grand nombre d'astronomes en doutent; je ne partage pas leur avis, et je pourrais vous donner du mien des motifs qui me paraissent irréfutables. Mais que cette atmosphère soit propre à la vie telle que nous la voyons sur le globe terrestre, c'est une autre affaire; en l'état présent de la science, personne n'a le droit de l'affirmer!... Il s'ensuit que la prudence nous ferait un devoir, avant d'aborder la Lune, de n'y arriver qu'avec une provision d'air respirable, à peu près comme le plongeur qui descend en scaphandre au fond de l'Océan. C'est vous dire que la chose n'est pas réalisable en grand et pour les usages industriels, en supposant qu'elle le soit dans un cas isolé et dans un but d'investigation scientifique... (*Mouvements divers.*)

« Ces considérations générales m'ont amené à penser qu'il y a au problème une solution plus pratique, laquelle consisterait, avant tout, à doter la Lune d'une atmosphère pareille à la nôtre, — et un seul moyen d'arriver à ce résultat, qui serait... DE FORCER LA LUNE A DESCENDRE DANS NOTRE ZONE ATMOSPHÉRIQUE... (*Exclamations. Marques d'étonnement.*) Vous voyez que, du même coup, la distance qui nous sépare d'elle serait supprimée, avec beaucoup d'autres difficultés... Notre satellite serait dès lors, et dans toute la force du terme, à *notre portée* : nous pourrions nous y rendre, en ballon ou en chemin de fer funiculaire, y instituer tous les travaux praticables, en extraire toutes les richesses et les transporter à terre... à moins, bien entendu, que nous ne préférions nous y fixer définitivement pour y former une colonie permanente. (*Applaudissements et rires.*)

« En somme, le système se formule comme suit: *Il ne faut pas aller à la Lune; il faut obliger la Lune à venir nous trouver.*

« Cela pour plusieurs motifs. D'abord, parce que ce sera moins fatigant et plus commode pour nous. Parce que la Lune, une fois immergée, au moins partiellement, dans notre atmosphère, nous deviendra habitable, ce qu'elle n'est peut-être pas. Enfin, parce que le problème, vraisemblablement soluble de cette manière, ne paraît pas l'être d'une autre.

« Nous ne devons pas, d'ailleurs, éprouver de scrupule à déranger les habitants de la Lune dans leurs habitudes, car, selon toute apparence, ces habitants ont disparu, s'ils ont jamais existé. La Lune est un monde mort. C'est une fille de la Terre, refroidie plus vite que sa mère, parce que sa masse est moindre. Ce sera donc lui rendre service que de lui donner un peu de chaleur, ne fût-ce qu'en utilisant les trésors de combustible qu'elle doit sans nul doute réceler dans ses flancs. (*Applaudissements.*)

« Mais, dira-t-on, vous parlez bien à votre aise de faire descendre la Lune jusqu'à nous... Possédez-vous donc un moyen d'action sur elle?... Je pourrais répondre comme Archimède : Donnez-moi un levier de longueur suffisante, avec un point d'appui, et je me charge de soulever le monde! Mais cette réponse n'en serait pas une. J'aime mieux vous dire : oui, je crois sincèrement que nous avons à notre disposition la force qui peut agir sur la Lune. (*Mouvement d'attention.*)

« Cette force, c'est l'électricité d'induction ou, si vous le préférez, le magnétisme, ou, si vous le préférez encore, la force unique qui se manifeste sous les formes diverses d'électricité, de chaleur, de lumière, de mouvement, d'attraction cosmique, de pesanteur, d'aimantation...

« Que nous possédions cette force, ce n'est pas douteux. Qu'elle soit propre à réaliser un travail quelconque, c'est également certain... Tout se réduit à la développer en quantité suffisante. Or, c'est là une simple question d'arithmétique, j'espère vous le démontrer...

« Mais d'abord, il faut se représenter la Terre et la Lune comme elles sont en réalité, deux globes roulant ensemble dans l'espace, tenus en suspension par des forces multiples, mais, en dépit de leur masse et de leur poids, aussi légers, aussi sensibles aux moindres influences accidentelles que peuvent l'être, dans notre atmosphère, deux bulles de savon d'inégale grandeur. Que ces deux globes soient indissolublement liés l'un à l'autre, c'est ce que tout le monde voit. Qu'ils exercent l'un sur l'autre une action continue, sujette à des variations nombreuses, mais aujourd'hui parfaitement déterminées, c'est ce que le moindre pêcheur de nos côtes sait aussi bien que les astronomes. Les marées sont sous l'influence directe de la Lune. Au premier quartier, elle nous tire en avant; au dernier, elle retarde notre course. De notre côté, nous la tenons enchaînée à notre fortune par une irrésistible attraction... Et ce n'est pas d'elle seulement que nous subissons l'influence! Notre globe terrestre, qui nous paraît si prodigieusement grand et lourd, est en réalité, dans l'espace sans bornes, un point imperceptible, un de ces légers ballons de baudruche que les enfants tiennent au bout d'un fil et que le plus léger souffle peut déranger. Il suffit que Vénus passe entre le Soleil et nous, pour que la Terre se sente attirée vers l'astre du jour par une force accessoire et s'en rapproche sensiblement. Jupiter, qui flotte dans l'éther à deux cent millions de lieues de notre globe, l'attire au passage et modifie sa marche. A un milliard de lieues, Neptune subit l'attraction solaire, comme nous à trente-sept millions de lieues. Les comètes que cette force invincible va chercher à trente et quarante milliards de lieues, aux profondeurs invisibles de l'espace, lui obéissent et se précipitent dans la fournaise. A des trillions et quatrillions de lieues d'intervalle, des mondes cent mille fois plus vastes et plus pesants que le nôtre se soutiennent mutuellement dans le vide.

« De quelle nature est ce lien mystérieux qui relie ainsi et suspend l'un à l'autre tous les globes dont l'azur est peuplé?... Ce n'est pas moi qui vais vous répondre sur ce point, messieurs, c'est l'illustre directeur de l'observatoire romain, feu le Père Secchi :

« Le lien mystérieux qui relie tous les mondes, dit-il, est le « *magnétisme*, force cosmique par excellence, puisqu'il n'est « aucun corps qui échappe à son action. Cette force n'est pas « une propriété spéciale à la Terre. Tous les mondes en sont « pourvus ; ils agissent les uns sur les autres *à la manière de* « *vastes aimants d'une puissance énorme.* »

« Cette conclusion du plus éminent des astronomes contemporains n'a rien qui puisse vous surprendre. Vous savez déjà, par la physique élémentaire, que la Terre est un aimant, que cet aimant a, comme tous les autres, un équateur et deux pôles, des méridiens, des parallèles magnétiques, une intensité qui augmente de l'équateur aux pôles ; vous savez que c'est précisément pourquoi l'aiguille de la boussole prend spontanément une direction fixe ; vous savez enfin que, si l'inclinaison de l'aiguille aimantée n'est pas égale en tous les points d'un même parallèle, et si l'intensité magnétique n'y est pas constante, ces différences s'expliquent par des particularités locales, la présence de roches plus ou moins ferrugineuses, etc...

« On ne peut douter qu'il n'en soit de même de la Lune, qui ne saurait faire une exception unique parmi les mondes. Kreil, Sabine, Bache, d'autres après eux, ont constaté que notre satellite influence les magnétomètres et que cette action varie avec son angle horaire.

« Votre compatriote Gauss est allé plus loin, messieurs : il a pu mesurer la puissance de l'aimant gigantesque qui est la Terre, et reconnaître que cette puissance est *égale à celle de* 8,464 *trillions de barres de fer doux pesant chacune une livre et aimantées à saturation.*

« Messieurs, j'arrive au terme de ce raisonnement un peu aride peut-être, mais indispensable pour vous expliquer ma pensée. Non seulement nous connaissons la nature de la force qui enchaîne la Lune à une distance moyenne de 90,000 lieues de nous, et l'empêche de s'enfuir dans l'espace en obéissant à son mouvement propre ; — non seulement nous avons la mesure de cette force; *mais nous possédons le pouvoir de l'augmenter,* puisqu'il ne tient qu'à nous de fabriquer un électro-aimant d'une puissance quelconque... La conclusion ne s'impose-t-elle pas d'elle-même?... Pour diminuer la distance qui sépare la Lune de nous et faire descendre ce satellite jusqu'à notre portée, *il suffit d'augmenter artificiellement la puissance de l'aimant terrestre...* »

Ici l'orateur fut interrompu par un tonnerre d'applaudissements et de hourras. L'auditoire, tout à l'heure si découragé du naufrage de ses rêves, puis un instant étourdi des hauteurs vertigineuses où Norbert Mauny l'entraînait avec lui, apercevait subitement la solution du problème. Il n'en connaissait pas encore le dispositif pratique, mais ne doutait déjà plus qu'il fût réalisable. Il se reprenait à espérer, il s'élançait avec confiance au-devant du jeune orateur.

« Messieurs, poursuivit Norbert quand le président de l'assemblée eut réussi à obtenir le silence, Gauss évalue la puissance de l'aimant terrestre à celle de 8,464 trillions de barres de fer doux aimantées pesant chacune une livre anglaise. Il y a de fortes raisons de croire ce chiffre beaucoup trop élevé. Mais acceptons-le comme exact et prenons-le pour base : 8,464 trillions de livres anglaises sont égales à 3,834 trillions de kilogrammes. La densité du fer est d'environ sept fois celle de l'eau distillée (exactement 7,7); 3,834 trillions de kilogrammes de fer doux occuperaient donc un volume d'environ 500 trillions de décimètres cubes, autrement dit, de 500 milliards de mètres cubes.

« Cette masse serait égale à une table de un mètre d'épaisseur et de 50 millions d'hectares en surface, ou de 10 mètres d'épaisseur et de 5 millions d'hectares, ou de 100 mètres de hauteur sur 500,000 hectares, ou enfin de 1,000 mètres de hauteur sur 50,000 hectares de base.

« Voilà l'aimant artificiel qui égalerait la Terre en puissance. En construire un pareil serait une chose fort longue et fort coûteuse.

« Mais, selon toute apparence, point n'est besoin d'un aimant supplémentaire aussi fort pour exercer une action appréciable sur la Lune, et rompre l'équilibre de forces cosmiques qui la retiennent à 90,000 lieues de nous. Étant données les perturbations que le simple passage d'une planète peut exercer sur celle-ci, on est fondé à penser qu'un aimant surnuméraire représentant seulement la *millième* partie de la puissance magnétique de la Terre exercerait une attraction irrésistible sur un pauvre petit globe comme la Lune.

« Or, cet aimant artificiel (1/1,000 de l'aimant terrestre) ne formerait, d'après le calcul précédent, qu'une masse de 500 millions de mètres cubes, soit une table de 1 mètre d'épaisseur et de 50,000 hectares, ou de 10 mètres sur 5,000 hectares, ou de 100 mètres sur 500 hectares, ou de 1,000 mètres sur 50 hectares...

« Nous rentrons ici dans les proportions normales des travaux abordables pour l'industrie contemporaine. L'établissement de la moindre voie ferrée exige des terrassements et remblais de plus grande importance.

« Mais cet aimant idéal, construit en fer doux et parfaitement homogène, coûterait encore très cher, — quelque chose comme deux ou trois milliards de francs. Et, quoique l'humanité n'y regarde pas de si près quand il s'agit de payer les frais d'une guerre plus ou moins stupide; quoique les seules dépenses militaires de l'Europe, dans une année, — dépassent ce chiffre, — elle n'en est pas encore à avancer deux ou trois milliards à la fois pour une entreprise d'utilité générale... Il faut donc aviser à construire notre aimant à prix réduit.

« Fort heureusement, la nature nous en fournit les éléments dans un corps utilisable à l'état natif pour le but que nous nous proposons : c'est la pyrite magnétique ou protosulfure de fer. Cette pyrite, très commune en certains pays, peut s'obtenir au prix d'extraction. Je propose de constituer notre aimant par une montagne artificielle de pyrite de fer. En choisissant pour élever cette montagne une région abondante en pyrite, où la main-d'œuvre soit insignifiante et l'emplacement gratuit, nous pourrions, d'après mes calculs, arriver à construire un électro-aimant de la force voulue pour 10 à 12 millions de francs, ce qui ne fait même pas le quart de notre capital social. Il va sans dire que ce ne sera là qu'une partie de la dépense nécessaire, puisqu'il faudra, en outre, acheter les appareils de production de l'électricité et payer la force motrice qui les mettra en activité. Mais je me fais fort de prouver que 15 à 16 millions de francs peuvent couvrir tous les frais. Or, qu'est-ce qu'une pareille somme en regard des résultats à atteindre?... A peine le revenu annuel de tel pair d'Angleterre ou de tel banquier qu'on pourrait nommer. A peine la soixante-quinzième partie de ce que la France et l'Angleterre seules inscrivent tous les ans à leur budget militaire. Nous avons, et au delà, les fonds indispensables. Il suffit de savoir les employer. Tel est, messieurs, dans ses grandes lignes, le plan que je vous propose. Les détails en seraient aisément réglés. Il s'agira, avant tout, de choisir pour champ d'opérations un pays aisément accessible, riche en pyrite de fer magnétique, pauvre en cultures pour que le sol y soit à bon marché, sinon pour rien, et, s'il est possible encore, étranger à la civilisation générale, pour que notre liberté d'action y soit complète, parce que notre but y sera ignoré... Si vous croyez devoir accepter mon projet en principe, je me tiens, pour l'application et la mise en train, à votre entière disposition!...

— Vous chargeriez-vous personnellement de la direction? demanda un actionnaire.

— Volontiers, répondit Norbert Mauny, à une condition : c'est que j'aurai mes coudées franches dans les questions techniques, et que je serai pourvu d'un comité de contrôle pour les questions financières. »

La volonté de l'assemblée était si manifeste et si complètement unanime que lord Randolph Clederow n'essaya même pas de remonter ce courant.

« Je vais mettre aux voix l'article premier des statuts, dit-il, en substituant simplement le nom de M. Norbert Mauny à celui des initiateurs précédemment nommés.

— Vous n'en avez pas le droit! s'écria Costérus Wagner, blême de fureur. Ce serait une spoliation, un véritable *vol!*...

— Je ne m'arrêterai pas à relever ce qu'un pareil mot, prononcé dans une assemblée d'honnêtes gens, a de regrettable et d'odieux, dit avec une grande dignité le jeune président. Nous nous sommes constitués en Société pour la conquête de la Lune; mais il est évident que nous n'avons jamais aliéné le droit de confier la direction de cette Société à qui nous paraît capable de méner l'entreprise à bien. (*Applaudissements unanimes.*) Je crois me faire l'interprète de cette assemblée en mettant aux voix l'article premier modifié comme je viens de l'indiquer. Si je me trompe, le vote le dira. Que ceux qui sont d'avis de désigner M. Norbert Mauny comme directeur de la *Selene-Company*, avec pleins pouvoirs, veuillent bien lever la main. »

Tous les bras se levèrent, sauf deux ou trois.

« Contre-épreuve, » reprit le président.

On vit trois mains en l'air : celles de Costérus Wagner, de Peter Gryphins et d'Ignaz Vogel.

« M. Norbert Mauny est proclamé directeur, poursuivit lord Randolph. Il demande la parole et je la lui donne.

— Messieurs, en vous remerciant du grand honneur que vous me faites, dit Norbert, permettez-moi de vous rappeler la condition que j'ai mise à mon acceptation. C'est que je n'aurai aucune responsabilité financière, et que toutes les dépenses de l'entreprise seront ordonnancées, sur ma proposition, par un comité de contrôle. Les fonds resteront déposés à la banque où ils se trouvent. Tous les payements se feront par chèques, portant avec ma signature celle des membres du comité... Cela posé, — et je ne pense pas que ce régime administratif puisse rencontrer d'opposition dans cette enceinte, — je prendrai la liberté de vous proposer, comme un acte de justice, l'inscription des trois initiateurs de la Compagnie au nombre des membres du comité... »

L'assemblée parut apprécier la délicatesse de la pensée qui dictait cette proposition, mais l'accepta sans enthousiasme. C'est à la faible majorité de quatre ou cinq voix que Costérus Wagner, Peter Gryphins et Ignaz Vogel furent désignés pour faire partie du conseil d'administration. Quoiqu'ils n'eussent pas trouvé à opposer une seule objection au plan de Norbert Mauny, ou peut-être en raison même de cette attitude passive, l'assemblée des actionnaires paraissait avoir perdu toute confiance en eux. Enfin, tant bien que mal, ils se trouvèrent élus.

Le président proposa alors de leur adjoindre son ami, sir Bucephalus Coghill, qui ferait un excellent contrôleur, dit-il, car il ne croyait pas à l'entreprise. La proposition eut beaucoup de succès et fut immédiatement adoptée. Trois financiers de profession complétèrent la liste du comité. Après quoi, l'assemblée se sépara en laissant à ses délégués les pleins pouvoirs nécessaires pour régler toutes les questions de détail, conformément aux statuts.

C'est ainsi que l'entreprise si audacieusement conçue par Costérus Wagner pour abuser les souscripteurs de la *Selene-Company* se trouva, en définitive, passer aux mains d'un honnête homme qui était en même temps un savant distingué.

Norbert Mauny, après des études sérieuses, se décida à choisir le Soudan comme base de ses opérations. Il savait par le rapport d'un de ses amis, récemment arrivé d'une mission en Afrique orientale, que le désert de Bayouda, et spécialement le plateau de Tehbali, situé à l'ouest de Berber et au nord de Khartoum, présentait toutes les conditions géologiques indispensables pour l'exécution de son programme. L'accès n'en était pas des plus faciles; mais, jusqu'à Souakim, on aurait la mer pour le transport du matériel. Le sol ne coûterait rien. La main-d'œuvre y était à très bas prix. On avait toute raison de croire que personne n'y connaissait les projets de la *Selene-Company*.

L'état d'anarchie où se trouvait l'Égypte, suzeraine nominale du Haut-Nil, dispensait les organisateurs de l'entreprise de solliciter des autorisations qui auraient peut-être été ailleurs difficiles à obtenir. Enfin, on allait opérer en plein désert et sans exposer aucune agglomération humaine aux dangers inséparables d'une expérience qui pouvait être féconde en surprises.

Le Soudan ne présentait qu'un seul défaut grave : la rareté du combustible.

Norbert obvia à ce désavantage en prenant la résolution d'utiliser tout simplement la chaleur solaire pour faire marcher ses machines. Dès lors, la température même du désert africain, au lieu d'être un inconvénient, allait se changer pour l'entreprise en économie positive.

Les commandes et achats de matériel, faits simultanément à Londres, à Paris et à New-York, prirent cinq mois; le chargement du *Dover-Castle* et le voyage par le détroit de Gibraltar, le canal de Suez et la mer Rouge, six autres semaines. Sept mois pleins après la constitution de la *Selene-Company*, l'expédition était arrivée à Souakim.

Sans connaître l'histoire des trois « commissaires contrôleurs » qu'il avait trop généreusement demandé à s'adjoindre, Norbert Mauny les eut bientôt jugés. Ils étaient évidemment peu faits pour lui servir de collaborateurs. Mal élevés, paresseux, ils se montraient encore ouvertement hostiles à l'expérience dont il avait pris la direction.

Mais il n'ignorait pas que, dans toutes les grandes entreprises, il faut compter avec les dégoûts de ce genre et les associations parfois les plus singulières. D'autre part, rien ne lui était plus aisé que de réduire au strict nécessaire ses rapports officiels avec ces trois individus.

CHAPITRE VIII

LE DÉPART

Au retour à Souakim de la petite expédition qui était allée réclamer l'appui du mogaddem de Rhadamèh, tout se passa comme l'avait promis l'oracle de la zaouïa.

Dès le lendemain, un derviche déguenillé se présentait, muni d'un reçu régulier, au consulat de France, et empochait la somme convenue, en bonne monnaie d'or sonnante, dans un petit sac de cuir. Il avait promis que, le sixième jour, huit cents chameaux attendraient à la porte d'occident les ordres de M. Norbert Mauny. A l'heure dite, la promesse était remplie.

Cependant le débarquement du *Dover-Castle* marchait avec activité. Les ballots et les caisses extraits des soutes du navire s'amoncelaient sur le quai en montagnes couvertes de bâches goudronnées et gardées par des plantons de l'équipage. Il ne resta bientôt plus qu'à faire venir les chameaux, par escouades de quinze à vingt, pour les charger des énormes fardeaux que ces pauvres bêtes reçoivent agenouillées, et qu'on attache avec soin sur des bâts spéciaux. L'opération terminée, chaque conducteur était nominativement inscrit sur un registre, avec le détail de ce qu'il avait reçu, et en devenait responsable jusqu'au moment de l'arrivée sur le plateau de Tehbali.

Tout cela prit une semaine pendant laquelle l'intimité qui s'était établie entre le consulat de France et le docteur Briet d'un côté, Norbert Mauny et le baronnet de l'autre, ne fit que se resserrer de plus en plus. On se voyait tous les jours. On faisait de la musique; on jouait au croquet sur la plage; on causait librement de projets qui n'avaient désormais plus rien de mystérieux. Le seul but de Norbert, en les tenant secrets, avait été d'éviter l'hostilité des Arabes dans une entreprise dirigée contre le « croissant ». M. Kersain savait un gré infini à ses hôtes non seulement des distractions que leur présence procurait à sa fille et à lui-même, mais de l'amélioration évidente que l'excursion de Rhadamèh avait apportée à la santé de Gertrude. Ces cinq jours au grand air, avec leurs saines fatigues, leurs siestes sur la dure, avaient suffi pour donner à la beauté de Mlle Kersain un éclat extraordinaire. Son teint avait pris un ton doré que relevaient les fraîches couleurs de ses joues; ses yeux étaient vifs et brillants; sa démarche légère et la vivacité de tous ses mouvements respiraient la santé.

« Voilà comme j'aime à te voir, fillette, disait M. Kersain avec une profonde satisfaction.

— Il ne tient qu'à vous, cher père! répondait la jeune fille. Laissez-moi faire souvent des excursions aussi amusantes que celle de Rhadamèh.

— Eh bien, nous tâcherons d'en trouver d'autres, quoique je ne puisse pas te promettre les aimables compagnons de la première. Mais je suis de l'avis du docteur Briet et du tien : je crois que le plein air, la bonne lassitude, les courses à cheval, sont précisément ce qu'il te faut!... »

Quant à Costérus Wagner, à Peter Gryphins et Ignaz

Vogel, on les voyait à peine, et personne n'en avait de regret. Ils passaient ordinairement les journées à dormir sur leur cadre, à bord du *Dover-Castle*, et les soirées à jouer aux cartes dans un café arabe qu'ils semblaient regarder comme le paradis de Souakim. L'épaisse fumée de tabac qui en empestait l'atmosphère rappelait assez bien celle d'une brasserie allemande.

Malheureusement, il n'y avait à titre de bière que du *pale-ale* anglais.

Costérus Wagner ne se consolait pas d'être sevré de sa boisson nationale.

« Que le diable emporte la Lune et celui qui veut la faire descendre à terre! disait-il en levant son verre à la hauteur d'une lampe fumeuse et constatant avec désespoir l'état profondément trouble de son breuvage. Autant vaudrait boire l'eau d'une mare à canards!... Maudite Compagnie!... Maudit Français!... Maudite expédition!... Maudit pays!...

— Et nous n'en avons pas fini, gémissait Ignaz Vogel. Le sort en est jeté maintenant. Nous voici pour un an au moins condamnés au désert... Tant qu'il était impossible de se procurer des moyens de transport, on pouvait encore espérer l'abandon de l'affaire. Mais il a fallu que ce Français de malheur arrivât à triompher de tous les obstacles!... Comprend-on que le mogaddem de Rhadamèh ne se soit pas inquiété de l'avis que nous lui avons fait passer par cet Arabe?...

— Bast! dit philosophiquement Peter Gryphins. Vous savez que, pour mon compte, je n'ai jamais cru à ce moyen d'arrêter l'expédition. Les Chérofas ont vu l'occasion de gagner une bonne somme : ils en profitent, c'est tout naturel. Enfin, n'en parlons plus, ajouta-t-il en préparant le mélange d'eau tiède et de whiskey, ou *toddy*, qui était sa boisson favorite.

— N'en parlons plus est bientôt dit! s'écria Costérus Wagner. Croyez-vous qu'on se console aisément de se voir prendre une idée comme la mienne, une idée splendide qui avait en quinze jours amené deux millions sterling dans nos filets?...

— Il est certain que ce n'est pas drôle! articula Ignaz Vogel d'un air de profonde mélancolie. Une telle occasion ne se retrouve pas deux fois dans la vie d'un homme... Mais que faire maintenant? Nous ne pouvons pourtant pas abandonner l'expédition, et, par suite, la Compagnie?...

— Qui parle de l'abandonner? s'écria Costérus; ce serait tout simplement inepte. On n'abandonne pas deux millions sterling, même quand ils sont fortement entamés, hélas! comme ceux-ci... Tudieu, mes enfants, il va bien, le Français!... Des commandes de cinq cent mille dollars à New-York, de trois cent mille livres à Londres, de sept millions de francs à Paris!... Des insolateurs à 500 francs l'un; des machines à vapeur; des dynamos, des kilomètres sur kilomètres de fil de laiton, des appareils de précision pour meubler dix observatoires; des produits chimiques pour faire marcher vingt manufactures; de la soie pour fabriquer trente aérostats!... Et des vivres, des cordages, des alambics, des citernes de zinc, — un navire de neuf cents tonneaux, — quoi encore?... Oh! il s'entend à faire danser l'argent des actionnaires, le Français! Savez-vous qu'en allant de ce pas il ne restera plus un sou en caisse avant un an?...

— Voilà bien pourquoi il aurait fallu arrêter plus tôt les frais, déclara Vogel.

— Mais le moyen?... Donne-moi le moyen, au lieu de parler ainsi pour ne rien dire!...

— Dame! le moyen, je ne le vois pas.

— Alors, tais ton bec, cela vaudra mieux!...

— Nous ne pouvions arrêter les frais ni en Australie, ni en Europe, fit judicieusement observer Peter Gryphins, puisque l'assemblée des actionnaires a donné ses pleins pouvoirs au Français.

— C'est clair! s'écria Costérus Wagner. Mais ici, c'est une autre affaire. Parce que nous n'avons pas réussi à inquiéter le mogaddem sur les projets du Français, ce n'est pas une raison pour qu'une autre tentative ne soit pas plus heureuse. Vous êtes d'accord avec moi sur ce point, qu'on ne peut pas tolérer l'idée de laisser aller jusqu'au bout cette ruineuse expérience, n'est-ce pas?

— Assurément! dirent en chœur Ignaz et Peter.

— Qu'elle réussisse, en effet, et notre rôle de commissaires-contrôleurs est fini, reprit Costérus. Qu'elle ne réussisse pas, après avoir absorbé le capital social, et nous nous trouvons à plus forte raison dans le quinzième dessous...

— Mais croyez-vous vraiment qu'elle pourrait réussir? demanda Peter Gryphins avec curiosité.

— Je le crois, répéta Costérus. Je ne vois aucune raison matérielle pour qu'il en soit autrement... Mais, entendez-moi bien : *nous ne voulons pas* qu'elle réussisse!... Ce n'est pas pour le Français que nous avons fait sortir tant de livres sterling de la poche des actionnaires, mille milliards de chiens!... Ce n'est pas non plus pour la Science! C'est pour nous!... Donc, il faut agir, — agir avant que ce qui reste des deux millions sterling soit dépensé... Est-ce clair?

— Évidemment, répétèrent Ignaz et Peter.

— Supposez l'entreprise arrêtée, le Français obligé de revenir à Melbourne et de constater son échec, nous aurons la partie belle. Rien de féroce comme un actionnaire désappointé : nous en avons fait l'expérience le jour de l'assemblée de Victoria-Hall. Il faut que M. l'astronome de Paris la fasse à son tour... Et alors, une fois remis en possession de l'affaire, une fois chargés de la diriger — ou simplement de la liquider, — vous verrez comme nous manœuvrerons!...

— C'est cela! s'écria Ignaz Vogel en se frottant les mains, comme s'il eût déjà été chargé de tenir la caisse sociale.

— Attention!... dit tout à coup Peter Gryphins, à demi-voix. Le brosseur de l'astronome!... »

Les trois complices se turent subitement et se mirent en silence à fumer leur pipe.

C'était bien Virgile, en effet, qui venait d'entrer dans la salle pour se faire servir une tasse de café arabe. Presque aussitôt il aperçut les « commissaires » qui feignaient de ne pas le voir et d'être plongés dans une douce rêverie. Le brave garçon était trop sincèrement dévoué à son maître pour n'avoir pas déjà senti, d'instinct, que ces hommes le haïssaient. Mais, ce soir-là, quelque chose de faux et de contraint dans leur attitude le frappa particulièrement. Aussi les surveilla-t-il du coin de l'œil, tout en ayant l'air de savourer le café et la pipe turque qu'on venait de lui apporter.

Bientôt il n'en put plus douter : eux aussi, ils le regardaient à la dérobée, en chuchotant, comme gênés par sa présence.

« On dirait que mon arrivée a interrompu la conversation de ces messieurs!... pensa-t-il. Est-ce que par hasard ils comploteraient quelque chose contre mon officier?... Cela m'en a tout l'air, et je crois bien qu'ils ne l'aiment guère... Mais nous ouvrirons l'œil, mes gaillards, et le bon!... Et d'abord, cessons de les inquiéter par ma présence. »

Virgile secoua la cendre de sa pipe, vida sa petite tasse en forme de coquetier, et, donnant d'un coup de poing à sa chéchia l'inclinaison spéciale, à quarante-cinq degrés, qui en fait l'élégance aux yeux d'un tirailleur algérien, il partit en se dandinant sur ses robustes mollets.

Les préparatifs étaient activement poussés et bientôt ils furent terminés. La caravane n'attendait plus qu'un signal pour se mettre en route vers Berber.

La veille du jour fixé pour le départ, le consul de France donnait un dîner d'adieu à M. Mauny : sir Bucephalus Coghill, le commandant Guyon et le docteur Briet étaient avec lui ses seuls invités. Tout naturellement on parla surtout de l'entreprise dans laquelle s'engageait définitivement le jeune astronome; et, sans se prononcer sur le fond, les convives paraissaient assez disposés à admettre qu'après tout ils s'en étaient d'abord exagéré les dangers.

« L'alliance des Chérofas que vous avez obtenue change du tout au tout l'aspect de la question, disait M. Kersain. Sans eux, le succès était impossible. Avec eux, il n'a plus rien d'invraisemblable, — à la condition pourtant que vous restiez en bonne intelligence avec ces tout-puissants alliés. Vous avez pour cela le plus irrésistible des arguments à leurs yeux, des ressources financières considérables et une libéralité naturelle qui vous a déjà valu, je le sais, un très beau surnom parmi les chameliers...

— Quel surnom? demanda Gertrude.

— La *Main-Ouverte,* répondit M. Kersain.

— Tout cela est bel et bon, s'écria le docteur Briet; mais vous oubliez le Mahdi, qui n'a qu'un mot à dire pour changer en hostilité déclarée le bon vouloir des Chérofas!...

— C'est vrai, répliqua le consul; mais le Kordofan, où opère le Mahdi, est loin d'ici et du désert de Bayouda. Et, d'autre part, je viens d'être avisé que le gouvernement égyptien a enfin pris la résolution d'en finir avec les insurgés. Il concentre à Khartoum, par la voie du Nil, une armée véritablement imposante dont le commandement sera confié à des officiers anglais.

— Alors les choses peuvent changer de face, dit le docteur. Mais il ne faut rien de moins qu'une marche décisive sur le Kordofan. Tant que la tête du Mahdi n'aura pas été exposée sur les murs de Khartoum, le Soudan sera ingouvernable.

— Fatima, va donc chercher mon éventail, sur la table de ma chambre! dit à ce moment Mlle Kersain. Il fait ce soir une chaleur accablante... »

La petite servante partit en courant avec l'empressement qu'elle mettait toujours à exécuter les ordres de sa jeune maîtresse.

« J'étais justement en train de regarder les yeux de cette enfant, pendant que le docteur parlait du Mahdi, s'écria le commandant Guyon... Ils brillaient comme des escarboucles... Est-ce qu'elle est Soudanaise?

— Nous ne le savons pas, ni elle non plus, répondit M. Kersain. C'est une fillette probablement amenée du pays des Grands Lacs par les marchands d'esclaves, avant l'époque où le colonel Gordon avait brisé leur infâme commerce, et qui a été trouvée dans le désert, tout près d'ici, à demi morte de faim sur le cadavre de sa mère.

— Pauvre petite ! » dirent tous les convives avec intérêt

En ce moment, Fatima revenait et la causerie changea d'objet.

« C'est un véritable malheur pour la civilisation que Gordon ne soit pas resté gouverneur général du Soudan, fit dogmatiquement observer le baronnet.

— Assurément, lui répondit M. Kersain ; et quoique nous ne soyons pas toujours d'accord, vous le savez, quand il s'agit de la politique anglaise en ce pays, je n'hésite pas à penser comme vous sur le compte de votre illustre compatriote : le gouvernement égyptien n'a jamais eu de fonctionnaire plus brave et plus habile. S'il était resté à Khartoum, le Soudan serait aujourd'hui calme et prospère.

— Mais pourquoi n'y est-il pas resté ?

— Parce qu'il n'avait aucune confiance dans le nouveau khédive, Tewfik, et qu'avant tout un gouverneur général du Soudan a besoin d'être sûr de ceux qu'il sert.

— Quoi qu'il en soit, à le perdre, on peut dire que l'Égypte a perdu le Haut-Nil ! s'écria le docteur Briet. Un si beau pays, si riche, si facile à mener avec ses populations douces et inoffensives !... Mais, depuis l'époque où les Égyptiens s'y sont établis, il y a un demi-siècle, sous Méhémet-Ali, ils n'y ont fait que des sottises, quand ils n'y ont pas commis des atrocités. Ils y ont tout ruiné, tout pillé, tout réduit au désespoir... Si jamais insurrection a été celle de la misère et de la faim, c'est bien celle de ces pauvres gens !... Et maintenant Dieu sait comment tout ceci finira !...

— Souhaitons, en tout cas, que cela finisse bien pour nos amis, » dit M. Kersain, en portant la santé de ses hôtes...

Après le dîner, on passa sur la terrasse, où la conversation revint à cet inépuisable sujet du Soudan, de ses ressources, de l'espoir qu'il pouvait y avoir de le pacifier.

Gertrude, un peu lasse d'en entendre parler, était venue s'asseoir au piano pour jouer quelques-uns de ces vieux airs français, si naïfs et si charmants, que la mode a fait revivre de nos jours. A peine avait-elle commencé que Norbert se rapprocha d'elle pour l'écouter.

« Merci, lui dit-il après un instant, j'emporterai au désert le refrain de ces douces mélodies, comme le dernier écho de la patrie.

— Ah! monsieur Mauny! s'écria la jeune fille, ne cherchez pas à vous faire plaindre!... Vous savez fort bien que c'est nous tous ici, mon pauvre papa, et le docteur, et moi, qui allons périr d'ennui quand vous serez partis!... Il ne sera pas facile de vous remplacer, sir Bucephalus et vous!... »

Quoiqu'elle les mît ainsi sur le même pied, par une petite dissimulation bien féminine, il y avait longtemps que Mlle Kersain avait découvert la différence de l'impression qu'elle avait pu produire sur les deux jeunes gens. Elle savait maintenant que la vivacité de leurs sentiments était en raison inverse de leurs démonstrations.

L'admiration du baronnet était peut-être sincère, mais encore plus banale. Ses soins et ses prévenances, il les avait prodigués à cent jeunes filles; demain, il les offrirait allègrement à dix autres. Tandis que la moindre attention de Norbert avait quelque chose d'exclusif et de personnel qui en doublait le prix.

« Si je pouvais croire que vous me garderez un souvenir véritablement amical, dit le jeune savant, il me serait moins pénible de m'en aller. Mais quel titre ai-je à l'espérer? Avouer un sentiment sincère, n'est-ce pas, selon les lois du monde, comme une sorte de solécisme?... Pardonnez-moi d'oser le faire. L'impression que j'emporte d'ici est si fraîche et si vraie, qu'il me serait par trop dur de ne pas croire à un peu de réciprocité.

— Vous avez raison, dit Gertrude, de mépriser la banalité des protestations mondaines. On en sent bien l'abus, lorsque, pour exprimer une sympathie véritable, on en est réduit à emprunter un vocabulaire qui sert tous les jours. Laissez-moi vous assurer pourtant que, mon père et moi, nous garderons de vous un souvenir plein d'amitié.

— Vous êtes bonne de me le dire : mais prenez garde; je vais abuser de ce privilège pour vous faire une confidence!...

— Je vous écoute, répondit Mlle Kersain, à qui son tact disait que Norbert n'était pas de ceux qu'une pareille faveur pouvait encourager à la familiarité ou à l'impertinence.

— Eh bien! reprit le jeune homme, au moment de toucher au but de mon expédition, j'éprouve une sorte de découragement que j'ai besoin de vous dire, une lassitude singulière et toute nouvelle pour moi. Est-ce un pressentiment?... Ai-je trop présumé de mes forces?... Je ne sais. Mais je sens un mortel dégoût à quitter Souakim!...

— Songeriez-vous à abandonner votre entreprise? demanda Gertrude sincèrement étonnée.

— Ma foi, je crois bien qu'il ne faudrait qu'un mot... un mot de vous, pour m'y décider!... »

Il y eut un instant de silence.

« Ce mot, je ne le prononcerais pas, même si j'en avais le droit, dit gravement Mlle Kersain : car ce serait manquer à quelque chose de plus haut que nous, à la Science!... à la Science que vous pouvez agrandir par vos découvertes... Je crois en vous et en votre œuvre, monsieur Mauny. C'est pourquoi, plutôt que de vous en détourner, je vous dirais, s'il était besoin : rassemblez vos forces pour l'assaut!... donnez à ceux de vos amis qui ont foi en vous l'orgueil de voir se justifier leur jugement par une victoire éclatante!...

— L'encouragement qu'il me fallait, je l'ai désormais! dit Norbert en serrant la petite main qui se tendait vers lui. Me voici retrempé et prêt à la bataille. Merci, mademoiselle, et adieu...

— Eh quoi? nous quittez-vous déjà, dit le consul qui rentrait au salon et qui entendit ce mot.

— Il le faut. J'ai des ordres à donner, et nous partons un peu après minuit, dans deux heures...

VI.

C'ÉTAIT LA CARAVANE QUI SE METTAIT EN MARCHE

— Eh bien, allez donner vos ordres. Mais le commandant Guyon, le docteur et moi, nous avons fait le projet de vous mettre en route, c'est-à-dire de vous accompagner un bout de chemin. Vous nous y autorisez?

— De grand cœur, ai-je besoin de vous le dire?... Où voulez-vous que je vous prenne?

— Ne changez rien à vos arrangements. Nous nous rendrons directement à la porte d'Occident, vers minuit.

— A tout à l'heure, donc!... Mademoiselle, au revoir, je l'espère!...

— Et moi, j'en suis sûre, monsieur!... Au revoir!... et puissiez-vous réussir dans votre noble entreprise!... »

Un peu après minuit, Gertrude, accoudée à la fenêtre de sa chambre, qui s'ouvrait au couchant, regardait mélancoliquement s'allonger, sous la lumière argentée de la Lune, une blanche ligne de burnous.

C'était la caravane qui se mettait en marche. Dans douze jours, elle serait à Berber et franchirait le Nil en bateaux plats. Dans quinze ou vingt, au plateau de Tehbali... Et après? qu'adviendrait-il de tout cela?... Comment se terminerait cette audacieuse expérience?... Si M. Mauny allait échouer!... Pourrait-il résister seulement au chagrin et à l'humiliation d'une défaite?... En dépit de la confiance qu'elle avait montrée, Mlle Kersain était loin de se sentir rassurée sur tous ces points.

Un soupir, qu'elle entendit derrière elle, lui fit détourner la tête pour s'adresser à Fatima.

« Qu'est-ce donc, ma mignonne? lui demanda-t-elle avec bonté. Tu sembles triste, ce soir, et toi qui bavardes toujours comme une alouette, tu ne m'as pas encore dit un mot.

— J'ai bien sujet, petite maîtresse, quand je vois ces bons messieurs s'en aller ainsi dans le désert.

— Comment! c'est là ce qui te chagrine?

— Est-ce que cela ne chagrine pas un peu tout le monde ici? répliqua la fillette avec malice. Hélas! petite maîtresse, on ne s'en chagrine pas encore assez!...

— Que veux-tu dire, enfant?

— Ah! si vous saviez tout ce que j'entends! On ne se méfie pas de moi, et je saisis bien des choses que les blancs ne remarquent point... Si vous saviez ce qui se prépare!... Si vous saviez comme on hait les giaours!... Il y a un grand prophète, loin d'ici, près des Lacs, qui est venu pour sauver les fils d'Allah!... C'est un vrai saint, celui-là, et rien ne peut lui résister... Il a juré d'exterminer tous les Européens jusqu'au dernier... Voilà ce que disent les Arabes et tous ceux du désert... Ils jurent que cela va arriver, que ce sera bientôt, avant huit jours peut-être; qu'il y aura un grand signal partout, depuis le Kordofan et le Nil Bleu jusqu'au Darfour, et à Souakim, et à Dongola, et à tous les pays qui sont près des cataractes. Et qu'alors ce sera fini, et tous les blancs seront tués... C'est affreux de penser que ce pauvre M. Mauny, avec le monsieur anglais et Virgile qui est si bon, et même l'autre valet de chambre qui est si peu aimable, s'en vont tout droit dans cet enfer!... Ce soir, à dîner, quand on parlait du Mahdi, j'aurais bien voulu dire un mot, mais je n'ai pas osé, et puis vous m'avez envoyée chercher votre éventail.

— Justement, ma chérie, si tu avais été là, tu aurais entendu mon père dire qu'une grande armée se prépare pour marcher contre ce Mahdi.

— Oh! rien n'y fera, petite maîtresse!... Vous ne savez pas comme ils sont enragés, tous ceux que j'entends, même les porteurs du quai et les chameliers, et jusqu'à ces Berbères de l'autre nuit, vous savez, avec les ânes!... Ils disent qu'ils ne veulent plus d'étrangers chez eux, que le Prophète a ordonné d'exterminer les infidèles... des choses qui vous font dresser les cheveux sur la tête... Ah! petite maîtresse! que je voudrais vous savoir en France, puisque c'est votre pays!... Partez bien vite, allez, avec le maître. Emmenez Fatima. Il n'y a qu'elle ici qui vous aime!... Mais qu'est-ce que je fais? s'écria tout à coup l'enfant. Vous voilà toute pâle, et je vais vous rendre malade avec mes histoires!...

— Non, ma mignonne, je ne suis pas malade, mais inquiète

seulement, fort inquiète!.. Ce que tu me dis confirme trop bien les craintes des gens qui ont l'expérience de ces choses!... Il me semble maintenant que je les avais, même avant ce soir... J'ai peur de savoir mon père éloigné de la ville. Pauvre père il ne voudra pas partir, lui!... Et moi, quoi qu'il arrive, je ne le quitterai pas.

— Ni moi non plus, petite maîtresse chérie! Mais je ne suis qu'une enfant : peut-être je m'exagère le danger... J'ai eu tort d'en parler... N'y pensez plus... Couchez-vous : il est tard, et le maître ne serait pas content s'il vous savait encore sur pied. »

Gertrude céda à ces affectueuses supplications. Elle se jeta sur sa couche, dit bonsoir à Fatima et ferma les yeux pour dormir. Mais le sommeil ne vint pas. Toute la nuit, l'imagination terrifiée de Mlle Kersain lui montra de sanglants tableaux de guerre et de massacre. Et quand enfin, au grand jour, elle parvint à s'assoupir, ce fut pour suivre en rêve les affreuses visions de la nuit.

CHAPITRE IX

LE GRAND AIMANT

Sept mois s'étaient écoulés et, contre l'attente générale, rien n'était venu justifier les craintes si vivement exprimées à Souakim. L'anarchie continuait, il est vrai, de régner au Soudan; les bruits les plus persistants sur un soulèvement prochain de toutes les tribus du désert contre les étrangers couraient toujours le long des deux rives du Nil. Mais, au total, ce soulèvement ne se produisait pas; les garnisons égyptiennes se maintenaient sans difficulté dans les villes et stations fortifiées de l'intérieur. Enfin, le Mahdi et ses partisans, loin de gagner du terrain, semblaient en perdre. Il avait suffi qu'une armée de dix à douze mille hommes, commandée par Hicks-Pacha, partît de Khartoum et s'avançât vers El-Obéid, pour que le Prophète, évacuant sa capitale, battît en retraite vers le sud.

Sur le plateau de Tehbali, dans le désert de Bayouda, les

travaux dirigés par Norbert Mauny avançaient avec une rapidité et un bonheur extraordinaires. Tout avait, jusqu'à ce jour, marché au gré du jeune savant; et, comme il le disait lui-même, il ne pouvait assez se féliciter d'avoir arrêté son choix sur cette région vraiment privilégiée. Il faut dire que ce n'avait pas été sans des études préalables fort attentives, et d'après des données qui permettaient légitimement d'espérer des conditions géologiques exceptionnellement favorables.

D'abord la pyrite magnétique, base indispensable de l'entreprise, était si abondante dans cette partie occidentale du désert de Bayouda, voisine du Darfour, que des collines entières ou, pour mieux dire, de véritables montagnes de mille et douze cents mètres de haut, en étaient exclusivement composées. Entre toutes ces montagnes, Norbert en avait choisi une, la plus élevée, le pic de Tehbali, pour en faire le siège de ses opérations.

C'était un immense rocher de forme conique, constitué par des roches parfaitement homogènes, isolé sur un plateau naturel de deux kilomètres de largeur en tout sens, et dominant de sept à huit cents mètres les hauteurs voisines.

Ce choix était, en quelque sorte, indiqué d'avance. Il suffisait d'arriver dans la région pour être frappé de l'aspect particulier de ce pic, et en remarquer d'abord les avantages au point de vue purement astronomique.

« De tous les observatoires que j'ai vus, dit à ce propos Norbert au baronnet, je ne connais guère que le pic du Midi, dans les Pyrénées, où s'est installé le général Nansouty, qui puisse rivaliser comme position avec celui-ci. Encore le pic du Midi est-il les trois quarts de l'année au milieu des neiges et à peu près inabordable. C'est un désagrément que nous n'avons pas ici. »

Quelques sondages suffirent à démontrer que, sous le rapport de la constitution géologique, le pic de Tehbali était plus précieux encore. Dans la pratique, on pouvait, en effet, le considérer comme une énorme pyrite magnétique d'un seul bloc, haute de quinze cents mètres, et de forme conique sur une section inférieure évaluée à soixante hectares.

Les échantillons de cette pyrite, cassés au marteau et analysés avec soin, étaient formés d'une combinaison de protosulfure et de bisulfure de fer. Elle était remarquablement stable, malléable et ductile à un degré éminent, au moins aussi magnétique que le nickel et le cobalt, sinon que le fer doux; c'est-à-dire qu'elle se comportait exactement comme un aimant sous l'influence d'un barreau aimanté ou d'une machine électro-dynamique. Enfin, toujours comme le fer doux, elle perdait instantanément cette propriété si l'influence déterminante suspendait son action.

A quinze cents mètres en ligne verticale au-dessous du sommet du pic, on trouvait partout et très uniformément le sable. Un sable jaune, fin, sur lequel cette masse colossale de sulfure de fer avait dû venir se solidifier, au cours de quelque convulsion géologique du passé, comme la fonte en fusion vient se figer dans une rigole d'argile molle. La découverte de ce pic causa à Norbert le plus vif plaisir qu'il eût éprouvé depuis le meeting de Victoria-Hall. Par sa constitution géologique, il allait, en effet, lui épargner la peine d'élever une montagne artificielle de pyrites magnétiques. Cette montagne se trouvait toute faite, et plus haute, plus large sur sa base, plus homogène, plus satisfaisante à tous égards que n'auraient pu la construire des milliers de travailleurs occupés pendant des mois.

Il restait à l'adapter pour l'usage déterminé en vue duquel elle était choisie.

Avant tout, il fallait mettre à couvert les appareils précieux, les machines et les approvisionnements, d'abord déposés sous de simples tentes. Norbert commença par faire établir une route qui montait en lacet jusqu'au sommet du Tehbali, nivelé sur une étendue de trois mille mètres carrés. Sur cette esplanade, il fit alors construire, à la mode arabe, de vastes bâtiments de plain-pied, destinés à servir de magasins, d'habitations et de laboratoires. Toutes ces bâtisses, qui dominaient la montagne comme une forteresse, furent faites de pyrites extraites à coup de mines en dessinant la route, et couvertes de voûtes formées de matériaux identiques. Le Darfour, tout voisin, et la tribu des Chérofas fournirent au premier appel les bras nécessaires à ces travaux.

Les maçons abondaient; les terrassiers apprenaient leur métier en deux ou trois jours d'apprentissage. Grâce à l'activité de Mabrouki-Speke et de Virgile, qui servaient d'interprètes, on put bientôt former une vingtaine de contremaîtres et pousser vigoureusement les travaux. La proximité relative de Berber facilitait l'approvisionnement de cette petite armée ouvrière. Les puits d'Ouadi-Teraïb et d'Abou-Klea, éloignés de quelques lieues à peine, fournissaient une eau excellente et que les convois réguliers de chameaux apportaient aux citernes de zinc installées sur la montagne. Du reste, un village de marchands n'avait pas tardé à se constituer à deux kilomètres du pic, pour subvenir à tous les besoins des travailleurs de la *Selene-Company*. Devant la porte de la muraille rectangulaire qui entourait tous les bâtiments de l'observatoire, Norbert avait fait dresser une tente de toile rayée, où il aimait à s'asseoir pour se livrer aux calculs, souvent compliqués, que nécessitaient ses travaux. On avait, de là, une vue splendide et qui s'étendait à dix ou vingt lieues à la ronde.

Au-dessous du plateau de Tehbali, dont le pic était le sommet le plus élevé, le désert Bayouda se développait comme une carte géographique de plaines arides et sablonneuses, où se dressaient de loin en loin quelques minces bouquets de palmiers. A l'ouest, des mouchetures blanches semées sur le sable jaune, étaient les villages du Darfour méridional. Vers l'Orient, on distinguait vaguement à la lunette, au milieu d'une tache verte, qui était l'oasis de Berber, les coupoles et les minarets de cette grosse ville. Au nord, on devinait le Nil, indiqué par la double ligne de ses rives boisées, et, par places, on voyait ses eaux bleues miroiter au soleil.

Un matin d'octobre, vers sept heures, le jeune savant était, selon sa coutume, assis sur un pliant devant sa petite table de travail, quand Virgile entra brusquement sous la tente-abri. Il était tout essoufflé.

« Des visites ! monsieur... des visites !... disait-il, en proie à une agitation manifeste.

— Des visites ? fit distraitement Norbert. Que me chantes-tu là ?

— Oui, monsieur, des dames et des messieurs à cheval. Toute une caravane qui monte ici... C'est du chantier à mi-côte que je les ai vus arriver, et j'ai pensé que vous ne seriez pas fâché d'être prévenu. Je crois bien avoir reconnu de loin Mlle Kersain, sa petite suivante, son père et le docteur Briet...

— Tu rêves ! répliqua le jeune savant en se levant néanmoins avec empressement pour prendre sa lorgnette et la porter à ses yeux. Où les vois-tu, ces prétendus cavaliers ?

— Tenez, monsieur, là-bas, au bout du quinzième lacet... »

Un coup d'œil suffit à Norbert pour constater la réalité de la nouvelle. C'étaient bien Mlle Kersain, son père, le docteur Briet, Fatima, que sa double lunette lui montrait à quelques pas de lui !... Si stupéfiante et si inattendue que fût cette visite, elle était parfaitement réelle. Pour la première fois de sa vie, le jeune astronome eut un mouvement que n'aurait pas désavoué un élégant du boulevard des Capucines ou de Pall-Mall.

« Et moi qui suis en tenue de travail ! dit-il en jetant un regard navré sur sa vareuse de laine, son pantalon de toile et ses sandales arabes. Alerte, Virgile !... des vêtements présentables !... Nous avons encore le temps !... »

Le brave garçon courut à l'appartement de son maître, lui rapporta du linge frais, des chaussures européennes, un chapeau de paille. En un tour de main la transformation s'opéra. Comme elle s'achevait, le baronnet, qui se levait, parut devant la tente.

Sa toilette du matin, à lui, était irréprochable ; elle n'avait pas besoin du moindre perfectionnement : Tyrrel en faisait son affaire ; on aurait pu croire que sir Bucephalus sortait de son appartement de Curzon street.

« Les Kersain qui nous arrivent! lui dit Norbert.

— En vérité?...

— Voyez plutôt!... »

Et tandis que le baronnet portait la lorgnette à ses yeux :

« Je vais à leur rencontre, poursuivit le jeune savant. Mon cher Coghill, vous vous entendez à ces choses-là : chargez-vous de faire préparer les rafraîchissements, tandis que je recevrai nos hôtes!... »

Sans attendre de réponse, il s'élança sur le chemin. Sir Bucephalus, assez marri, au fond, du rôle qui lui était assigné si cavalièrement, n'en appela pas moins Tyrrel pour lui donner ses ordres. Un pâle éclair de joie passa aussitôt sur la face bien rasée du valet de chambre modèle. Mais, sans s'arrêter à le remarquer, le baronnet était déjà parti sur les traces de Norbert.

Les voyageurs débouchaient justement sur l'esplanade.

« Quel bon vent vous amène? s'écriait le jeune astronome en échangeant avec ses amis de chaleureuses poignées de mains. Je ne pouvais pas en croire mes yeux!... M. Kersain, le docteur Briet, Mlle Gertrude elle-même!...

— Certes! disait la jeune fille en sautant légèrement à terre avec l'aide de Norbert. Croyez-vous que j'aurais laissé mon père aller tout seul à Khartoum?

— A Khartoum!... C'est à Khartoum que que vous vous rendez?...

— Sans doute, répondit M. Kersain, qui venait à son tour de descendre de cheval. Je suis nommé consul général de France au Soudan, et naturellement j'emmène ma fille...

— Oh! oh!... dit le docteur Briet, il paraît que vous êtes légèrement en retard ici pour les nouvelles!... Vous ne savez donc pas que l'armée de Hicks s'est enfin concentrée sous Khartoum, qu'elle est admirablement disciplinée et armée, après huit mois d'exercices assidus, et que le Mahdi bat en retraite devant elle?... Plus de Mahdi!... Il s'est évaporé, volatilisé du côté des Grands-Lacs... Voilà pourtant ce que valent les réputations!... Vous savez si je croyais au Mahdi, mon cher ami?... Eh bien, je n'y crois plus!...

— Vous non plus, monsieur le consul général, dit Norbert, puisque vous emmenez Mlle Kersain à votre nouveau poste?

— Ma foi, si j'y crois encore, ce n'est guère! Je suis persuadé que la pacification du Soudan n'est plus désormais qu'une affaire de temps ; et, comme il y a en ces régions une grande place à prendre pour le commerce français, j'ai dit la chose dans mes rapports, telle que je la voyais. Le ministre en a profité pour me bombarder à Khartoum, et Gertrude a absolument voulu m'accompagner.

— Bien entendu! s'écria Mlle Kersain. Est-ce que je ne suis pas de la carrière, moi aussi? Vous savez que papa se vante, M. Mauny, quand il parle de ses rapports. C'est moi qui les fais avec lui!... Un peu dans le but de visiter Khartoum, et par la même occasion le pic de Tehbali, je l'avouerai... Mais je ne m'attendais guère à ce que je vois. C'est tout simplement admirable!... »

Le baronnet arrivait, en effet, encore un peu gourmé du petit tour que lui avait joué Norbert en prenant les devants. Mais il n'y avait pas de mélancolie qui pût résister à la gaieté communicative de Mlle Kersain. Elle était véritablement ravie de se trouver à Tehbali et ne cherchait même pas à le cacher. Ce fut bien autre chose encore quand elle eut franchi la porte de l'observatoire, pour se trouver dans une vaste pièce voûtée que Tyrrel venait, en un tour de main, de transformer en salon.

« Nous sommes, expliqua Norbert, dans ce que nous appelons la « salle des Manettes », parce que tous les fils conducteurs vont y aboutir et se trouver aux ordres de ces deux poignées d'ivoire que vous voyez là : l'une pour établir instantanément l'état d'aimantation, l'autre pour le suspendre non moins instantanément... Mais nous vous montrerons tout cela... Pour le présent, ne songez qu'à vous rafraîchir. »

Une table magnifiquement servie se dressait au milieu du salon, sur des tapis de laine, entre de larges divans en cuir de chameau ciselé et taillé. Les murs étaient ornés de cartes célestes, de plans topographiques, de grandes photographies lunaires. Au fond de la salle, par une porte ouverte à deux battants, on apercevait des appareils astronomiques, un grand équatorial, des lunettes, des piles électriques, des machines bizarres, tout un musée technique. On aurait pu se croire au Conservatoire des Arts et Métiers de Paris, plutôt que sur un pic isolé au milieu du désert africain.

Quand les voyageurs eurent fait honneur à la collation qui les attendait, ils parlèrent de procéder sur l'heure à la visite des travaux, afin de pouvoir se remettre en route le soir même. Ni Norbert ni le baronnet ne voulurent entendre de cette oreille. Ils n'eurent pas de peine à démontrer à leurs visiteurs qu'ils pouvaient fort aisément leur donner l'hospitalité en leur livrant l'observatoire, pour aller camper sous la tente, ce qui n'a jamais rien de bien terrible au Soudan. M. Kersain se laissa convaincre.

Gertrude s'était levée pour examiner quelques-unes des cartes suspendues aux murs de la « salle des Manettes ».

« Qu'est-ce que cela? demanda-t-elle en considérant avec attention une sorte de mappemonde dont elle ne connaissait ni les mers ni les continents.

— C'est une carte générale de la Lune, lui répondit Norbert — ou du moins de l'hémisphère lunaire visible d'ici-bas.

— Comment! une carte de la Lune? s'écria la jeune fille. On y est donc allé déjà?

— Ce n'était pas nécessaire pour dresser cette carte. Il suffit d'observer attentivement notre satellite par les nuits bien claires, à l'aide d'une bonne lunette, et de noter tous les accidents qu'on remarque sur sa face. A la longue, ces observations, accumulées par un grand nombre d'astronomes différents, et trouvées concordantes, ont permis d'établir la géographie de ce petit monde.

— Mais je vois qu'il y a des noms sur cette carte : *mer de la Tranquillité; océan des Tempêtes; chaîne des Apennins; monts Dorfels...* Comment a-t-on pu savoir ces noms-là?

— Ce sont des noms conventionnels, donnés par les observateurs eux-mêmes, et qui n'empiètent nullement sur les droits des habitants de la Lune, si ces habitants existent, ce que j'ignore.

— Et ceci, qu'est-ce donc? demanda Gertrude en passant à un autre tableau.

— C'est un grand cirque lunaire analogue au cirque de Gavarnie de nos Pyrénées, mais beaucoup plus vaste. On l'appelle le *Cirque de Copernic*. Cet autre est la montagne lunaire de *Gassendi*. Celui-ci représente un groupe de hauteurs qu'on aperçoit près du pôle boréal de notre satellite et qu'on appelle les *Monts de l'Eternelle-Lumière*.

— Et tous ces volcans, qu'on dirait dessinés dans nos montagnes d'Auvergne?

— Ce sont des volcans lunaires, ou du moins des cratères d'anciens volcans, probablement éteints. On en trouve partout de pareils sur le sol de cette pauvre Lune, qui paraît avoir été singulièrement déchirée et ravagée par ses forces intérieures.

— On est sûr que ce sont des cratères?

— Absolument sûr, puisqu'on peut sans difficulté déterminer leur forme, leurs dimensions, et jusqu'à la hauteur de leurs parois.

— Comment cela est-il possible?

— De la manière la plus simple et par les applications les plus élémentaires de la géométrie.

— Et l'on est certain que l'on ne se trompe pas, que ce sont bien des montagnes ou des cratères d'une certaine hauteur, d'une certaine largeur, que l'on aperçoit ainsi?

— Parfaitement certain. Quand vous regardez la photographie d'une figure humaine, êtes-vous sûre, sans avoir vu cette figure, que la photographie en reproduit fidèlement les traits?

— Assurément.

— Eh bien, nous prenons des photographies de la Lune presque aussi aisément que d'un personnage en chair et en os. Tenez, en voici une de la chaîne des Apennins lunaires que j'ai prise il y a un mois environ. Peut-on douter, en la voyant, que ce soit celle d'une longue chaîne de montagnes photographiée de haut et verticalement, comme on pourrait le faire de la nacelle d'un ballon?

— C'est surprenant.

— Voulez-vous une contre-épreuve? Regardez ce dessin qui représente justement une île volcanique et toute parsemée de cratères, le pic de Ténériffe, à vol d'oiseau. L'analogie n'est-elle pas frappante?

— Si frappante qu'il est impossible de douter que les modèles soient tout à fait semblables aussi.

— Justement. C'est par des rapprochements, des comparaisons, des analogies de ce genre qu'on est arrivé graduellement à établir la géographie de la Lune, ou plutôt la *sélénographie*, comme disent les gens amoureux du grec (de Σελήνη, Lune).

— Je vois. Mais comment avez-vous pu arriver à photographier ainsi une chaîne isolée? On se l'explique encore pour l'ensemble de la Lune, mais pour un détail?...

— Vous n'aurez pas de peine à le comprendre si vous songez qu'un télescope grossissant 2,000 fois amène en quelque sorte notre satellite à quarante-huit lieues de l'observateur. Or un globe de 869 lieues de diamètre vu de si près est énorme : nous pouvons en choisir des parties pour les fixer isolément sur la plaque sensible. Enfin, vous n'ignorez pas qu'une photographie microscopique peut aisément être développée et agrandie, de manière à montrer des détails primitivement invisibles à l'œil nu.

— Que j'aimerais voir tout cela de mes yeux!...

— Vous le verrez, et pas plus tard que ce soir : la Lune est précisément dans son plein et tout à fait propre à l'observation.

— Quoi! vous me ferez voir la *chaîne des Apennins*, telle que la voilà figurée, l'*océan des Tempêtes*, les *monts Dorfels*?...

— Et beaucoup d'autres choses encore!

— Savez-vous que c'est merveilleux!

VII

« DES VISITES ? QUE ME CHANTES-TU LA ? »

— C'est merveilleux si l'on veut. Je trouve encore plus merveilleux que l'humanité presque entière passe sa vie à côté de ces choses sans les voir.

— Alors vous croyez vraiment possible, reprit Gertrude après un moment de silence, que la Lune ressemble à notre monde, qu'elle ait une constitution géologique analogue à la nôtre, des continents, des mers, des montagnes, des volcans?...

— Non seulement c'est possible, mais probable et même certain. La Lune, ne l'oubliez pas, n'est qu'un fragment de la Terre, détaché d'elle il y a des milliers ou des milliards d'années, à l'époque où notre globe n'était encore qu'une nébuleuse en forme de lentille tournant sur elle-même. Les éléments chimiques de son sol sont donc nécessairement les mêmes que ceux dont se compose le nôtre. Tout au plus peuvent-ils avoir formé des combinaisons différentes ou se trouver différemment répartis du centre à la périphérie. Mais les probabilités tirées de l'analogie sont en faveur d'une constitution identique. Cela ne veut pas dire, bien entendu, que la vie s'y soit manifestée sous les mêmes formes, tant s'en faut!... Les conditions calorifiques et climatologiques de la Lune étant, au contraire, absolument différentes de celles de la Terre, en raison de ses dimensions plus restreintes, de sa position particulière, et des alternatives de chaleur et de froid par lesquelles elle passe tous les quatorze jours, — il est non seulement probable, mais certain que ses végétaux et ses animaux sont ou ont été également différents des nôtres. Je ne parle pas de son atmosphère, qui décidément existe, je le crois, mais très raréfiée et sans analogie avec la nôtre.

— Vous avez à cet égard des données récentes? demanda non sans ironie le docteur Briet.

— Oui, docteur. J'ai, comme vous le dites, des données récentes, répliqua gravement Norbert. A quoi voulez-vous que j'occupe ici mes soirées ou même mes après-midi? Je lorgne les astres, comme c'est mon métier, et il m'arrive, dans ce beau ciel, de noter quelques observations nouvelles. Par exemple, au cours d'une éclipse de Soleil, en août dernier, j'ai trouvé aux cornes du croissant solaire la forme arrondie et tronquée que Laussedat avait déjà signalée ; et, à plusieurs reprises, il m'a été donné de revoir le crépuscule lunaire observé par Schrœter : toutes choses qui concluent à la présence d'une atmosphère. Mais d'autres indices, tels que l'absence de dégradation dans les ombres portées des pics et cratères de la Lune, militent contre cette conclusion. C'est pourquoi j'incline à penser que l'atmosphère lunaire existe, mais qu'elle est bien ténue et probablement irrespirable pour les habitants de la Terre.

— Mais, en ce cas, s'écria le docteur, adieu votre projet !

— C'est ce qu'il reste à voir, répliqua Norbert. Nos précautions seront prises pour tous les cas. S'il y a une atmosphère irrespirable, nous essayerons de lui substituer la nôtre ; et, si nous n'y parvenons pas, nous nous passerons des deux !... »

CHAPITRE X

VISITES SUR VISITES

Les premiers renseignements fournis par Norbert sur ses projets avaient vivement intéressé ses visiteurs; mais il se refusa à leur en donner d'autres avant qu'ils eussent pris un peu de repos. C'est pourquoi, après le déjeuner de bienvenue, chacun fut installé dans l'appartement qu'il devait occuper pendant la nuit, et se livra, jusqu'à cinq ou six heures de l'après-midi, aux douceurs de la sieste, indispensable sous le climat du Soudan.

Ce ne fut qu'après le coucher du soleil que le directeur de la *Selene-Company* consentit à promener ses hôtes sur son domaine.

« Je vais vous montrer ce qu'aucun profane n'a vu encore, leur dit-il. Mais ne vous attendez pas à des machines biscornues ou à des préparatifs cabalistiques... Tout est ici de la plus grande simplicité.

« ... Voici d'abord, poursuivit-il en précédant les visiteurs dans la galerie qui faisait suite à la « salle des Manettes », mon observatoire particulier. Vous n'y trouverez rien que vous ne puissiez voir à Paris, à Marseille, à Montsouris ou à Greenwich : une coupole mobile qui tourne sur son axe et suit avec le pendule que voici le mouvement apparent de la voûte étoilée; des télescopes, des compas et des montres marines, des baromètres, des thermomètres, une vitrine de petits appareils de précision, — et c'est tout.

« A droite, par ici, nous avons un grand laboratoire, avec ses fourneaux, ses cuves et ses réactifs. A gauche, le dépôt de produits chimiques. Vous y remarquerez des provisions importantes de chlorate de potasse et aussi ces grandes boîtes en zinc, portées par des bretelles qui leur donnent l'aspect d'autant de fontaines de marchand de coco : elles sont destinées à se remplir d'oxygène et à nous permettre de respirer dans tous les milieux possibles, sous l'eau comme dans le vide.

« Plus loin, c'est le département des cordages, étoffes et soieries, avec sa provision d'aérostats et de parachutes de diverses grandeurs, prêts à servir s'il est nécessaire. Puis les outils et instruments des principales professions. Enfin les magasins à vivres, qui prennent tout le reste des bâtiments. C'est de là que nous tirons nos viandes conservées, nos légumes en boîtes, nos vins, farines, biscuits de mer, fruits secs et le reste. Nos citernes, composées de caisses en zinc boulonné et maçonné dans le béton, contiennent environ vingt millions de litres d'eau... Mais tout cela, je le répète, ne présente aucun intérêt particulier. Il me suffit de vous dire en gros que nous sommes ici dans un château-fort sans étages, construit de plain-pied en pyrites magnétiques, et dûment approvisionné de toutes les choses nécessaires non pas seulement à la vie courante, mais aux observations astronomiques, météorologiques et aérostatiques, aux recherches physiques et chimiques, à la fabrication rapide des objets dont on peut avoir négligé de se munir... Jusqu'ici donc, rien de bien notable, sinon la complète autonomie de notre établissement, qui pourrait se suffire à lui-même, en cas de besoin, comme un navire de haut bord ou une place assiégée. Pour que l'assimilation soit parfaite, il a de quoi se défendre et possède, avec un arsenal d'armes blanches, de fusils et de revolvers, deux canons Gattling et quatre mitrailleuses à magasin et tir continu, du système Maxim... Voilà pour l'organisation matérielle et les précautions d'ordre général; passons maintenant aux travaux techniques entrepris en vue de l'expérience que je me propose de tenter. »

Le jeune astronome introduisit ses hôtes dans une salle circulaire qui occupait le centre des bâtiments. Ils n'y virent rien qu'un grand trou rond et noir.

« Ce trou, leur dit-il, où je me propose d'installer prochainement une banne, un ascenseur, pour mieux dire, afin de pouvoir descendre en trois minutes au rez-de-chaussée de la montagne, — est simplement un puits de sondage. J'ai commencé de le creuser aussitôt après avoir nivelé l'esplanade où s'élèvent nos constructions, afin de vérifier la structure géologique du pic de Tehbali. Il descend verticalement à 1,520 mètres de profondeur, sur 2 mètres de rayon. Nous l'avons foré en douze semaines, grâce à l'emploi de la vapeur. C'est ainsi que j'ai pu arriver à la base du pic, savoir que cette base repose sur un lit de sable, constater l'homogénéité de la roche magnétique et, par suite, prendre la résolution de me servir de la montagne telle qu'elle est, au lieu d'en élever une par des moyens artificiels. Ce puits a d'ailleurs d'autres usages que vous apprécierez bientôt...

— Vous venez de nous parler de machines à vapeur pour le forage de ce boyau vertical, dit M. Kersain. Où donc sont ces machines et comment avez-vous pu les alimenter de combustible?

— Vous touchez là, répondit Norbert en souriant, à la seule objection qui ait menacé d'arrêter l'expérience au Soudan : la rareté du combustible. Pour vous expliquer comment j'ai pu résoudre cette difficulté, il me suffira de vous montrer l'appareil qui est en réalité la cheville ouvrière de mon entreprise. »

On prit un couloir qui conduisait au large chemin de ronde à ciel ouvert tracé entre les bâtiments et le rempart extérieur. Dans ce chemin, en plein air et exposés pendant tout le jour aux rayons du soleil tropical, se trouvaient plusieurs douzaines de vastes réflecteurs de cuivre, en forme de tronc de cône à génératrice brisée. Chaque appareil portait à son foyer une chaudière de verre trempé et une machine à vapeur dont le mouvement, on le voyait d'un coup d'œil, pouvait aisément animer des courroies de transmission disposées sous un appentis.

« C'est l'*insolateur*, dit Norbert, tel qu'il a été construit et perfectionné, tout récemment, par son inventeur, M. Mouchot, professeur de physique au lycée de Tours, pour recueillir la chaleur solaire et l'appliquer aux usages industriels. Dans la pensée de son auteur, ce précieux appareil devait, je crois, servir d'abord à l'exploitation du chemin de fer transsaharien. Il nous a déjà permis de forer notre puits, et, comme vous le constaterez tout à l'heure au pied de la montagne, il chauffe à blanc la ceinture de fourneaux où se fabriquent des masses considérables de verre.

— Quoi! s'écria le docteur Briet, cet entonnoir de cuivre suffirait à développer la chaleur nécessaire à la vitrification du sable?

— Vous en jugerez par vous-même, répliqua Norbert. Mais, en attendant, il me suffira de vous dire que, sous le ciel du Soudan, nous obtenons et recueillons en moyenne 38 *calories*[1] par minute et par mètre carré de surface d'insolation. Or, chacun de mes appareils équivaut à 10 mètres carrés et j'en possède 2,000. C'est vous dire que je puis obtenir gratuitement, recueillir et utiliser 760,000 calories par minute, 45,600,000 ca-

---

1. *Calorie.* Quantité de chaleur nécessaire pour élever d'un degré centigrade la température d'un litre d'eau.

VIII

NOUS N'AVONS PAS ICI D'AUTRE MODE DE CHAUFFAGE

lories à l'heure, 456,000,000 calories par journée de dix heures. Telle est la quantité de chaleur que le Soleil met à notre service et que l'humanité laisse perdre sans l'utiliser!... Nous n'avons pas ici d'autre mode de chauffage. Vous avez eu ce matin des côtelettes grillées à l'insolateur; vous aurez ce soir un potage et du rôti préparés par le même procédé. L'eau-de-vie que vous mettrez dans votre café est distillée par l'insolateur, comme ce café s'est torréfié et infusé sous son influence.

— Mais vous êtes condamnés à ne faire de cuisine qu'en plein jour? objecta Gertrude en riant.

— Oui, si nous avons l'étourderie de laisser la chaleur ainsi obtenue rayonner dans l'espace; non, si nous avons soin de l'emprisonner sous un corps mauvais conducteur, une couverture de laine ou un simple pot de sable. C'est ce que fait Virgile, et fort adroitement, je vous assure!

— C'est merveilleux! s'écria M. Kersain. Voilà un appareil qui est évidemment appelé à rendre les plus grands services en Afrique!...

— Des services plus précieux encore qu'on ne l'imagine, répondit Norbert Mauny. Songez que c'est la force *gratuite* et *illimitée!...* Rien que par l'action solaire, on peut désormais percer des puits artésiens au milieu du désert le plus aride, aller chercher l'eau à une profondeur quelconque, l'amener à la surface du sol, la distribuer à volonté... On peut tracer des voies ferrées à travers le Sahara, élever des usines et les mettre en activité, chauffer des bateaux à vapeur sans s'inquiéter du combustible. C'est le Soleil qui se charge de la besogne... Cet entonnoir conique une fois orienté, le reste va tout seul. Et rien de plus aisé que de lui donner l'orientation voulue! Le levier que vous voyez là suffit pour faire aller et venir le réflecteur dans un plan horizontal. La crémaillère le fait pivoter sur deux chapes et s'élever ou s'abaisser verticalement. Un enfant de sept ans, un sauvage polynésien, je dirais volontiers un singe, apprendraient en cinq minutes une manœuvre aussi simple!... »

Du chemin de ronde, on revint à la porte d'entrée, où les chevaux tout sellés attendaient les voyageurs pour les transporter au pied de la montagne. Ce fut l'affaire d'une demi-heure. On passa au galop devant le camp des terrassiers, formé de tentes, de huttes et de cabanes en terre, et bientôt on s'arrêta devant un des fourneaux mentionnés par Norbert.

« Il y en a cent-vingt exactement pareils à celui-ci, dit-il, et qui entourent la base du pic d'une ceinture de foyers de vitrification. Vous voyez le verre qui en sort : il est grossier et peu translucide, mais parfaitement approprié à sa destination, qui est d'isoler le bloc magnétique dont se compose le pic de Tehbali. Cet isolement sera réalisé par une couche vitrifiée d'environ soixante-dix à quatre-vingts centimètres d'épaisseur.

« Comment arriverons-vous à la constituer, demandez-vous ? Tout simplement en la coulant à la base du pic. Le sable, qui nous fournit la matière première, ne manque pas ici. La chaleur solaire me permet de tenir cent-vingt foyers de vitrification en activité pendant douze ou quinze heures par jour. Chacun de ces foyers produit en moyenne deux cents mètres cubes de verre qui s'écoule en nappe sous la montagne à mesure qu'il sort des creusets. Un tunnel horizontal, percé jusqu'au centre de la base pyrétique et qui va rejoindre le puits de sondage, nous permet de faire marcher l'opération de la coulée de ce centre vers la périphérie... Le jour où la nappe vitrifiée arrivera à la circonférence, nous serons certains que l'opération est terminée et la montagne complètement isolée de son sous-sol sablonneux.

— Combien de temps pensez-vous qu'il vous faudra pour arriver à ce résultat ? demanda Gertrude.

— Encore cinq ou six mois de travail continu.

— C'est long.

— Assez long, en effet, surtout pour les commissaires contrôleurs de la Compagnie, dit Norbert en jetant un regard malicieux du côté de sir Bucephalus. Mais tant pis pour eux !... Je ne veux rien laisser au hasard, et vous pensez bien que je ne vais pas m'amuser à brusquer les choses pour abréger l'exil de ces messieurs !

— Où sont donc les trois autres commissaires ? demanda le docteur Briet. Nous ne les avons pas encore aperçus.

— Ils sont là-haut, dans le logement spécial que je leur ai réservé. Ils y passent leur temps à jouer au bésigue, en fumant la pipe et buvant l'exécrable bière anglaise qu'on leur apporte de Berber. Je ne les vois pas une fois par semaine et je ne les laisse intervenir que dans les cas indispensables : par exemple, s'il s'agit de signer des contrats ou d'ordonnancer des payements... »

Ce que Norbert ne disait pas, c'est que Wagner, Gryphins et Vogel avaient, par tous les moyens, tenté d'enrayer son entreprise; que leur hostilité était désormais avérée et surabondamment prouvée par une foule de circonstances; qu'il avait fallu en venir à les traiter en ennemis, à leur interdire l'approche des travaux, l'entrée de l'observatoire et jusqu'à celle des magasins. Depuis trois mois, tout spécialement, ils étaient véritablement tenus en quarantaine dans la partie de l'aile gauche qui leur avait été affectée, et dûment avertis, par surcroît, qu'au premier signe de trahison nouvelle on leur logerait dix balles dans la tête.

Bien volontiers, Norbert les aurait expulsés et renvoyés en Europe. Mais il se sentait retenu par leur caractère de contrôleurs financiers désignés par l'assemblée des actionnaires, et voulait que la rupture, si elle se produisait, vînt d'eux seuls. C'est pourquoi, tout en les prévenant qu'il ne souffrirait plus aucune tentative directe ou détournée contre son entreprise, il persistait à les tolérer à Tehbali.

Quant à eux, ils n'avaient garde de s'en aller de bon gré. Décidés à remettre la main sur la splendide affaire qui leur devait son éclosion, et où Norbert Mauny n'était, à leur sens, qu'un intrus, ils acceptaient toutes les avanies, toutes les déconvenues, tous les ennuis plutôt que de céder.

Avec sir Bucephalus, qui était un parfait honnête homme

en même temps qu'un homme de bonne compagnie, Norbert s'entendait à merveille. Pour faire renaître entre eux une ombre de rivalité, il n'avait fallu rien moins que la présence de Mlle Kersain. Le baronnet n'avait pu vivre côte à côte avec le jeune savant sans se prendre d'une vive admiration pour son énergie, pour son génie si plein de ressources, pour la loyauté et la noblesse de son caractère. Quel que dût être le sort de l'entreprise, il se sentait fier désormais d'y participer : et, la curiosité aidant, avec l'espoir légitime du lustre nouveau qu'une aventure aussi originale ne pouvait manquer de jeter sur son nom, à son retour à Londres, il prenait en patience la vie légèrement monotone qu'on était bien forcé de mener au désert de Bayouda.

Sans se donner la peine de visiter les autres fourneaux, car il suffisait d'en voir un pour s'expliquer la marche de l'opération, la joyeuse cavalcade reprit le chemin de l'observatoire.

« Si j'ai bien compris vos explications, dit en route M. Kersain, vous comptez, en dernière analyse, faire servir la chaleur solaire à exercer sur la Lune une action magnétique?

— Précisément.

— Quant à vos travaux actuels, ils ont spécialement pour but d'isoler le bloc pyritique de Tehbali sur une plaque de verre grossier, interposée entre la base et le sable sous-jacent... Mais, quand ce sera fait, en quoi vous trouverez-vous plus avancé?

— J'aurai sous la main une masse énorme de pyrite magnétique que je pourrai transformer instantanément en aimant.

— Et par quel moyen?

— Par l'action pure et simple du courant électrique que je lancerai simultanément dans toutes les parties de cette masse. Les câbles conducteurs sont déjà posés. Ils aboutissent tous, comme les cordons de mes dynamos, à la « salle des Manettes... » Quant à ces dynamos, inutile de vous dire qu'ils seront mis en action par les insolateurs, devenus inutiles à la base du pic et transportés à poste fixe dans le chemin de ronde... Les préparatifs terminés, la date et l'heure arrêtées, il me suffira d'établir le contact en pressant une manette. A l'instant, le pic de Tehbali tout entier ne sera plus qu'un colossal aimant.

— Et alors?

— Alors la Lune, invinciblement appelée par cette attraction terrestre supplémentaire, la Lune descendra vers nous et viendra s'offrir à nos investigations!... »

Sur ce mot si simple dans son audace, tout le monde se tut et acheva de gravir en silence la montée de Tehbali. On n'entendait que le pas cadencé des chevaux sur la roche magnétique. Au loin, le crépuscule montait et le désert se fondait dans l'ombre grandissante, tandis que le pic, vaguement doré par les derniers rayons du couchant, se dressait comme une menace contre le disque lunaire, qui se levait lentement à l'horizon.

L'entreprise était peut-être folle; mais désormais elle ne paraissait plus telle à personne. Chacun se disait qu'elle était possible, en tout cas bien digne d'être tentée. Et chacun admirait le courage, l'énergie, le génie inventif de celui qui la préparait.

« Quelle distance entre lui et ce jeune Anglais si bien élevé, si aimable, mais si parfaitement nul! se disait Gertrude. L'un ressemble à un enfant qui s'amuse innocemment du spectacle de la vie; l'autre est un homme en possession de toutes les forces de la Science et capable d'asservir celles de la nature elle-même aux rêves de son imagination!... »

Les détails fournis par Norbert revêtaient désormais d'un certain prestige les deux poignées d'ivoire ajustées dans la salle des Manettes sur une table d'ébène, puisqu'elles étaient en quelque sorte les organes régulateurs de l'action finale. Aussi vint-on les considérer avec curiosité. Elles étaient toutes simples, marquées A et B et vissées dans des montures d'acier. La tablette qui les portait, assez semblable à celle des télégraphistes, servait également de support à un petit appareil à cadran, ainsi qu'à une grande roue dentée en cuivre, s'engrenant sur des crans numérotés, et mise en mouvement par une poignée de cristal.

— Vous nous avez expliqué l'usage de ces manettes, dit le docteur Briet. Mais cet appareil à cadran, qui ressemble à une boussole, qu'est-ce donc ?

— Un magnétomètre qui m'indiquera constamment le degré de tension de mon aimant.

— Et cette roue dentée ?

— Un organe qui me permettra de diminuer ou d'augmenter la tension, selon que je l'estimerai utile, depuis le point 0 jusqu'au point 620, correspondant au degré de saturation.

— Ainsi, non seulement votre aimant pourra développer une puissance énorme, mais, si vous le jugez à propos, vous réduirez cette puissance à 1/360 du maximum ?

— Précisément, et de la manière la plus aisée : en arrêtant cette roue dentée sur un des 360 crans qui lui correspondent.

— Une objection encore, et je me déclare satisfait, dit le docteur. Si le Soleil vous manquait, par suite de mauvais temps, votre aimant resterait naturellement inactif ?

— Pas le moins du monde. J'ai fait construire et je vous montrerai des accumulateurs électriques d'un nouveau système, qui me permettent d'emmagasiner à l'avance la force nécessaire pour maintenir l'aimantation au point de saturation pendant dix fois vingt-quatre heures. Il n'arrive guère en ce pays que le temps soit couvert plus de deux ou trois jours de suite. Ce sera donc largement suffisant... »

Après le dîner, qui rassembla de nouveau tous les convives au salon des Manettes, Mlle Kersain voulut voir au télescope les montagnes et les plaines de la Lune, que Norbert lui montra dans tous leurs détails. Elle vit ensuite Mars et Vénus, Saturne avec ses anneaux, puis enfin, arrivant à ce qui était peut-être la fin suprême de son voyage :

— Et mon étoile ? dit-elle tout à coup. Vous ne m'en parlez plus. Est-ce que d'aventure elle se serait éteinte ?

— Non, certes ! s'écria Norbert. Elle brille plus que jamais, soyez-en sûre, et a pris désormais sa place au catalogue astronomique sous le nom de *Gertrudia*, que vous lui avez si gracieusement prêté. Ne doutez pas qu'elle ne suive une route très correcte et qu'elle ne vienne nous visiter à la date voulue. Malheureusement elle n'est pas là, pour le moment, et ce n'est pas encore aujourd'hui que je pourrai vous la présenter... »

Le lendemain après déjeuner, tout le monde se trouvait réuni au salon, quand on fut très surpris d'y voir entrer tout à coup, et sans tambour ni trompette, un visiteur fort inattendu : le nain qu'on avait vu quelques mois plus tôt en fonctions auprès du mogaddem de Rhadamèh.

Il apportait, sans mot dire, mais avec force gestes et *salaams*, un message du saint vieillard, message que Virgile fut chargé de traduire et qui était ainsi conçu :

« *A notre cher fils Norbert Mauny, très habile dans les sciences et les arts, salut et prospérité.*

« Notre serviteur Kaddour est chargé de t'apporter cette lettre pour te faire savoir qu'à l'avenir il est nécessaire que la redevance payée en nos mains, pour le concours de notre bien-aimée fille la tribu de Chérofa, soit portée à mille piastres par mois.

« Louange à Allah !

« BEN-KAMSA,
« Mogaddem de Rhadamèh. »

Norbert avait trop à se louer des excellents résultats du traité conclu avec le vénérable personnage pour s'indigner beaucoup de cette nouvelle exaction. Mais il tenait essentiellement à n'agir, en matière financière, qu'avec le concours des commissaires délégués par la compagnie ; aussi, après s'être excusé auprès de ses hôtes, et avoir fait inviter le nain à se rafraîchir en attendant sa réponse, envoya-t-il chercher les trois contrôleurs, en leur repaire.

Tout le monde remarqua que pendant cette attente de quelques minutes le nain tint constamment ses yeux fixés sur

Mlle Kersain, avec un air de profonde admiration qui attestait au moins chez lui un certain degré de culture esthétique. Il était même si absorbé dans cette contemplation, qu'à peine s'aperçut-il de l'arrivée des commissaires.

Ils entrèrent gauchement, selon leur coutume, saluèrent sommairement et ne firent aucune difficulté de ratifier le nouvel arrangement proposé par le mogaddem.

Soudain, les yeux du nain tombèrent sur ces trois hommes debout devant la table auprès de Norbert, qui leur parlait. Et aussitôt un changement extraordinaire se produisit dans la physionomie du messager. De l'expression admirative, ses traits passèrent sans transition à celle de la surprise et de l'horreur la plus vive. Il regardait les commissaires avec des yeux qui semblaient près de sauter hors de leurs orbites, tant ils s'ouvraient démesurément.

Et soudain, sans dire un mot, sans saluer, sans prendre la réponse qu'on préparait pour lui, il se dirigea vers la porte.

On y courut pour voir ce que signifiait cette fugue imprévue. Il avait disparu et on ne le revit plus.

Cet incident était si bizarre et si inexplicable, qu'il fit pendant tout le jour le texte des hypothèses les plus variées. La plus plausible semblait être que le nain, se rappelant quelque détail oublié, était parti pour réparer son oubli, et reviendrait au premier jour chercher sa réponse. Quoi qu'il en fût, son éclipse soudaine et totale restait un problème, car personne ne l'avait vu passer sur le chemin du pic, ni à l'aller ni au retour.

Le lendemain, à la première heure du jour, il fallut se séparer. Les voyageurs reprirent la route de Khartoum, accompagnés jusqu'au bas de la montagne par leurs hôtes désolés de les voir partir sitôt. Sir Bucephalus, sentant instinctivement que l'étude des étoiles ne lui avait pas été favorable, se dévoua jusqu'au bout à M. Kersain. Quant à Norbert, il éprouva à quitter Gertrude un chagrin, qu'il s'expliquait d'autant moins qu'on se promettait de se revoir bientôt, soit à Khartoum, soit à Tehbali.

CHAPITRE XI

LA GARDE NOIRE

Il y avait sept ou huit semaines que la présence de M{}^{lle} Kersain, de son père et du docteur Briet était venue jeter une animation passagère dans la vie du pic de Tehbali. Les travaux avaient repris leur cours régulier et monotone. Mais Norbert était frappé d'un phénomène singulier, qu'il ne pouvait s'empêcher d'associer dans sa pensée avec la visite du nain de Rhadamèh. C'est que la plupart de ses ouvriers chérofas l'avaient abandonné l'un après l'autre.

Avant cette visite, il n'en comptait pas moins de huit cents; à présent, c'est à peine s'il en restait deux ou trois douzaines : sous des prétextes variés, les autres étaient partis.

Les travaux ne souffraient pas de ces défections parce que les naturels du Darfour arrivaient en foule pour prendre la place des Chérofas ; mais, s'il n'avait tenu qu'à ceux-ci, évidemment il serait devenu difficile de mener à bien l'entreprise.

D'autre part, les rapports de Virgile et de Mabrouki signalaient une grande fermentation parmi les terrassiers et les verriers. Pour la première fois, depuis plusieurs mois, on les entendait parler de l'avénement prochain d'un nouvel âge d'or, du triomphe définitif des fidèles sur les giaours, et du massacre général des Européens. Virgile, en sa qualité d'ancien soldat d'une armée régulière, professait un profond dédain pour toutes ces hâbleries et ne les mentionnait guère que par acquit de conscience. Mais Mabrouki-Speke s'en inquiétait visiblement. Depuis tantôt un an, Norbert Mauny n'avait eu qu'à se louer de ce vieux guide, ancien compagnon des premiers explorateurs européens au Haut-Nil. Par sa prudence, son esprit de conciliation, sa connaissance approfondie du tempérament soudanais, Mabrouki lui avait véritablement rendu de grands services. Aussi l'en récompensait-il par une déférence qui flattait au plus haut degré le vieux nègre.

Or, Mabrouki disait que les Chérofas n'avaient pas déserté sans motif les chantiers de Tehbali, qu'ils devaient en avoir reçu l'ordre du mogaddem, et que ce départ en masse se rapportait probablement à un mouvement insurrectionnel projeté dans la région de Souakim. Il ajoutait qu'il ne fallait avoir aucune confiance dans les trente ou quarante Chérofas qui restaient à Tehbali, et notamment en un certain Aben-Zegri qui semblait exercer sur eux une véritable influence. Les congédier pouvait être délicat : on risquait de se brouiller définitivement avec leur chef. Mais il fallait les surveiller, et il ne s'en faisait pas faute.

Cette surveillance ne fut pas inutile. Un soir, Mabrouki-Speke, ayant remarqué une certaine affluence de visiteurs vers la tente de ces Chérofas, qui était haute et vaste, alla se poster contre la paroi postérieure de cette tente, sans être vu de personne. Il élargit avec son poignard un trou qu'il y découvrit et put, de la sorte, voir se qui se passait à l'intérieur.

Le plus profond silence y régnait; une lampe fumeuse éclairait une cinquantaine d'Arabes prosternés la face contre terre et les bras étendus devant eux. Ils étaient tous enveloppés de leurs draperies blanches comme d'un suaire, et parfaitement immobiles.

Mabrouki-Speke crut d'abord qu'il assistait tout simplement à leur prière du soir; mais, au bout d'un instant, il vit un des Arabes se relever et s'avancer au milieu du cercle formé par ses coreligionnaires. C'était Aben-Zegri. Il éleva la voix et adressa une brève invocation au saint prophète Mahomet; puis, arrivant à l'objet spécial de la réunion :

« Hommes de la tribu de Chérofa, dit-il, enfants chéris d'Allah, le jour de la délivrance approche... Le Seigneur vous aime. Quand vous naquîtes, les vents retenaient leur haleine, la mer était plus douce que l'huile d'olives et la Lune entrait en son croissant. Allah, pour vous éprouver, vous a soumis au joug détesté des giaours. Mais bientôt vous vous lèverez triomphants, comme des lions au sommet des monts, et vous les déchirerez tous de vos griffes d'acier!... »

Un frémissement d'enthousiasme parcourut l'assemblée; des imprécations étouffées sortirent de toutes les bouches; les yeux brillèrent sous les turbans. Aben-Zegri avait paru se recueillir un instant. Il releva la tête et reprit du même ton lent et voilé son allocution :

« O Seigneur, qu'attends-tu de tes fils?... Guide-les par la main, marche devant la tribu. Sois pour elle le rayon qui vient de l'Orient et l'étoile qui brille sur les mers!... Tu es miséricordieux; tu as suscité le saint prophète promis depuis treize siècles à tes fidèles. Il s'est élevé au milieu des ténèbres. Il a paru dans l'île de Naft comme la fleur du nymphéa sur les eaux du Nil. Son nom est le Mahdi (le Sublime). Il a pleuré sur les péchés des hommes. Sa demeure a été un puits sombre, et du sein de la terre le parfum de sa prière est allé embaumer le trône d'Allah!... O tribu bénie, ton règne arrive... »

Un murmure flatteur accueillit ces paroles, et ce murmure donna comme un coup de fouet à l'exaltation de l'orateur.

« Je te vois, poursuivit-il, je te vois, ô Mahdi! sur le champ du combat. Ta marche est plus rapide que le vol du faucon. Les villes tombent en ton pouvoir; c'est en vain que les vaincus baisent tes pieds sacrés; tu es implacable et tous périssent... Hicks-Pacha s'était mis à la tête des armées du khédive et, guidé par l'esprit des ténèbres, il les menait contre toi. Il avait pris Duen, il avait pris El-Obéid et te suivait dans le Sud... Ecoutez, enfants de la tribu de Chérofa, ce qu'Allah, l'exterminateur, a fait pour vous!... Il a envoyé le Mahdi à Kasghil, cerné les giaours dans le cercle invincible des croyants; pendant trois jours entiers, les fils du Coran ont fait œuvre de justice et tous les giaours ont péri!... De toute l'armée de Hicks, *onze mille hommes*, il n'en est pas revenu un seul!...

Des trépignements d'enthousiasme et des cris de joie féroce accueillirent la nouvelle donnée par Aben-Zegri. Sans doute, il s'inquiéta de ce tumulte, car il s'empressa de le calmer.

« Serviteur indigne du Mahdi, dit-il d'un ton plein d'humilité, je vous ai convoqués ce soir pour vous annoncer que l'heure approche... Mais gardons-nous d'éveiller par nos clameurs les défiances de l'ennemi... Attendons le signal qui ne peut plus tarder longtemps. Et d'abord, prions, mes frères, et remercions Allah de ses bienfaits... »

Tous les Arabes se remirent dans la posture de la prière musulmane, et Mabrouki crut le moment venu de s'esquiver. Il s'empressa d'apporter à Norbert le récit de ce qu'il avait entendu.

La nouvelle de l'extermination complète de l'armée égyptienne, commandée par Hicks-Pacha, paraissait au premier abord, difficile à admettre. Mais le silence de cette armée, partie depuis deux mois vers le Sud et qui ne donnait pas signe de vie, était de mauvais augure. Bientôt il ne fut plus possible de douter de la catastrophe. Des témoins oculaires la racontaient; tous les chameliers, tous les marchands venus du Kordofan en portaient témoignage. Personne ne doutait plus à Berber qu'elle fût avérée. Norbert lui-même put en recueillir les détails de la bouche d'un ouvrier somâli récemment enrôlé sur les chantiers et qui avait vu, un mois plus tôt, la plaine de Kasghil couverte des cadavres décapités de l'armée égyptienne. Les fusils, les canons, les munitions étaient au pouvoir du Mahdi, qui n'avait pas fait grâce à un seul combattant.

L'événement était incontestablement des plus graves. Sans parler de la fermentation croissante que la nouvelle causait parmi les ouvriers de Tehbali, on ne pouvait se dissimuler que la victoire du Mahdi allait subitement décupler ou centupler son prestige, l'encourager à remonter vers le Nord et à marcher sur Khartoum. Tout le monde s'y attendait à Berber, où sir Bucephalus fit une excursion pour s'informer des nouvelles. La garnison égyptienne de cette ville n'attendait qu'un ordre du Caire pour évacuer la place et descendre le Nil. Il en était de même à Khartoum, disait-on. Mais cette retraite serait-elle possible? Beaucoup de gens en doutaient. Khartoum était si loin de la frontière d'Égypte, et les moyens de transport étaient si difficiles; les populations intermédiaires si indécises, quand elles n'étaient pas ouvertement hostiles!... Une étincelle, la seule annonce de la marche du Mahdi vers le Nord, pouvait tout embraser.

Norbert, pourtant, ne voulait pas désespérer. Tant de fois déjà, depuis un an, il avait entendu porter ces tristes présages!... S'il avait écouté ce qu'on lui disait à Souakim, aurait-il jamais entrepris son œuvre?... Elle était presque complète. Deux mois encore — trois au plus — et tout serait prêt pour l'expérience décisive. Fallait-il sacrifier à des craintes peut-être chimériques le résultat de tant de travail, de si lourdes dépenses? Il n'en eut pas la pensée.

Un seul souci le rongeait, celui de savoir Gertrude et son père dans un poste devenu désormais très périlleux...

Autant la sécurité de Khartoum avait pu sembler complète quand elle était couverte, à plus de cent lieues, vers le Sud, par une armée nombreuse, sous les ordres d'officiers européens, autant cette sécurité devenait précaire ou problématique du jour où il n'y avait plus, entre la capitale des deux Nils et le Mahdi, que le désert.

« Mais enfin !... se disait Norbert, tout est si lent au Soudan!... Le Mahdi sera peut-être un an à se mettre en marche; l'Angleterre n'aura pas de peine à le gagner de vitesse, si, comme tout l'indique, elle veut venger l'honneur de ses armes et le sang de ses fils... En tout cas, si l'évacuation de Khartoum est décidée, M. Kersain pourra toujours en sortir avec sa fille... A tout hasard, hâtons-nous, hâtons-nous de terminer notre œuvre !... »

Et il activait les travaux, il pressait les ouvriers, il doublait les équipes.

Costérus Wagner, Peter Gryphins et Ignaz Vogel demandèrent un matin à l'entretenir en présence de sir Bucephalus. Norbert donna l'ordre de les introduire.

« Voici la nouvelle qu'on nous apporte de Berber avec une caisse de bière, dit Costérus en entrant. »

Il tendait à Norbert un papier bleu que celui-ci parcourut d'un coup d'œil. C'était une dépêche ainsi conçue :

« *Le général Graham, qui opérait au sud de Souakim avec une petite armée anglo-égyptienne, vient d'être anéanti à Tokar par Osman-Digma, un des lieutenants du Mahdi. La route de Souakim à Berber est désormais au pouvoir des insurgés.* »

« La nouvelle est fâcheuse, dit Norbert; mais, après tout, la route du Nil reste toujours ouverte.

— Oui, dit Costérus Wagner d'un ton significatif, et c'est pourquoi ceux qui tiennent le moins du monde à leur tête doivent prendre cette route sans délai.

— C'est votre départ que vous venez nous annoncer? demanda Norbert du ton le plus naturel.

— Notre départ et le vôtre aussi, sans doute, répliqua Costérus, car nous ne supposons pas que vous puissiez songer à poursuivre encore cette malheureuse entreprise!...

— Ah!... Et d'où peut vous venir une pareille idée?

— De ce que, si vous n'y renoncez pas à l'instant, ce sont les ouvriers eux-mêmes qui l'arrêteront demain. Ne savez-vous donc pas ce qui se dit au camp, sous la tente, sur les chantiers, partout?... On ne parle que de nous massacrer, et l'on n'attend, pour agir, que le signal...

— Voilà un an qu'il est question de ce signal et il n'arrive jamais! dit Norbert.

— Et vous, sir Bucephalus, dit Costérus, ne trouvez-vous pas qu'il serait temps de renoncer à cette périlleuse gageure?...

— Le pari que j'ai tenu à ce sujet m'interdit d'émettre une opinion sur un point si délicat.

— Messieurs, s'écria Norbert, si vous croyez devoir partir, libre à vous!... Je n'ai pas la prétention de vous garder de vive force, et je me ferai même un devoir de vous faciliter le départ autant qu'il sera en moi...

— Vous savez bien que nous ne pouvons pas abandonner entre vos mains les intérêts de la Compagnie!... répliqua Costérus.

— En ce cas, messieurs, dit froidement Norbert en se levant pour indiquer que l'audience était finie, il ne me reste plus qu'à vous souhaiter d'être mauvais prophètes, car, pour mon compte, je ne bouge pas!... »

Les trois commissaires se retirèrent l'oreille basse, et Norbert resta seul avec le baronnet, qui le regardait en riant.

« Qu'allez-vous faire? lui demanda celui-ci. Car enfin il y a un fond de vrai dans ce que disent ces gens-là.

— Ce que je vais faire? Je n'en sais trop rien. Tout ce que je puis dire, c'est que je n'abandonnerai pas mon entreprise pour plaire à ces trois messieurs ou au Mahdi!... »

Il se mit à marcher de long en large, et, tout à coup, touchant un timbre :

« Virgile, dit-il à son fidèle serviteur quand il se présenta, fais-moi venir Mabrouki; j'ai à lui parler. »

Le vieux guide arriva bientôt.

« Pensez-vous, lui demanda Norbert, qu'il serait possible de choisir, parmi tous les hommes que nous occupons, une centaine de gaillards résolus et capables de fidélité, de les armer de fusils à tir rapide et d'en former un bataillon ? »

Mabrouki secoua sa tête grise.

« Je ne le conseillerai pas, dit-il. Non seulement il n'y en a pas cent à qui il serait prudent de confier un fusil, mais il n'y en a peut-être pas un seul.

— Diable! dit Norbert. Alors la situation se complique. Nous serions, en ce cas, obligés de nous servir personnellement de garnison!... Ce n'est pas que l'idée me choque en elle-même, mais le service sera fatigant pour un peloton de quatre hommes.

— Il y aurait peut-être un moyen d'avoir de bons soldats, reprit Mabrouki après un instant de méditation profonde. Ce serait de s'adresser à l'ancienne garde de Zebehr, si elle n'est pas encore enrôlée par le Mahdi.

— Et qu'est-ce que cette garde ?

— Un corps de jeunes hommes de couleur, du pays des Grands-Lacs, que Zebehr, le roi des marchands d'esclaves, avait armé et équipé pour son service personnel. Depuis que son commerce est ruiné, et qu'il a eu la bêtise d'aller au Caire, où le gouvernement le retient prisonnier, la garde est dissoute et se trouve sans emploi. Je ne doute pas qu'elle accepte du service.

— Vous croyez que ces hommes seraient capables de fidélité ?

— J'en suis certain. Et ce sont de superbes soldats!... Il y en a tout un village à deux journées d'ici, sur l'oasis de Gandara.

— Eh bien, Mabrouki, vous avez mes pleins pouvoirs : partez à l'instant, enrôlez cent hommes d'élite, aux conditions que vous jugerez équitables, et amenez-les moi.

— Dans quatre jours, maître, ils seront ici!... » dit Mabrouki en s'inclinant.

Cependant on tenait conseil aussi chez MM. les commissaires, non sans avoir rempli des chopes et allumé des pipes de porcelaine.

« Vous voyez qu'il est impossible de faire entendre raison à ce Français, disait Costérus. Il faut en venir aux grands moyens!...

— Quels moyens?

— Eh! je m'entends de reste. Nous sommes d'accord sur ce point, qu'il est impossible de demeurer ici, n'est-il pas vrai?

— A coup sûr.

— Nous ne pouvons pas nous en aller et y laisser le Français... ce serait abandonner sans retour une affaire qui nous a déjà coûté un an d'exil.

— C'est clair.

— Enlever le Français de vive force, ce n'est guère pratique. Le faire disparaître, ce serait suspect. Je ne vois donc qu'une solution : l'obliger au départ en poussant les ouvriers à la révolte; ce ne sera pas bien malaisé, si j'en crois certains indices.

— Mais ne serons-nous pas nous-mêmes les premières victimes de cette révolte?

— Non, si nous avons soin de prouver aux Arabes que nous sommes avec eux... Vous savez que depuis un an j'étudie leur langue : c'est même mon unique distraction en ce maudit pays.

— Nous le savons.

— Eh bien! nous adoptons dès aujourd'hui le costume arabe; nous nous mêlons le soir aux gens du village : je leur conte que nous avons adopté leurs croyances, que nous marchons avec eux... Si dans huit jours ils ne font pas ce que nous voulons, c'est que je suis bien maladroit!...

— L'idée paraît bonne. On pourrait toujours essayer de la réaliser...

— Ce soir même.

— Et si elle a du succès ?...

— Avant huit jours les chantiers seront déserts. Alors nous filons sur Berber, après avoir dressé procès-verbal et, par la voie du Nil, nous rentrons triomphants à Londres, puis à Melbourne. Si le Français refuse de nous suivre, le Mahdi se chargera sous peu de nous débarrasser de lui. Dans le cas contraire, ce seront les actionnaires, j'en réponds, ou je ne m'appelle pas Costérus Wagner !...

— Excellent Costérus !...

— Sublime Costérus !... »

Les trois pipes remontèrent triomphalement aux trois bouches qui les avaient un instant laissées en souffrance pour prendre part à cette discussion.

Quatre jours s'écoulèrent sans amener rien de nouveau. Virgile avait cru seulement remarquer que les terrassiers se montraient plus indolents et plus indisciplinés qu'à l'ordinaire, ce qu'il attribuait modestement à l'absence de Mabrouki. Il avait aussi été assez surpris, un soir, de rencontrer sur le chemin de la montagne trois Arabes en grands burnous, qui paraissaient descendre de l'observatoire vers le village. Informé de cette circonstance, Norbert en avait été étonné, mais n'en avait pas trouvé l'explication.

Enfin, Mabrouki revint; avec sa prudence habituelle, il avait laissé ses recrues campées à trois kilomètres de Tehbali, — voulant que Norbert les vît avant de les enrôler définitivement. Le jeune savant et sir Bucephalus partirent aussitôt pour procéder à cette inspection.

Il était environ six heures du soir. Les noirs venaient de prendre un frugal repas de maïs grillé et chantaient, assis en rond, au bruit du tam-tam. C'étaient tous des jeunes gens de taille et de force athlétiques, souples comme des roseaux, vigoureux comme des lions, — la fleur des pays où Zebehr les avait enlevés dans leur enfance, fort évidemment. Vêtus d'un simple pagne en peau de panthère, coiffés d'un casque en cuir de cha-

IX

LE JEUNE CHEF NÈGRE PRIT DÉLICATEMENT LA MAIN DE NORBERT

meau, ils avaient pour tout armement un bouclier et un faisceau de sagaies.

« Où est le chef ? » demanda Norbert en arrivant, tandis que Mabrouki le désignait par son nom et sa qualité.

Un jeune nègre, plus richement accoutré que les autres, se leva aussitôt.

« Je suis Chaka, le pacha noir des Grands-Lacs ! dit-il avec une grande dignité.

— Tes hommes et toi, vous êtes disposés à me servir ? demanda Norbert.

— En bons et fidèles soldats. Mabrouki a fixé nos droits. Sois sûr que nous remplirons nos devoirs.

— C'est entendu. Ce qu'a dit Mabrouki est bien dit. »

Chaka donna un ordre à sa troupe et tous les hommes, l'un après l'autre, vinrent s'incliner respectueusement devant leur nouveau maître. Le jeune chef nègre prit alors délicatement la main de Norbert, par bonheur gantée à cause des moustiques : il la porta à ses lèvres et, avant qu'on eût pu soupçonner son intention, *il y cracha*[1].

Norbert, d'abord stupéfait, se rappela heureusement à temps, en voyant le regard affectueux du jeune chef, que cette cérémonie, était de sa part, le comble de la courtoisie ; aussi se contenta-t-il de rendre avec usure sa politesse à Chaka.

La joie du nègre et de sa troupe devint aussitôt délirante.

« Grand chef !... grand chef ! criaient-ils tous avec enthousiasme. Nous toujours avec toi !... Toujours !... toujours !... »

Chaka fit alors prendre armes et bagages à ses hommes, et se déclara prêt à suivre son maître.

On se dirigea vers le village. Comme on y arrivait, Mabrouki crut remarquer un certain mouvement vers la tente d'Aben-Zegri et, supposant qu'il pouvait s'y tenir une réunion analogue à celle dont il avait été témoin, il proposa à Norbert de faire un détour et de passer derrière les tentes pour se

---

1. Voir les *Lettres de Gordon à sa sœur*.

rendre compte par lui-même de ce qui se tramait. Le jeune savant y consentit. Donnant l'ordre à la garde noire de faire halte à cet endroit, il partit en avant avec sir Bucephalus et Mabrouki.

Quelle ne fut pas sa surprise, en arrivant près de la tente d'Aben-Zegri, d'entendre une voix qu'il reconnut pour celle de Costérus Wagner et qui s'adressait en arabe à une réunion nombreuse ! Norbert était maintenant assez familiarisé avec la langue du Soudan pour comprendre ce que disait l'orateur. Il vit par la déchirure de l'étoffe, que Wagner était revêtu d'un grand burnous et coiffé d'un turban, de même que Gryphins et Vogel, confondus devant lui dans la foule des auditeurs.

« Hommes de peu de foi, disait-il, c'est ainsi que vous compromettez votre salut éternel... Vous travaillez pour un infidèle et, au jour de la justice, le Prophète vous écartera de sa face. Ne savez-vous pas quel est le but de celui qui vous emploie ?... Il veut renverser les lois éternelles de la nature. Allah a suspendu le croissant dans les cieux pour être le signe sacré de ses enfants... Le Français impie veut arracher du firmament ce symbole béni et l'amener sur la terre pour le fouler aux pieds... »

Une exclamation d'étonnement et de colère s'éleva de la foule des Arabes.

Costérus Wagner reprit son discours avec une nouvelle véhémence ; mais Norbert en avait assez entendu. Courant à l'endroit où il avait laissé la garde noire :

« Chaka, dit-il au chef, tu m'as juré fidélité. Il s'agit de montrer à l'instant que tu sais tenir ta promesse... Tu vas m'accompagner avec tes hommes, cerner une tente et t'emparer des personnes que je te désignerai.

— Quand le maître a parlé, Chaka obéit, dit le nègre. »

Il fit reprendre les armes à sa troupe et la mit en marche sur deux files, dont l'une s'avança en avant et l'autre en arrière de la tente d'Aben-Zegri.

L'opération fut habilement conduite et vigoureusement

menée à bon terme. Dix minutes plus tard, Costérus Wagner, Peter Gryphins et Vogel, appréhendés au corps par six nègres vigoureux, étaient prisonniers et conduits en présence de Norbert.

En attendant qu'il pût statuer sur leur sort et soumettre leur indigne trahison au jugement de la *Selene-Company*, le jeune savant ordonna qu'ils fussent étroitement gardés et tenus aux arrêts. Un four à verre, composé de trois salles assez spacieuses et devenu inutile depuis que la nappe vitrifiée s'étendait jusqu'à sa base, se trouvait près de là. Norbert décida qu'il servirait de prison aux trois coupables, et Virgile, nommé commandant supérieur de la garde noire, plaça aussitôt des sentinelles à leur porte.

Provisoirement, Norbert était tranquille sur ce qui pouvait se tramer au pied du pic de Tehbali. Il avait désormais en main une force suffisante pour résister à toute tentative de révolte, et se sentait assuré de mener ses travaux à bonne fin. Mais une préoccupation nouvelle s'emparait de son esprit. Si véritablement l'armée de Hicks était anéantie, si le Mahdi marchait sur Khartoum, qu'allaient devenir M. Kersain, à quels périls ne serait pas exposée Gertrude?

Cette idée l'obsédait, l'empêchait de dormir la nuit, le hantait au milieu des travaux de sa laborieuse journée. Tout à coup il prit son parti.

« Sir Bucephalus, dit-il au baronnet, seriez-vous homme à me suppléer pour quelques jours si j'étais obligé de vous remettre mes pouvoirs pour remplir une mission que je considère comme sacrée? »

Sir Bucephalus n'eut pas une pensée de défiance ou de doute. Il savait trop bien quel homme était Norbert.

« Disposez de moi, lui dit-il simplement.

— Eh bien, je vais vous laisser ici une semaine et courir à Khartoum avertir nos amis.

— Soit, répliqua le baronnet. »

Dès le lendemain matin, Norbert se mettait en route.

CHAPITRE XII

A KHARTOUM

Quatre journées de marche ordinaire séparent Khartoum, la capitale du Soudan, du plateau de Tehbali. Mais Norbert, dévoré d'impatience, franchit cette distance en quarante-huit heures. Le surlendemain de son départ, il voyait surgir d'une plaine basse, au milieu des palmiers, au confluent du Nil Blanc et du Nil Bleu, les toits plats et les minarets de la « reine du Soudan. »

Tout au long de sa rapide chevauchée, il avait remarqué, sur sa route, des signes non équivoques de trouble et d'effarement. Des partis d'hommes armés allaient et venaient sur les deux rives du Nil ; des familles d'émigrants passaient, emportant ce qu'elles avaient de plus précieux ; des chameaux chargés de grains, de tentes, d'ustensiles de ménage, convergeaient de tous côtés vers la ville. Des femmes, des vieillards, des enfants suivaient ces convois, le visage sombre, l'œil cave, les pieds ensanglantés par la marche. A mesure qu'on approchait de Khartoum, cette fuite précipitée de tout un peuple prenait un caractère plus visible encore et plus attristant. C'était une déroute, un véritable flot de pauvres gens affolés se portant vers les remparts, où ils espéraient trouver un refuge. Et partout le même nom se trouvait sur les lèvres des émigrants, s'élevait des groupes hâves et inquiets, voletait pour ainsi dire dans l'air :

« Le Mahdi!... Le Mahdi arrive!...

— Le Mahdi!... Toujours le Mahdi! L'avez-vous jamais vu, Mabrouki? finit par demander Norbert à son guide.

— J'ai beaucoup connu son oncle, qui était charpentier à Chabakah, en face de Sennaar, et je me rappelle l'avoir vu enfant chez lui, où il était alors en apprentissage, répondit le vieux nègre. Il recevait même à cette époque plus de taloches que de compliments, car c'était un très mauvais ouvrier. Mais je ne l'ai rencontré qu'une fois depuis qu'il est devenu un personnage. C'est un homme d'une quarantaine d'années, de taille moyenne et d'une maigreur excessive, avec les manières et le costume du premier derviche venu. Je ne le crois pas plus fort qu'un autre. Son oncle n'a jamais pu rien faire de lui, et je suis convaincu qu'il ne sait pas encore lire, à l'heure présente, mieux qu'il ne savait à l'école. Mais, pour citer des versets du Coran et faire des tours de force ou d'adresse, il n'avait pas son pareil, et c'est ce qui lui a valu tant d'influence dans le pays. Croiriez-vous, monsieur, qu'il a passé des années au fond d'un silo creusé de ses propres mains à Abba, une des îles du fleuve, où il restait jour et nuit en jeûnes et en prières?... Peu à peu, sa réputation de sainteté s'est répandue, on a commencé à venir le consulter de toutes parts en lui apportant des dons et des offrandes. Il est devenu riche, il s'est apparenté par le mariage aux familles les plus influentes du Soudan, notamment à celle des Baggara, les grands marchands d'esclaves : et un beau jour il s'est déclaré prophète, envoyé par Allah pour reprendre et compléter l'œuvre de Mahomet.

— Alors, dit Norbert, c'est, à votre avis, un simple charlatan?

— Que puis-je vous dire? Peut-être croit-il à sa mission divine et à sa propre sainteté. Il y a bien un fonds de vrai, d'ailleurs, dans ce qu'il dit pour soulever les tribus du désert contre les étrangers. Il est certain que ce pays n'a pas eu trop à se louer de la domination égyptienne. Tout le monde en a assez, des *bachi-bouzouks*!... Aussi, quand le Mahdi promet de les chasser du pays, il n'est pas étonnant qu'il trouve des gens prêts à l'écouter. Et puis, il ne faut pas oublier qu'il appartient à l'ordre si puissant des derviches ghelanis, et qu'il a depuis plusieurs années déjà rang de provincial dans toute la région du Haut-Nil. Cela seul lui assure un immense prestige et la vénération, sinon l'obéissance passive, de tout vrai mahométan.

— Vous estimez, par conséquent, qu'il a de grandes chances de succès définitif?

— Très grandes. Je serais bien surpris si dans un mois il n'était pas maître de tout le Soudan. Qu'il se presse seulement un peu d'arriver à Khartoum, et ce sera chose faite.

— Mais Khartoum peut se défendre! s'écria Norbert en montrant les remparts dont les talus se dessinaient déjà devant eux. Il y a des armes, des munitions, des troupes nombreuses, sans parler de la population européenne et de tous ces réfugiés qui ne m'ont pas l'air d'avoir un goût bien vif pour le Mahdi, si j'en juge par leur empressement à se sauver devant lui.

— On peut défendre Khartoum, répondit le vieux guide en secouant la tête; mais pour cela il faudrait d'abord en avoir envie, et puis avoir à sa tête un homme énergique et résolu. Or, Khartoum ne possède ni l'un ni l'autre. Et c'est pourquoi, si le Mahdi se présente devant les portes, à la tête de ses fidèles, vous verrez que ces portes s'ouvriront d'elles-mêmes. »

Quelques minutes plus tard, Norbert passait sous la porte d'Orient et était frappé de l'aspect indolent, découragé, malpropre, des soldats égyptiens postés au corps-de-garde. L'état de la ville ne semblait pas beaucoup plus brillant, et l'on avait peine à croire, au premier abord, que ces faubourgs misérables, ces rues sordides, fussent ceux d'une cité aussi populeuse et aussi riche. En fait, la célébrité de Khartoum tient surtout à son admirable position au confluent des deux Nils, qui en fait la clef du Soudan, l'entrepôt du commerce des grains et de l'ivoire. Mais, comme toutes les villes africaines de l'intérieur, celle-ci fait peu de sacrifices aux grâces. Au-dessus des maisons, pauvrement bâties en briques crues, et pour la plupart entourées d'un petit mur de terre, se distinguent seulement cinq ou six édifices plus imposants, le palais du gouverneur, les mosquées, le consulat de France.

Norbert s'y rendit sans perdre un instant. Laissant Mabrouki et ses chameliers sur la place d'armes, il se présenta chez M. Kersain, qu'il trouva dans son cabinet, en compagnie de sa fille.

« Quelle aimable surprise! s'écria le consul, sincèrement ravi de voir son jeune ami.

— Vous arrivez à propos! Nous allions périr d'ennui..., dit de son côté Gertrude, que Norbert retrouvait plus charmante que jamais, mais un peu pâlie et fatiguée; il le vit d'un coup d'œil.

— En ce cas, j'espère n'avoir pas de peine à vous convaincre, dit-il en serrant avec émotion les deux mains qui se tendaient vers lui. Je viens dans le but spécial de vous enlever tous deux, avec le docteur Briet, et de vous emmener soit à Tehbali, soit à Berber, et de là au Caire, par le Nil.

— Au Caire, ce serait difficile, surtout en ce moment, sans un congé régulier! répondit M. Kersain. Mais à Tehbali, je ne dis pas non. Nous sommes un peu las de Khartoum, ma fille et moi, et ce qui se passe ici est bien fait, je vous jure, pour rendre malade l'homme le mieux portant.

— On n'a pas idée de la lâcheté de cette population! dit Gertrude avec une animation qui mettait une flamme dans ses yeux si doux. Civils ou militaires, ils se valent!... Croiriez-vous qu'on parle déjà de capituler, sans préparer même un semblant de résistance et avant que ce misérable Mahdi ait seulement osé le demander!

— L'épouvante et la démoralisation sont partout, ajouta le consul : c'est une véritable panique, et qui sévit principalement parmi les soldats. Comprend-on chose pareille, dans une ville bien fortifiée, riche en approvisionnements de tout genre, bondée de munitions et possédant, outre ses cinquante mille habitants et ses vingt mille réfugiés, une garnison de huit mille hommes?... Je ne suis pas un soldat, mais il me semble qu'avec de pareils éléments de défense je me chargerais de tenir un an contre tous les Mahdis de la terre!

— Vous n'avez pas dit cela au gouverneur?

— Je ne lui dis guère autre chose. Mais il est comme les autres et ne veut rien entendre... Si je vous racontais que nous avons ici, sur le Nil Bleu, une flottille de quinze bateaux à vapeur. Il ne manque pas de canons pour armer ces steamers, et c'est plus qu'il n'en faut, assurément, pour interdire l'approche des deux Nils au Mahdi et à ses troupes! Eh bien, savez-vous de quoi l'on parle, en ce moment? Non pas d'armer ces vapeurs, mais de tirer au sort, entre tous les Européens civils ou militaires, pour savoir quels sont ceux qui s'y embarqueront pour décamper!...

— La situation des résidents étrangers doit être bien pénible dans ces circonstances!

— Plus pénible que vous ne pouvez croire. Subir les conséquences de fautes qu'on n'a pas commises; partager les dégoûts et les périls, sans avoir place au conseil ou à l'action; représenter la civilisation et se sentir impuissant pour elle; voir ce qu'il serait si simple de faire et n'avoir pas le droit de l'ordonner : tel est notre rôle... Enfin, que voulez-vous? C'est un homme qu'il faudrait en ce moment à Khartoum, et les hommes sont rares, surtout au Soudan! »

On causa alors des travaux de Tehbali, des progrès qu'avait faits l'entreprise depuis le mois d'octobre; puis, l'heure du dîner approchant, Gertrude monta chez elle pour sa toilette du soir.

A peine M. Kersain se trouva-t-il seul avec Norbert, qu'il

lui ouvrit tout son cœur. Il avait besoin d'épancher l'amertume dont ce cœur paternel était plein, et son émotion était telle, en le faisant, qu'il avait peine à retenir ses larmes.

« Mon cher ami, dit-il à demi-voix, vous me trouvez dans la plus affreuse des situations. Je n'ai pas voulu tout vous dire devant Gertrude, mais ma conviction absolue est que nous marchons à une catastrophe épouvantable. Le fanatisme arabe est déchaîné : pas un Européen peut-être ne sortira vivant de Khartoum. Vous le pensez bien : ce n'est pas à un pareil moment que je puis songer à déserter mon poste. Il y a des Français ici : je dois rester avec eux et partager leur sort... Mais ma fille, ma pauvre enfant, comment tolérer l'idée de la voir exposée aux dangers qui nous menacent, aux horreurs d'un siège si la résistance s'organise, aux épouvantes de l'invasion arabe si la ville tombe de gré ou de force ! Je vous avoue que je donnerais tout au monde pour savoir Gertrude en sûreté. Sans compter que le climat de Khartoum, contre toute attente, est mauvais pour elle, que sa santé s'altère et que je la vois dépérir... Mais il n'y a pas à songer, seulement, à la faire partir sans moi. Il est inutile d'en parler. C'est une idée qu'elle n'admettra jamais... Comprenez-vous mes angoisses et mon désespoir !...

— Je les comprends si bien, répondit Norbert en serrant affectueusement la main de M. Kersain, que je viens tout exprès pour me mettre, dans ces douloureuses circonstances, à votre disposition.

— Je le sens, je le vois, je vous en remercie du fond de l'âme, et c'est pourquoi je vous parle à cœur ouvert ! dit le consul en marchant avec agitation dans son cabinet. Mais que faire ?... que faire ?... Je ne *dois* pas, je ne *veux* pas quitter Khartoum en ce moment ; et pour mille raisons, pour sa vie, pour sa santé, il ne faut pas que Gertrude y reste... Que faire ?...

— Vous pourriez venir avec elle à Tehbali, sous prétexte d'y passer quelques jours, puis l'y laisser à notre garde, avec le docteur et sa petite suivante. Quand elle serait ainsi hors de Khartoum, vous aviseriez au moyen d'obtenir sa permission pour y retourner, si vous le croyez indispensable.

— Oui, dit le consul, c'est une idée, — une idée où je reconnais tout votre cœur!... Mais d'abord, je ne voudrais pas quitter Khartoum en ce moment, même pour quelques jours : cela ne siérait pas au représentant de la France. Et puis, si c'était possible, conviendrait-il de confier ma fille aux soins de deux jeunes gens que j'estime sincèrement, mais qui n'ont pas avec elle le plus léger lien de parenté?... Je ne crois pas que ce soit faisable, hélas!... même au désert... Vous m'entendez bien, au moins, reprit M. Kersain en voyant le profond désappointement de Norbert; ce n'est pas à vous que s'adresse mon objection! Si je n'avais à consulter que mon propre sentiment, je la remettrais entre vos mains avec pleine confiance. Mais le monde... l'opinion... Qui peut lutter contre de telles forces?...

— Monsieur le consul général, dit Norbert après avoir hésité un instant, dans des circonstances exceptionnelles, croiriez-vous pouvoir confier Mlle Kersain à son fiancé?

— A son fiancé? répondit le consul en s'arrêtant surpris devant son hôte. Je ne sais trop... Oui, sans doute... Ce serait irrégulier, assurément. Cependant... Mais en quoi?

— Croyez-vous, poursuivit Norbert, que je puisse avoir quelque chance d'être agréé en cette qualité par Mlle Kersain et par vous?

— Il est assez difficile de savoir exactement ce qui se passe dans la tête des jeunes filles, dit M. Kersain avec un bon sourire. Mais, pour mon compte, mon cher enfant, je ne me fais aucun scrupule de vous dire qu'une pareille proposition me trouverait disposé d'avance à l'accueillir avec joie.

— Je n'ai pas de fortune, ou du moins le peu de fortune que je possède se trouve engagé dans une entreprise bien aléatoire, commença Norbert.

— Peu importe, mon cher ami; la question n'est pas là : vous avez un nom, une position scientifique, un avenir qui équivalent largement à la modeste dot de ma fille... Mais j'ignore quels peuvent être ses sentiments...

— Je lui déplais! s'écria Norbert déjà découragé. Oh! je le savais d'avance!... Pourquoi faut-il que je sois si inhabile à exprimer la sympathie, l'admiration que j'éprouve?...

— Je n'ai nullement dit que vous lui déplaisez!... protesta M. Kersain. Pourquoi conclure avec tant de hâte?... J'allais seulement ajouter que je me suis fait une loi de ne point influencer le choix de ma fille et que, par suite, mon adhésion comptera seulement après la sienne. Rien de plus facile que de savoir sur ce point à quoi s'en tenir, et dès ce soir...

— Oh! non, je vous en prie, pas ce soir! dit Norbert en l'arrêtant avec une inquiétude qui jurait avec son caractère habituellement si résolu. Et voulez-vous m'accorder une grande faveur? poursuivit-il, ne lui parlez pas... laissez-moi ce privilège.

— Qu'à cela ne tienne. Ce n'est pas tout à fait conforme aux usages français; mais, après que vous m'avez parlé à moi-même, il n'y a rien dans votre souhait que je puisse désapprouver. Je vais faire appeler Gertrude, ou vous laisser avec elle quand elle redescendra.

— Encore une grâce, demanda le jeune savant décidément épouvanté. Je désire que vous me laissiez attendre un peu...

— Attendre?... Je ne vous comprends plus.

— Oui, expliqua Norbert d'un ton plus ferme. Je crains de compromettre le peu de chances que je puis avoir, par trop de précipitation. Si vous saviez le prix que j'attache au consentement de mademoiselle Kersain!... Il y va du bonheur de ma vie. Mais elle me connaît si peu! Laissez-moi le temps de lui prouver mon dévouement... Et puis, si elle allait dire non, nos plans pour la mettre hors de danger deviendraient presque impraticables!...

— Mais alors, comment entendez-vous les choses, mon cher enfant? dit le consul un peu dérouté. D'une part, vous seriez lié envers moi; de l'autre, ma fille serait libre!... Je ne trouve pas cela juste pour vous-même.

— Eh! qu'importe!... Lié, je le suis pour toujours. Ce qu'il faut, c'est que vous n'hésitiez pas à vous servir de moi pour sauver cette vie si précieuse, et que vous me laissiez le temps de conquérir un prix si rare!

— Je vois, dit le consul en souriant, que pour être savant on n'est pas moins romanesque à l'occasion!... Soit! J'accepte, pour mon compte, et je désire de tout mon cœur que ma fille se montre sensible à des sentiments si délicatement dévoués... Mais la difficulté reste entière. Comment la décider à partir sans moi?

— Le docteur Briet pourrait nous y aider.

— Comment?

— En exigeant un départ immédiat et un séjour prolongé hors de Khartoum, où vos devoirs vous ramèneraient, si vous le croyez nécessaire...

— Peut-être, en effet, est-ce une solution; nous allons l'étudier avec lui, dès ce soir ou demain... »

En ce moment, un grand tumulte se fit entendre dans la rue, et comme M. Kersain, suivi de Norbert, se dirigeait vers la terrasse, afin de savoir la cause de ce bruit, la porte s'ouvrit avec fracas. Fatima entra hors d'haleine et dans un état de surexcitation visible, en criant :

« Le général Gordon!... le général Gordon qui arrive!... Toute la ville se porte au-devant de lui!...

— Le général Gordon?... As-tu perdu la tête, petite folle? dit le consul incrédule.

— Les crieurs l'assurent et tout le monde le répète! protesta Fatima.

— Impossible!... Le général Gordon, sans armée, sans être annoncé! C'est impossible!...

— Mais voyez plutôt! dit Fatima avec impatience. Voyez plutôt!... »

On passa sur la terrasse, où Gertrude se montra presque en même temps. Les balcons voisins, les fenêtres, le pas des portes étaient chargés de monde. Dans la rue, un flot de peuple, gesticulant, vociférant, semblait emporté vers un but unique.

— Serait-il possible que ce fût réellement Gordon? se demandait le consul. Voici une péripétie inattendue et un facteur nouveau dans le problème!... Mais, sans doute, c'est un faux espoir qui servira seulement à augmenter encore, après coup, le découragement général!...

Soudain, une immense clameur s'éleva de la foule. Au bout de la rue, dominant tout le monde, apparaissait un chameau — un chameau unique — monté par un homme de petite taille, aux yeux bleus, aux cheveux et aux favoris blonds, revêtu du grand uniforme de général en chef. Et, à mesure qu'il avançait, tous les bras se tendaient vers lui, toutes les bouches s'ouvraient, tous les genoux pliaient sur son passage... Un peuple entier criait :

« Vive Gordon!... Vive le héros!... Vive notre père!... Vive le sauveur du Kordofan! »

La vision passa. Le général arriva au palais du gouvernement, mit pied à terre et entra chez lui comme s'il en était parti la veille. Il y avait quatre ans qu'il s'était démis du poste qu'il venait reprendre au jour du péril.

Et alors les gens de Khartoum, sans cesser de l'acclamer, commencèrent de se jeter dans les bras les uns des autres, de se féliciter, de danser de joie. On aurait dit que cet homme, seul sur son chameau, sorti du désert comme s'il tombait du ciel, valait toute une armée. Personne ne pensait plus au danger imminent. Personne ne croyait plus au Mahdi. Gordon était là. Tout était fini. Khartoum pouvait respirer...

Le soir, la ville entière était illuminée, et le général Gordon recevait la visite du corps consulaire, des autorités civiles et militaires, des habitants notables. Il exprima sa ferme confiance de tenir tête au Mahdi, déclara que la ville allait être mise en état de défense, la discipline rétablie, l'état moral des troupes relevé. Il venait, au nom du gouvernement anglais, pacifier le Soudan. Dans quelques jours, quelques semaines au plus, une armée britannique, remontant le Nil ou prenant à revers les insurgés par Souakim, viendrait en finir avec eux.

Tout le monde se retira plein d'espoir, sauf peut-être le consul de France, qui conservait peu d'illusions.

« Je prétendais, aujourd'hui même, qu'il nous manquait seulement un homme, disait-il à Norbert, qui l'attendait à la porte du palais. L'homme est venu. Mais je crains bien qu'il soit insuffisamment secondé. Si l'armée anglaise qu'il nous annonce se montre à temps, tout sera pour le mieux. Mais viendra-t-elle seulement? Khartoum est loin du Caire, plus loin qu'on ne croit pour une armée européenne... Enfin, qui vivra verra!

« ... En tout cas, reprit-il après un instant de silence, ce coup de théâtre nous offre une chance unique de décider ma fille à partir sans moi. Le vent est aujourd'hui à l'espoir et à la confiance. Sachons en profiter avec l'aide de mon beau-frère, le docteur. »

On se rendit sans plus tarder chez l'aimable homme pour l'inviter à dîner, et, après mûre délibération, on combina avec lui une petite scène qui se joua le lendemain comme suit, au consulat de France.

« Ma foi, dit le docteur en se mettant à table, j'accepte votre invitation, cher monsieur Mauny, et je ne demande pas mieux que de partir avec vous pour aller passer une huitaine de jours à Tehbali.

— Ma fille et moi, reprit aussitôt M. Kersain, nous serions heureux de vous accompagner aussi. Quelques jours de vacances nous feraient du bien, sans parler du plaisir que nous aurions à constater le progrès de vos travaux. Malheureusement, si l'arrivée du général Gordon écarte toute pensée de péril pour Khartoum, en raison des mesures qu'il a déjà prises et des secours qu'il annonce, cette arrivée m'oblige à rester provisoirement ici pour renseigner mon gouvernement sur le nouvel état de choses. Nous ne pouvons donc pas songer à partir avec vous. »

Un nuage de désappointement venait de se répandre sur le

charmant visage de Gertrude; mais elle n'eut garde d'en rien témoigner.

« C'est malheureux, dit le docteur : ma nièce a absolument besoin d'un changement d'air, et une petite excursion à Tehbali serait justement ce qu'il lui faut.

— Que voulez-vous? soupira le consul. Le devoir avant tout! Il m'est absolument impossible de m'en aller maintenant, voilà la vérité.

— On pourrait peut-être tout concilier, dit le docteur : le devoir et le souci légitime de la santé. Quand comptez-vous pouvoir venir à Tehbali?

— Dans deux semaines au plus tard.

— Eh bien, pourquoi ne me confieriez-vous pas Gertrude, avec sa petite suivante? Elle vous précéderait à Tehbali, y reprendrait au plus tôt ses belles couleurs qui lui vont si bien, et, quand vous viendriez nous rejoindre, vous la trouveriez tout à fait bien portante!

— Oh! mon oncle! objecta Gertrude : je n'aimerais pas du tout à m'en aller sans mon père.

— La question n'est pas uniquement de savoir ce que tu aimes, ma chère enfant, mais ce qui est nécessaire pour ta santé », prononça le docteur du ton le plus austère qu'il put prendre.

Tous les yeux se tournèrent vers M. Kersain.

« Ce plan me plairait assez, dit-il. J'aurais l'esprit plus libre pour dépêcher mes rapports. Et je gage que l'effet serait de me conduire à Tehbali au moins huit jours plus tôt. Qu'en dis-tu, fillette?

— Je dis que je ferai ce que vous déciderez, cher père, répondit Gertrude, partagée entre la crainte de quitter M. Kersain, même pour quelques jours, et le désir de lui être agréable.

— Eh bien! tout considéré, j'opine pour le départ!... Au moins, docteur, vous me répondez de tout? ajouta-t-il en faisant effort pour montrer quelque gaieté.

— Absolument. Un mot de plus, et je me fais donner par

vous, devant notaire, une délégation de vos droits paternels. »

Les choses ainsi réglées, il fut convenu qu'on partirait le soir même, que M. Kersain accompagnerait les voyageurs jusqu'à deux ou trois milles de Khartoum, et que, sous deux semaines au plus tard, il viendrait rejoindre sa fille.

La journée fut prise par les préparatifs. Vers sept heures, on se mit en route. A huit, M. Kersain prit congé de sa fille et de ses amis.

« Je vous les confie tous deux!... Puissions-nous bientôt nous retrouver ensemble! dit-il à voix basse à Norbert, en lui serrant chaleureusement la main. Adieu, docteur!... Adieu, ma fille chérie!... » reprit-il en pressant Gertrude contre son cœur.

Puis il tourna bride et repartit au galop, de peur qu'on ne vît ses larmes.

« La reverrai-je jamais? » pensait-il en courant à bride abattue vers Khartoum.

Gertrude, sans bien s'expliquer pourquoi, se sentait, elle aussi, le cœur serré par cette séparation. Il lui semblait qu'elle avait eu tort de s'y prêter, qu'il aurait mieux valu cent fois résister, s'obstiner à rester avec son père. Mais il était trop tard, maintenant. On ne pouvait plus, sans indiscrétion, revenir sur des arrangements pris! Quoi qu'il en soit, elle était tout attristée et répondait à peine aux tentatives que faisaient Norbert et le docteur pour l'égayer.

A minuit, on campa, selon l'usage, sous deux tentes dressées par les Arabes de Mabrouki contre une colline au pied de laquelle passait la route.

Le lendemain matin, vers cinq heures, on déjeunait avant de se remettre en route, quand une pauvre femme passa, en chassant devant elle un âne chargé de figues.

« Voulez-vous de mes fruits? » dit-elle aux voyageurs.

Non seulement on lui en acheta un panier, mais on ajouta les figues au déjeuner en guise de dessert.

Les convives n'en avaient pas mangé depuis trois minutes, qu'une somnolence invincible s'empara d'eux. Fatima fut la première à céder au sommeil et tomba endormie auprès de sa maîtresse. Gertrude fit bientôt de même. Norbert suivit avec le docteur. Les chameliers arabes ne tardèrent pas à imiter leur exemple.

Quant à Mabrouki, il lutta plus longtemps contre une sorte de stupeur associée à l'idée vague que son devoir était de ne pas dormir. Mais enfin il succomba, lui aussi, et, comme tous les autres, il se renversa sur le sable, plongé dans un sommeil profond.

CHAPITRE XIII

LE PRINCE DES TÉNÈBRES

En se réveillant, Gertrude se crut d'abord le jouet d'un rêve. Elle ouvrit les yeux dans une vaste et haute salle circulaire, éclairée par sept lampes de cuivre.

Les murailles en étaient sculptées, creusées, ciselées et peintes avec un art merveilleux. Des colonnes de basalte et des statues de porphyre dessinaient autour de la salle un cercle d'alcôves plongées dans un demi-jour mystérieux et que l'on devinait pleines de meubles étranges. Mlle Kersain n'était pas pour rien la fille d'un archéologue distingué : du premier coup d'œil elle reconnut qu'elle se trouvait dans un hypogée de la plus belle époque égyptienne.

Quelle que fût sa stupeur, elle se laissa d'abord aller, avec la curiosité machinale d'un connaisseur-né, à admirer les trésors artistiques dont elle était entourée. Entre les colonnes et les statues colossales, on aurait dit que les parois de chaque alcôve étaient recouvertes d'une draperie aux couleurs vives. Cette draperie était en réalité une peinture à fresque dont l'éclat avait survécu à trente siècles. L'artiste ingénu chargé de ce chef-d'œuvre y avait d'abord creusé d'un burin patient des bataillons serrés de guerriers, d'animaux, de dieux et de déesses cynocéphales, acrocéphales et ibiocéphales, entremêlés de fleurs, de palmettes, de globes symboliques, aux larges ailes éployées. Puis, le peintre était venu : d'un pinceau moelleux, il avait suivi les contours aux vives arêtes tracés par le sculpteur, et donné à ses créations les couleurs mêmes de la vie. Tout autour de la fresque, dont le fond était rouge, régnait une même ligne verte qui relevait le blanc éclatant des murs. Les fleurs de lotus ouvraient leurs calices mystiques et semblaient se balancer sur les longues tiges qui les portaient. L'or des palmettes rehaussait la frise qui courait au-dessus de la fausse draperie.

Gertrude s'aperçut qu'elle reposait sur un lit d'une étonnante splendeur et d'une bizarre fantaisie. Ce lit représentait un grand tigre de bronze, allongé et offrant au dormeur son dos recouvert d'un matelas de cuir. On l'aurait dit achevé de la veille pour quelque princesse de la dix-huitième dynastie. Un fauteuil d'ivoire découpé comme la plus fine dentelle, une table d'argent dont le métal précieux était la moindre valeur et dont le disque poli reposait sur la tête sculptée d'un esclave à genoux, une magnifique peau de lion étendue sur les dalles de marbre complétaient le mobilier de l'alcôve où Gertrude venait de reprendre conscience d'elle-même.

En baissant les yeux sur cette peau, elle vit que Fatima y était couchée à ses pieds et encore plongée dans le sommeil.

Comment se trouvaient-elles toutes deux dans cette étrange demeure? Depuis combien de temps étaient-elles restées endormies? C'est ce que Mlle Kersain n'aurait pu dire. Elle consulta sa montre et la trouva arrêtée.

« Fatima! » cria-t-elle, envahie par une terreur soudaine, en se jetant à bas du lit.

X

LE NAIN DE RHADAMÉH S'AVANÇAIT

La petite suivante ouvrit les yeux, parut avoir peine à se rendre compte de ce qui lui arrivait, et se dressa machinalement sur ses pieds.

Presque au même instant, une porte masquée dans le mur roula avec fracas sur ses gonds, et un noir de haute taille, magnifiquement vêtu, parut sur le seuil.

« Le maître!... » cria-t-il en s'effaçant à gauche et se prosternant sur les dalles.

Sur ses pas, s'avançait le nain de Rhadamèh.

Il portait un costume indien d'une blancheur éclatante et que relevait le ceinturon rouge d'un sabre couvert de pierreries. Son énorme turban était surmonté d'une haute aigrette de crin dont chaque brin soutenait un diamant. Sa face noire et hideuse semblait plus repoussante encore dans cet accoutrement, et sa petite personne difforme n'en était que plus grotesque.

Sans paraître se douter de ce qui pouvait lui manquer sous le rapport de la beauté plastique, il arriva triomphant vers Gertrude et s'arrêta en souriant devant elle.

« Que voulez-vous? » lui dit-elle avec une froideur hautaine.

Le nain leva les deux mains et la salua à la manière arabe, sans articuler un mot. Mais il y avait dans ses yeux tant de vanité et de suffisance qu'elle ne put résister à l'impérieux besoin de l'humilier un peu.

« J'y pense, reprit-elle, vous êtes muet, pauvre misérable créature, et vous ne sauriez me répondre!... Sans doute, vous venez m'apporter un message de la part de votre maître. Vous êtes l'esclave du mogaddem de Rhadamèh... Je vous ai vu le front dans la poussière auprès de lui... Est-ce lui que je dois considérer comme l'auteur de mon enlèvement et de la détention arbitraire dont je suis victime?... Mais, comprenez-vous le français?... »

Le nain fit de la tête un signe affirmatif.

« Vous m'entendez? répéta Gertrude.

— Oui, fit le nain de la tête.

— Eh bien, répondit la jeune fille en se dressant sur ses pieds, allez dire à votre maître qu'il a commis une action inqualifiable... C'est de l'argent qu'il lui faut, sans doute... Qu'il indique le prix de ma rançon et le fasse connaître à mon père!... ou bien qu'il me fasse reconduire à Khartoum, sur ma parole de remettre à son messager la somme qu'il aura fixée!... Allez!... J'ai hâte de me voir hors d'ici!... »

Au lieu de se rendre à cette demande, le nain s'était mis à genoux devant Mlle Kersain. Il avait pris le bord de sa robe et le portait à ses lèvres. En même temps, il la regardait d'un air suppliant et d'une humilité qui contrastait avec l'arrogance de sa première attitude. Elle était bonne et craignit d'avoir inutilement blessé un être malheureux. Aussi reprit-elle d'un ton plus doux :

« Que puis-je pour vous?... On dirait que vous implorez ma pitié?... Peut-être le mogaddem vous traite-t-il avec dureté?... S'il en est ainsi, venez à Khartoum... Mon père est puissant et respecté. Il saura vous protéger... »

Un sourire amer se dessina sur les lèvres du nain. Il se releva, se campa devant elle avec le poing sur la hanche et, tout à coup d'une voix formidable :

« Je ne suis pas un esclave!... dit-il *en français*. Je n'ai besoin de la protection de personne, et, si je m'incline, c'est uniquement devant la beauté... Ce que je viens t'offrir, heureuse jeune fille, c'est de partager avec moi le trône du Soudan. J'en suis le roi, et je t'ai choisie pour reine!... »

Et comme Gertrude, frappée de stupeur, restait incapable de répondre :

« Moi, muet!... moi, un esclave!... poursuivit le nain avec un ricanement. Se peut-il que tu te sois ainsi méprise aux apparences!... Tu parles de rançon, pauvre enfant!... Que serait celle que pourrait m'offrir ton père, à côté des richesses qui sont miennes!... Sache que l'univers est mon tributaire, et mon pouvoir aussi illimité que mystérieux! Tu parles du mogaddem auprès duquel tu m'as vu jouer la comédie de la servitude? Le mogaddem n'est que mon instrument et mon serviteur, comme le Mahdi, et bien d'autres qui ne s'en doutent même pas!... Je suis le maître du Soudan, en attendant que je le sois de l'Afrique et du monde. Quand je te parle d'un trône, c'est par modestie : car j'en ai dix, j'en ai cent à mettre à tes pieds, si tu les désires. Dis un mot, et l'univers viendra s'agenouiller devant toi, comme je l'ai fait tout à l'heure!... Je suis Kaddour, le magicien tout-puissant, le Prince des Ténèbres. Réjouis-toi, enfant, car je t'ai désignée pour partager ma gloire et mon omnipotence...

— Assez!... interrompit Gertrude avec hauteur. Vil esclave, crois-tu que tes hâbleries puissent m'inspirer un autre sentiment que celui du dédain? »

Le nain ne se tint pas pour battu.

« Encore ce mot d'esclave!... s'écria-t-il. Je t'ai déjà dit que je suis le maître, ici et partout. Ne peux-tu me croire?... Veux-tu que je te le prouve?... Si c'est ma peau noire qui me fait classer par toi dans une race avilie, je puis en changer!... Regarde!... »

Tandis que Gertrude et Fatima le considéraient avec une stupeur croissante, le nain se transforma sous leurs yeux. Sa peau pâlit d'abord, prit un ton gris, puis verdâtre, puis jaune; ses traits se tordirent dans une convulsion rapide, et il sortit de ce spasme, hideux toujours, — mais blanc!...

Fatima, au comble de l'épouvante, avait poussé un cri et s'était laissée tomber la face contre terre. Mlle Kersain sentait battre son cœur plus vite, mais pour rien au monde elle n'aurait voulu laisser percer la terreur dont elle était pénétrée.

« N'essaie pas de m'effrayer par ces jongleries! dit-elle. Blanc ou noir, tu n'es pour moi qu'un charlatan... Si c'est toi qui m'as amenée ici, fais-moi sortir au plus vite! Tu ne gagneras rien à attendre. C'est seulement en me mettant sans retard en liberté que tu pourras te faire pardonner ta ridicule tentative. Rappelle-toi que j'appartiens à une nation puissante et qui sait faire respecter ses enfants!

— Que parles-tu de nation ? répliqua le nain d'une voix tonnante. Je t'ai dit et je te répète que mon pouvoir est sans limites, que les actions des peuples et les conseils des rois dépendent de moi, à leur insu même. Je suis celui qui tient partout les fils invisibles. Dans mes mains, les hommes ne sont que des pantins... Tu ne me crois pas ?... Il te faut des preuves ?... Tu les auras ! »

Il frappa dans ses mains énormes et aussitôt une des alcôves s'ouvrit, pour former comme le cadre béant de la scène dans un théâtre. Mais, au lieu d'un décor de bois et de toile, il y avait dans ce cadre une galerie merveilleuse où des lampes portées par des torchères d'argent n'éclairaient que marbres, colonnades, ornements précieux. Au milieu de la galerie s'élevait, sur une estrade, un trône d'or, autour duquel une cour nombreuse vint se ranger en saluant avec respect, comme si ce trône avait été occupé au lieu d'être vide. Tous les types humains et tous les costumes semblaient représentés dans cette assemblée : on y voyait des Chinois aux yeux bridés, des Japonais en armure de laque, des Indiens, des Arabes aux blancs burnous, des Canadiens en veste fourrée, des Zoulous avec leur sagaie, des Boërs avec leur rifle, des Fidjiens tatoués, et cent autres encore, chacun avec son attribut caractéristique, son allure et sa physionomie propre. Quand cette foule eut défilé devant le trône et se fut rangée des deux côtés de la galerie, le même nègre géant qui avait annoncé l'entrée de Kaddour se présenta sur le devant de la scène et parut attendre les ordres du maître

« Appelle l'envoyé du Canada, » dit le nain.

On vit s'avancer un métis américain, vêtu de castor des pieds à la tête, qui s'inclina devant Kaddour et lui dit en français :

« Maître Riel n'attend que tes ordres pour soulever ses frères canadiens contre l'Angleterre.

— L'envoyé des Boërs ! » cria le nain.

Un rude paysan, au teint hâlé par le soleil, se présenta

lourdement, tira de son chapeau de paille une lettre cachetée et la remit au nègre en disant en hollandais :

« Les Boërs du Cap envoient leur salut à Kaddour et se lèveront quand il leur fera signe. »

Le nain traduisit ces paroles pour Gertrude, puis il reprit :

« Aux Indiens, maintenant!... »

Cette fois, une jeune fille en costume de bayadère, enveloppée dans un voile de gaze lamée d'argent, sortit des rangs pour dire d'une voix claire et pure :

« L'Inde semble dormir, mais elle attend. Elle a cent millions d'hommes au service de Kaddour, le tout-puissant, pour se venger et s'affranchir.

— Ma fille de la verte Erin est-elle là? » demanda le nain.

Une Irlandaise au teint blanc et aux yeux noirs, en vêtements de deuil, répondit à cet appel.

« Les Invincibles sont prêts à tout, dit-elle en anglais. Ils feront sauter Londres, si le maître le croit utile à la cause de la patrie!...

— Et le fils du Mahdi? clama le nain.

— Kaddour est grand et le Mahdi est son prophète! dit un jeune Arabe en paraissant aussitôt.

— Assez!... reprit Kaddour. Disparaissez tous!... »

L'alcôve se referma subitement et la vision s'évanouit.

« Tu vois qui je suis? » dit-il en se tournant vers Mlle Kersain.

Et, croisant ses longs bras sur sa poitrine déformée, il fixait sur elle un regard chargé d'ironie. Elle n'y répondit que par un regard plus ironique encore.

« Je vois que tu as des acteurs qui savent bien leur rôle! ajouta-t-elle pourtant après un instant de silence.

— Des acteurs?... Tous ces agents de mon pouvoir, que je viens de te montrer, et tous ceux que je pourrais faire paraître encore?... Ne le crois pas, enfant. Ce sont, au contraire, des instruments d'autant plus dociles et d'autant plus puissants dans mes mains, qu'en me servant ils croient servir seulement leurs passions ou leurs rancunes. Aux quatre coins du globe ils conspirent, ils s'arment, ils se préparent, sans se connaître les uns les autres, divisés de races, de haines et d'intérêts. Moi seul les gouverne. Moi seul les dirige. Moi seul peux faire éclater leur colère au moment propice : je n'ai qu'un mot à dire et demain, si je le veux, le monde sera en ruines ; demain je régnerai seul à la lumière du jour, comme je règne déjà dans les ténèbres !... Qui donc, si ce n'est moi, tient déjà en échec la Grande-Bretagne ?... Le Mahdi, tu le vois, n'est que mon général... L'Inde se lèvera, si je le veux. Le Canada m'obéit. Les Boërs et les Zoulous me savent gré de leur avoir assuré victoire sur victoire : Cettewayo n'a-t-il pas été triomphant tant qu'il a su se contenter d'être mon lieutenant, vaincu le lendemain du jour où il a voulu m'échapper ?... L'Irlande frémissante n'est-elle pas toujours prête à mettre le feu aux mèches que je prépare pour elle ?... Ma police est partout. Qu'il se produise dans l'univers un fait de quelque importance et j'en suis tout de suite informé. Cet enfant, ce Mauny, a cru pouvoir me cacher ses projets : son plan n'était pas plutôt arrêté que je le connaissais dans tous ses détails... Toi-même, tu partais pour Tehbali... et tu vois bien que tu es ici !...

— Oui, grâce à quelque indigne trahison !... s'écria Gertrude. Il n'importe, nain, je ne crois pas au pouvoir dont tu te vantes.

— Tu n'y crois pas encore ?... Que faut-il donc pour te convaincre ?... Veux-tu que je te montre ce que Gordon, le pauvre brave soldat, écrit à cette heure même à son gouvernement ? »

Une fois encore le nain frappa dans ses mains.

Une autre alcôve s'ouvrit comme la première. Elle n'encadrait pas une somptueuse galerie, mais un simple bureau télégraphique. Sur une table se croisaient des fils portant des numéros d'ordre et aboutissant à un appareil de transmission. Au niveau de cet appareil se trouvaient des plaques d'ivoire avec ces noms : *Paris, Londres, Rome, Constantinople, Saint-Péters-*

bourg, *Alger, New-York, Pékin, Calcutta, Québec,* et d'autres encore. Sur une seconde table, à hauteur d'appui, se déroulait automatiquement la petite bande bleue d'un tambour télégraphique.

« J'ai détourné le fil de Khartoum, dit le nain en riant, et les dépêches de Gordon ne vont au Caire qu'en passant par ici... Lis celle-ci, pour peu que tu en sois curieuse. »

Et, comme Gertrude, impassible, ne faisait pas un mouvement :

« Je la lirai pour toi, » reprit Kaddour.

Le général Gordon à sir Evelyn Baring, agent général de S. M. Britannique, au Caire.

Khartoum, le 2 mars.

Il suffirait, pour tout sauver, de mettre un bataillon anglais en route pour Khartoum, par la voie du Nil. Ce n'est pas le nombre qui est nécessaire, mais seulement le prestige. La révolte tombera d'elle-même si je suis soutenu, ne fût-ce qu'en apparence, par des troupes européennes. Sinon, tout est perdu. Avant trois jours nous serons bloqués.

Signé : GORDON.

« ... Je transmettrai la dépêche, poursuivit le nain avec un ricanement, mais en la modifiant *un peu* et affirmant qu'aucune armée de secours n'est nécessaire!... Qu'en dis-tu, enfant ?... Crois-tu maintenant à mon pouvoir ?...

— Je crois surtout à ta scélératesse, » répliqua Gertrude sans se départir de sa dédaigneuse attitude.

CHAPITRE XIV

MAGIE BLANCHE ET NOIRE

Cette fois le nain avait pâli de rage. Il demeura quelques instants plongé dans une sombre rêverie.

« Que faut-il donc pour te convaincre? dit-il enfin, avec un long soupir. Insensée!... Tu ne connais donc pas la crainte? Oses-tu bien braver en face celui dont la puissance s'étend comme un réseau sur le globe tout entier?... Sans doute, ce que tu as vu ne te suffit pas. Les jeunes filles sont curieuses. Peut-être désires-tu avoir des preuves de mon pouvoir surnaturel?... Tu les auras. Veux-tu que je te montre celui qui occupe en ce moment ta pensée?... »

Kaddour prit un sifflet d'argent à sa ceinture et en tira un son strident. Aussitôt, dans une troisième alcôve, qui s'ouvrit comme les précédentes, parut s'élever un nuage léger derrière un écran constitué par une vaste glace de cristal. Ce nuage se condensa peu à peu, prit une forme humaine. Gertrude reconnut son père. Il était dans son cabinet, au consulat de France de Khartoum, étudiant avec attention un dossier ouvert devant lui. Soudain, il se renversa sur son fauteuil et parut rester songeur. Puis il ouvrit un tiroir de son bureau, y prit un portrait que Gertrude, avec une poignante émotion, reconnut pour être le sien. C'était une miniature, peinte à Paris, quand elle était toute enfant, et qui la représentait en boucles blondes penchée sur son alphabet. M. Kersain porta le portrait à ses lèvres et le baisa longuement. Des larmes montaient à ses yeux, car il les essuya. Et ceux de sa fille, à cette vue, se remplissaient si bien de pleurs, qu'elle ne distinguait plus rien... Peu à peu la vision s'effaça, disparut.

« Voilà le présent, dit la voix de Kaddour. Et maintenant, l'avenir !... »

Sur l'écran de cristal, à la place même où tout à l'heure se montrait la chère image de M. Kersain, la jeune fille vit se dessiner une circonférence. Des formes indistinctes y parurent, se fixèrent et prirent peu à peu des contours définis. Elle reconnut la grande place de Khartoum, bordée d'un côté par le palais du gouverneur, de l'autre par la façade du consulat de France. Le jour semblait se lever. Des habitants de tout âge et de tout rang traversaient en courant cet espace vide. Ils étaient pâles, hâves et visiblement en proie à une vive terreur. Tout à coup, un officier général sortit du palais, suivi de quatre ou cinq hommes. Il était de petite taille, avec des cheveux blonds et des yeux bleus, et descendait rapidement les degrés du perron. Tous ses traits exprimaient la fureur. Au moment où sa face se tournait vers Mlle Kersain, elle vit que c'était celle du général Gordon... Au même instant débouchait sur la place une bande d'Arabes déguenillés. A peine eurent-ils vu

XI

M. KERSAIN PRIT UN PORTRAIT QUE GERTRUDE RECONNUT

le groupe qui venait du palais au-devant d'eux, qu'ils s'arrêtèrent, et les éclairs d'un feu de peloton jaillirent des fusils. Le général tomba. Des insurgés coururent à lui, tandis que son escorte prenait la fuite. Avec un frisson d'épouvante, Mlle Kersain les vit élever au-dessus d'eux la tête sanglante du général... Elle détourna les yeux pour les reporter avec angoisse vers le consulat de France, et il lui sembla qu'elle voyait son père en sortir tout seul... Comme elle restait frappée d'effroi dans l'attente d'une nouvelle et plus horrible catastrophe, — plus horrible au moins pour son cœur de fille, — tout s'obscurcit et la vision disparut...

Gertrude en avait reçu une commotion si vive qu'elle fut un instant à se remettre ; mais, reprenant presque aussitôt possession de son sang-froid :

« L'avenir n'est pas à toi, dit-elle au nain. Ce que tu viens de me montrer n'est qu'un mauvais rêve. Gordon ne tombera pas sous vos coups : il vous pendra tous tant que vous êtes... »

— C'est à moi que tu oses parler ainsi ! cria-t-il en grinçant des dents. Ah ! tu ne crains rien ! Eh bien, vois !... »

En disant ces mots, il avait levé les deux bras. Aussitôt un vacarme épouvantable parut déchirer les entrailles de la terre. Les monstres qui soutenaient les portes et les corniches s'animèrent soudain et remplirent le souterrain de leurs rugissements. Des murs parurent se détacher, avec des gestes raides et archaïques, les figures qui y étaient peintes : dieux à têtes de chien, de chat, de chacal et d'oiseau, bêtes étranges, crocodiles monstrueux ; et toutes paraissaient s'avancer vers la jeune fille en faisant converger sur elle la flamme de leurs yeux sanglants...

A demi-folle de terreur, Fatima se suspendit au bras de sa maîtresse en poussant des cris perçants.

« Arrête ta ménagerie, dit dédaigneusement Gertrude au nain de Rhadamèh. Si c'est moi qu'elle doit effrayer, je t'avertis que ta peine est perdue. »

Kaddour prononça quelques mots d'une langue inconnue.

Aussitôt les monstres et les dieux à tête bestiale retombèrent dans l'immobilité. Gertrude haussa les épaules. Mais le nain fixait sur Fatima des yeux flamboyants. Il fit un signe : la jeune servante, quittant le bras de Mlle Kersain, s'avança vers lui. Elle avait les yeux grands ouverts, mais son regard, chose étrange, s'était pour ainsi dire tourné en dedans.

« Fatima, dit le magicien d'une voix sépulcrale, tu aimes ta maîtresse, je le sais. Elle croit à ton affection et te chérit comme une sœur. Mais je te dis : « Prends ce poignard à ma ceinture et plonge-le dans son cœur !... »

Fatima poussa un profond soupir ; deux grosses larmes se formèrent sur ses cils et tombèrent sur ses joues. Cependant elle arriva devant le nain, prit à sa ceinture le poignard qu'il lui désignait et se tourna vers Gertrude, le bras levé, prête à frapper.

« Arrête, » lui dit le nain.

Elle s'arrêta comme changée en pierre, le bras figé dans son geste homicide.

Quant à Gertrude, elle avait peine à retenir ses larmes.

« Pauvre enfant, murmura-t-elle, en essayant doucement d'abaisser le bras rigide de sa petite suivante. Ne crains pas que je te croie coupable de ce que tu fais... Je connais les phénomènes de l'hypnotisme, ajouta-t-elle en s'adressant au nain, et toutes ces sorcelleries ne me feront pas douter de sa tendresse.

— Du moins suffisent-elles à te montrer ce que je peux ! » dit Kaddour en faisant un geste qui rendit à Fatima conscience d'elle-même.

Et aussitôt, sortie de son sommeil cataleptique, mais encore en proie à un tremblement nerveux, elle se remit à se serrer contre sa maîtresse, comme un faon effarouché.

« Écoute-moi, poursuivait le nain en s'adressant à Mlle Kersain. Tu es femme. Il est impossible que tu ne sois pas séduite par la perspective d'un pouvoir unique, absolu, illimité. Tu sais maintenant ce que je veux faire au point de vue politique et militaire, tu sais que je dispose de toutes les richesses, car un pouvoir comme le mien ne connaît pas de trésors inaccessibles ; tu viens de voir un spécimen de mes facultés surnaturelles. Tu ne saurais en douter, aucun secret ne m'est inconnu. Le monde visible et invisible n'en a plus pour moi. Je connais tout. Je peux tout. J'ai à mon service les ressources des sciences anciennes et modernes, les traditions de toutes les magies, noires et blanches, européennes et asiatiques, aryennes et touraniennes. Je suis l'agent invisible qui meut tous les ressorts... Et je te dis : « Veux-tu partager avec moi cette puissance inouïe? Veux-tu être reine de l'Afrique, impératrice des Indes, de la Chine et du monde? Mets ta main dans la mienne. Demain, les Français seront massacrés en Algérie et à Tunis, les Anglais dans l'Inde, en Égypte, au Cap et dans leur île même ; la Russie se jette sur l'Allemagne, le monde musulman sur l'Europe, et dans six mois je te couronne à Byzance... Fais un signe, au contraire, je reste dans l'ombre, tout-puissant, mais obscur, comme je l'ai fait jusqu'à ce jour ; et tu règnes avec moi sans qu'on sache quelle est la source de ta puissance... Ou bien encore, si les soucis du pouvoir te rebutent, si tu préfères une existence calme et paisible, — je renonce à tout, je pars avec toi pour la patrie qu'il te plaira de choisir, emportant toutes les richesses accumulées dans ces cryptes et laissant la pauvre humanité se tirer d'affaire comme elle pourra! »

La situation était peut-être tragique ; mais, à ce moment, Mlle Kersain se trouva si irrésistiblement frappée de ses aspects comiques, qu'elle éclata tout à coup d'un rire clair.

« Voyons, pauvre niais!... s'écria-t-elle, tu n'as donc pas de miroir parmi tes accessoires de comédie?... »

Cet éclat de rire et ce mot tombèrent comme une douche glacée sur le rêve sentimental du nain. Il en sortit avec un cri de fureur.

« Malheureuse!... rugit-il. C'est ainsi que tu me réponds!... Tu ne riras pas longtemps, je te le jure. Toute la terre souffrira à cause de toi!... Tu vivrais cent ans que tu n'aurais pas assez d'heures pour pleurer le jour où tu as insulté Kaddour!... »

Il partit, en proie à une rage inexprimable. A peine la porte se fut-elle refermée sur lui, que Gertrude et Fatima entendirent de lourds verrous et des chaînes de fer glisser à l'extérieur dans leurs gardes.

Une heure s'écoula sans que rien vînt troubler le silence de l'hypogée. Puis la porte se rouvrit, et une exclamation joyeuse s'échappa des lèvres des deux captives : sur le seuil, elles venaient de reconnaître Norbert Mauny.

« Gertrude!... Mlle Kersain!... s'écria le jeune astronome. Je ne m'attendais guère au bonheur de vous retrouver dans cette prison mystérieuse!... Me pardonnerez-vous de vous y avoir entraînée.

— Vous pardonner? dit Gertrude. De quoi parlez-vous donc? N'êtes-vous pas prisonnier comme nous?... Laissez-moi me féliciter seulement de vous avoir retrouvé!... Savez-vous ce que sont devenus mon oncle et Mabrouki?...

— Je ne les ai pas revus depuis le moment où nous avons goûté de ces maudites figues, chargées sans nul doute de quelque narcotique subtil.

— C'est plutôt vous qui seriez en droit de me reprocher votre captivité, reprit Gertrude; car enfin, si vous êtes ici, c'est par moi!...

— Que ne puis-je vous prouver mon dévouement d'une manière plus positive! s'écria Norbert. Il faut absolument que nous sortions d'ici. Mais comment savoir où nous sommes et qui nous y retient?...

— Quoi!... Vous l'ignorez encore?... C'est le nain de Rhadamèh!... Et faut-il vous faire un aveu, si humiliant qu'il puisse être pour mon amour-propre? ajouta Mlle Kersain en rougissant, ce misérable charlatan m'a offert, il n'y a pas une heure encore, de devenir sa femme.

— L'insolent myrmidon!...

— Je lui ai ri au nez, comme bien vous pensez, et il est parti dans une rage épouvantable, en me menaçant de sa vengeance.

— Avant tout, il faudrait s'assurer de ce qu'il peut et de ce qu'il veut! dit Norbert en regardant autour de lui. Voici un cachot qui ne ressemble guère à celui où je me suis réveillé.

Il n'avait pas achevé ces mots, qu'un panneau s'ouvrit dans la muraille et le nain de Rhadamèh parut à la tête d'une garde noire de deux ou trois cents hommes. Chose curieuse et qui frappa aussitôt Norbert, cette garde était de tout point pareille à celle qu'il avait enrôlée pour son service. Les hommes avaient le même type; et leur équipement, leur bouclier de peau de tigre, leur casque et leur lance étaient identiques.

« Ce que je veux et ce que je peux, dit Kaddour, en répondant comme un écho aux dernières paroles du jeune astronome, je vais vous le montrer. Je veux que cette jeune fille soit ma femme, et je peux beaucoup pour l'y décider. Par exemple, vous soumettre à la torture, toi, son oncle et vos serviteurs. Puis vous conduire à Tehbali, et sous vos yeux même détruire pierre à pierre tous les travaux que ton orgueilleuse ambition y a élevés. Nous verrons alors si tu ne seras pas le premier à lui demander d'accepter mon offre!...

— Gertrude! s'écria Norbert, qu'aucune pitié ne vous fasse céder!... Certes, il m'en coûterait de voir détruire par ce misérable ce qui a été si long et si pénible à élever!... Mais aucun supplice ne saurait approcher pour moi de celui que m'infligerait la pensée d'un tel mariage!...

— Doutez-vous que je pense de même? répondit la jeune fille sans se troubler. Si quelque chose pouvait ajouter à l'horreur que m'inspire ce monstre, ce serait le choix des moyens par lesquels il songe à triompher de mon mépris!... »

Kaddour était blême de fureur.

« Qu'on apporte des cordes!... cria-t-il, et qu'on attache ce beau monsieur!... Nous allons commencer par nous rendre à Tehbali, et par y entamer, nous aussi, notre petite expérience. Aussi bien, M. Mauny n'est pas le seul avec qui j'aie là un compte à régler!... »

CHAPITRE XV

LES FILS DU PAYS DES LACS

Sir Bucephalus Coghill venait de se lever et arpentait à grands pas le plateau de Tehbali, comme il avait l'habitude de le faire chaque matin pendant une heure, quand Virgile l'aborda :

« Monsieur, lui dit-il, on vient de me signaler une troupe d'hommes armés qui paraît venir de ce côté. Les ordres de M. Mauny sont formels ; je ne dois permettre à personne d'approcher des travaux sans autorisation régulière... Je vais en conséquence faire prendre les armes à la garde nègre et me porter au-devant de cette troupe suspecte...

— Fort bien, répondit le baronnet avec une suprême indifférence. Cela vous regarde... »

Et comme Virgile se dirigeait vers le casernement :

« C'est peut-être M. Mauny qui revient, ajouta sir Bucephalus. Voilà plus de quinze jours qu'il est parti. N'êtes-vous pas surpris de cette absence prolongée?... »

Surpris et inquiet, Virgile l'était au plus haut degré; mais il ne jugeait pas à propos de le montrer et ne connaissait que sa consigne. Norbert l'avait préposé à la garde des travaux : il garderait fidèlement les travaux, s'il était nécessaire, jusqu'à la consommation des siècles.

« M. Mauny a sans doute ses raisons pour rester à Khartoum plus longtemps qu'il ne l'avait d'abord pensé! » dit-il en s'inclinant devant le baronnet.

Celui-ci reprit sa « promenade constitutionnelle ». Quand elle eut duré soixante minutes, chronomètre en main, il s'arrêta, prit une chaise cannée et se mit à parcourir les journaux d'Europe qu'un messager spécial lui apportait chaque jour de Berber.

« Tiens! Gordon nommé gouverneur général du Soudan!... Arrivé à Khartoum, après avoir traversé le désert tout seul, sur un chameau! Cela lui ressemble!... murmura sir Bucephalus après avoir jeté un coup d'œil sur le *Times*. C'est sans doute ce qui retient Mauny à Khartoum... »

Et il se plongea dans sa lecture.

Cependant Virgile avait fait prendre les armes à la garde nègre; il l'avait rangée sur deux files et, commandant le pas de course, descendait avec elle le chemin tracé sur le pic. En vingt minutes, ses cent guerriers, agiles comme des panthères, furent arrivés avec lui dans la plaine, et eurent dépassé le village. A deux portées de fusil des premières huttes, il les rangea en bataille pour barrer le chemin aux arrivants.

Ceux-ci ne se firent pas attendre. Leur caravane se composait d'un chameau portant une sorte de palanquin fermé où se trouvaient emprisonnées Gertrude et Fatima; de trois autres chameaux sur lesquels Norbert, le docteur Briet et Mabrouki, enchaînés et bâillonnés, venaient de faire un voyage de cinq jours; du nain de Rhadamèh, monté sur un magnifique cheval arabe; enfin de sa garde nègre...

Du premier coup d'œil, Virgile reconnut son maître et comprit qu'un malheur était arrivé. Mais son âme intrépide ne connaissait pas d'hésitation.

« Halte!... cria-t-il en se portant tout seul à vingt pas en avant de la troupe... Que prétendez-vous?... Et pourquoi tenez-vous ces messieurs prisonniers, et les soumettez-vous à cet indigne traitement?... »

Le nain Kaddour avait pris la tête de sa troupe. D'abord surpris de se heurter à une résistance qu'il n'avait pas prévue, il reprit tout son aplomb en constatant que sa garde était numériquement trois fois plus forte que celle de Virgile...

« Je prétends prendre possession du pic de Tehbali! répondit-il avec arrogance. Rendez vos armes à l'instant, si vous ne voulez être tous exterminés jusqu'au dernier!

— Rendre nos armes!... s'écria Virgile. Mauvais nain, je te les ferai plutôt avaler!... »

Il se retourna vers sa troupe et, mettant le sabre au clair, il commanda d'une voix ferme :

« Apprêtez!... armes!... En joue!... »

A leur extrême surprise à tous deux, de part ni d'autre le commandement ne fut obéi. Un des officiers de la garde du nain se détacha pour venir lui parler; tandis que Chaka, quittant de son côté ses hommes, s'avançait vers Virgile :

« Les fils du pays des Grands Lacs ne combattent pas les uns contre les autres, dit-il en montrant la garde noire du nain. Commande-nous ce que tu voudras, excepté de tirer sur nos frères!... »

Au même instant, l'officier nègre de Kaddour lui disait :

« Ces hommes sont, comme nous, les enfants du pays des Grands Lacs. On ne se bat pas entre frères!...

— On ne se bat pas entre frères?... répéta Kaddour, blême de colère. Attends un peu, Madouppa, je vais t'apprendre à me parler de ce ton!... »

Il prit un revolver dans ses fontes et, visant à bout portant l'officier nègre qui se tenait devant lui, il lui fit sauter la cervelle.

« Marcherez-vous, maintenant? hurla Kaddour en s'adressant à sa garde.

— Nous marcherons, mais sur toi, si tu fais encore mine de nous menacer! répondirent les hommes du premier rang. Nous sommes tes soldats et nous t'avons juré fidélité, mais non pas contre nos frères!... »

Kaddour écumait, il se rongeait les ongles dans un accès de rage folle. Mais sa colère était impuissante, il le voyait bien :

« Alors, par file à gauche, et rentrons chez nous!... » finit-il par dire d'une voix étranglée.

Mais cela ne faisait pas l'affaire de Virgile, qui venait d'assister silencieux à cette scène, et qui songeait seulement à délivrer son maître.

« Attends, nain! cria-t-il en s'élançant vers lui. Nos troupes refusent le combat, mais nous n'avons aucun motif de faire de même... A nous deux!... Et au vainqueur les prisonniers!... »

De part et d'autre, les deux gardes noires, bons juges en fait de bravoure, acclamèrent ce défi.

Sans attendre la réponse de Kaddour, Virgile s'était précipité sur lui, le sabre haut. Le nain n'eut que le temps de parer le premier coup en faisant cabrer son cheval, et de riposter avec son magnifique cimeterre en acier de Damas. Virgile, à son tour, arriva à la parade, mais son sabre, à lui, moins bien trempé, se cassa net dans le froissement des deux fers...

Tout le monde le crut perdu.

On était loin de compte. A peine se vit-il désarmé que, bondissant comme un tigre à la gorge du nain, il l'enserra dans ses mains puissantes, l'enleva de sa selle, le terrassa et, avant que le misérable eût seulement pu faire usage de ses bras, le tint immobile et impuissant sous son genou...

Les acclamations des deux camps saluèrent cette action d'éclat. Si Virgile avait eu, à ce moment, une arme sous la main, nul doute que le nain de Rhadamèh eût expié du coup tous ses méfaits. Peu s'en fallut, même, qu'il ne restât étranglé sous la poigne de l'ex-tirailleur algérien. Mais, le premier mouvement de colère une fois passé, Virgile, voyant son ennemi assommé et comme étourdi, ne jugea pas à propos de pousser plus loin sa victoire. Il se releva et fit signe à ses hommes d'emporter le nain, qui restait gisant à terre, insensible et inanimé.

La garde noire de Kaddour se rapprocha aussitôt pour fraterniser avec celle de Tehbali. C'étaient des cris de joie, des accolades, des gambades sans fin. Bien manifestement, il ne pouvait plus désormais être question d'hostilité entre les deux troupes. Peut-être même la garde du nain était-elle la plus satisfaite d'une solution qui la mettait désormais à l'abri de sa rancune ; et il venait de montrer par le meurtre de Madouppa comment il entendait être obéi ; aussi le laissa-t-elle emporter sans protestation et ne fit-elle même pas mine de s'opposer à la volonté de Virgile, qui s'était sans plus tarder jeté du côté des prisonniers.

En deux minutes, Norbert Mauny, le docteur et Mabrouki furent délivrés de leurs liens, Gertrude et Fatima tirées du palanquin. Elles venaient d'assister, derrière les jalousies de leur prison, à ce coup de théâtre soudain, on devine avec quelles poignantes émotions. Norbert, à peine en possession de sa liberté, ne songeait plus qu'à mettre Gertrude à l'abri d'un retour de fortune. Il s'empressa de la faire partir en avant, avec le docteur et Fatima. Puis il chargea Virgile de proposer à la garde noire de Kaddour de s'enrôler à son propre service.

Mais les officiers, après s'être consultés, déclinèrent cette offre. — Le nain de Rhadamèh avait été battu dans un combat loyal, disaient-ils en substance ; ils ne voulaient pas s'opposer à ce qu'il supportât personnellement les conséquences de sa défaite ; mais, de même qu'ils n'avaient pas voulu combattre leurs frères, ils jugeaient incompatible avec leur point d'honneur tout spécial de guerriers mercenaires de passer au service du vainqueur. — Du reste, ils savaient où trouver immédiatement de l'emploi. Le Mahdi marchait sur Khartoum ; ils allaient, sans plus tarder, s'enrôler sous sa bannière.

Norbert s'inclina devant des motifs qui montraient une fois de plus, chez ces pauvres enfants des Grands Lacs, sans patrie et sans famille, le caractère chevaleresque si souvent signalé par les voyageurs. Il leur demanda comme une faveur de vouloir bien accepter les rafraîchissements qu'il allait leur envoyer, et, échangeant une poignée de main cordiale avec leurs officiers, il s'empressa de remonter à Tehbali.

La garde noire le suivait avec Virgile. Quatre hommes portaient Kaddour sans connaissance, étendu sur un bouclier, et de loin pareil à une pièce de roastbeef sur un grand plat, ainsi que l'exprima gaiement sir Bucephalus en voyant arriver ce cortège.

Le premier soin de Norbert fut de faire transporter le nain dans l'appartement vacant des trois commissaires-contrôleurs, qui s'ouvrait sur la branche droite du chemin de ronde, et d'envoyer le docteur lui donner des soins après avoir placé une sentinelle à sa porte. Puis il revint au salon où Gertrude, à peine remise de ses terribles émotions, l'attendait en souriant.

A présent qu'on était sorti du danger, on en mesurait mieux toute l'étendue. Que serait-on devenu si la défection soudaine des deux gardes noires, la présence d'esprit de Virgile et son héroïsme n'avaient inopinément renversé les rôles et fait de Kaddour le prisonnier de ses victimes? Nul doute que le nain de Rhadamèh se fût livré à tous les excès, eût détruit les travaux, pillé l'observatoire, assassiné comme il l'annonçait tous les hommes valides de Tehbali, peut-être en les soumettant aux plus cruels tourments... Et maintenant on était libre, on était victorieux, on le tenait à son tour!...

Si Norbert n'avait écouté que son indignation en songeant que ce misérable nain, ce vil charlatan, avait osé élever ses regards jusqu'à Gertrude et le soumettre lui-même au plus ignominieux des traitements, — il l'aurait envoyé au dernier supplice. Mais, par une délicatesse que tous les gens de cœur comprendront, il se défia de cette impulsion première et crut du moins devoir en ajourner la réalisation en constatant que le nain restait toujours sans connaissance. C'est pourquoi il commença par inviter le docteur à donner ses soins au prisonnier.

Le docteur étant revenu avec la nouvelle que le nain n'était pas encore sorti de son état d'insensibilité et paraissait frappé de commotion cérébrale, l'idée de la peine de mort se trouva provisoirement écartée : on ne tue pas de sang-froid un ennemi inconscient et désarmé.

Puis la question se posa de savoir s'il n'était pas, après tout, fort heureux qu'il fût vivant, et s'il ne représentait pas auprès du mogaddem de Rhadamèh et de la tribu des Chérofas, un gage dont on pourrait utilement se servir. Ce fut l'avis unanime, quand on eut mis en commun les renseignements divers dont on disposait et remercié avec effusion le brave Virgile de l'héroïsme avec lequel il avait si prestement dénoué une situation tragique. Mlle Kersain conta l'affaire de la dépêche de Gordon et le déploiement de force que le nain avait fait sous ses yeux pour l'éblouir. Kaddour — on n'en pouvait douter — était un personnage, le plus important peut-être du Soudan par son infernal génie, par l'étendue de ses connaissances et par les prodigieuses ramifications de sa puissance occulte. Peut-être le hasard venait-il de mettre aux mains de Norbert le seul moyen au monde d'agir efficacement, non pas seulement sur les populations du Soudan, mais sur celles de tous les pays musulmans. Le nain s'était vanté que le Mahdi n'avait que l'importance d'un pantin dont il tenait les fils. Si la chose se trouvait confirmée par les faits, même dans une mesure restreinte, de quel poids ne devait pas peser une capture pareille dans la balance des événements prochains?... Or, le Mahdi s'avançait sur Khartoum, il n'y avait plus à en douter, et, si véritablement les dépêches de Gordon étaient interceptées et modifiées, comme il semblait difficile de ne pas l'admettre après ce qu'avait vu Gertrude, l'arrivée prochaine d'une armée anglaise de secours devenait de moins en moins probable.

Enfin, ne fût-ce qu'au point de vue plus personnel et plus étroit du recrutement des ouvriers nécessaires aux travaux de Tehbali, il importait de conserver avec soin le gage qu'on possédait en la personne de Kaddour.

Il fallait le guérir et le garder à vue : le salut commun dépendait peut-être de sa vie.

Virgile reçut l'ordre de doubler les postes autour du logement assigné au prisonnier, et de se méfier tout particulièrement des efforts qu'il ne manquerait pas de faire, une fois sur pied, pour tenter de s'évader.

« N'ayez crainte, j'y aurai l'œil, dit-il à Norbert en recevant ces instructions... Ce n'est pas encore ce moucheron qui me fera la barbe !... »

CHAPITRE XVI

LA FIN DE KADDOUR

Mlle Kersain, confiante dans la promesse que lui avait faite son père de venir la rejoindre dans deux semaines au plus tard, ne manquait pas, tous les matins, de monter au télescope pour le promener dans la direction de Khartoum et chercher si elle n'apercevrait pas trace d'un groupe de voyageurs se dirigeant vers le pic de Tehbali. Mais elle était trop bien élevée pour importuner ses hôtes de l'impatience assez naturelle qu'elle avait de revoir M. Kersain. Aussi renfermait-elle dans son cœur la déception qu'elle éprouvait chaque jour et venait-elle s'asseoir à la table du déjeuner sans rien témoigner de l'inquiétude qui grandissait en elle. De leur côté, ses compagnons de villégiature s'efforçaient de la distraire de leur mieux, et n'avaient garde de toucher au sujet qui pesait de plus en plus sur leur esprit. Le docteur en particulier ne manquait pas de rendre compte au jour le jour de ses observations cliniques.

« Ce nain est un des êtres les plus singuliers que j'aie jamais eu l'occasion d'observer, disait-il un matin en prenant place à table auprès de sa nièce. Voici déjà quarante-huit heures qu'il est revenu à l'état conscient, et je n'ai pas encore pu lui tirer une parole!... Est-il atteint d'une lésion des lobes antérieurs du cerveau affectant la faculté du langage? Fait-il simplement le muet, comme dans les deux premières occasions où nous avons eu l'honneur de le rencontrer? C'est impossible à dire... Mais je n'ai même pas pu déterminer encore s'il est nègre ou blanc, comme on pourrait le supposer d'après ce qu'a vu Gertrude quand elle était sa prisonnière. Je croirais volontiers qu'il est teint des pieds à la tête, car sa couleur est d'un gris d'ardoise qui ressemble peu à celle des autres Nubiens. Et pourtant aucun des réactifs que j'ai essayés ne mord sur cette teinture. Il faut aussi qu'elle soit incorporée au derme, et non pas seulement à la surface de la peau, car elle subit le contre-coup des émotions du personnage, qui pâlit ou se congestionne très visiblement...

— Un telle incorporation serait donc possible, au point de vue physiologique? demanda Norbert avec surprise.

— Possible, possible!... Je ne dis pas du tout que je me chargerais de la réaliser, répondit le docteur, quoique, après tout, la coloration de la peau des noirs étant due à un pigment spécial, on puisse concevoir, à la rigueur, le moyen d'introduire les éléments de ce pigment dans le torrent circulatoire, soit directement, soit par l'alimentation... Mais beaucoup de choses que nous ne savons pas faire, en Europe, sont un jeu pour les magiciens orientaux, et je ne voudrais pas affirmer que celle-ci ne fût pas du nombre!... Enfin, Gertrude a vu de ses yeux ce nègre devenir blanc!...

— Et moi aussi! dit Fatima, qui servait sa maîtresse à table.

— Ainsi, voilà deux témoins!... s'écria le docteur. Si seulement cet animal-là voulait renouveler son exploit devant moi, je pourrais m'en faire une théorie! Mais il n'y a pas de danger qu'il me donne ce plaisir, quoique je le soigne comme la prunelle de mes yeux!...

— Vous pouvez vous flatter, docteur, d'avoir rappelé à la vie un joli spécimen de beauté physique et morale! dit en riant le baronnet.

— La beauté physique et morale de mes « sujets » m'inquiète fort peu, je vous assure!... répliqua le docteur. Quand je suis auprès d'un malade, je tâche de le guérir. Le reste ne me regarde pas!... »

L'ancien logement des commissaires, assigné au nain, s'ouvrait sur le chemin de ronde, dans l'aile droite des bâtiments, auprès d'un magasin aménagé en caserne pour la garde noire. Cette circonstance l'avait fait choisir comme prison pour Kaddour, parce qu'elle permettait de le surveiller plus aisément. Quant aux ex-commissaires eux-mêmes, on les avait laissés au pied de la montagne, dans l'espoir secret qu'ils finiraient par s'évader de leur four à verre, — ce qui aurait, en effet, été la solution la plus simple. Mais ils n'avaient garde de s'enfuir, certains qu'ils étaient désormais de ne pas échapper aux bandes arabes des alentours.

Une fois remis sur pied, le nain avait été autorisé à prendre l'air deux fois par jour sur le chemin de ronde, sous l'œil de la sentinelle placée à sa porte et du corps-de-garde des mercenaires, éloigné de vingt mètres à peine. Toute communication entre les soldats et lui était strictement interdite, mais la défense ne semblait pas nécessaire. Kaddour ne disait pas un mot, ne faisait pas un geste, et se traînait lourdement dans son préau limité par des cordes, ne montrant de sa courte personne que ses larges pieds et la masse touffue de sa barbe rousse. Le reste était enveloppé dans les plis d'un burnous blanc qu'il ramenait avec art autour de sa taille, de manière à donner quelque dignité à sa grotesque tournure.

Plus souvent, il passait l'heure entière de la promenade debout dans un coin, loin des soldats, immobile et le front sur sa main droite, comme absorbé par la méditation. D'autres fois encore, il s'asseyait sur une pierre, ôtait sa sandale gauche, et, tenant son pied serré dans ses deux mains, il le considérait attentivement à la façon d'un fakir. Mais jamais il ne témoignait, même par un regard, le moindre désir d'échanger une pensée quelconque avec ses gardiens. Virgile, qui ne le quittait guère de vue pendant ces sorties, avait fini par se rassurer complètement à cet égard. Ce qu'il ne pouvait empêcher, parce qu'il n'en apercevait pas le danger, et parce qu'il était lui-même dans une certaine mesure atteint par la contagion, c'est que l'attitude réservée, silencieuse et méditative de Kaddour ne fît un certain effet sur l'esprit de ceux qui en étaient les témoins quotidiens. Ils commençaient tous à considérer le nain comme une sorte de docteur et de personnage recommandable au moins par l'austérité de sa tenue.

Après sept ou huit jours de ce manège, Kaddour coupa un matin, sur le bord du chemin, une tige de coudrier qui y poussait : il en fit une baguette de vingt centimètres de long à peu près, et passa dès lors tous ses moments perdus à la sculpter à l'aide d'un éclat de vitre ramassé sous une fenêtre. Ici encore il n'y avait rien à dire : de tout temps la sculpture sur bois a été le délassement favori des prisonniers.

Un jour que Virgile, après avoir constaté l'ordre parfait qui régnait dans le chemin de ronde, était parti surveiller les travaux en cours, Chaka et quelques-uns de ses hommes étaient assis au soleil, devant la porte de la caserne, et causaient de leur pays. A travers le temps, la distance et les rigueurs de l'esclavage tel que le comprenait leur ancien maître Zebehr, ils avaient pour la plupart conservé un souvenir très doux de cette région des Grands Lacs africains où s'était écoulée leur heureuse enfance. Mais, dans leur naïve imagination, ces réminiscences lointaines revêtaient parfois une forme un peu fantaisiste.

« Hélas! disait l'un d'eux, quand reverrons-nous le Bahr-el-Ghazal, où les crocodiles sont doux comme des colombes et les herbes hautes comme des arbres?...

— Et où le dhoura porte ses fruits huit jours après avoir été semé!... ajoutait un autre.

— Le souverain Maître peut faire pousser et mûrir le dhoura en moins d'une heure! répondit une voix derrière les soldats.

— Qui parle ainsi la langue de mes pères? » s'écria Chaka en se retournant avec surprise.

Il aperçut Kaddour qui se tenait debout et immobile devant la barrière de son préau.

« Tu as dit une grande parole, mon frère, reprit le jeune chef; mais quel est le souverain Maître si puissant?

— Celui qui fut, qui est et qui sera! répliqua le nain d'un ton solennel.

— Et tu lui as vu faire ce que tu dis?

— Non seulement je le lui ai vu faire, mais il m'a donné les mêmes pouvoirs surnaturels.

— Tu sais faire pousser le dhoura en moins d'une heure?

— En quelques minutes, si je le veux. »

Tous les soldats s'étaient levés avec un empressement qui témoignait de leur ardente curiosité.

« Père, dit Chaka, voici des graines de dhoura, fais-les germer.

— Il faut pour cela que j'aie autour de moi vingt de ceux à *qui l'on a fait tort!...*

— Qui sont ceux-là?

— Cherche-les, mon fils, cherche-les... Ils n'ont pas la face blanche.

— Ah! s'écria Chaka. Des noirs!... Appelez nos frères!... ajouta-t-il en désignant à ses compagnons les mercenaires qui se trouvaient à l'intérieur de la caserne.

En quelques minutes, le nombre des spectateurs requis par Kaddour se trouva réuni contre la barrière de cordes. Le nain marcha alors à reculons jusqu'au milieu de son préau; faisant signe aux jeunes nègres d'observer un profond silence, il tira de sa robe la baguette de bois qu'il avait si patiemment sculptée, et commença par la brandir au-dessus de sa tête, en murmurant des paroles cabalistiques. Puis il traça sur le sol un grand cercle au centre duquel il s'accroupit, et y creusa cinq ou six trous à l'aide de sa baguette. Il plaça dans ces trous les graines que Chaka lui avait remises. Enfin il les recouvrit d'une pincée de terre humectée de salive.

Avait-il dans la bouche une herbe à lui connue, ou quelque composition secrète? C'est ce que le docteur Briet n'aurait pas manqué de rechercher, s'il s'était trouvé présent à l'expérience. Malheureusement, elle n'avait pour témoins que des guerriers noirs, aussi naïfs, aussi crédules que des enfants, et qui suivaient avec l'intérêt le plus passionné les progrès de l'opération.

Kaddour s'était remis à brandir sa baguette au-dessus de l'espèce de sillon circulaire formé par son semis, en marmottant des formules incompréhensibles.

Au bout de quelques instants, on vit la terre se soulever légèrement au-dessus des trous et laisser percer de petites pointes vertes. Ces pointes grandirent insensiblement, se développèrent par degrés, prirent l'apparence d'une tige de roseau, s'élevèrent en moins de dix minutes à la hauteur de vingt centimètres [1].

A ce moment, les guerriers noirs, incapables de contenir plus longtemps leurs sentiments, poussèrent des cris d'admiration. Mais Kaddour les apaisa d'un geste et poursuivit ses incantations. Le dhoura croissait toujours : il fut bientôt assez haut pour dépasser la tête du nain, qui s'était remis debout. Et l'on commença de voir paraître sur chaque tige, un bouton qui allait, en quelques minutes de plus, se gonfler, s'épanouir en fleurs, mûrir en épi.

« Chaka! dit tout à coup le nain, maintenant enveloppé d'un cercle verdoyant. Veux-tu voir l'homme que tu as le plus haï?

---

[1]. On sait par les lettres récentes du naturaliste Hackel, par le témoignage du docteur Sierke, de Vienne, par celui du docteur Preyer et de plusieurs autres voyageurs dignes de foi, que c'est là un des tours familiers des prestidigitateurs hindous.

— Celui-là est mort! répliqua le jeune chef avec un rire de triomphe.

— Je ne l'ignore pas. Tu penses au fils de Zebehr, que les *bachi-bouzouks* ont décapité il y a trois ans.

— Père! s'écria Chaka, tu lis dans la pensée des hommes!

— Comme je sais évoquer les morts... Ce soir même, si tu veux, je te ferai voir Suliman, le fils de Zebehr, celui qui vous faisait fouetter, de son vivant, par manière de délassement. Il vous dira ce qu'il souffre, dans la région des tourments éternels, et vous demandera pardon de ses crimes...

— Je le veux, père!... Nous le voulons tous!... répondit Chaka, tout frissonnant à l'idée de se retrouver face à face avec le persécuteur de son enfance.

— Eh bien, ce soir à l'heure où la Lune se cache derrière les collines du Darfour, passez tous devant ma fenêtre... Vous y verrez Suliman! »

Kaddour venait à peine d'articuler ces paroles, quand la porte de l'esplanade se rouvrit, et Virgile parut sur le seuil.

Le temps, pour les guerriers noirs de jeter un regard inquiet sur celui qui arrivait, et les tiges de dhoura avaient déjà disparu, arrachées, pliées, escamotées dans les vastes plis de la robe du nain. Quant à lui, immobile et muet, il semblait plongé dans une de ses méditations habituelles.

Mais l'attitude des noirs groupés autour de la barrière de cordes du préau, l'air d'inquiétude et d'effarement peint sur toutes ces physionomies mobiles, disaient assez à Virgile qu'il venait de se passer quelque chose d'anormal. Il eut pourtant la sagesse de ne rien témoigner de ses soupçons, et ne tarda pas à se retirer, après avoir vu Kaddour réintégrer sa prison. Mais il s'était promis de redoubler de vigilance, et il n'y manqua pas.

A l'heure habituelle de sa ronde du soir, il lui parut que la garde noire était dans un état manifeste d'agitation ou d'impatience, et paraissait attendre quelque événement. Aussi s'empressa-t-il d'ordonner l'extinction des feux et de se retirer ostensiblement, mais pour revenir presque aussitôt par l'autre extrémité du chemin de ronde et y prendre, sans être aperçu, un poste d'où il pouvait tout observer.

Il lui fut aisé de s'assurer que la garde noire poursuivait sa veillée dans l'obscurité, ce qui l'encouragea à attendre pour connaître la raison de ce fait insolite.

La Lune venait de disparaître sous l'horizon, quand Chaka et ses hommes sortirent un à un de la caserne et se dirigèrent à pas de loup vers la prison. Ils cherchaient manifestement à faire le moins de bruit possible ; mais leurs exclamations étouffées et la volubilité des discours qu'ils échangeaient à voix basse, indiquaient assez la violence de leurs émotions.

Virgile distinguait mal ce qui se passait, car l'obscurité était profonde. Mais, tout à coup, une vive lumière brilla à l'une des fenêtres du logement occupé par Kaddour, et alors il devint évident que la garde noire s'était groupée devant cette fenêtre. Tous ces guerriers, si braves devant l'ennemi, étaient frappés de terreur. Ils se tenaient pressés l'un contre l'autre, sans oser avancer ni reculer.

C'est que leurs yeux venaient de s'arrêter sur une vision épouvantable.

Dans l'ouverture de la fenêtre, s'encadrait une table de bois blanc mal équarri, sans tapis ni ornements d'aucune sorte. Sur cette table était posé un plat d'étain, et dans ce plat... une tête sanglante, une tête de décapité, que tous les noirs reconnaissaient pour celle de Suliman, le fils de Zebehr !... de Suliman mort depuis trois ans !... Et cette tête se soulevait sur son plat, ouvrait les yeux, regardait devant elle...

Si Chaka et ses guerriers avaient habité Paris aux environs de 1867, ils auraient su que ce qui leur paraissait un prodige inouï était le résultat d'un artifice des plus simples, et qui faisait pourtant courir alors toute la ville à une cave du boulevard des Capucines. On l'obtenait à l'aide d'un trou circulaire percé dans la table, et d'un miroir vertical masquant le corps de l'acteur chargé de figurer le « décapité parlant ». Mais

Chaka et ses guerriers ignoraient jusqu'au nom de Paris et n'avaient jamais entendu parler du boulevard des Capucines.

Aussi restaient-ils muets d'épouvante devant cette apparition.

Tout à coup, les lèvres du mort s'agitèrent. Allaient-elles parler? Elles parlèrent — avec ce même accent guttural et traînant qui était celui du fils de Zebehr.

« Je vous ai fait souffrir, disait la voix; maintenant je souffre!... J'ai fait mourir les vôtres : je suis mort!... Je ne vous ai jamais fait grâce ; il faut, pour obtenir la mienne, que je vous parle en père et en ami, et que je vous dise la parole de vérité!... Écoutez-moi, fils du pays des Lacs, si vous ne voulez pas subir un jour les tourments que j'endure dans la caverne de la mort!... Écoutez-moi!... Il faut que vous embrassiez la cause du saint Prophète!... Il faut que vous obéissiez aux ordres que vous donnera de sa part son fidèle serviteur Kaddour!... Il faut que vous cessiez de servir les giaours pour vous joindre à vos frères noirs contre les Européens!... Massacrez tous les blancs, ou vous les verrez triompher dans le désert et lui faire boire votre propre sang!... Écoutez-moi, fils du pays des Lacs, car je viens vous dire ces paroles pour acheter mon pardon!... »

La tête s'arrêta et, comme accablée par cet effort, elle referma les yeux. Mais au bout d'un instant, elle les rouvrit pour dire :

« Si vous ne me croyez pas, demain soir le père de Chaka paraîtra à ma place pour vous donner les mêmes conseils!... »

Sur quoi la lumière s'éteignit brusquement et la vision disparut. Mais un long soupir, un sanglot déchirant, qui semblait sortir des entrailles de la terre, acheva de terrifier les mercenaires. Après être restés longtemps comme cloués en place par la surprise et l'horreur, ils regagnèrent en silence leur caserne. Virgile jugea avec raison qu'il n'y avait pas une minute à perdre et qu'il fallait agir. Rallumant sa lanterne, qu'il avait éteinte pour ne pas signaler sa présence, il courut à la porte de la prison, dont il avait la clef, l'ouvrit et surprit Kaddour en train de se débarrasser de l'attirail qui venait de lui servir pour sa sinistre supercherie. Plâtre gratté aux murs et qui donnait à ses traits une vague ressemblance avec ceux du mort; linge teint du sang qu'il s'était tiré d'une petite veine; table de toilette provenant de la chambre de Peter Gryphins et percée d'un trou pour la cuvette d'étain qui venait de figurer le plat; miroir emprunté au logement d'Ignaz Vogel : tout était encore là.

Se jeter sur le nain, l'étreindre, le terrasser, enfin lui lier bras et jambes après l'avoir bâillonné, — ce fut pour Virgile l'affaire de quelques minutes. Il se hâta de ressortir, de fermer la porte à clef et de courir faire à Norbert son rapport de ce qui se passait.

« Monsieur fera ce qu'il jugera convenable, ajouta Virgile en terminant son récit; mais, il peut m'en croire, une exécution sommaire est le seul remède qui puisse désormais empêcher la révolte de la garde noire. Si Kaddour, avant une heure, n'a pas trois balles dans la tête, tout est perdu!... »

Le jeune astronome, si opposé qu'il fût de mœurs et d'habitudes à des moyens de ce genre, inclinait fort à penser comme Virgile. Évidemment le cas était aussi pressant que grave : il s'agissait de prendre un parti immédiat et de frapper un coup décisif. Après avoir pesé dans sa conscience, pendant quelques secondes, les circonstances de l'affaire, Norbert jugea qu'il était en effet impossible de laisser la vie au nain de Rhadamèh, à moins qu'il ne fît devant ses dupes un aveu complet et détaillé de ses fourberies.

En conséquence, il s'assit à son bureau, et rédigea une sentence de mort motivée, tandis que Virgile allait réveiller le docteur et le baronnet.

« Messieurs, leur dit Norbert, je me vois dans l'affreuse nécessité de décider, sous ma propre responsabilité, la mort immédiate d'un homme... Je n'ai pas besoin de vous dire à quel point une semblable résolution m'est pénible. Mais je ne saurais hésiter à la prendre sans mettre en péril mortel les vies précieuses dont j'ai charge... Mon intention est de faire apprécier ma conduite, dès que je quitterai ce pays, par le premier tribunal qui aura qualité pour la juger... Je vous ai fait appeler pour vous demander de vouloir bien signer le procès-verbal qui sera dressé. »

Le docteur et le baronnet, mis au courant de tout, approuvèrent pleinement la décision de leur ami et se déclarèrent prêts à signer avec lui non seulement le procès-verbal, mais la sentence même, — offre qu'il déclina aussi généreusement qu'elle était faite.

Ordre fut donné de faire sortir la garde noire, sans armes, et l'on se rendit sans plus tarder au chemin de ronde.

Les mercenaires s'y trouvaient déjà, rangés sur quatre lignes, avec Chaka à leur tête.

« Mes amis, leur dit Norbert en arrivant, vous avez été trompés par un imposteur. Il a tenté d'ébranler vos sentiments d'honneur et de fidélité par des procédés misérables et qui sont un véritable outrage pour de braves guerriers comme vous. Pas un instant je n'ai douté du mépris que vous opposeriez à ses jongleries; mais, avant de le punir comme le mérite son intention, je veux vous faire toucher du doigt les moyens mêmes qu'il a mis en œuvre pour se moquer de vous... Chaka, prenez six hommes et entrez avec nous dans la prison!...

Le jeune chef obéit sans mot dire, mais il était évident que ni lui ni ses guerriers n'étaient rassurés sur les suites de cette visite.

« Voici la table, le miroir, le plat d'étain, les linges ensanglantés dont s'est servi l'imposteur, reprit Norbert en expliquant aux nègres le rôle de ces accessoires dans la comédie du décapité parlant.

— Mais la tête de Soliman?... où est-elle?... » demanda ironiquement Chaka, sans paraître avoir compris.

Presque au même instant il aperçut les tiges de dhoura rapportées par Kaddour.

« Et ce dhoura, comment l'a-t-il fait pousser en moins d'une heure? demanda-t-il. Car nous l'avons vu de nos yeux!... »

Norbert, qui ne savait rien à ce sujet, ne put naturellement pas fournir d'explication. Sur quoi les noirs se regardèrent en hochant la tête.

« Faites sortir le condamné! » dit alors le jeune savant en regagnant, avec sa suite, le chemin de ronde.

Virgile reparut bientôt, amenant le nain, dont la physionomie ne dénotait aucune inquiétude.

« Mettez-vous là, reprit Norbert, en lui indiquant la muraille. Je vais vous donner lecture de votre sentence. »

Et il lut d'une voix haute, à la lueur d'une torche, la sentence longuement motivée, qui se terminait par ces mots :

En raison des crimes ci-dessus spécifiés de rapt, détention arbitraire, tentative d'assassinat, excitation au massacre, tentative d'embauchage, le nain Kaddour est condamné à la peine de mort. Il sera passé par les armes dix minutes après signification du présent acte.

Signé : Norbert Mauny.

Mabrouki traduisit alors cette conclusion à la garde noire. Un profond silence en accueillit l'énoncé. Tous les mercenaires, les yeux grands ouverts, attendaient évidemment quelque nouveau prodige où se manifesterait la puissance de Kaddour.

Norbert se tourna vers lui.

« Vous avez entendu, dit-il : une chance de salut vous reste encore. Avouez immédiatement et expliquez à ces braves guerriers par quelles jongleries vous avez espéré vous emparer de leur esprit. Si vos explications sont claires, vos aveux complets, je vous ferai grâce de la vie.

— Je ne demande pas de grâce, répondit Kaddour avec un calme qui n'était pas sans dignité.

— Vous avez encore sept minutes pour vous décider, reprit Norbert en consultant son chronomètre. Avouez simplement vos supercheries, et la peine de mort qui vient d'être pronon-

XII

NORBERT LUT LA SENTENCE

cée contre vous sera commuée en détention!... Mabrouki, Virgile, ajouta-t-il, préparez vos armes...

— Je ne demande pas de grâce, répéta le nain d'une voix ferme. Je songe si peu à demander grâce, que je ne veux même pas attendre, pour mourir, l'expiration de votre sursis de sept minutes!... J'ai hâte d'aller jouir des félicités éternelles, et j'y serai avant votre signal... »

Il dit, et tirant rapidement de son doigt un anneau dont le chaton de cristal s'ouvrait par l'effet d'un ressort, il le porta à ses lèvres.

« C'est l'anneau d'Eblis, l'ange de la mort, qui va me conduire au séjour des bienheureux!... » murmura-t-il.

Et il tomba à la renverse, comme foudroyé.

Tout le monde s'empressa autour de lui. Le docteur se pencha sur ce corps inerte. La peau était déjà froide, le pouls insensible, les yeux vitreux ; le cœur avait cessé de battre...

« La mort a été instantanée, dit-il, et peu douloureuse, presque sans convulsions. Un poison foudroyant comme l'acide cyanhydrique a seul pu le produire. Mais quel est ce poison? »

Il prit la bague aux doigts du mort... Il restait à peine dans le chaton la trace humide d'un liquide bleuâtre, en trop faible quantité pour permettre une analyse et qui acheva de s'évaporer en quelques instants.

« Le pauvre diable nous a épargné la peine de le fusiller : c'est encore ce qu'il pouvait faire de mieux ! Et il faut au moins reconnaître qu'il est mort bravement, » ajouta Norbert en manière d'oraison funèbre.

Puis il donna l'ordre de déposer le corps dans la prison et de l'inhumer le lendemain matin.

La garde noire demanda à se charger de ce soin. Elle y fut autorisée et, quelques minutes avant le lever du soleil, accompagna le mort jusqu'à sa sépulture sur le flanc oriental du Tehbali. C'était, à la manière arabe, un petit creux de rocher fermé par une grosse pierre.

CHAPITRE XVII

DÉFECTION DE LA GARDE NOIRE

Le premier incident grave qui signala les jours suivants fut une tentative d'Aben-Zegri et des autres Chérofas pour faire sauter les fourneaux à verre. Cette tentative fut ausssitôt réprimée avec l'aide de la garde noire. Suivant la politique de modération qu'il avait adoptée, Norbert ne voulut pas sévir. Il se contenta d'expulser les délinquants de ses chantiers en les avertissant que, s'ils y étaient retrouvés, ils seraient soumis à toute la rigueur des lois militaires. Aben-Zegri et ses complices, simplement désarmés, furent reconduits à la limite du plateau de Tehbali et laissés en liberté avec huit jours de vivres. Ils s'enfoncèrent dans le désert et l'on n'entendit plus parler d'eux.

Huit jours se passèrent sans amener de nouvel attentat. Mais les nouvelles apportées par les convois de Berber devenaient de plus en plus mauvaises. On savait maintenant avec certitude qu'Osman-Digma occupait la route de Souakim et que d'autres corps arabes s'étaient montrés jusqu'aux environs de Dongola, coupant ainsi celle du Nil. Toutes communications avec Khartoum étaient interrompues; le fil télégraphique même paraissait avoir été coupé, car il ne venait plus de dépêches; enfin, l'invasion mahdiste se répandait partout: elle occupait Omdurman; elle battait déjà du flot de ses cent mille hommes, comme une marée montante les remparts de Khartoum; demain peut-être elle allait toucher Berber et le Tehbali.

En tout cas, il n'y avait plus désormais à songer à la retraite vers l'Égypte ou vers la mer Rouge : toutes les voies de communication étaient fermées; toutes les tribus arabes étaient debout. Le Darfour même se joignait au mouvement irrésistible qui soulevait l'Afrique orientale contre le joug européen. L'heure si souvent annoncée, si longtemps retardée, avait fini par sonner, et le pic de Tehbali se dressait maintenant comme une île au milieu du désert insurgé, au centre d'un cercle de trois cents lieues, où tous les fanatismes, toutes les haines, toutes les passions sanguinaires étaient déchaînés.

Gertrude ne voulait pourtant pas renoncer à l'espoir de voir arriver son père. Norbert et le docteur avaient pris soin de lui cacher la tendre supercherie dont M. Kersain s'était servi pour sauver sa fille des horreurs du siège. L'excellent homme ne se doutait guère qu'en se séparant d'elle par un effort d'héroïsme paternel, il ne faisait que l'envoyer à des dangers plus graves encore que les siens. Elle ignorait tout cela, et, dans sa naïve confiance, montait tous les jours à la coupole de l'observatoire, comme sœur Anne à sa tour, pour fouiller, avec les plus puissantes lunettes la plaine infinie et chercher si son père ne s'y montrait pas.

Ce n'était point son père qu'elle trouva un matin dans le champ du télescope, mais une troupe nombreuse d'Arabes en burnous, des nègres armés de lances, tout un escadron de cavalerie irrégulière, au milieu duquel brillait le bronze de deux canons et l'acier de cinq cents sabres ou fusils.

Elle s'empressa d'avertir Norbert de ce qu'elle apercevait,

et il n'eut pas plus tôt jeté un coup d'œil dans la lunette qu'il s'empressa de redescendre pour appeler Virgile et faire mettre le pic de Tehbali en état de défense.

Les canons furent chargés, les mitrailleuses roulées en position ; la garde noire se rangea sur l'esplanade, prête à repousser une attaque. Virgile, à la tête d'un détachement de douze hommes, descendit au pied de la montagne pour s'y poster en grand'garde avec ordre de se replier sur l'observatoire s'il était assailli.

Norbert observait tous ses mouvements à la lunette d'approche. Au bout d'une heure environ, il vit la troupe ennemie faire halte et détacher un peloton de cavaliers qui arboraient le drapeau parlementaire. Ce peloton fut reçu par Virgile et se dirigea sous sa conduite vers le chemin du pic. Bientôt on put distinguer à l'œil nu les faces noires des arrivants, les voir s'élancer sur la route en lacets qui montait à l'observatoire et la gravir avec rapidité, leurs courageux petits chevaux secouant des crinières presque aussi longues que leurs queues. Au bord de l'esplanade, toute la troupe s'arrêta, et le chef seul, accompagné d'un sonneur de cor, fut introduit dans le salon en présence de Norbert, du baronnet et du docteur.

Il était assez richement vêtu ; le sabre qui pendait à sa ceinture était finement ciselé et une aigrette brillante se dressait sur son turban.

Norbert s'avança de quelques pas à sa rencontre et, lui souhaitant la bienvenue, l'engagea à expliquer sa mission.

« Es-tu le chef? demanda le barbare, surpris qu'aucun insigne, aucune marque extérieure ne le distinguât de ses compagnons.

— Je suis le chef, répondit Norbert avec dignité. Qui t'envoie vers moi ?

— Je viens, dit l'Arabe en se redressant de toute sa hauteur, de la part du saint Prophète, du très haut et très puissant seigneur le Mahdi!... »

L'envoyé se tut comme pour jouir de son effet. Il attendait

évidemment qu'au nom sacré du saint Prophète tous les fronts balayeraient la poussière. Mais, au lieu du respect mêlé d'épouvante qu'il était habitué à voir se manifester en pareil cas, il aperçut au coin des lèvres du docteur un sourire narquois, tandis que Norbert, s'inclinant à peine, demandait simplement :

« Et que nous veut le Mahdi ?

— Le voici, dit l'Arabe avec un éclair dans ses yeux noirs : le Mahdi somme les giaours de Tehbali de se rendre à sa discrétion et de venir à son camp, à Omdurman, embrasser la foi musulmane.

— Pas plus !... dit le docteur entre ses dents.

— Et de quel droit le Mahdi nous envoie-t-il une pareille sommation ? demanda Norbert toujours calme.

— Du droit de sa mission divine !... Et pour ceux qui se refusent à la reconnaître, du droit du plus fort !...

— Eh bien, reprit Norbert, allez dire à votre maître que nous ne le connaissons pas et ne désirons pas le connaître; dites-lui que le rôle d'un pasteur d'hommes n'est pas de provoquer ceux qui ne sont point ses ennemis et n'ont jamais fait de mal à aucun des siens; ajoutez que c'est une forfanterie sans égale d'offrir à d'honnêtes gens la capitulation avant la bataille.

— Ai-je bien entendu ? s'écria l'Arabe. Non content de refuser l'offre magnanime du Mahdi, vous osez encore le braver ?...

— Je ne brave personne, mais je demande qu'on me laisse chez moi vaquer en paix à mes travaux.

— Malheur sur vous !... dit l'envoyé d'un ton lugubre. N'accusez de votre ruine que vous-même, quand elle sera consommée !... »

Et, tournant sur ses talons, il s'éloigna sans un mot de plus. Arrivé au bord de l'esplanade, où l'attendait son escorte, il se remit en selle et redescendit le chemin du pic, après avoir adressé à l'observatoire un geste de menace et de dérision.

Il venait à peine de disparaître au premier tournant du chemin, quand un grand tumulte s'éleva sur l'esplanade. On distinguait, dans ce tumulte, la voix de Virgile, montée au diapason de la colère la plus violente. Norbert, accouru au bruit, constata que son digne serviteur s'efforçait vainement d'arrêter la garde noire au passage : elle voulait à tout prix suivre le parlementaire...

« Le Prophète a parlé et nous ne resterons pas avec les infidèles! disait un des nègres.

— C'est une indignité!... répliquait Virgile. Déserter ainsi votre service!... Je brûle la cervelle au premier qui tente encore de passer...

— Virgile!... dit Norbert, pas de violence!... Appelle simplement Chaka et fais mettre deux ou trois de ces hommes aux fers. »

Mais le noir, éclatant d'un rire insultant.

— C'est cela, dit-il : appelle Chaka, et puissent tous ceux dont tu demanderas l'aide répondre comme lui à ta voix!... »

Et avant même que Virgile eût pu prévenir son mouvement, d'un bond de panthère il le dépassait et se mettait à descendre le chemin.

« Que veut dire tout cela? demanda Norbert.

— Rien de bon, je le crains! » répondit Virgile.

Au même instant, Chaka sortait du quartier de la garde noire avec les hommes qui y étaient restés. Il se détacha du groupe et s'avança vers Norbert :

« Seigneur de Tehbali, dit-il à haute voix, je t'avais juré fidélité. Tu m'avais craché dans la main et Chaka respecte les serments. Mais tu m'as délié. La mort de Kaddour est entre nous. Tu es puissant, mais tu n'es rien auprès de celui qui a fait pousser le dhoura sous mes yeux. Tout est fini entre nous. N'essaye point de nous retenir. Adieu! Le Prophète nous appelle et nous allons à sa voix!... »

D'un coup d'œil, Norbert avait compris qu'il n'y avait point à lutter contre une décision pareille. Si ces hommes étaient venus l'attaquer, il aurait pu répondre à la force par la force. Que dire à des mercenaires qui refusent tous ensemble le service et dénoncent leur contrat? Il s'inclina et rentra au salon, tandis que la garde noire, se rangeant en bon ordre, défilait devant Chaka et s'enfonçait dans le chemin.

Cette défection ne laissait pas de modifier très gravement la situation. A la tête d'une petite troupe solide, Norbert avait pu braver le Mahdi. Réduit à ses propres forces, à celles du baronnet, du docteur, de Virgile et de Tyrrel, il était forcé de reconnaître que la voie diplomatique avait ses avantages. Aussi prit-il soudain la résolution d'envoyer sans retard Mabrouki-Speke au camp du Mahdi pour dire qu'il était prêt à traiter sur des bases honorables, à payer s'il le fallait un tribut double de celui qu'il donnait au mogaddem, pour qu'on ne vînt pas troubler ses travaux. Il avait appris quel rôle considérable l'or européen peut jouer au désert, et jugeait avec raison qu'avant d'en venir aux moyens extrêmes, il serait sage d'épuiser tous les autres. Mabrouki-Speke partit donc avec ordre d'arriver à Omdurman avant le parlementaire, s'il était possible, et pleins pouvoirs pour négocier avec le Mahdi.

En attendant, la garnison de l'observatoire se trouvait donc réduite à cinq combattants; encore avait-elle à garder les trois prisonniers enfermés dans le bâtiment de l'un des fourneaux à verre, au pied de la montagne.

Mais le départ de la garde noire ne devait pas être le seul désastre occasionné par la visite de l'envoyé mahdiste. A la suite de cette entrevue, en effet, le plus grand nombre des ouvriers terrassiers et verriers quittèrent les chantiers, sans qu'on pût les retenir. Allaient-ils s'enrôler dans l'armée du Mahdi? Craignaient-ils seulement, en restant à Tehbali, de s'exposer à son ressentiment? Personne n'aurait pu le dire. Toujours est-il que la population ouvrière baissa subitement des cinq sixièmes, et que, sur cent vingt fours à verre qui fonctionnaient encore, quarante à peine purent être maintenus en activité.

C'était une amère déception, à un moment où la nappe de verre coulée sous le Tehbali débordait déjà sur 310 degrés de sa circonférence et n'avait plus à gagner que dix à douze mètres au plus pour l'isoler complètement.

En dépit de tout son courage, Norbert avait peine à prendre son parti de ce cruel déboire. Se trouver aussi près du but, y toucher pour ainsi dire, avoir toutes raisons de penser qu'une semaine de travail régulier aurait suffi, selon toute apparence, pour achever la coulée, — et soudain, se voir abandonné par presque tout l'effectif de son armée industrielle!... C'était navrant!...

Nuit et jour il méditait, tournant et retournant le problème sous tous ses aspects, se demandant comment il pourrait suppléer par la volonté aux bras qui lui manquaient et ne trouvant pas la solution. Aussi se rongeait-il les poings, à la lettre. Il maigrissait, il pâlissait, il ne dormait plus. Et ce n'est pas seulement pour lui-même qu'il était dévoré d'amers regrets, — mais pour la science, pour l'honneur du nom français que la grande expérience devait rehausser encore, et même pour ces pauvres actionnaires qui lui avaient si libéralement confié leur argent... Tant d'études, tant de peines, tant de millions dépensés en pure perte!... Il ne parvenait pas à s'habituer à cette idée.

Sir Bucephalus, lui, prenait les choses avec philosophie, selon son habitude.

« Je vais décidément gagner mon pari! disait-il gaiement à Norbert. »

Comme il venait d'articuler ces paroles, Virgile entra tout affairé dans le salon des Manettes.

« Grande nouvelle, monsieur!... dit-il à son maître. La nappe de verre déborde à l'ouest!... »

C'était la section où elle ne s'était pas montrée encore.

Le fait avait une grande importance. Norbert ne voulut l'accepter qu'après en avoir vérifié l'exactitude en personne, et il courut d'une haleine au pied de la montagne.

Virgile avait dit vrai... La coulée de verre, arrivant des profondeurs centrales de la base pyritique, touchait enfin l'arc de cercle qu'elle n'avait pas encore rejoint.

Elle débordait la masse rocheuse; elle formait tout au long

d'elle, dans la tranchée sablonneuse qui l'entourait, une mare encore gluante et molle, bientôt solide et vitrifiée... C'était fini. Il n'y avait plus à en douter : le pic de Tehbali, l'énorme roc de sulfure de fer, était isolé par une couche de verre de la base sablonneuse sur laquelle il reposait, — c'est-à-dire du globe terrestre même.

Le colossal aimant rêvé par Norbert Mauny existait désormais en puissance. Il ne restait, pour l'animer en quelque sorte et le douer d'une action magnétique irrésistible, qu'à le saturer d'électricité. Et cela pouvait se faire instantanément; tout était prêt; un ordre de Norbert et les insolateurs échelonnés dans le chemin de ronde mettaient tous les dynamos en action : un geste de lui, un simple mouvement de levier imprimé à la manette A, et le contact s'établissait, — l'aimant de Tehbali devenait une réalité, — plus encore, un agent nouveau parmi les forces énormes qui régissent le système planétaire!...

Le résultat, quoique prévu, était trop beau. Norbert eut besoin d'un effort pour ne pas se laisser aller à un éblouissement d'orgueil et de volonté satisfaite. Pour lui rendre tout son sang-froid, ce ne fut pas trop de la distance qu'il avait à franchir en remontant à l'observatoire, après avoir donné ses instructions à Virgile pour que tous les insolateurs, désormais inutiles dans la plaine, fussent transportés au sommet du pic.

Il retrouva au salon des Manettes le baronnet en train de lire le dernier poème de Browning.

« Sir Bucephalus, lui dit-il en entrant, vous me disiez tout à l'heure : « Je vais gagner mon pari!... » Au cas où vous auriez un moyen quelconque de l'annuler, je vous conseillerais charitablement de recourir à ce moyen, car je me trompe fort ou vous allez le perdre!...

— Annuler mon pari! s'écria le baronnet. Que ne puis-je le doubler, plutôt!... La partie en vaudrait la peine, et le Mahdi me la fait belle!...

— Que voulez-vous dire?

— Que je viens de monter au télescope, pour voir un peu

ce qui vous retenait en bas, et que j'ai vu toute autre chose!...
Des armes étincelant du sud à l'est, des bannières flottant au
vent, des cavaliers caracolant, des tribus entières se déroulant
comme autant de serpents sur le sable du désert, — le grouille-
ment d'une armée, — l'appareil d'une invasion!... Avant deux
jours nous serons bloqués, ou je me trompe beaucoup. Avant
trois jours, nous serons morts, — à moins que nous ne jugions
à propos de capituler pour nous faire musulmans, ce que je trou-
verais, pour ma part, d'un goût détestable!..

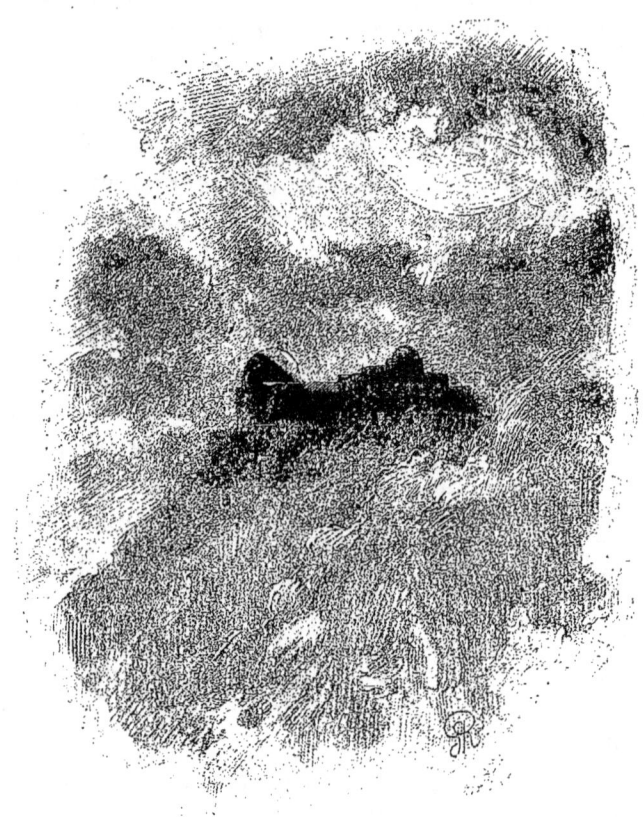

CHAPITRE XVIII

TYRREL SE MANIFESTE

Le baronnet avait dit vrai, et l'invasion mahdiste s'accentuait de toutes parts. Pas aussi vite peut-être qu'on aurait pu le craindre, les hommes du désert étant gens méthodiques dans leurs mouvements, ne brûlant pas l'étape et procédant toujours avec circonspection. Mais lentement, par poussées graduelles, le cercle se resserrait autour du plateau de Tehbali. En trois jours il en avait bloqué tous les abords, et des camps s'étaient formés de distance en distance sur toutes les hauteurs qui en marquaient la lisière. L'investissement était complet.

Mais sur le pic aussi les préparatifs avaient pris fin. Tous les insolateurs étaient remontés dans le chemin de ronde. Les courroies de transmission des machines électro-dynamiques étaient prêtes à s'enrouler aux arbres de couche, mis en mouvement par les pistons des cylindres ajustés au foyer de chaque miroir conique. Il n'y avait plus pour Norbert qu'à donner l'ordre de l'accrochage, et en moins de dix minutes, la grande expérience pouvait commencer.

Au moment de donner cet ordre, pourtant, il hésitait. Et pourquoi hésitait-il? Pourquoi retardait-il maintenant cette épreuve grandiose qu'il appelait naguère de tous ses vœux, après lui avoir consacré tant de méditations et tant de peines?

Parce qu'au moment de la tenter il se disait :

« Qui sait?... J'ai tout calculé... Je crois avoir tout prévu... Mais si je m'étais trompé!... Si quelque élément oublié allait détruire ou renverser ma théorie?... Si le fait brutal allait répondre *non!* à mes affirmations... Si l'échec humiliant, honteux, était le seul résultat de mes efforts!... Et cela devant Gertrude qui me fait l'honneur de croire en moi! Devant le baronnet qui n'y croit pas!... Devant le Mahdi menaçant et l'Europe railleuse!... ou bien, si je n'obtenais qu'un demi-succès, suffisant pour mon amour-propre, impuissant à réaliser mon programme!... »

Quand ces pensées lui venaient, Norbert n'osait plus croire au succès. Il n'osait plus, en tout cas, y croire assez pour jouer la partie décisive. En vain il se disait que c'était probablement la seule porte ouverte pour sauver la vie de Gertrude, celle de M. Kersain, celle de tous les Européens enfermés dans Khartoum, — le prodige de la Lune se rapprochant de la Terre devant, selon toute espérance, épouvanter l'armée du Mahdi au point de la disperser... En vain, Norbert se disait tout cela et beaucoup d'autres choses encore : il préférait voir venir, attendre d'être en quelque sorte forcé de jeter sur le tapis la carte suprême.

Au surplus, pour se donner à lui-même un prétexte plausible d'ajourner l'épreuve, il avait fini par trouver un excellent argument : la Lune ne devait être au périgée, c'est-à-dire à sa plus faible distance de la Terre, que dans soixante-sept jours. L'expérience ayant évidemment plus de chances de réussir à ce moment qu'à un autre, la prudence la plus élémentaire conseillait de l'attendre, si c'était possible.

Norbert avait donc fini par conclure qu'il fallait arriver à cette date d'élection avant de rien tenter, et se résoudre à brusquer les choses uniquement en cas d'absolue nécessité.

Ce cas d'absolue nécessité ne devait pas tarder à se produire. Le sixième jour après l'arrivée sous les murs de Tehbali de l'aile gauche des mahdistes, qui s'était détachée du siège de Khartoum pour bloquer le pic, — il devint manifeste qu'un assaut se préparait.

Des cavaliers allaient et venaient d'un camp à l'autre, des tribus se formaient en colonnes, des tam-tams résonnaient, des armes brillaient au soleil. Soudain, une des colonnes se mit en marche et se porta sur le village de Tehbali, complètement désert depuis l'approche des assiégeants. En même temps, les autres colonnes s'ébranlaient et se dirigeaient par l'est et le nord vers les abords de la montagne.

Il n'y avait plus un instant à perdre pour arrêter ce mouvement. Un des canons amenés sur l'esplanade, derrière un petit épaulement préparé à cet effet, fut braqué sur le village. La colonne du sud allait l'aborder. Virgile tenait le cordon de la détente.

« Feu!... » commanda Norbert.

La détonation retentit; l'obus coupa l'air en sifflant et, décrivant sa parabole, alla tomber à quinze ou vingt mètres en arrière de la colonne d'attaque, où il éclata. Ce n'était pas trop mal pour un coup d'essai. Pas un des assaillants ne parut avoir été atteint, mais la détonation seule du projectile éclatant derrière eux suffit à mettre la panique dans leurs rangs. Ils lâchèrent pied et s'enfuirent en désordre. Au même instant, les autres colonnes d'assaut arrêtaient leur mouvement.

C'est précisément ce qu'avait espéré Norbert. Les assiégeants ne pouvaient pas s'attendre à trouver de l'artillerie devant eux, les canons étant restés jusqu'à ce jour enfermés dans les magasins ou masqués par les épaulements. Il y avait toute apparence que ce simple avertissement suffirait à calmer leur ardeur guerrière.

En effet, pendant deux ou trois jours ils ne donnèrent plus signe de vie. Mais bientôt on les vit travaillant activement à installer des batteries de canon sur les hauteurs les plus voisines du pic, et, le septième jour après l'assaut, une de ces batteries ouvrit son feu.

Pas un obus ne vint seulement effleurer l'observatoire, placé beaucoup plus haut que les canons de l'assiégeant. Mais plusieurs projectiles tombèrent sur les fourneaux et autres constructions établies à la base du pic et, quand le tir fut enfin réglé, il devint évident que le but de l'ennemi était surtout de détruire ces travaux.

C'était, plus qu'il ne le croyait peut-être, viser Norbert à l'endroit sensible, en le menaçant de lui endommager son plateau isolant. Aussi, dès le second jour du bombardement, ne put-il résister au désir d'aller constater par lui-même l'état des choses dans cette région. Profitant du moment de la sieste, où le canon se taisait et où tout le monde était sûrement endormi dans les lignes assiégeantes, il s'arma, descendit pédestrement le chemin du pic, et s'en alla en reconnaissance.

Les dégâts n'étaient pas graves encore, mais il en vit assez pour remonter un peu inquiet et prendre subitement la résolution d'en arriver aux grands moyens.

« Virgile, dit-il en rentrant à son fidèle serviteur, accroche les courroies de transmission aux arbres de couche des insolateurs. Je veux voir comment messieurs les Arabes prendront le phénomène céleste qui va se produire sur leur tête!... »

Il était à ce moment deux heures quarante-cinq minutes. Un soleil caniculaire tombait d'aplomb sur le désert de Bayouda, et les assiégeants comme les assiégés se livraient, pour la plupart, aux douceurs de la sieste indispensable. Aussi Virgile put-il procéder à son travail sans être remarqué de personne, ni troublé, fût-ce par le grondement lointain du canon. Selon des habitudes déjà prises, le bombardement s'effectuait surtout le matin et le soir. Peu importait, au surplus, à Virgile, et ce n'est pas un obus sifflant au-dessus de sa tête qui l'aurait beaucoup dérangé. Au bout d'une demi-heure, il revint à la galerie des Lunettes, où Norbert était occupé à examiner le ciel, et lui annonça que tous les insolateurs étaient en marche.

D'après les calculs du jeune savant, il fallait environ cinq minutes pour arriver au maximum d'effet des machines, et un quart d'heure pour charger les accumulateurs électriques, qui permettaient d'obtenir ensuite une action continue, de jour comme de nuit. Il attendit donc vingt minutes, chronomètre en main, puis il se dirigea vers le salon des Manettes.

Sir Bucephalus s'y trouvait en train de parcourir le dernier numéro du *Times* qui lui fût parvenu.

« Vous avez oublié un point très important, mon cher Mauny, lui dit-il : c'est de nous installer ici une poste aux pigeons pour nous apporter des nouvelles fraîches... Sans cette privation, le siège n'aurait, ma foi, rien de trop pénible jusqu'à ce jour!...

— Le siège sera bientôt levé!... répliqua Norbert en souriant. Je me décide à agir, ne fût-ce que pour épouvanter ces mécréants. »

Et comme sir Bucephalus, au comble de la surprise et de la curiosité, le regardait sans mot dire, le jeune astronome se dirigea vers le mur de droite, prit la poignée d'ivoire de la manette A et l'abaissa lentement. Aussitôt une petite sonnerie électrique se fit entendre.

« Le contact est établi et l'expérience commence! dit Norbert, plus ému qu'il ne voulait le paraître. Il est trois heures trente-huit minutes et quatorze secondes, » ajouta-t-il en prenant note du fait sur son calepin.

Le baronnet attendit quelque temps sans mot dire; mais constatant que la sonnerie s'était arrêtée et que rien de nouveau ne se produisait, il parut pris d'un commencement d'hilarité.

Trop bien élevé pour le montrer, il se détourna et marcha vers la fenêtre.

Précisément, la Lune, à son premier quartier, montait à l'horizon, en plein jour, découpée avec une élégance vaporeuse et vague, mais parfaitement reconnaissable.

« Il me semble que l'astre des nuits se fait un peu tirer

l'oreille et ne s'occupe guère de nous!... dit-il enfin, en se retournant vers Norbert.

— Quoi! s'écria le jeune savant. Pensez-vous, d'aventure, que je me sois attendu à voir la Lune obéir à mon appel comme ferait votre valet de chambre si vous le sonniez, et arriver ici en trois secondes?...

— Dame! répondit le baronnet.

— C'est une légère erreur, reprit Norbert et les choses ne sauraient aller aussi vite. Oubliez-vous la distance qui nous sépare de cette pauvre Lune?... Il ne lui faudra pas moins de six jours, huit heures, vingt et une minutes et quarante-six secondes pour venir nous trouver, si mes calculs sont exacts... Vous voyez qu'il y a le temps de se préparer à la recevoir... »

Le baronnet restait silencieux, mais était loin de paraître convaincu. Néanmoins, Norbert n'insista pas.

« Excusez-moi, dit-il au bout d'un instant, je vais prendre une mesure au télescope. »

Et passant dans la galerie des Lunettes, il s'assit à son poste d'observation pour noter la mesure micrométrique de l'apparence que présentait, à ce moment, le disque lunaire. Pas une autre allusion ne fut faite ce jour-là à l'expérience en cours d'exécution.

La nuit vint. Les insolateurs s'étaient d'eux-mêmes arrêtés au moment où le soleil avait cessé de les alimenter de calorique. Mais les accumulateurs électriques, mis en action par l'ouverture d'un simple robinet, s'étaient automatiquement substitués au travail direct des machines, et l'aimant de Tehbali restait toujours au point de saturation, ainsi que l'indiquait le magnétomètre. A minuit, tout le monde alla se mettre au lit comme à l'ordinaire; excepté le docteur, qui était de garde sur l'esplanade pour surveiller les mouvements de l'ennemi, et Norbert, qui avait voulu lui tenir compagnie.

La Lune se couchait cette nuit-là à deux heures dix-neuf minutes du matin. Au moment où elle allait arriver au bord occidental de l'horizon, Norbert quitta le docteur pour aller à l'observatoire prendre une nouvelle mesure du disque.

Il constata immédiatement une augmentation de diamètre d'un trentième de degré.

Cette augmentation, certes, il aurait été profondément surpris de ne pas la trouver!... Et pourtant, jusqu'à ce moment il avait conservé un dernier doute. Désormais ce doute n'existait plus. En moins de onze heures, la Lune s'était déjà rapprochée de la Terre d'une manière appréciable, sinon à l'œil nu, du moins au télescope.

Le problème était donc résolu. La partie était gagnée. L'aimant de Tehbali produisait l'effet attendu et superposait son attraction à celle du globe terrestre.

Si préparé que fût Norbert à ce résultat de tous ses efforts, il en resta d'abord comme assommé. Puis, quand il fut un peu revenu de l'espèce de stupeur que causent les très grandes joies, une réaction se produisit. Il se mit à marcher avec agitation dans la galerie des Lunettes en parlant à haute voix. Il se disait que la constatation qu'il venait de faire là, dans la solitude de cette nuit étoilée, était tout uniment le plus grand événement de l'histoire; que le monde planétaire devenait désormais, pour l'activité humaine, un champ sans limites; que le traitement appliqué à la Lune le serait tôt ou tard aux autres globes voisins de la Terre, peut-être même aux plus lointains...

Sans doute Norbert fut pris, en s'abandonnant à ces pensées, d'un véritable vertige, car au jour il se réveilla couché sur un sopha, la tête lourde, les membres brisés, sans se rappeler comment il y était tombé.

Il courut au magnomètre. La tension était toujours maxima. Le Soleil montait à l'horizon et allait remettre en activité les miroirs paraboliques. Il n'y avait aucune raison pour que l'expérience ne marchât pas ainsi toute seule jusqu'au bout. Et pourtant avec quelle impatience le jeune astronome attendit le retour de la Lune! Elle se levait, ce jour-là, à 4 heures 36 minutes après midi. Longtemps à l'avance, il se tenait l'œil sur sa lunette, tout prêt à prendre une nouvelle mesure.

La Lune n'eut pas plus tôt dépassé la ligne d'horizon que l'inutilité d'une mesure micrométrique fut manifeste. Son diamètre avait plus que *doublé* depuis la veille. Il sous-tendait maintenant un arc de 1°6′28″.

Cette augmentation était si remarquable qu'elle frappait déjà tout le monde. On vit bientôt dans la plaine les Arabes se former par groupes pour la contempler avec étonnement.

Sans doute ils y virent un présage favorable, car, si le phénomène les intéressait manifestement, il ne sembla pas les épouvanter.

A trois heures du matin, un peu avant le coucher de la Lune, Norbert constata que son diamètre avait encore sensiblement grandi et mesurait près de deux degrés.

Cette fois, il était déjà si bien habitué à sa victoire, qu'il alla se coucher aussitôt après avoir pris son observation.

Quant à sir Bucephalus, il n'avait rien dit ce soir-là et il semblait fort indécis sur la manière dont il devait prendre un phénomène aussi singulier.

Le troisième jour, il était cinq heures quarante-deux minutes quand la Lune se montra à l'Orient. Dès le premier instant, un changement prodigieux fut constaté. Ce n'était plus l'astre de la veille, qui se levait; c'était un disque énorme, pâle encore, car le Soleil brillait vers l'Occident, mais immense et sous-tendant un arc de 9 degrés. C'est-à-dire que quarante pleines lunes de cette dimension, se touchant bout à bout, auraient suffi à parfaire la circonférence entière de l'horizon.

Mais quand, l'astre du jour ayant disparu, un peu avant sept heures, il ne resta plus au ciel que ce disque monstrueux, quoique incomplet et arrivé seulement au onzième jour de la lunaison, — alors un sentiment d'épouvante inexprimable s'empara de tous ceux qui le regardaient.

Du haut de la terrasse, à la clarté de cette Lune énorme, clarté presque aussi vive que celle du jour même, avec quelque chose de fantastique et de sépulcral, on voyait dans la plaine les Arabes se prosterner la face contre terre et les bras étendus;

XIII

ON VOYAIT LES ARABES SE PROSTERNER

on entendait le tam-tam résonner pour les inviter à la prière, et la voix des imans et des derviches s'élever, claire ou grave, pour implorer la miséricorde divine. Toute la nuit, les supplications et les exorcismes se continuèrent de même, jusqu'à ce qu'enfin, à trois heures trente-sept du matin, la Lune ayant disparu sous l'horizon, selon l'ordre naturel des choses, les mahdistes crurent avoir cause gagnée.

Sur ce point donc, les espérances de Norbert se heurtaient à une déception : les Arabes étaient manifestement épouvantés, mais pas encore assez pour abandonner leur entreprise. Sans doute, ils s'étaient dit avec raison qu'en tous lieux cet effroyable clair de Lune les suivrait. Ou bien, leurs chefs avaient réussi à leur présenter le phénomène comme un présage de bon augure et un signe de la protection que le ciel accordait à son nouveau Prophète.

Quoi qu'il en fût, le lendemain, à six heures quarante-cinq du soir, quand la Lune se leva, occupant 21 degrés sur l'horizon, c'est-à-dire près d'un quart de demi-cercle, — les Arabes recommencèrent leurs *salaams* et leurs prières, mais ne témoignèrent en rien le désir de lever le siège de Tehbali.

Et de fait, le spectacle qu'il leur était donné de contempler était plus grandiose encore qu'effrayant. La Lune, remplissant pour ainsi dire tout un côté du ciel, sauf un intervalle bleu qui séparait son bord de l'horizon, présentait maintenant l'apparence d'un disque presque complet, d'un blanc laiteux, sur lequel des reliefs se dessinaient avec une netteté singulière. On distinguait à l'œil nu des chaînes de montagnes, des plaines hérissées de pics et de cratères, de grands espaces bleuâtres qui étaient ou des océans ou des déserts, des côtes bordées de falaises, des rochers sourcilleux, des abîmes sombres.

Au télescope, c'était bien autre chose encore, et les moindres détails du paysage apparaissaient presque aussi nettement qu'on les voit du haut d'un ballon en planant à deux ou trois mille mètres du sol. L'absence de tout océan, de mers et même de lacs et de rivières était le caractère le plus frappant de ce paysage. D'immenses étendues paraissaient couvertes d'une végétation d'un rouge sombre, rappelant un peu la teinte de nos forêts en automne. Mais on n'apercevait ni villes, ni habitations, ni monuments d'aucune sorte : ce qui d'ailleurs n'en démontrait nullement l'absence, car la distance était encore trop considérable pour qu'un édifice, même aussi élevé que la grande pyramide d'Égypte, dût être nécessairement remarqué.

Si Gertrude avait pu conserver un doute sur l'exactitude des photographies lunaires qui ornaient les murs de l'observatoire, ce doute se serait dissipé ce soir-là : tous les traits les plus notables de ces photographies gardaient leur caractère dans la mappemonde, maintenant si rapprochée, qui se développait aux cieux. C'étaient toujours les plus apparents, les plus marqués, les plus importants sur le relief sélénique.

Toute la soirée se passa à admirer ces merveilles, jusqu'à ce qu'enfin, un peu avant minuit, le bord du disque arrivât à l'horizon occidental et commençât de s'y enfoncer lentement, — opération qui dura quatre heures, soit vingt minutes de plus que n'avait duré le lever de l'astre.

On arrivait au cinquième jour de l'expérience, et jusqu'à ce moment personne n'avait paru s'en inquiéter beaucoup. Les Arabes y étaient déjà si bien habitués qu'ils se livraient à peine pour la forme à leurs cérémonies du premier soir. Quant aux assiégés, c'est avec une véritable impatience qu'ils attendaient maintenant le retour de la Lune, tant les spectacles qu'elle leur présentait au télescope étaient captivants et variés.

Mais quand l'astre de la nuit commença de déborder l'horizon oriental, à sept heures quarante-quatre du soir, tout le monde lui trouva ce soir-là quelque chose de véritablement formidable. Il occupait maintenant plus de la moitié du cercle ; pour parler plus exactement : son diamètre sous-tendait un arc de 182 degrés, 15 minutes et 22 secondes.

Circonstance plus effrayante encore, le bord seul de son disque était comme frangé d'une lumière argentée, tandis que tout le reste se présentait sous la forme d'une masse sombre et colossale, *dont la convexité était nettement perceptible*. Pour la première fois, on avait l'impression d'un globe monstrueux s'avançant à la rencontre de la Terre...

Et pourtant, comme l'expliqua Norbert à ses amis, pour que cette impression même se produisît, il fallait que ce globe fût encore à une très grande distance... Mais, comme les Arabes, ils n'en restèrent pas moins, jusqu'à sa disparition, dans un état d'oppression tout particulier. Quand le ciel, à quatre heures trente-trois du matin, ne montra plus sur sa voûte que le scintillement des étoiles, chacun respira plus librement comme s'il avait un poids de moins sur la poitrine.

Enfin, le sixième soir arriva. C'était le dernier, puisque la descente du globe lunaire devait durer, au calcul de Norbert, six jours, 8 heures, 21 minutes et 46 secondes. Et de fait, l'aspect du ciel, quand ce boulet colossal l'envahit lentement, le dévora, le remplit tout entier, — cet aspect devint horrible.

C'était une nuit noire, absolue, complète, sauf sur une bande étroite qui bordait l'horizon, vers l'Orient, d'un ruban argenté et sertissait, pour ainsi dire, l'intolérable masse au-dessus du monde terrestre.

Ce soir-là un effroi indicible avait enveloppé les camps arabes, qui restaient plongés dans un morne silence. Chacun s'était apparemment enfermé dans sa tente et, le front dans la poussière, y attendait la mort : car on n'entendait ni les appels ordinaires ni les avertissements caractéristiques des crieurs. Les chiens eux-mêmes se taisaient. Cette nuit épaisse, *matérielle*, devait terrifier les mahdistes plus que tout. Pour eux, assurément, la Lune avait disparu. Et pourtant ils ne fuyaient pas ; ils restaient immobiles et résignés au lieu où ce prodige inouï, cette calotte de plomb épandue sur leur tête, venait les surprendre.

Sur le pic de Tehbali, l'effroi n'était pas, au fond, moins général. Seul, ou presque seul, Norbert conservait tout son sang-froid. Sir Bucephalus avait trop d'amour-propre pour manifester l'inquiétude grandissante qui le gagnait peu à peu ; mais cette inquiétude, en dépit de lui-même, se faisait jour par des allées et venues, des questions continuelles. Le baronnet n'était pas plus couard qu'un autre, mais il trouvait la vie bonne; il aimait surtout beaucoup son club et se prenait subitement à songer, avec un soupir, combien il aimerait de s'y retrouver. C'était pour avoir des aventures à conter qu'il était parti : or, la première condition, pour les conter, était de leur survivre.

Le docteur prenait les choses assez gaiement, selon son habitude, mais ne pouvait s'empêcher de se demander *in petto* comment tout cela allait finir. Virgile ne songeait pas à discuter, même en pensée, les faits et gestes de « son officier », mais il trouvait le ciel bien menaçant et bien noir. Tyrrel exprimait sa haute désapprobation, autant que le lui permettait son respect de l'étiquette, en s'abstenant avec soin de mettre le nez dehors. Quant à Fatima, elle pleurait à chaudes larmes, et Mlle Kersain, assez peu rassurée elle-même, avait fort à faire pour la consoler.

Les choses allèrent pourtant assez bien jusqu'aux environs de minuit. Tyrrel avait servi le thé au salon des Manettes, et tout le monde s'y trouvait réuni, quand Norbert rentra après être allé jeter un coup d'œil sur l'esplanade. Il s'approcha de la lampe électrique qui éclairait l'appartement au-dessus de la table centrale, tira son chronomètre et dit :

« Il est minuit deux. Ou j'ai commis une erreur de calcul, ce que je ne crois pas, car toutes mes vérifications concordent, — ou dans une minute et vingt-cinq secondes le contact sera établi.

— Quel contact? demanda le baronnet.

— Celui du globe lunaire avec la Terre.

— Quoi!... vous comptez attendre que ce contact se soit effectué?

— Sans doute. Quel serait, autrement, le sens de l'expérience? J'ai transformé en aimant le pic de Tehbali tout exprès pour forcer la Lune à venir nous trouver. Voulez-vous que je renonce maintenant à faire sa connaissance et que je la renvoie dans l'espace?

— Vous le pourriez donc?

— Fort aisément, et par la seule action de cette poignée d'ivoire que vous voyez là, marquée de la lettre B.

— Comment !... il suffirait de toucher la manette B pour suspendre instantanément l'action de votre aimant ? s'écria le baronnet, non sans vivacité.

— Non pas précisément de la toucher, mais de l'abaisser, en relevant la manette A.

— En ce cas, mon cher ami, m'est avis que vous feriez bien de profiter de votre pouvoir, et d'arrêter sans plus tarder cette sinistre expérience.

— J'ai, pour ne pas suivre votre conseil, mon cher Coghill, d'excellentes raisons.

— Alors la Lune va *tomber* sur la Terre, à la lettre ?

— Comme vous le dites.

— Ce sera un choc effroyable ?

— Pour ceux qui se trouveront entre l'enclume et le marteau, évidemment !... Mais tout me porte à croire que nous n'en serons pas. C'est la chaîne des Apennins lunaires qui va toucher le sol terrestre, à plus de cent lieues de nous, sur une ligne qui prendra le Sahara en écharpe, du nord-est au sud-ouest.

Je compte donc que nous aurons une forte secousse, mais rien de plus, — et j'ai eu soin de bâtir l'observatoire à un seul étage, pour qu'il y résiste mieux.

— Et si vous vous trompiez ?... Si c'était sur nous que portait le choc ?

— En ce cas, nous serions écrasés, cela va sans dire. Mais je ne me suis pas trompé... Reste à voir, d'ailleurs, s'il vaudrait mieux être massacré par le Mahdi... Au surplus, nous saurons bientôt à quoi nous en tenir, ajouta Norbert, en consultant de nouveau son chronomètre... Dans vingt-deux secondes et demie, à mon estime !...

— Je persiste à croire qu'il serait plus sage d'arrêter cette expérience ! » répéta le baronnet.

Il n'avait pas plus tôt articulé ces paroles, que Tyrrel, les considérant comme un oracle, se précipita vers la tablette d'ébène. Avant que personne eût seulement soupçonné son projet, il avait saisi la poignée A de la main droite, la poignée B de la main gauche; relevé la première, abaissé la seconde...

Le temps pour Norbert de se jeter vers lui avec une imprécation de colère et de douleur... il était trop tard!...

Une explosion épouvantable, un concert de vacarmes et de grondements pareils à ceux de mille volcans éclatant soudain avec mille batteries de canons; une secousse affreuse de toutes choses; l'effroi des ténèbres subites; et, pour tous les acteurs de ce drame, la sensation qu'on éprouve à s'enfoncer tout à coup dans l'évanouissement ou dans la mort...

Norbert avait eu la force de crier :

« Gertrude!... »

Mais sa voix s'était à peine perdue dans le cataclysme[1] que déjà il n'avait plus conscience du désastre commun.

---

1. L'*Annuaire du Bureau des longitudes* a signalé le trouble survenu dans les marées terrestres à l'occasion de ce cataclysme. Mais l'amplitude des mouvements de l'Océan, pour une raison restée inexpliquée, ne paraît pas avoir été en rapport avec l'énergie de leur cause déterminante.

Il semble aussi qu'un rideau d'épais nuages, probablement formé par l'attraction lunaire, s'était, depuis le début de l'expérience, interposé entre le ciel et les principaux observatoires terrestres. Le Soudan seul en resta indemne, grâce à la sécheresse de son atmosphère. C'est pourquoi il fut seul à constater et à suivre le phénomène. Les physiciens et les marins des deux mondes remarquèrent bien l'affolement de leurs compas ou boussoles, dans cette période de six jours, mais sans pouvoir en déterminer la cause.

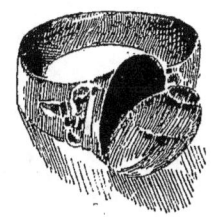

DEUXIÈME PARTIE

LES NAUFRAGÉS DE L'ESPACE

CHAPITRE I

APRÈS LE CATACLYSME

Il faisait grand jour, et une tranquillité profonde régnait à l'observatoire de Tehbali, quand Norbert rouvrit les yeux. Ce silence avait quelque chose de frappant en son intensité. C'était, dans toute la force du terme, ce qu'on appelle proverbialement un silence de mort.

Quant au jour, il était éblouissant et accompagné d'une chaleur accablante.

Norbert eut d'abord quelque peine à se rendre compte de ce qui était arrivé.

Il se trouvait dans la salle des Manettes, renversé sur un divan arabe placé au-dessous de la tablette d'ébène, et où l'avait jeté sans doute la première secousse du cataclysme. Autour de lui, tout était désordre et bouleversement : les meubles épars, le lustre électrique tordu, le magnétomètre tombé à terre et brisé de même que les porcelaines; Mlle Kersain, Fatima, le docteur, le baronnet et Tyrrel gisaient chacun de son côté — les unes sur le sopha où le tremblement de terre les avait surprises, les autres sur la natte qui recouvrait le parquet.

Le premier soin du jeune astronome fut de s'élancer au secours de Mlle Kersain, comme son dernier cri avait été pour elle. Il la trouva plongée dans un évanouissement profond, mais sans blessure apparente; son pouls battait faiblement; de ses lèvres entr'ouvertes s'échappait un souffle aussi léger que celui d'un enfant. A peine avait-il fait ces constatations, qu'instinctivement Norbert courut au docteur.

Il le trouva assoupi au pied du fauteuil où le cataclysme l'avait surpris, en train de déguster sa tasse de thé. Sans doute, il était passé sans transition de l'étourdissement au sommeil. Toujours est-il qu'il suffit de le toucher légèrement à l'épaule pour lui faire ouvrir les yeux.

Commençant par se les frotter avec une grande énergie, il regarda autour de lui, visiblement étonné, se dressa sur ses pieds et resta un instant plongé dans une sorte de stupeur.

Enfin, il en sortit, pour dire à Norbert, qu'il voyait auprès de lui :

« Que diable nous est-il arrivé ?

— Je ne saurais le dire, répliqua le jeune homme. Mais l'essentiel est que vous voilà debout, cher docteur. Venez donc d'abord donner vos soins à Mlle Kersain, qui est là sans connaissance... »

Le docteur se laissa conduire au sopha, prit machinalement le pouls de la jeune fille, mais resta silencieux, immobile, incapable de formuler une opinion.

« Enfin, le pouls bat?... dit avec une certaine impatience Norbert Mauny, qui avait saisi l'autre poignet de Gertrude. Que faut-il faire ? »

XIV

TOUT ÉTAIT DÉSORDRE ET BOULEVERSEMENT

Le docteur Briet parut avoir besoin d'un véritable effort de volonté pour répondre comme en rêve :

« Boîte à médicaments !... »

Norbert avait compris. Il courut dans la pièce voisine, qui servait d'office et où se trouvait déposée la boîte en question. A peine prit-il garde à Virgile, qui s'y trouvait étendu à terre. Il enjamba le corps de son fidèle serviteur, trouva la boîte et la rapporta auprès de Gertrude.

« Que désirez-vous ?... quel flacon faut-il prendre ? demanda-t-il en pressant le ressort qui fermait le couvercle.

— Éther sulfurique ! » répondit automatiquement le docteur.

Norbert choisit dans son étui de feutre le flacon qui portait cette étiquette, et jugeant inutile de demander de plus amples renseignements, le plaça sous les narines de Mlle Kersain. En même temps, il lui humectait les tempes et le front avec l'éther, dont la vaporisation rapide produisait instantanément une vive impression de fraîcheur.

Ce simple traitement suffit à ramener la jeune fille à l'état conscient. Elle ouvrit les yeux, se souleva sur sa couche et promena autour d'elle un regard étonné.

« Fatima !... dit-elle faiblement en voyant sa petite compagne encore plongée dans l'insensibilité.

— Elle est sans connaissance, comme nous étions tous il y a cinq minutes, répondit Norbert, en s'approchant de la fillette pour lui faire respirer l'éther et lui en jeter quelques gouttes à la face. Mais elle aussi sera bientôt revenue à elle-même... Tenez, la voici déjà qui se réveille !...

— Fatima !... répéta Mlle Kersain.

— Petite maîtresse !... répondit l'enfant en faisant un effort pour se rapprocher d'elle.

— Chérie, tu as eu grand peur, n'est-ce pas ?...

— Oh ! oui !... grand peur !... Mais maintenant c'est fini !... Voyez, petite maîtresse, je puis déjà marcher !... »

Et elle faisait, en effet, deux ou trois pas ; elle venait se jeter au cou de Mlle Kersain qui la serra tendrement contre son cœur.

Norbert était déjà en train de donner ses soins au baronnet.

« Lui aussi, il n'est qu'étourdi!... dit-il, après l'avoir examiné. Mais il me semble, docteur, que vous-même l'êtes encore un peu, et qu'une bonne lotion d'éther ne vous sera pas inutile!... » ajouta-t-il en joignant l'acte à la parole.

Et, de fait, le docteur Briet parut rappelé à lui-même par l'effet réfrigérant de cette espèce de douche.

« C'est vrai! dit-il en se secouant. Je me sentais encore tout ahuri... Merci, mon cher Mauny, de votre médication!... Et voyons un peu ce que devient ce nobleman, ajouta-t-il en prenant la main de sir Bucephalus Coghill. Hum!... le pouls est petit, presque filiforme... Il faut espérer pourtant que ce ne sera rien!... Une bonne friction à l'alcool sur l'occiput... Je vais la faire!... Occupez-vous de l'autre, pendant ce temps!...

— De l'autre?... Ah! l'imbécile qui a causé tout ce remue-ménage!... répliqua Norbert en donnant à peine un coup d'œil à Tyrrel. Je vais d'abord donner mes soins à ce pauvre Virgile!... »

Ce disant, il courait dans la salle voisine, relevait le brave garçon, le frictionnait et le secouait jusqu'à ce qu'enfin il le vît revenir à lui.

« Tiens!... Il fait jour!... Et nous sommes encore en vie!... s'écria Virgile en reprenant conscience de ce qui l'entourait. Du diable si je m'y attendais, mon officier, quand j'ai senti tout le tremblement!... »

Et il ne s'était pas plus tôt remis sur ses pieds, qu'il allait d'instinct à la salle des Manettes et commençait à tout ranger, à ramasser les débris de verre et de porcelaine, à replacer les meubles sur leurs roulettes.

Cependant, le docteur Briet avait rappelé à la vie consciente non seulement sir Bucephalus, mais son déplorable valet-modèle, qui s'était augmenté d'une énorme bosse au front.

Assis à terre, sur la natte même où il venait d'être relevé, Tyrrel promenait maintenant son regard bleu sur ce qui se passait autour de lui, sans paraître soupçonner qu'il eût — par son empressement servile à voler au-devant des moindres désirs de son maître — directement amené la catastrophe. A peine eut-il retrouvé la parole qu'il demanda, d'une voix dolente, un verre de *port-wine*.

« La bouteille est dans le buffet, à gauche ! ajouta-t-il avec un esprit pratique des plus rassurants pour l'état de ses facultés mentales.

— Donnez-lui son verre de porto, Virgile, et, par la même occasion, donnez-nous-en aussi, dit le docteur, » sans pouvoir s'empêcher de rire de ce retour éminemment britannique à la vie.

Virgile alla chercher à l'office la bouteille demandée, apporta des verres et servit tout le monde.

« Allons ! buvons à notre propre santé ! s'écria le docteur. Nous en avons bien le droit après une pareille secousse !... »

Gertrude elle-même et Fatima durent tremper leurs lèvres dans le vin généreux qui leur était offert. Elles s'en trouvèrent à merveille.

L'effectif de la garnison était désormais hors d'affaire : on put échanger quelques impressions.

« Je ne sais pourquoi nous gardons ainsi les vitres fermées, dit Norbert en se dirigeant vers une des fenêtres. Il fait une chaleur accablante !... »

A peine avait-il tourné le bouton de l'espagnolette, et tiré les deux battants, qu'un violent courant d'air les referma. Cette circonstance ne laissait pas d'être surprenante, précisément parce que, les autres ouvertures étant closes, *ce courant d'air allait de dedans en dehors.*

Norbert s'était retourné pour en chercher la cause quand Mlle Kersain, qui venait précisément de s'approcher de l'autre fenêtre, s'écria à deux pas de lui :

« C'est singulier !... L'étrange paysage !... Jamais je n'ai rien vu de pareil!... Il faut que le tremblement de terre ait tout bouleversé autour de nous!... »

Chacun accourut à cet appel et s'empressa de venir considérer les changements signalés par Mlle Kersain.

Ces changements étaient, en vérité, fort extraordinaires.

Au lieu de la plaine jaune et sablonneuse, à peine coupée au pied du pic de Tehbali par quelques ondulations de terrain, que les assiégés avaient l'habitude de voir se développer autour d'eux, ils apercevaient maintenant une sorte de chaos où dominaient des montagnes abruptes, de l'aspect le plus farouche et le plus tourmenté.

On eût dit que de tous côtés le sol s'était crevé sous l'action de prodigieuses forces souterraines, et rompu dans un immense cataclysme, pour rejeter à sa surface, sous les angles les plus bizarres, les plus heurtés, les plus imprévus, les stratifications superposées qui le constituaient. Le rouge vif, le jaune d'ocre, le bleu clair et le violet dominaient dans la teinte de ces roches, mais toutes les couleurs de l'arc-en-ciel s'y retrouvaient par places, dans un bariolage qui n'avait rien d'harmonieux. Au fond des creux qui les séparaient, on pouvait reconnaître des coulées de laves multicolores, analogues à celles qu'on voit au sommet du Vésuve ou de l'Etna; et de fait, en considérant avec attention les murailles rocheuses interposées à ces creux, on reconnaissait des espèces d'entonnoirs, de véritables cratères volcaniques éteints et silencieux.

Il y en avait, de ces cratères, de toutes les hauteurs et de toutes les dimensions, placés côte à côte, les uns à dix, vingt, cent mètres d'intervalle, les autres plus éloignés et bornant l'horizon, à une distance qui semblait être assez grande.

Quelle était approximativement cette distance?... Cela paraissait impossible à dire, par suite d'un effet optique des plus étranges : les rochers les plus éloignés se dessinaient aussi nettement que les plus proches, et dans leurs moindres détails!...

Au lieu de se fondre graduellement jusqu'à la limite de la

vue, ils se dressaient au bord du ciel aussi crûment, avec des arêtes et des couleurs aussi vives, que s'ils eussent été à portée de la main !...

Circonstance non moins remarquable : les ombres portées de ces rochers, sous la lumière aveuglante dont ils étaient inondés, se dessinaient aussi nettement que les profils mêmes. Elles s'étalaient toutes noires, comme des taches d'encre, sans gradation ni pénombre.

Tel qu'il apparaissait ainsi tout à coup, ce paysage avait quelque chose de plus morne, de plus spectral, de plus terrifiant qu'on ne pourrait dire. Aucune trace de vie ne paraissait l'animer. On n'y voyait ni un oiseau, ni un arbre ou un buisson, ni un brin d'herbe. Pas un ruisseau, pas un murmure n'en troublait le silence implacable. Il s'en exhalait une impression désolante de solitude, de ruine et de mort.

Enfin un détail plus bizarre encore ajoutait son horreur à tous les éléments constitutifs de cette mise en scène. Quoique le soleil fût presque au méridien et couvrît de ses flèches de feu ce chaos aride et désolé, des constellations innombrables et parfaitement visibles criblaient de leurs clous *blancs* la voûte *sombre* du ciel. Sur ce tableau sinistre, l'effet était saisissant, pareil à celui que font en plein jour, dans les funérailles, les cierges allumés autour d'un cercueil...

Quand aux mahdistes assiégeants et aux camps arabes qui naguère resserraient leur cercle autour du pic de Tehbali, — il n'y en avait plus trace !... Tentes, ouvrages en terre, batteries de canons, hommes et bêtes, le cataclysme semblait avoir tout englouti !...

Mais ce qui paraissait le plus inexplicable était la hauteur d'où l'on dominait maintenant les environs. C'était à croire que le sol se fût affaissé, effondré en même temps que bouleversé, au pied de la montagne. Chacun avait cette impression très nette, car les yeux étaient de longue date habitués à la distance verticale de quinze ou seize cents mètres, qui les séparait de la plaine : or, maintenant, on avait une sensation de hauteur toute différente, de trois à quatre mille mètres au moins, et peut-être davantage.

Ces constatations, incomplètes pour les uns, faites d'un coup d'œil par les autres, laissaient tous les habitants de l'observatoire plongés dans l'étonnement le plus profond. Personne ne disait mot. Il semblait qu'on n'eût pas assez de ses yeux et de son attention pour contempler cet épouvantable panorama...

Soudain, Norbert, comme frappé d'une illumination subite, se précipita vers la porte. Il courut à l'esplanade, y fit quelques pas.

Mais à peine se trouva-t-il dehors, qu'il se sentit envahi par une oppression insoutenable. L'air manquait à ses poumons, le sang affluait à son cerveau. Il eut un éblouissement, chancela et comprenant qu'il allait tomber *asphyxié*, n'eut que le temps de se rejeter vers l'observatoire...

Aussitôt rentré au salon, Norbert éprouva un bien-être indicible. Ses poumons se dilataient de toute leur ampleur; il respirait avec délices... Et alors ses amis le virent avec surprise se retourner vers la porte, la fermer vivement, car elle était restée entr'ouverte; puis demander des linges, du coton en rame, et se mettre en devoir de la calfeutrer... Enfin, commencer la même opération sur les deux fenêtres.

« Que faites-vous donc? lui demanda le baronnet. Craignez-vous les vents coulis?...

— Je mets en réserve le peu d'air que nous possédons!... lui répondit simplement Norbert. Quand celui qui remplit l'observatoire sera épuisé, nous n'en aurons plus! »

On se regarda avec une surprise inquiète. La catastrophe avait-elle eu sur le cerveau de M. Mauny, si bien équilibré d'ordinaire, un effet désastreux?... Était-il pris de démence, ou tout au moins en proie à une hallucination passagère!... Il lut cette pensée dans les yeux du docteur et ne put réprimer un sourire.

« Oh!... rassurez-vous, dit-il, je ne suis pas fou!... Mais j'ai à vous annoncer une nouvelle que vous jugerez peut-être plus grave et que vous ne paraissez même pas soupçonner encore!... mademoiselle, reprit-il en se tournant vers Gertrude, vous sentez-vous en état de soutenir une vive surprise, — et, je le crains, une surprise assez pénible?... »

Gertrude avait subitement pâli; mais son regard était clair et respirait la bravoure.

« Parlez, monsieur, répondit-elle avec la charmante dignité qui la caractérisait. Je vous promets d'être courageuse, quoi que vous ayez à m'annoncer!...

— Le voici donc!... poursuivit Norbert. En remarquant tout à l'heure les changements extraordinaires qui se sont effectués autour de nous, vous avez cru certainement, et vous croyez encore, à de simples modifications résultant du cataclysme où nous avons manqué de trouver la mort?... Eh bien, il n'en est rien!... Les choses n'ont pas changé autour de nous... *C'est nous qui avons changé de place*... Nous ne sommes plus des assiégés, — nous sommes des naufragés!... Nous ne sommes plus au Soudan, nous ne sommes plus en Afrique, nous ne sommes même plus sur le globe terrestre!... Nous nous trouvons transportés... *sur la Lune!*...

— Sur la Lune!... s'écria sir Bucephalus. Voulez-vous dire que ces roches, ces cratères, tout ce paysage singulier qui nous entoure soit un paysage lunaire!...

— Précisément, répliqua Norbert Mauny. Je n'ai pas encore étudié assez complètement le phénomène pour expliquer comment il a pu se produire, et comment, saisis par le cataclysme sur le plateau de Tehbali, nous venons de nous réveiller, avec tout ce qui nous appartient, sur un plateau lunaire... Sans doute, l'arrêt subit et le mouvement rétrograde imprimés au satellite, à l'instant même où il allait toucher la Terre, ont provoqué l'explosion de forces volcaniques latentes et d'une véritable marée souterraine, qui nous a projetés dans les airs, fait entrer dans la sphère d'attraction de la Lune... C'est seulement une hypothèse que je vous donne là... Mais le fait certain, incontestable, est que nous sommes actuellement transplantés dans un monde nouveau, séparé du nôtre par une distance énorme, — et ce monde, tout le démontre, n'est autre que la Lune!... Vous voyez le spectacle qui s'étend sous vos yeux et vous pouvez juger par vous-mêmes des différences qui le distinguent d'un panorama terrestre!... Quant à moi, je viens de sortir, et j'ai pu m'assurer que l'atmosphère extérieure, si elle existe, est absolument irrespirable...

— En un mot, dit avec douceur Mlle Kersain, votre conviction est faite et vous ne doutez pas que nous ne soyons dans la Lune?...

— J'en doute si peu, répondit Norbert, que j'ai déjà commencé à prendre des mesures pour parer au plus pressé, en calfeutrant portes et fenêtres.

— Eh bien! puisque le but de vos travaux était précisément de venir sur la Lune, je ne vois pas ce que la nouvelle pourrait avoir d'alarmant! reprit Mlle Kersain pour rassurer Fatima qui était manifestement épouvantée.

— Alarmant... alarmant!... s'écria le baronnet. Elle n'a rien en tout cas de positivement gai, si elle est sûre, ce dont je veux douter encore!... Passe d'être sur la Lune!... Mais sans air, ce serait une autre affaire!... Et quand je pense, ajouta-t-il en tournant vers Tyrrel des yeux furibonds, que, si nous nous trouvons dans une situation pareille, c'est à cet imbécile que nous le devons!.. »

Le malheureux valet de chambre était déjà assez consterné de se savoir dans la Lune. Quand il se vit, par surcroît, chargé d'une telle responsabilité, en butte au mécontentement trop légitime de son maître, il n'eut pas la force de résister à ce coup suprême.

Ses genoux cédèrent sous lui, il s'affaissa sur le sol comme un sac vide et y resta immobile, hébété, répétant entre ses dents :

« Imbécile!... Imbécile!... »

CHAPITRE II

UN DRÔLE DE PAYS

Le premier moment de stupeur passé, et Tyrrel un peu revenu à lui-même, on s'enquit auprès de Norbert de ce qui était le plus immédiatement important.

« Si je vous ai bien compris, dit le docteur, vous admettez que nous respirons la provision d'air terrestre qui s'est trouvée enfermée et emportée avec nous dans l'observatoire?...

— Précisément.

— Et que cette provision d'air une fois épuisée, nous n'en aurons plus?

— C'est cela même.

— Mais alors, reprit le docteur visiblement inquiet, comment ferons-nous pour respirer?

— Comment nous ferons pour respirer, quand nous n'aurons

plus d'air? répliqua Norbert en riant. Nous en fabriquerons, c'est bien simple!... N'avons-nous pas nos produits chimiques, nos appareils Carré, tout l'outillage nécessaire?... Par parenthèse, il faut que j'aille un peu visiter tout cela. Je suis curieux de vérifier en quel état se trouvent nos magasins... »

Suivi du docteur et de Gertrude, qui exprima aussitôt le désir d'être de la partie, le jeune savant traversa la galerie des Lunettes, qui ne paraissait pas avoir beaucoup souffert de son déplacement, et arriva aux magasins, qu'il parcourut dans toute leur étendue. Une inspection rapide, mais attentive, montra que s'il y avait eu quelques avaries, — quelques pots cassés ou déplacés, — l'ensemble s'était admirablement comporté et avait victorieusement résisté au choc. Les machines, en particulier, pour la plupart fixées au sol, étaient absolument intactes, et les appareils spéciaux, encore enveloppés de leur caisse ou de leur paille d'emballage, semblaient sortir de chez le fabricant. C'était le cas des boîtes Carré ou « respirateurs à oxygène », dont il y avait deux ou trois douzaines entassées dans un des magasins. Norbert appela aussitôt Virgile, fit déballer plusieurs de ces boîtes et les transporta au laboratoire, pour les mettre sans tarder en état de servir. Ce fut l'affaire de dix minutes, la fabrication de l'oxygène étant une des opérations les plus élémentaires et les plus rapides de la chimie.

Les boîtes une fois remplies de gaz, Norbert en attacha une sur son dos, avec les bretelles de cuir disposées à cet effet et qui donnaient à la chose l'apparence d'une hotte de fer-blanc surmontée d'un gros sac de cuir. Ce sac se terminait sous le bras gauche par un appendice qu'il suffisait de presser avec le coude pour déterminer le passage d'une certaine quantité d'oxygène dans un tube de caoutchouc. Ledit tube, enfin, aboutissait à la bouche et au nez du porteur, sur lesquels il s'appliquait hermétiquement à l'aide d'un demi-masque de cuivre garni de coussinets de chamois.

Ainsi équipé, Norbert se munit d'une boussole de poche, d'une longue-vue, d'une carabine, et rentra au salon.

« Et contre qui partez-vous en guerre, mon cher ami? s'écria le baronnet qui commençait à éprouver le besoin de réagir contre sa propre tristesse.

— Je vais simplement explorer les environs, répondit le jeune astronome. Il y a un point qui m'intrigue et que j'ai besoin d'élucider. Je ne m'explique pas comment nous pouvons nous trouver à la fois dans la Lune et dans notre observatoire. Il faut que la cime du Tehbali ait été enlevée de toutes pièces... J'en aurai le cœur net avant un quart d'heure...

— N'y a-t-il pas moyen d'être du voyage de découvertes? demanda aussitôt sir Bucephalus. J'aurais grand plaisir à vous accompagner, mon cher ami.

— Rien de plus facile. Il suffit de vous équiper comme moi, c'est-à-dire de vous pourvoir d'un « respirateur ». Je viens précisément d'en remplir cinq ou six. — Virgile, va nous en chercher un !...

— Et nous, ne pouvons-nous pas aussi être de l'expédition? s'écrièrent presque en même temps Mlle Kersain et le docteur Briet.

— Je crois que ce ne serait pas sage, répondit Norbert. Il faut d'abord ménager nos ressources et ne rien faire d'inutile. Laissez-nous, sir Bucephalus et moi, procéder à une première reconnaissance; puis, s'il n'y a pas de danger ou d'inconvénient, ce sera votre tour d'aller à la découverte !... »

Les choses ainsi réglées, on compléta rapidement l'équipement du baronnet, qui se déclara bientôt prêt à partir.

« Je suis aussi curieux que vous de m'expliquer la présence de notre observatoire dans la Lune, dit-il à ce propos, si toutefois nous sommes bien véritablement dans la Lune, ajouta-t-il presque aussitôt.

— Quoi !... Vous en doutez encore? s'écria Norbert. Vous n'en douterez pas longtemps, mon cher ami... Allons! En route !... Nous avons un peu l'air de deux marchands de coco en rupture de boulevard extérieur. Mais je doute que nous rencontrions personne pour se moquer de nous !... »

A ce moment, Tyrrel se précipita vers son maître.

« Sir Bucephalus sort sans déjeuner? dit-il humblement, qu'il daigne au moins emporter ce chocolat et ces biscuits.

— Le moyen d'en vouloir à cet animal! s'écria le baronnet en empochant les provisions. Il est positivement rembourré de bonnes intentions!... »

Sur ces mots, la porte fut entr'ouverte et les deux jeunes gens se glissèrent au dehors.

L'esplanade ne présentait aucun changement appréciable. Aussi la traversèrent-ils rapidement pour gagner au plus tôt le chemin en lacet qui descendait à la base de la montagne. Contre l'attente de Norbert, ce chemin non plus ne présentait pas la moindre solution de continuité. Il se déroulait au flanc du pic pour se terminer, comme précédemment, au niveau de la table de verre coulée sous la montagne. Mais, au lieu de se trouver là au niveau d'un plateau assez étendu, son extrémité paraissait rester à une distance assez considérable de la plaine inférieure. Et d'autre part, au lieu d'être exposé à l'orient, comme il l'avait toujours été, ce chemin était maintenant exposé au nord, comme l'indiquaient à la fois la position du Soleil et la direction de l'aiguille aimantée sur le compas de poche que Norbert venait de consulter. En somme, il devenait évident que non pas seulement la cime du Tehbali, mais la montagne tout entière s'était déplacée et avait été transportée, par une force irrésistible, d'un globe sur l'autre.

La chaleur était effroyable sous les rayons de ce soleil presque vertical, d'aspect et de dimensions assez semblables à son apparence terrestre, mais où Norbert remarquait déjà, avec une joie d'artiste en astronomie, des *protubérances* beaucoup plus visibles à l'œil nu qu'elles ne le sont, même au télescope, des observatoires sublunaires. Cette circonstance, comme la présence en plein midi des constellations qui peuplent la voûte céleste, s'expliquaient d'ailleurs par la ténuité manifeste de l'atmosphère. Celle de la Terre s'interpose à la manière d'un voile gazeux entre nos lunettes et les astres. Celle de la Lune laissait librement passer tous les rayons lumineux ou calorifiques, et ne donnait pas au ciel la teinte azurée qu'il revêt pour nous : aussi était-il d'un noir d'encre.

En même temps qu'ils constataient la chaleur de fournaise au sein de laquelle ils avançaient, les deux explorateurs s'aperçurent qu'ils étaient d'une légèreté extraordinaire. Ils ne sentaient pour ainsi dire plus leurs pieds sous eux. C'est à peine s'ils effleuraient le sol en marchant. Encore leur arrivait-il à chaque instant d'accomplir sans y songer ce qui pouvait paraître un véritable tour de force, et pour éviter, par exemple, un caillou du chemin, de faire un bond *de quatre ou cinq mètres*. Cette gymnastique était si bien involontaire, que chacun la remarquait exclusivement chez son compagnon. Norbert voyait avec surprise le baronnet exécuter une gambade inattendue, sauter avec la légèreté d'un chevreuil, rebondir ainsi qu'une balle de caoutchouc et suivre son chemin comme devant.

« Cela tient du prodige! se disait-il... Il doit pourtant se sentir courbaturé, comme nous tous!... Le malheureux va se rompre le cou, s'il continue à descendre de cette manière extravagante!... »

Au même instant, et pour tourner une petite crevasse, il fit lui-même un léger mouvement de recul et se sentit enlevé à une hauteur de six mètres au moins, puis retomber moelleusement sur le sol.

Le baronnet, à peine au bout de sa propre gymnastique, le regardait d'un air presque scandalisé.

« J'y suis!... pensa soudain Norbert. C'est la pesanteur qui nous joue ces tours-là!... Elle est six fois moindre sur la Lune que sur la Terre. Il s'en suit que notre force musculaire se trouve *sextuplée* et nous transforme ici en acrobates!... »

Il ne résista pas au plaisir de communiquer cette réflexion au baronnet, et dévissant sans plus tarder le demi-masque qui muselait ses lèvres :

« Eh bien, mon cher ami, dit-il, y croyez-vous, maintenant, au voyage à la Lune?... »

A la grande surprise de Norbert, il ne reçut pas la moindre réponse. Le baronnet, sans s'occuper de lui, était en train de franchir d'un bond prodigieux une petite rigole tracée par les pluies en travers du chemin. A son silence, à l'expression indifférente de sa physionomie, le jeune savant crut d'abord comprendre que sir Bucephalus voulait lui témoigner de l'humeur pour quelque offense. Mais quelle était la cause de cette bouderie! C'est ce qu'il aurait été fort embarrassé de dire.

« Singulière idée!.... pensa Norbert. Et singulier moment pour montrer de la susceptibilité!... Que peut-il avoir contre moi?... M'en voudrait-il d'avoir ri de ses gambades?... Ma foi, tant pis, qu'il s'arrange!... »

Mais au milieu de ces réflexions, il s'interrompit pour partir d'un grand éclat de rire, — parfaitement silencieux, du reste. Il venait de s'apercevoir qu'il avait seulement *articulé* ses paroles, sans les *dire*. La voix ne portait plus. Ou pour parler plus exactement, il n'y avait sur la Lune ni voix, ni *son* d'aucune sorte, parce que l'atmosphère trop ténue ne vibrait pas sensiblement.

« Ce pauvre Bucephalus!... Moi qui l'accusais de bouderie enfantine! .. pensa Norbert. C'est qu'il n'a vraiment pas l'air content!... A deux ou trois reprises, il a ôté son masque. Peut-être était-ce pour me parler!... Peut-être m'a-t-il adressé plusieurs questions sans obtenir un mot en réponse... Et maintenant, il se demande de son côté quelle mouche me pique... Comment lui expliquer?... Enfin, ce sera pour le retour... »

Il ne restait, évidemment, qu'à observer en silence la constitution géologique de l'étrange milieu où l'on se trouvait transporté, et Norbert ne s'en faisait pas faute. Son compagnon et lui étaient maintenant arrivés à plus de douze cents mètres au-dessous de l'observatoire, et cependant ils n'avaient pas encore franchi la moitié de la distance qui les séparait de la plaine. Le chemin en lacet, dont on apercevait la fin, se terminait brusquement contre une pente assez douce, qui le continuait en quelque sorte vers la plaine et qu'il ne paraissait pas difficile de descendre, quoiqu'il n'y eût pas de route tracée.

Rien de plus frappant que le contraste de la roche du Tehbali avec celles dont se composait cette pente. Couleur, aspect général et détails, tout était différent. Tandis que le sol de Tehbali était d'un rouge sombre, couvert d'une herbe jaune et d'arbustes assez variés, celui de la pente inférieure était vert clair, veiné de mauve et de gris, avec des reflets chatoyants comme ceux d'une agate, et sans la moindre trace de végétation.

Cela faisait deux zones parfaitement distinctes et reconnaissables : l'une supérieure appartenant au Tehbali, l'autre inférieure formée par une montagne lunaire. Au dessous, enfin, dans une région plus basse, et développée en plaine raboteuse, une série de petits et moyens cratères, ouvrant vers le ciel leur gueule muette.

Au lieu de descendre la pente qui faisait suite au chemin, Norbert préféra la suivre horizontalement sur une longueur de trois ou quatre kilomètres, en contournant la base du pic, et dès lors il fut édifié.

« Plus de doute! pensa-t-il. Il est clair que la montagne de Tehbali *tout entière* a été enlevée et projetée sur le sol lunaire où elle est retombée sur sa base... Cela paraît un peu violent, au premier abord. Et pourtant, si l'on suppose une explosion de forces souterraines déterminée par le recul soudain de la Lune, il est tout naturel que le pic se soit trouvé déchaussé, comme une dent de son alvéole, du sol sablonneux sur lequel il reposait. La séparation accomplie, et le pic lancé dans l'espace, l'homogénéité même de sa roche l'obligeait à rester un tout indivisible. Enfin, si sa force de projection était suffisante pour le faire entrer dans l'aire d'attraction du globe lunaire, ce qui s'explique assez puisque ce globe était presque au point de nous toucher, la forme conique de la montagne rendait inévitable qu'elle tombât sur sa base... Oui, inévitable!... Ce n'était pas seulement possible, c'était *forcé*. Les lois de la pesanteur ne connaissent pas d'exception. Qu'il s'agisse d'une montagne magnétique pesant plusieurs millions de kilogrammes, ou d'un dé pipé, la règle est la même. Or, le Tehbali est précisément une manière de dé pipé : une fois lancé dans l'espace, il faut qu'il retombe sur le côté le plus lourd, c'est-à-dire sur sa base... Maintenant, comment cette chute a-t-elle été amortie dans une certaine mesure?... Par deux causes : la première est dans la faible action de la pesanteur à la surface de la Lune, qui a permis à notre roc de venir s'y poser en quelque sorte comme un oiseau, ou comme je fais moi-même en ce moment quand il m'arrive de sauter; la seconde est dans cette montagne, qui s'est rencontrée là pour nous accrocher au passage... »

Ainsi raisonnait Norbert, dans son for intérieur. Un seul point restait à élucider pour lui. Cette montagne était-elle un pic, ou un cratère? Toutes les probabilités militaient en faveur de la seconde hypothèse. D'abord, il n'y avait dans la région que des cratères, aussi loin que la vue pouvait s'étendre. Puis, on s'expliquait aisément qu'un cratère eût pu se coiffer comme d'une calotte du roc magnétique de Tehbali : on se serait moins bien expliqué que ce roc se fût posé d'aplomb sur un autre pic.

Contournant toujours la base du Tehbali, les deux explorateurs arrivaient peu à peu à une sorte de terrasse formée par le bord de son piédestal et d'où la vue s'étendait à une distance beaucoup plus considérable que de l'autre côté de la montagne. Ils purent alors constater que les petits et moyens cratères de la plaine allaient en s'abaissant à l'ouest et au sud jusqu'à une région sablonneuse et creuse, tandis qu'ils s'élevaient en étages, du nord à l'est jusqu'à une chaîne de hauteurs qui couraient dans la même direction. Cette circonstance même, jointe à l'aspect caractéristique de la chaîne, fut un trait de lumière pour le jeune astronome.

Il se retourna machinalement pour communiquer à sir Bucephalus le résultat de ses observations, mais se rappelant au même instant qu'il lui était impossible de se faire entendre, il tira son carnet, y dessina rapidement un croquis de la région et le passa au baronnet avec cette note explicative :

« Je crois que nous sommes venus tomber sur le cratère de *Rhéticus*, et que cette chaîne de montagnes est celle des *Apennins lunaires*. Ces plaines sablonneuses seraient la *Mer des Vapeurs*, la *Mer de la Tranquillité* et celle de la *Sérénité*. »

Après avoir lu cette note, sir Bucéphalus rendit le carnet à Norbert, non sans agiter vainement ses lèvres. Le jeune astronome s'en aperçut. Il écrivit :

« Je ne puis me faire comprendre qu'avec l'aide du crayon. Il n'y a pas de son sur la Lune.

— C'est donc cela !... écrivit vivement à son tour le baronnet. Je vous ai parlé plusieurs fois sans que vous m'ayez répondu un seul mot. »

— Effet de Lune !... répliqua Norbert. Autre effet. Vous voyez ce bloc de pierre de deux mètres cubes au bas mot, près de votre jambe droite. Essayez de le soulever, et vous verrez. »

Sir Bucephalus considéra avec incrédulité l'énorme bloc dont il était question et que deux chevaux auraient eu peine à mouvoir, sur le sol terrestre. Il se baissa néanmoins pour complaire à son compagnon. A son inexprimable surprise, le roc se laissa soulever et roula aisément sous la légère pression de sa main.

Au même instant, Norbert, prenant son élan, passait à huit ou dix mètres par-dessus la tête du baronnet et retombait avec l'aisance gracieuse d'un oiseau.

« Effet de Lune ! » semblait répéter son sourire.

Mais, quoique le baronnet n'eût garde de l'entendre, il voulut, à son tour, montrer son adresse. Il prit donc son élan et s'éleva à une hauteur si invraisemblable que Norbert, piqué au jeu, jugea nécessaire de renouveler son exploit. L'émulation aidant, l'exercice se transforma en un véritable saut-de-mouton aérien, et dura plusieurs minutes.

Enfin les deux jeunes gens finirent par s'asseoir côte à côte en se regardant dans le blanc des yeux, le baronnet démesurément intrigué, Norbert visiblement amusé.

« Je vais vous expliquer ces phénomènes, » commença le jeune savant, oubliant encore qu'il ne pouvait pas exhaler le moindre son.

Sir Bucephalus, voyant ses lèvres s'agiter, tendait l'oreille, faisait de son mieux pour entendre : tout restait inutile.

« J'y renonce ! mima Norbert en haussant les épaules. Ce serait trop long à écrire. »

Et, par des gestes successifs, il entreprit de faire comprendre la situation à son ami. Celui-ci le vit avec étonnement franchir d'un saut des obstacles énormes, balancer des poids qui semblaient colossaux, puis revenir à lui et le prendre, non pas à bras-le-corps, mais entre ses deux mains, comme il aurait fait d'une poupée, le bercer, le jeter en l'air et le rattraper à la manière d'une balle...

Ces libertés parurent excessives à sir Bucephalus. A peine Norbert eut-il fini ces exercices acrobatiques, qu'il jugea nécessaire de lui rendre la pareille, mais avec un sérieux d'homme offensé, tandis que le jeune savant riait de tout son cœur.

« Ce n'est pas sans raison qu'on traite les aliénés de *lunatiques* en Angleterre ! pensait le baronnet. Est-il possible qu'un séjour de quelques heures sur la Lune ait déjà suffi à troubler une si belle intelligence !... Car il est fou, c'est évident... Et fort comme un bœuf, avec cela !... Moi aussi, du reste. Jamais je ne me suis vu *en forme* comme aujourd'hui !... Ce que c'est pourtant que l'éducation d'Eton, avec ses exercices physiques !... Il vous en reste toujours quelque chose, et l'on peut se montrer à l'occasion !... Mais pourvu que je n'aille pas perdre la tête, à l'exemple de ce pauvre garçon !... »

Il en était là de ses réflexions, quand Norbert l'empoignant par la taille et le jetant sur son épaule comme un ballot de plumes, se mit à courir en l'emportant au bord de la terrasse formée par le haut du cratère. Le baronnet, aussi inquiet qu'offensé de cette équipée, avait beau s'agiter avec l'énergie du désespoir, Norbert n'en voulut pas démordre. Il ne s'arrêta qu'à l'extrémité de la terrasse, où il déposa enfin sir Bucephalus, rouge de colère.

« Je suis étonné, monsieur!... » voulut dire le baronnet.

Mais, s'apercevant qu'il ne se faisait pas entendre, il s'arrêta court. Et alors, subitement frappé de la singularité de la situation, en même temps qu'éclairé par le sourire affectueux de Norbert, il se mit à rire, lui aussi, d'un rire muet qui lui secouait les côtes sans produire aucun éclat.

CHAPITRE III

LE CRATÈRE DE RHÉTICUS

« Pour le présent, se disait Norbert, assis avec le baronnet au bord de la terrasse formée par le cratère, il s'agirait d'examiner comment s'est comportée la base isolante de notre grand aimant artificiel!... Si nous avions le bonheur qu'elle fût intacte, ce serait un grand point d'acquis!... Nous pourrions alors songer sans folie à regagner la Terre... Enfin, nous verrons... »

Il se remit sur ses pieds, sir Bucephalus l'imita aussitôt, et ils reprirent côte à côte l'exploration du cratère, toujours en suivant le sommet circulaire sur lequel était venu se poser le pic de Tehbali.

Ils marchaient ainsi, depuis quinze à vingt minutes, et venaient d'arriver à un point diamétralement opposé à l'esplanade de l'observatoire, mais beaucoup moins élevé, quand une ouverture béante au flanc de la montagne attira leur attention.

En l'étudiant de près, Norbert reconnut sans peine que cette ouverture était constituée par une brèche ancienne, une cassure du bord du cratère, au-dessus de laquelle la base du Tehbali faisait maintenant plafond. C'était donc précisément la solution de continuité que le jeune savant recherchait, en vue de dissiper son doute. Il s'engagea immédiatement dans l'ouverture en forme de V de cette espèce de caverne, et le baronnet y pénétra derrière lui.

Tout d'abord, l'obscurité comparative où ils se trouvaient les empêcha de rien distinguer ; mais bientôt leurs yeux s'accoutumèrent au demi-jour, et ils constatèrent alors qu'ils se trouvaient bien, comme il y avait lieu de le prévoir, dans une immense cavité — la cavité même du cratère de Rhéticus — creusée à leurs pieds en forme de coupe et recouverte, à deux ou trois mètres de leur tête, par une voûte continue.

Pour mieux vérifier la chose, Norbert prit machinalement dans sa poche une boîte d'allumettes et en enflamma deux ou trois qu'il éleva le plus haut qu'il put. La lueur se refléta sur la paroi supérieure et montra aussitôt que cette paroi, cette espèce de couvercle posé sur l'abîme inférieur, était bien la table de verre coulée sous le Tehbali. Il y avait à cet égard si peu de doute, que le baronnet lui-même en fut frappé.

« Sur ma parole ! s'écria-t-il. Toute la montagne est intacte et posée comme un pain de sucre sur le cratère !... »

O surprise ! Cette exclamation, Norbert venait de l'entendre distinctement, en·dépit du masque de cuivre derrière lequel elle avait été émise. Il n'y avait, d'un pareil phénomène, qu'une explication possible, et cette explication ne se fit pas attendre.

« Fermez le robinet de votre respirateur, dit le jeune savant en donnant l'exemple : nous avons ici de l'air à discrétion !...

— Hourra !... s'écria sir Bucephalus. C'est sans regret que je renonce au biberon !... mais comment vous expliquez-vous qu'on ne puisse respirer ou parler que par accès, dans cet absurde pays ?...

— Le plus aisément du monde, répondit Norbert en riant. Ne voyez-vous pas que nous nous trouvons ici dans une mine d'air?...

« Cette cavité a bien un diamètre de mille à douze cents mètres, sur une profondeur à peu près égale, continua-t-il en opérant mentalement un calcul rapide : cela nous fait une provision de plusieurs millions de mètres cubes d'air !...

— En vérité !... Voilà ce que j'appelle une trouvaille, et qui nous vaut mieux, dans notre situation, qu'une mine de diamants !... Je me réjouis fort de pouvoir enfin respirer à pleins poumons.

— Oui, dit Norbert, mais il s'agit pourtant de ménager cette richesse, qui ne sera pas inépuisable.

— Enfin, pourquoi ce cratère jouit-il de ce privilège extraordinaire de posséder ainsi de l'air respirable?

— Par la raison même qui nous y a amenés, répliqua le jeune savant, et cette circonstance vient corroborer la théorie de notre aventure... L'air qui nous environne n'appartient pas en propre à la Lune. C'est de l'air terrestre, qu'elle a emprunté en se roulant dans notre atmosphère comme une boulette molle se roule dans la farine. Ce cratère, en particulier, venait évidemment de se remplir d'air quand il s'est trouvé tout à coup coiffé, et par conséquent obstrué, bouché, par le roc de Tehbali... Le lambeau d'atmosphère terrestre ainsi mis en bouteille est celui que nous respirons présentement.

— En ce cas, dit le baronnet redevenu pensif, il s'agit en effet de ménager ce trésor inattendu !...

— Non seulement de le ménager, mais de l'empêcher de fuir par l'ouverture qui nous a permis d'entrer ici !... Il faut rentrer au plus vite à l'observatoire, nous munir des outils nécessaires et procéder sans délai à ce travail, ou bien notre provision se perdra peu à peu !... »

Cet avis était trop sage pour n'être pas immédiatement adopté. Les deux explorateurs reprenaient donc leurs masques et se disposaient à retourner vers l'orifice du cratère, quand Norbert modifia et compléta sa proposition :

« Il n'y a pas un instant à perdre, dit-il, car chaque minute nous coûte des centaines de litres d'air... Pourquoi remonter tous deux?... Il suffirait que l'un de nous allât chercher l'aide qui nous manque, tandis que l'autre resterait ici et se mettrait au travail sans plus tarder.

— C'est juste, répondit sir Bucephalus. Partez donc, mon cher ami, puisque vous savez ce qui est nécessaire. Mais que puis-je faire en votre absence?

— Assembler des matériaux, des pierres grosses et moyennes, qui nous serviront à bâtir un mur, dès mon retour, pour fermer cette brèche.

— Fort bien. Les pierres ne sont pas ce qui manque ici ; je vous promets que vous en trouverez un joli tas !... »

Sur cette assurance, Norbert s'élança d'un pied léger vers l'observatoire. En quelques minutes il y fut rendu. Et à peine eut-il annoncé les nouvelles, que tout le monde voulut être de l'expédition. Le docteur, Virgile, Tyrrel, Fatima, Mlle Kersain elle-même s'offrirent comme aides-maçons.

« Je suis lasse de n'être ici qu'une bouche inutile, et je demande à me mettre à l'œuvre comme les autres ! » disait Gertrude.

Un lunch splendide, apprêté par les soins de Tyrrel, attendait tout servi le retour des deux explorateurs. On convint de retarder ce repas d'une heure : Norbert ne pensait pas qu'il fallût plus longtemps pour fermer l'ouverture du cratère.

Il avait déjà donné ses instructions à Virgile, qui était immédiatement allé dans les magasins chercher une pelle, une truelle, un sac de plâtre, un baril d'eau. Pendant ce temps, chacun se préparait au départ en se chargeant d'un respirateur à oxygène, et Norbert avertissait ses compagnons des singuliers phénomènes qui les attendaient au dehors. La figure du docteur Briet s'allongeait même sensiblement en apprenant qu'on allait être condamné au mutisme absolu.

Quant à Mlle Kersain, elle prenait tout le plus bravement du monde.

« Quel est donc cet astre majestueux que je vois là depuis votre départ? demanda-t-elle à Norbert, en s'approchant d'une fenêtre pour désigner dans le ciel un grand croissant blanc et pâle, analogue à celui que présente aux habitants de la Terre la Lune nouvelle, mais de diamètre environ quatre fois plus large.

— C'est notre patrie, la Terre!... répondit le jeune astronome. Nous aurons du moins ici le plaisir de la voir constamment... Elle est la grande horloge du monde lunaire, toujours présente dans son ciel, et visible, pour l'hémisphère où nous sommes, non seulement de nuit, mais de jour!...

— La Terre!... soupira Gertrude. Dire que mon pauvre cher père se trouve là, si loin de nous, au milieu des horreurs d'un siège, et sans pouvoir se douter que sa fille est exilée ici!...

— Nous irons le rejoindre, n'en doutez pas!... dit Norbert profondément ému de cette douleur filiale.

— Vraiment!... Vous croyez que ce sera possible?... s'écria la jeune fille avec une anxiété qui n'avait rien de personnel.

— Je l'espère fermement » répondit-il.

Elle avait déjà si bien pris l'habitude de voir se réaliser les affirmations de Norbert, qu'elle se retrouva réconfortée par cette simple parole.

« Au travail, donc! dit-elle. Ne perdons pas une minute et ne négligeons rien pour augmenter nos chances de salut!... »

On s'élança sur l'esplanade, et d'abord il y eut dans les rangs un moment de confusion. Norbert avait bien averti tout le monde des conditions nouvelles où l'on allait se trouver placé; mais sans doute les deux domestiques avaient incomplètement saisi ses explications, car ils se montraient absolument ahuris et déséquilibrés. Leur légèreté soudaine semblait les embarrasser au dernier point. On aurait dit des gens atteints d'une violente maladie nerveuse.

Dès les premiers pas, Virgile, ayant voulu s'approcher du bord de l'esplanade, fut emporté par son élan et précipité d'une hauteur de quarante mètres au moins.

« Me voilà mort!... pensa-t-il en fendant l'espace — ou du moins très endommagé!... » ajouta-t-il en se relevant avec mille précautions, après avoir touché le sol.

Point du tout. Il n'avait même pas une entorse!

Comme il se retournait, stupéfait, pour mesurer du regard ce saut prodigieux, il vit une masse assez lourde suivre le chemin qu'il avait pris. C'était Tyrrel, probablement entraîné par l'exemple, qui tombait à son tour de l'esplanade et arrivait sur lui, selon la verticale.

« L'animal, pensa-t-il, va m'écraser net!... »

Mais Tyrrel était léger comme une plume. Le choc de sa respectable personne ne produisit aucun désastre.

Cette expérience suffit pourtant à leur faire modérer, à tous deux, leurs mouvements, et proportionner l'effort au travail utile. Ils s'empressèrent de rejoindre le gros de la troupe et bientôt arrivèrent avec elle à l'entrée du cratère.

Une pénible surprise les y attendait. Le baronnet n'était pas là, quoique un tas de moellons assez imposant témoignât de l'ardeur qu'il avait mise à commencer son travail.

Norbert pensa qu'il avait pu aller respirer quelques bouffées d'air frais dans le cratère et se hâta d'y pénétrer pour l'appeler à plusieurs reprises.

L'écho seul lui répondit des profondeurs du souterrain.

Assez inquiet, il enflamma successivement plusieurs allumettes et se mit à explorer les environs de l'orifice. Il n'avait pas fait vingt pas que l'inutilité de cette recherche lui paraissait évidente. Le creux formé par la paroi intérieure du cratère s'arrondissait en pente douce, de manière à écarter toute idée

XV

« ME VOILA MORT ! » PENSA VIRGILE

de chute dangereuse, surtout sur la Lune, où l'on pouvait impunément tomber d'une hauteur de quarante mètres. D'autre part, le baronnet n'avait pas pu tenter sans lumière une exploration inutile.

Il semblait donc certain qu'il n'était pas dans le cratère, et qu'il avait plutôt cédé à la fantaisie de visiter une des vallées voisines.

« Sir Bucephalus n'est pas là! dit Norbert en retrouvant, près de la brèche, Tyrrel, qui l'avait suivi assez inquiet. Vous pouvez aller voir aux environs si vous l'apercevez. Pendant ce temps, nous nous mettrons à l'œuvre ici, car il n'y a pas un instant à perdre, et chaque seconde de retard nous coûte de précieuses quantités d'air. »

Tyrrel s'en alla donc à la découverte, tandis que le reste de la troupe se mettait activement à l'ouvrage.

Virgile avait déjà vidé son eau et son sac de plâtre dans un trou creusé avec sa pelle ; il avait gâché ce plâtre et s'en servait pour consolider à la truelle le mur rapidement élevé par Norbert. Le docteur présentait les pierres que Mlle Kersain et Fatima lui passaient avec la plus grande aisance en riant de cette force soudaine qu'elles ne s'étaient jamais soupçonnée.

« Tenez, disait Gertrude en levant d'une seule main un quartier de roche formidable, et qui aurait bien pesé cent kilogrammes à la surface de la Terre, ce caillou peut-il vous servir? »

Les moellons s'amoncelaient comme si des Titans et non pas de faibles mortels se fussent mis à les assembler.

En quelques minutes, le mur fut amené au bord du Tehbali, et, comme le plâtre se solidifiait à mesure qu'il était appliqué, à raison de l'extrême sécheresse, l'ouvrage se trouva ainsi achevé.

Tyrrel revenait sur ces entrefaites pour exprimer par une pantomime désolée qu'il n'avait pas retrouvé le baronnet.

Norbert, après un instant de réflexion, se résolut à donner le signal du retour à l'observatoire. Peut-être, en effet, sir Bucephalus y était-il revenu déjà par un chemin détourné, ou bien y reviendrait-il sous peu. En tout cas il ne pouvait servir de rien de l'attendre là, et si l'on devait entreprendre des recherches méthodiques, il fallait d'abord renouveler les provisions d'oxygène. On ne pouvait d'ailleurs causer et tenir conseil qu'à l'observatoire.

On en reprit donc le chemin au plus vite.

En rentrant au salon, on n'y retrouva pas le baronnet, comme on se plaisait à l'espérer; mais, en revanche, on y aperçut des traces visibles de son passage... et de son appétit. Le lunch, qu'on avait laissé tout servi sur la table, était à moitié dévoré! Viandes froides, jambon, hors-d'œuvre, vins, biscuits et dessert avaient été largement mis à contribution... La brèche était même trop forte pour que sir Bucephalus eût pu absorber tout ce qui manquait. Sûrement il avait dû emporter des provisions.

« Sans doute, il aura trouvé au bas de la montagne quelque chose d'intéressant, et il aura voulu repartir immédiatement à la découverte! dit le docteur. »

L'explication semblait assez plausible. On l'accepta d'autant plus aisément qu'on n'en avait pas d'autre à se donner, et l'on prit le parti de se mettre à table sans plus tarder.

« Nous voici une belle provision d'air en cave! dit le docteur quand son appétit se fut un peu calmé. Mais comment comptez-vous l'utiliser, mon cher Mauny, maintenant que vous l'avez enfermée dans votre caverne, à l'imitation du vieil Éole? Pensez-vous nous y envoyer de temps en temps en villégiature, comme j'envoyais mes malades à Monte-Carlo, au temps heureux où je n'exerçais pas ma profession dans la Lune? Ou bien votre projet est-il de mettre cet air en barriques pour le transporter ici?

— Mon projet est beaucoup plus simple, répondit Norbert. Vous savez que j'avais commencé par forer, dans l'axe de la montagne, un puits qui descend jusqu'à sa base. Il suffira de mettre le fond de ce puits en communication directe avec le réservoir d'air, et d'établir un ventilateur sur une de ces vitres, pour que l'observatoire tout entier se trouve approvisionné de gaz respirable.

— L'idée est bonne !... Mais ne craignez-vous pas une dépense peut-être excessive de cet air pour nous si précieux?... Il serait peut-être plus prudent de la régler au strict nécessaire en établissant la communication au moyen d'un tube de caoutchouc ou de plomb, muni de son robinet. Mais il faudrait ce tube d'une belle longueur, et sans doute vous ne l'avez pas en magasin ?

— Nous avons tout ce qu'il nous faut, répliqua Norbert.

— Nous n'avons pas même oublié notre air derrière nous ! dit Gertrude en riant. Si nous étions une armée en retraite, on pourrait nous proposer à l'admiration de l'histoire...

— Jusqu'ici, il n'y a pas trop à se plaindre, poursuivit le docteur. Mais ce qui est vraiment pénible et ce qui pourrait même en certains cas devenir dangereux, c'est de ne pas pouvoir échanger ses pensées, quand une fois on a mis le nez dehors !... Savez-vous l'idée qui m'est venue tout à l'heure, dans ce noir silence, auquel nous étions condamnés ? C'est que nous ne ferions pas mal d'apprendre le langage des sourds-muets.

— Et où en trouverons-nous l'alphabet? objecta Norbert. J'avoue que je n'avais pas songé à m'en approvisionner, — ce qui est un tort, je n'hésite pas à le reconnaître.

— Peut-être pourrons-nous y suppléer, reprit le docteur. J'ai parlé autrefois assez couramment cette langue, d'ailleurs beaucoup plus facile qu'on ne le croit en général... Il s'agit seulement de se mettre en tête les signes conventionnels qui figurent avec les doigts les vingt-quatre lettres de l'alphabet; et c'est autrement aisé pour nous que pour de pauvres enfants privés de l'ouïe, de la parole et de la connaissance de ces lettres... Puis, nous adopterons d'autres signes abrégés pour les objets usuels ou les actions habituelles... Je gage qu'en trois jours d'exercice nous arriverons à échanger presque toutes nos idées !... Tenez, voici comment on figure la lettre A... »

Et le docteur emprunta le geste correspondant à l'alphabet des sourds-muets.

« Voici la lettre B, la lettre C, » poursuivit-il.

Et, à son exemple, tout le monde se mit à essayer de reproduire ces signes conventionnels.

« Ma foi, je crois que je me les rappelle assez bien pour m'instituer professeur, dit le docteur, qui avait tiré son carnet et qui le couvrait rapidement de notes au crayon. Il est curieux qu'une chose de ce genre puisse ainsi rester dans un coin de la mémoire, comme un paquet de lettres dans un vieux tiroir, et reparaître un beau jour parfaitement intacte ou peu s'en faut!... Au pis, s'il nous manque quelques signes, nous les créerons, ajouta-t-il. Qui pourrait nous en empêcher? Il n'y a pas ici d'académie pour nous faire la loi... »

Cependant les élèves avaient saisi au vol l'idée du maître, et ils gesticulaient avec la plus louable émulation. Il arriva même à Norbert, en portant les yeux sur Virgile, qui se tenait depuis un instant sur le seuil de l'office, de croire que, lui aussi, il voulait apprendre la langue des sourds-muets : jamais, en tout cas, il ne l'avait vu gesticuler avec autant d'énergie. Mais, soudain, il s'aperçut que les signes du brave garçon n'étaient rien moins qu'orthodoxes. C'étaient simplement des clignements d'yeux et des grimaces désespérées, par lesquels il semblait vouloir signifier à son maître, derrière la chaise de Mlle Kersain, qu'il avait à lui communiquer en particulier, à *lui seul,* quelque chose de grave.

Norbert indiqua du regard que cette pantomime venait enfin d'être comprise et, quittant la table au bout d'une minute ou deux, sous prétexte d'aller vérifier une montre marine, il passa dans la galerie des Lunettes.

Virgile l'y suivit aussitôt.

« Monsieur, dit-il en se penchant à l'oreille de son maître : il y a des voleurs ici !...

— Des voleurs !... Que veux-tu dire ?...

— Je viens de trouver l'office entièrement dévalisée. Boîtes de conserves, biscuits, sucre, café, c'est par centaines de kilogrammes que nous avons été pillés... Tout en désordre, les tiroirs ouverts, les caisses vidées sur le plancher. On dirait qu'une bande d'Arabes vient d'y passer... Et la chose s'est faite pendant le peu de temps que nous sommes restés au pied du pic!... Car j'avais quitté l'office le dernier, avec un baril d'eau, et je viens de la retrouver en cet état!...

— Ne serait-il pas possible que sir Bucephalus?...

— Sir Bucephalus?... avoir emporté tout ce qui manque?... Ils étaient au moins huit ou dix, j'en réponds!... D'ailleurs, sir Bucephalus n'est pas même rentré, j'en mettrais la main au feu, et ce n'est pas lui qui a touché au lunch.

— Qu'est-ce qui te donne cette idée?

— Tout. La manière dont le jambon était entamé, les viandes coupées... Personne n'est plus soigneux, sous ce rapport, que monsieur l'Anglais... Nous voyons ces choses, nous autres, en servant... Et puis, il a bon appétit, mais pas encore assez pour expliquer des tranches pareilles!... D'ailleurs, sa serviette n'avait pas même été touchée, ni son assiette... Non!...

« Croyez-le, monsieur, sir Bucephalus n'est pas rentré!... Et je serais fort surpris s'il rentrait!...

— Mais enfin, que veux-tu?...

— Je n'en sais rien... Ce que j'affirme, ce dont je suis sûr, c'est qu'il est venu des voleurs ici, il n'y a pas une heure, il n'y a peut-être pas une demi-heure; et que ces voleurs ont pris non seulement une énorme quantité de vivres, mais encore...

— Quoi?...

— Des armes et des munitions!... Ma carabine, qui était derrière la porte de l'office. Celle du docteur, qui était accrochée dans le salon. Il n'a pas remarqué qu'elle manque. Mais je l'ai bien vu, moi!...

— Tu as raison! dit Norbert, frappé de ces arguments accumulés. Mais pas un mot de tout cela devant Mlle Kersain!... Il ne faut pas qu'elle se doute...

— Vous voyez bien, monsieur, que je n'ai rien dit devant elle! répliqua Virgile.

— C'est vrai, je ne sais pourquoi je te recommande la prudence. Tu es bien le plus clairvoyant, le plus avisé de nous tous!... Merci, mon brave Virgile!... »

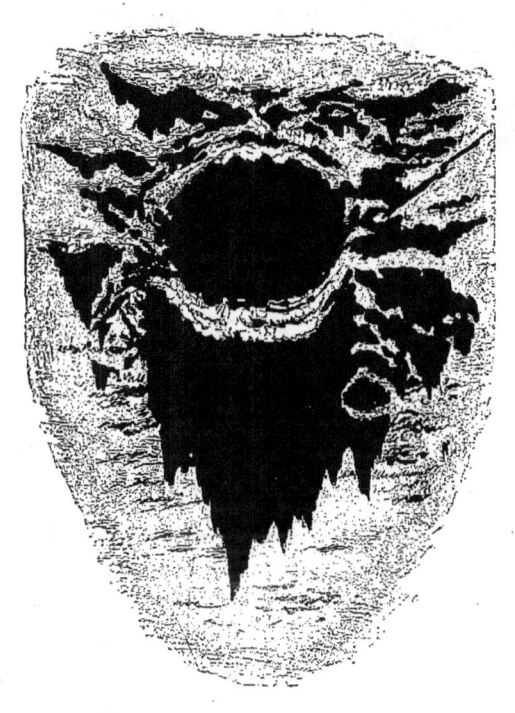

CHAPITRE IV

SIMPLE CATALEPSIE

Après avoir vérifié l'état des choses dans l'office, et s'être assuré que Virgile n'avait rien exagéré, Norbert fit appeler le docteur Briet dans la galerie des Lunettes, pour tenir conseil avec lui et son fidèle serviteur. Quels pouvaient être ces voleurs singuliers qui faisaient main basse sur les vivres et négligeaient la splendide argenterie du baronnet ? Cette circonstance même semblait désigner un animal ou un groupe d'animaux inconnus, plutôt que des brigands à face humaine. D'un autre côté, il y avait le vol des armes qui accusait des êtres malfaisants, mais doués de raison... Quoi qu'il en fût, il importait au plus haut degré de se renseigner à cet égard, aussi promptement que possible, et d'organiser une battue méthodique en vue de retrouver le baronnet.

L'expédition pouvant être périlleuse, il fut convenu qu'on laisserait M⁽ˡˡᵉ⁾ Kersain et Fatima au logis, sous la garde de Tyrrel. Le docteur et Virgile, armés jusqu'aux dents, accompagneraient seuls Norbert dans sa reconnaissance. On fit venir le valet modèle pour lui faire part de ces décisions, en lui recommandant par-dessus tout de ne pas inquiéter les dames, qu'on allait laisser sous sa protection sans leur dire le but de cette sortie. Il devait pourtant fermer la porte à clé, avoir des armes chargées sous la main et ne permettre à personne d'entrer qu'à bon escient.

Ces dispositions prises, les trois explorateurs s'équipèrent de leur mieux, chargèrent avec soin les fusils à répétition de balles explosibles, qu'ils étaient allés choisir dans l'arsenal ; puis ils prirent congé de Gertrude, en annonçant une simple promenade à la recherche du baronnet.

« Par où allons-nous commencer ? demanda le docteur au moment de sortir.

— Je serais d'avis de nous diriger d'abord vers la *Mer de la Sérénité,* répondit Norbert.

— La mer ! s'écria Fatima en frappant dans ses mains. Oh ! que j'aimerais la voir, et surtout m'y baigner avec petite maîtresse, comme à Souakim !...

— Ne te réjouis pas si vite, Fatima, dit Norbert : il n'y a pas d'eau dans la mer dont je parle.

— Pas d'eau, dans une mer ?

— Non, mon enfant ; il n'y en a pas une goutte sur toute la surface de la Lune, ni même dans son atmosphère. Nous souffririons terriblement de la soif, si fort heureusement nous n'avions nos citernes bien garnies, ce qui nous met au moins à l'abri de ce supplice... Quant à la mer dont je parle, c'est, comme toutes celles de ce monde-ci, une simple plaine de sable.

— Alors pourquoi les appeler *mers* ? demanda Gertrude.

— Parce que les premiers astronomes qui les ont distinguées, il y a cent cinquante ou deux cents ans, ont pris pour des mers ces vastes bas-fonds dont la forme et l'aspect représentent à peu près ce que seraient nos océans terrestres si les flots qui les couvrent venaient à disparaître. Nous vous rapporterons, au surplus, des détails complets, car je ne vais pas manquer d'étudier la question mieux qu'elle n'a pu l'être jusqu'à présent.

— Eh bien, partez vite, en ce cas, dit Gertrude, ou bien la nuit vous surprendra; car il doit être au moins deux ou trois heures de l'après-midi!... Je n'ai d'ailleurs à cet égard aucune donnée précise; toutes les montres et pendules se sont arrêtées...

— Il n'y a pas à craindre que la nuit nous surprenne! répliqua Norbert en riant. Si mes calculs ne me trompent, nous devons encore avoir devant nous quelque chose comme 264 heures de jour...

— Est-ce possible? Les journées sont si longues que cela, dans la Lune?

— Elles durent en moyenne quatorze fois vingt-quatre heures. Il n'y a, dans toute l'année lunaire, que douze jours.

— Et pendant tout ce temps nous ne dormirons pas? demanda Fatima avec effroi.

— Rien ne nous empêchera de dormir. Il faudra même, étant données nos habitudes terrestres, que nous établissions à cet effet des intervalles de repos périodique. Nous dormirons de jour, voilà tout...

— Et la nuit, quand elle viendra, sera-t-elle aussi longue, monsieur Mauny?

— Exactement. Pendant quatorze fois vingt-quatre heures nous n'aurons, pour nous éclairer, que la lueur des étoiles... et de la Terre.

— Que ce sera singulier!... s'écria Fatima.

— Pas plus singulier que les longs jours et les longues nuits polaires dans les régions arctiques du globe terrestre... Mais en attendant, nous allons procéder à notre exploration!... Allons, docteur, en route!... Virgile, tu as pris les cartes, le compas, le baromètre, tout ce qui nous est nécessaire?

— Oui, maître.

— Eh bien, en avant!... Nous voici muets jusqu'à notre retour!... »

— Un mot encore, implora le docteur. Comment se comportera-t-il ici, le baromètre?

— Exactement comme à terre, ou peu s'en faut. C'est même une des circonstances les plus heureuses de notre affaire. Voyez, docteur, nous avons ici 772 millimètres de hauteur mercurielle, et nous allons trouver dehors à peu près la même. C'est ce qui nous permet de conserver notre provision d'air avec une facilité relative et de circuler impunément dans cette atmosphère si ténue de la Lune...

— Si elle est ténue, d'où vient que la pression barométrique soit identique à celle dont nous avons l'habitude?

— Il n'y a qu'une explication possible, c'est que l'atmosphère lunaire est beaucoup plus haute que celle de la Terre. Remarquez que cela concorde précisément avec l'intensité moindre de la pesanteur à la surface de ce monde-ci, et explique fort bien que l'atmosphère lunaire soit invisible de la Terre. Tous les faits s'enchaînent... Mais assez de bavardages!... Partons, cette fois pour tout de bon!... »

Les trois explorateurs descendirent rapidement le chemin du pic, puis la pente du grand cratère qui lui servait de piédestal, et se trouvèrent bientôt dans la plaine semée de volcans secondaires. Ils la franchirent sans s'y arrêter, et, se dirigeant au sud-ouest, ne tardèrent pas à aborder un immense bas-fond sablonneux.

Ce bas-fond s'étendait aussi loin que la vue pouvait porter, c'est-à-dire jusqu'à l'horizon, et, comme l'avait prévu le jeune astronome, ressemblait de tout point au Sahara : avec cette différence, pourtant, qu'on n'y voyait pas une seule oasis, et que la lumière solaire y était encore plus intense, encore plus crue qu'au désert africain.

S'il y avait eu un être vivant, ou même mort, dans cette immensité, on l'aurait aperçu à dix lieues de distance. Mais pas le moindre vestige de créature animée ou inanimée n'en troublait la solitude. A coup sûr, le baronnet ne s'y trouvait pas.

« Allons voir du côté des Apennins ! » écrivit Norbert sur son carnet, qu'il passa à ses compagnons.

La grande chaîne de montagnes dont certains pics, mesurés avec soin par les astronomes terrestres, ne s'élèvent pas à moins de trois mille mètres au-dessus de la *mer de la Sérénité*, y confine au nord-ouest, en courant de là vers l'est. En moins d'une heure de marche, les voyageurs en avaient escaladé les premiers contreforts. Comme il fallait s'y attendre, ils la trouvèrent formée d'un amoncellement prodigieux de roches plutoniques s'élevant d'étage en étage au-dessus de véritables rangées de cratères éteints.

En dépit de la faible intensité de la pesanteur à la surface du sol lunaire, la marche n'était rien moins qu'aisée parmi ces débris colossaux des cataclysmes anciens. Néanmoins les trois Français explorèrent à fond la région de la chaîne qu'ils venaient d'atteindre. Ils en gravirent successivement les terrasses et finirent par se trouver sur une cîme d'où l'on dominait les deux versants jusqu'à une distance de soixante lieues au moins. Le baromètre indiquait une altitude de 3253 mètres.

Vainement les lunettes d'approche fouillèrent dans toutes les directions ce cercle immense. La solitude y était aussi complète que sur le fond desséché de l'océan lunaire.

Norbert venait d'abaisser sa lorgnette, et se disposait à donner le signal du retour à l'observatoire, quand une roche en forme de pyramide, qui dominait le sommet où il s'était arrêté, attira subitement son attention. Il s'en approcha. Cette roche avait manifestement été posée là par une main humaine ; elle était brute, mais calée avec soin sur une base que des cailloux soutenaient de manière à l'empêcher de basculer. Et pour qu'il ne restât aucun doute sur son origine, une de ses faces portait, tracée au couteau, cette inscription latine :

SIR BUCEPHALUS COGHILL, Bar^t.

Primus inter mortales

Lunæ montes Apenninos adiit.

M.DCCC.LXXXIV.

ce qui signifie : « Le premier entre les mortels, sir Bucephalus Coghill, baronnet, a gravi les monts Apennins de la Lune. »

« Allons! se dit Norbert en riant et montrant l'inscription au docteur, c'est tout simplement pour venir prendre date ici que le baronnet nous a fait faux bond!... Nous le retrouverons au bercail en rentrant... Qui l'aurait cru capable d'un pareil accès de vanité?... »

Très satisfaits de cette conclusion de leurs recherches, en tant, du moins, qu'il s'agissait de sir Bucephalus, les trois explorateurs reprirent le chemin du logis. Une voie paraissait, de cette altitude, clairement la plus directe; aussi s'empressèrent-ils de la choisir. C'était une sorte de gorge, profondément encaissée, qui se dirigeait droit vers le cratère de Rhéticus, — le lit de quelque ancien torrent qui s'était creusé de vive force une route à la mer. Il y avait de l'ombre, de la fraîcheur et, mieux encore, car les voyageurs s'aperçurent tout à coup qu'ils y entendaient l'écho de leurs pas... Donc, ils se trouvaient dans une couche d'air plus ou moins normale!...

Norbert s'empressa de s'en assurer en renonçant pour un instant à son respirateur à oxygène. Mais il dut presque aussitôt le reprendre. L'air ambiant n'était pas assez dense pour suffire à la vie animale. D'autre part, pas plus qu'ailleurs, on ne remarquait là aucune trace de vie végétale... Cette couche d'air était donc probablement encore un lambeau d'atmosphère terrestre arrêté dans ces profondeurs. Telle fut, du moins, la conclusion à laquelle arriva sur ce point le jeune savant.

Et bientôt, les débris d'un four à verre, provenant évidemment de la base du Tehbali, et qui avaient roulé dans le lit desséché du torrent, vinrent confirmer cette hypothèse.

L'ancien torrent contournait la base du Rhéticus et, par conséquent, le Tehbali, de manière à ramener les voyageurs à l'observatoire par le versant opposé à celui qu'ils avaient descendu. Ils en profitèrent pour inspecter cette région du pic, et cette visite, en les conduisant au sentier qui longeait la sépulture du nain de Rhadamèh, les mit soudain face à face avec un spectacle inattendu.

La pierre du tombeau s'était détachée, dans le cataclysme qui avait déterminé la chute du Tehbali sur la Lune, et le cadavre apparaissait à découvert, dans le creux du rocher, tel que la garde noire l'y avait déposé.

Norbert et Virgile se détournaient instinctivement de ce spectacle et se préparaient à relever la pierre pour la rouler contre l'ouverture du tombeau. Mais le docteur s'était approché du corps et le considérait avec une curiosité toute scientifique. Tout à coup il se baissa, prit la main du mort, examina attentivement sur cette main une rougeur très apparente et qui semblait due à l'action du soleil.

Le docteur s'était retourné vers son compagnon et, remarquant son air de surprise, il écrivit sur une feuille de son calepin :

« Un coup de soleil sur un cadavre!... Cela ne s'est jamais vu!... C'est trop fort, même dans la Lune!... »

Norbert lut avec intérêt cette protestation d'un médecin, bien sûr qu'au nombre des signes de mort les plus incontestables, il faut ranger l'impossibilité de faire lever l'épiderme sous l'influence d'une brûlure. Il vit alors le docteur, comme pour avoir le mot de ce paradoxe physiologique, tirer de sa poche un stéthoscope, l'appliquer sur la poitrine du mort et écouter avec attention.

Hélas!... Il n'y avait pas de *son* sur la Lune, le docteur se le rappela tout à coup, et, par conséquent, l'absence de tout *bruit* du cœur n'était nullement concluante...

Aussi s'empressa-t-il de mettre à nu la misérable petite poitrine du nain, d'y appliquer la paume de sa main et de peser sur la région cardiaque.

Il ne se trompait pas!... Non, il ne se trompait pas!... Une pulsation faible, faible, presque imperceptible, se communiquait à sa main!...

Avant que Norbert et Virgile, stupéfaits, eussent seulement compris ce que voulait faire le docteur, ils le virent se relever, prendre dans ses bras le corps du nain, comme il aurait pris un bébé de six mois, et l'emporter en courant vers l'observatoire.

Ils le suivirent du même pas.

Le docteur n'avait fait que traverser la salle des Manettes, en présence de Tyrrel, complètement ahuri, de Mlle Kersain et de Fatima, frappées d'horreur. Il s'était précipité dans sa chambre, avait déposé le nain sur son propre lit, et maintenant il était en train de le frictionner vigoureusement, de la tête aux pieds, avec une brosse à habits. En même temps, à l'aide d'un tube d'argent, pris dans sa trousse, il insufflait de l'air dans les poumons du prétendu mort, non sans avoir d'abord, du bout de sa pince, ramené en avant une langue singulièrement recroquevillée.

Et, grâce à ces moyens héroïques, Norbert voyait maintenant le nain de Rhadamèh revivre, pour ainsi dire, dans les mains du docteur. Il le voyait respirer de plus en plus manifestement, faire des soubresauts et se tordre sous la brosse, rouge comme un homard cuit, tousser, éternuer, — enfin ouvrir les yeux et murmurer faiblement en français :

« A boire!...

— A boire!... Le mâtin demande à boire!... s'écria le docteur, presque aussi rouge que son client improvisé. — Virgile, vous pouvez bien nous donner à chacun un verre de vin vieux!... Nous ne l'avons pas volé!... »

Norbert se demandait s'il ne rêvait pas. Et pourtant, il n'y avait pas de doute possible : ce nain de Rhadamèh, considéré comme mort depuis quinze jours au moins, et porté en terre par toute la garde noire, il l'avait là sous les yeux, parfaitement vivant, respirant et parlant !... Cela passait un peu la mesure des excentricités permises, même sur la Lune !... Le satellite avait-il d'aventure la propriété de communiquer une vie nouvelle aux organismes terrestres ?... Il ne savait véritablement à quelle hypothèse s'arrêter.

Le docteur était trop affairé pour qu'on pût lui dire un mot. Après avoir derechef frictionné son malade, il venait de lui faire aspirer de l'oxygène pur et de lui verser dans le pharynx un demi-verre de vin vieux. Puis, après en avoir personnellement absorbé une rasade, il s'épongeait le front, d'un air manifestement satisfait.

« Enfin, s'écria Norbert au comble de l'impatience, me direz-vous le mot de cette énigme?...

— Le mot de cette énigme?... Rien de plus simple, répondit le docteur en riant. Nous sommes ici en présence d'un cas de catalepsie, — et qui plus est de *catalepsie volontaire*. Je savais de longue date que certains jongleurs et fakirs indiens arrivent à obtenir ce résultat ; mais je n'avais jamais eu l'occasion de l'observer en personne. Aussi en étais-je fort curieux... Je ne pouvais être mieux servi. Vous êtes témoin que le gaillard présentait toutes les apparences de la mort, et qu'il est resté en terre... combien?... au moins deux semaines?...

— Treize jours, si je ne me trompe.

— C'est moins que le fakir de Ceylan observé par le docteur Sierk, et qui était resté enterré *six mois*... Mais il faut être juste : nous avons dérangé ce monsieur-ci, et peut-être ne demandait-il qu'à rester *six ans* où nous l'avons trouvé !...

— Enterré six mois ou six jours, dit Norbert, cela semble tout un, et le prodige n'est pas moins extraordinaire dans un cas que dans l'autre !... Comment l'explique-t-on?

— Par les procédés d'entraînement les plus élémentaires. Ces fakirs et jongleurs indiens commencent par s'habituer à réduire au minimum, par de longues séances d'immobilité, leur dépense vitale. Ils s'exercent à retenir leur respiration, à vivre dans des boîtes de plus en plus hermétiquement fermées, d'abord pendant des heures, puis pendant des jours, enfin pendant des semaines et des mois. Ils font mieux encore, et apprennent à remplir *leur estomac*, comme un réservoir, d'air atmosphérique, qu'ils savent ensuite faire passer, par très petites doses à la fois, à leurs poumons. A cet effet, on leur coupe le filet de la langue, ce qui leur permet de la renverser en arrière pour obturer la glotte et ouvrir ou fermer à volonté le conduit aérien. Enfin, ils savent s'hypnotiser eux-mêmes en regardant fixement le bout de leur nez, et arriver, par une contraction des muscles thoraciques, à arrêter le mouvement de leur cœur au point qu'il devienne insensible à l'auscultation. Ils possèdent aussi des poisons inconnus de la chimie européenne, et qui produisent instantanément le même effet. Vous voyez comme tous ces moyens combinés peuvent donner aisément l'illusion de la mort et permettre à ces jongleurs, qui sont des artistes en leur genre, de se faire inhumer pendant un temps même très prolongé. Ils vivent, alors, ou pour mieux dire ils végètent, dans le tombeau, jusqu'au jour où leurs amis les en tirent pour les exhiber. Dans le cas observé par le docteur Sierk, le prétendu mort avait été mis en terre et recouvert d'une couche d'humus d'un mètre de haut; cet humus fut *ensemencé de maïs*; et c'est quand le maïs, venu à maturité, eut été dûment moissonné, c'est-à-dire après six mois entiers, que le corps fut exhumé et rappelé à la vie!... »

Norbert écoutait ces explications avec un vif intérêt, mais cet intérêt n'était rien auprès de celui que laissait percer Kaddour.

Complètement revenu à lui, maintenant, les yeux ouverts, l'oreille attentive, le nain ne perdait pas un mot de ce que disait le docteur.

Celui-ci finit par s'en apercevoir et par suspendre sa conférence, quitte à la poursuivre au salon.

« Eh bien, mon garçon, reprit-il en s'adressant au nain et lui posant affectueusement la main sur la tête, avec une rondeur toute professionnelle : nous allons mieux, décidément?... Il ne faudra plus recommencer cette plaisanterie, n'est-ce pas, parce que maintenant elle ne prendrait plus, avec nous du moins!... Virgile te donnera tout à l'heure une tasse de bouillon, un biscuit de Reims et un demi-verre de vin de Bordeaux... Puis il faudra faire un bon somme là-dessus, et à ton réveil il n'y paraîtra plus... »

Et vraiment, à entendre le docteur parler ainsi à cet être difforme et malfaisant, qui avait frisé de si près le supplice le plus mérité, et qui n'avait pu l'esquiver qu'en simulant la mort par le poison, on aurait pu croire qu'il s'adressait au plus vertueux, au plus inoffensif, au plus intéressant des clients. Telle est la force du sentiment médical, qu'elle supprime chez celui qui en est animé toutes les circonstances accessoires d'un cas donné, et l'empêche d'établir aucune distinction entre les malades. Il ne voit plus le riche ou le pauvre, le grand ou le petit, l'honnête homme ou le criminel, — mais seulement le sujet de son étude et de ses soins.

Et telle est la force de l'exemple que tout le monde à l'observatoire fit de même, oublia les crimes de Kaddour pour ne plus voir en lui qu'un phénomène curieux, d'abord — un frère malheureux, un camarade d'infortune, un exilé de la Terre — au bout de quelques heures.

Quand il put se lever et venir dans la galerie des Lunettes, où l'on dressa pour lui un lit volant, chacun s'empressa de lui témoigner de l'intérêt. Norbert voulut lui donner du linge emprunté à sa garde-robe; Gertrude lui apporta un consommé qu'elle venait de surveiller en personne; Fatima lui présenta un jeu d'échecs en lui offrant de faire une partie, s'il était d'humeur à se distraire. Quant à Virgile, depuis six heures, il lui donnait les preuves du dévouement le plus attentif. Tyrrel seul se tenait sur la réserve et paraissait même juger *in petto* tous ces empressements fort déplacés. Au fond, ce qui lui manquait pour prendre un parti, c'était la présence de sir Bucephalus. S'il avait vu son maître se montrer gracieux avec Kaddour, il se serait cru obligé de prendre une attitude identique. En l'absence du baronnet, il s'abstenait.

Cette absence, au surplus, durait toujours et restait de plus en plus inexplicable. Mais depuis qu'on avait trouvé l'inscription des Apennins, il semblait qu'on ne dût pas s'en inquiéter outre mesure.

Le nain n'opposait d'abord qu'un silence farouche à toutes les marques de bonté dont il était l'objet. Seul, le docteur paraissait avoir trouvé grâce auprès de lui et lui faire plaisir en lui adressant la parole.

Quand il vit pourtant que cette sympathie générale était réelle, et non pas affectée; quand il eut compris qu'on lui pardonnait ses crimes et qu'on le traitait sincèrement en ami ; quand il eut constaté qu'on poussait l'oubli du passé jusqu'à lui offrir, à chaque repas, de prendre place à la table commune, tant de générosité finit par le vaincre, et tout à coup il éclata en larmes.

Cette crise fut le signal d'un changement complet dans son attitude et sa manière d'être.

Il ne parla pas davantage, mais une expression de tristesse et presque de douceur remplaça sur sa physionomie l'air de sombre défi qu'on y retrouvait encore. Évidemment, une corde nouvelle avait vibré dans ce cœur ulcéré.

Pour la première fois, la haine lui pesait. On pouvait lire dans ses yeux, par instants, une sorte d'étonnement douloureux.

« Quoi! disait ce regard, il y a donc de braves et honnêtes gens, autre part que dans les fictions et les contes des poètes?... Le monde n'est donc pas uniquement peuplé de tortionnaires et de victimes, de conquérants et de vaincus? Il existe des êtres qui vivent sans colère, font le bien pour le plaisir de le faire, dédaignent la vengeance, et sont aussi éloignés de la lâcheté de l'esclave que de la fureur du despote!... »

En se rappelant alors les torts affreux qu'il avait à se faire pardonner, en comparant la conduite de ses bienfaiteurs à ce qu'aurait été la sienne en pareil cas, il était accablé de remords et de confusion.

Par une intuition sympathique, Norbert et Gertrude devinaient, sous les sentiments tumultueux qui se faisaient jour sur cette face de damné, une histoire navrante de douleurs et de désespoirs sans nom. Et comme ils se valaient par le cœur, ils y voyaient une raison de plus de redoubler d'égards pour cet infortuné. Ils poussaient même le scrupule de délicatesse jusqu'à ne faire aucune allusion au passé. Et pourtant, quelle curiosité leur inspirait cette personnalité énigmatique, ces passions géantes et ce corps nain, tant de mystérieuse science et tant de barbarie, l'abjection apparente de son rôle auprès du mogaddem de Rhadamèh et le pouvoir formidable dont ils l'avaient vu disposer! Mais Kaddour voulait garder le secret de sa vie : il n'en fallait pas plus pour qu'on n'y touchât même pas.

CHAPITRE V

—

HISTOIRE DE KADDOUR

Peu à peu le nain de Rhadamèh s'épanouissait dans cette atmosphère de bienveillance. Mais le docteur Briet avait seul le talent de lui soutirer quelques paroles, en le raillant gaiement sur ses tours de magie.

On voyait alors la face de Kaddour s'éclairer d'un pâle sourire et ses lèvres condescendre à répondre sur le même ton, à la manière d'un augure parlant à un augure. Il laissait percer, dans ces occasions, des connaissances générales si sérieuses, qu'il était impossible de n'en pas être frappé.

« Ce gaillard-là est un puits de science, une véritable encyclopédie! disait à ce propos le docteur Briet. Physique et chimie, physiologie, mathématiques, histoire naturelle, médecine, langues vivantes, art militaire, rien ne lui est étranger, et il semble être allé au fond de tout. Je me demande où diable il a pêché tout ce qu'il sait et je suis toujours sur le point de l'inviter à me le dire. Mais je ne sais quel scrupule m'arrête aussitôt.

— Le scrupule est fort naturel, répondit Gertrude. Vous vous dites que vous avez sauvé la vie à ce malheureux, et que lui en demander compte ce serait en quelque sorte exiger le payement de ce service!...

— C'est cela!... Sur ma parole, je crois que c'est cela!..., s'écria le docteur. Mais il y a aussi autre chose, ajouta-t-il en riant : un vague pressentiment que Kaddour me répondrait, si je l'interrogeais, des histoires à dormir debout!... »

Peut-être le docteur avait-il raison sur ce point. Il est certain qu'en dépit du changement si marqué survenu chez le nain, il n'y avait évidemment pas encore harmonie de conscience entre lui et ses hôtes. On aurait dit qu'un poids pesait sur son esprit, l'empêchait de s'abandonner au courant qui l'entraînait.

Une circonstance fortuite finit par donner la clef de cette lutte intérieure. En causant à table, devant Kaddour, Norbert venait de rappeler une noirceur commise par Costérus Wagner, Peter Gryphins et Vogel; il avait ajouté, avec plus de franchise que de modération dans le langage :

« Quelle chance, au milieu de notre aventure, de n'avoir pas *ces canailles* avec nous!.. »

Sur ce mot, on vit s'allumer une flamme dans les yeux de Kaddour. Il hésita un instant, puis rassemblant tout son courage :

« Monsieur, dit-il en s'adressant directement à Norbert, du ton le plus modeste et le plus courtois, voulez-vous me permettre de vous poser une question?... »

C'était la première fois qu'il parlait de la sorte. Tout le monde leva la tête.

« Très volontiers, répliqua Norbert. Posez votre question, monsieur, je vous en prie.

— Si ce n'est pas indiscret à moi de le demander, poursuivit Kaddour, je voudrais savoir si ces gens, que vous venez de nommer, sont vos amis?

— Quelles gens?... Wagner, Gryphins et Vogel?...

— Spécialement les deux derniers.

— Assurément non, ce ne sont pas mes amis!...

— Mais je croyais, balbutia Kaddour extraordinairement troublé, qu'ils étaient vos associés?...

— Mes associés si l'on veut, mais avant tout mes ennemis jurés, qui n'ont reculé devant rien pour faire échouer mon entreprise!...

— Est-il possible!... s'écria Kaddour en se levant. Ah!... je comprends tout, maintenant!... c'est d'eux que venait l'avis apporté au mogaddem par un Arabe, pour dénoncer votre projet!... Quel n'était pas mon aveuglement et ma folie!... Mais ces hommes, reprit le nain qui s'arrêta dans son élan et braqua sur Norbert deux yeux flamboyants, ces hommes que vous aviez admis à vous suivre au Soudan, vous ignoriez donc ce qu'ils étaient?

— Je l'ignorais absolument. C'étaient des collaborateurs de hasard, imposés par les circonstances, ou pour mieux dire de simples contrôleurs financiers, qui me sont restés étrangers. Je ne sais pas d'où ils venaient, et peu m'importait au surplus!...

— Mais il m'importe à moi, qui le sais, de vous le dire! s'écria Kaddour qui était en proie à une émotion de plus en plus vive. Il m'importe, car c'est mon excuse pour le mal que je vous ai fait et pour celui que j'ai voulu vous faire!... Il m'importe, car vous venez d'écarter l'unique barrière qu'il y eût entre ma reconnaissance et vous!... Mais comment pouvais-je savoir?... Je vous confondais tous dans la haine que je leur porte!... Ah! monsieur Mauny, que je suis heureux!...

Ces gens ne sont pas vos amis!... C'est bien vrai, au moins!... S'ils étaient vos amis, en dépit de tout, voyez-vous, je ne pourrais pas être le vôtre!... »

Et le pauvre nain pleurait comme un enfant, en serrant la main loyale que lui tendait Norbert.

« Vous connaissez donc Gryphins et Vogel? demanda le docteur.

— Si je les connais!... s'écria Kaddour d'un accent terrible. Si je connais les deux scélérats qui m'ont volé ma part de bonheur sur terre, et jusqu'à l'apparence d'un être humain?... Si je connais les bourreaux qui pendant quinze ans m'ont soumis à la plus épouvantable torture, pour faire de moi la risée de l'univers?... Oui, je les connais!... Et je les hais, je les exècre à ce point, que pour les tenir une minute dans ces mains que voilà, pour leur faire expier la millième partie de mes douleurs, je donnerais et je ferais tout au monde!... »

Il y avait dans ces paroles un tel souffle de colère, de rage démoniaque et pourtant de justice, qu'il était impossible de les entendre sans frissonner. Aucun des auditeurs du nain ne songea pourtant à les relever pour en blâmer la violence. En dépit de son extérieur grotesque, Kaddour leur inspirait plus de respect encore que de pitié. Et sans s'en douter, ils ne faisaient que céder, à cet égard, à l'impression commune qu'il avait l'habitude de produire en tout lieu. Les ignorants, éblouis de ses prestiges, voyaient en lui un être surnaturel. Les gens plus éclairés ne pouvaient s'empêcher de saluer en lui une intelligence de premier ordre, même en condamnant ses procédés charlatanesques. Or, maintenant qu'il venait de soulever le voile de son existence, et d'en laisser entrevoir les amertumes, la majesté du malheur s'ajoutait, pour frapper l'attention, à la puissance de son génie et à la singularité de sa figure. Tout le monde gardait donc le silence et attendait avec un vif sentiment d'intérêt des explications plus complètes.

Kaddour demeura un instant comme absorbé dans ses douloureux souvenirs. Puis, relevant la tête :

« Il ne vous importerait guère, j'imagine, dit-il d'une voix sombre, d'entendre le récit de ma vie. Les torts affreux que j'ai soufferts ne vous causeraient que de la pitié, et c'est un sentiment que j'abhorre, presque à l'égal de l'ironie... »

Tous l'assurèrent à l'envi de la vive sympathie que leur inspiraient ses infortunes, et qui n'était point une compassion banale. Mais le docteur trouva le mot décisif en parlant uniquement de sa *curiosité scientifique*. Kaddour, alors, se décida à parler.

« Vous serez peut-être surpris d'apprendre, commença-t-il, que nous sommes compatriotes. Non que je possède à ce sujet des données absolument certaines. Je n'ai pas plus d'état civil que je n'ai forme humaine. On m'appelle Kaddour; j'ai le vague souvenir que, tout petit, je portais le prénom de Charles : quant à mon nom de famille, je ne l'ai jamais su et je ne le saurai jamais. Mes parents, ma patrie, ma place à un foyer, si humble qu'il pût être, — tout m'a été volé à la fois, au début de ma misérable vie. Certains faits détachés, des paroles surprises par moi et longuement méditées, la connaissance même que je me suis un beau jour trouvé avoir du français, sans l'avoir régulièrement appris, — tout cela me donne la conviction que je suis né en France. Je me suis toujours ardemment attaché à cette idée, — car il m'aurait été odieux de partager même ma nationalité avec l'un ou l'autre de mes bourreaux.

« Je devais avoir deux ou trois ans quand je fus enlevé par eux. Mes parents habitaient, il me semble, un village riant et devaient être cultivateurs. Toutes les fois que j'ai vu des vignes, dans le cours de ma vie, j'ai eu la sensation d'un être qui se retrouve dans son milieu natal. Je pense donc que ma famille devait être ou bourguignonne, ou bordelaise, ou languedocienne. Quoi qu'il en soit, un cirque forain vint un jour planter sa tente auprès de nous. On m'avait mené à l'une des représentations de ce cirque et, depuis, je n'avais en tête que clowns et écuyers, chevaux et chiens savants. Un jour, poussé par la curiosité, je me glissai, en rampant sur les mains et les genoux, sous la grande enveloppe de toile, qui me paraissait l'enceinte du paradis. J'étais là depuis quelques minutes, regardant avec la plus profonde attention les saltimbanques en train d'emballer leurs accessoires pour le départ, quand une grosse main se posa sur moi, me ferma la bouche, m'emporta, et me jeta dans un coin sombre. Après avoir bien pleuré, je m'y endormis. Quand je me réveillai, j'étais dans une de ces maisons roulantes qui m'avaient tant émerveillé et que j'ai trop connues depuis. Je faisais désormais partie de la troupe nomade et, pendant quinze ans, j'allais être sa chose.

« Peut-être trouvez-vous surprenant que j'aie gardé des souvenirs à la fois si précis sur certains points et si vagues sur d'autres. Je les donne pour ce qu'ils sont, et je ne suis nullement certain de l'âge que je pouvais avoir. Mais je me suis toujours attaché à ces impressions premières comme au seul point lumineux de mon existence. Notre petit jardin plein de soleil, les baisers de ma mère, le bon rire joyeux de mon père, voilà ce que le temps, ni la distance, ni des barbaries sauvages n'ont pu effacer... »

Le nain s'arrêta un instant, pour considérer en lui-même ces douces et lointaines images, tandis qu'autour de lui les yeux se mouillaient de pleurs.

« Peter Gryphins et Ignaz Vogel, poursuivit-il, étaient les propriétaires et les directeurs de ce cirque forain. Ces misérables avaient un nain qui était alors la principale attraction de leur baraque. Mais ce nain venait de tomber malade. Craignant de le voir mourir bientôt et de se trouver privés de cette source de revenu, ils eurent l'idée diabolique de fabriquer un nain artificiel, — en me condamnant à ne jamais grandir... On m'enferma dans une carapace de fer où le développement de mon corps, serré dans des bandes de toile, fut arrêté comme peut l'être en son brodequin le pied d'une Chinoise. « L'invention réussit pleinement, vous le voyez. Mais ce ne fut pas sans une prodigieuse dépense de temps, de brutalités et de larmes... Qu'importait à ces tigres à face humaine ?... Au bout de quelques années, affublé du titre de « Général Midgy, ex-commandant en chef des Myrmidons du sultan de Batavia », je fus exhibé en public...

« Je passe sur les humiliations, les avanies, les souffrances de tout ordre qui étaient mon lot quotidien. Et pourtant, je ne les oublie pas! Ma mémoire en garde le détail aussi bien que si j'en avais tenu registre... Nous parcourûmes des contrées sans nombre. Je me vis exhibé sous les latitudes les plus diverses, pour la plus grande joie des badauds, et j'appris à haïr les humains en plusieurs langues. Longtemps les recettes furent bonnes, non pour moi, qui n'en profitais même pas et qui étais, par surcroît, tenu constamment dans la captivité la plus étroite, mais pour les deux scélérats qui avaient pétri mon corps et m'avaient transformé en monstre. Puis la curiosité s'épuisa, les recettes baissèrent. Un jour j'appris que je venais d'être vendu au vice-roi d'Égypte, qui me donna à ses enfants comme il leur aurait donné un poney ou une voiture mécanique.

« Depuis cette époque, je n'avais jamais revu les infâmes auteurs de ma misère, jusqu'au jour où je me suis retrouvé face à face avec eux, sur le pic de Tehbali, dans cette salle même. De longues années, et bien diversement remplies, s'étaient alors écoulées. Mais ai-je besoin de vous dire que ma haine et ma soif de vengeance n'avaient fait que grandir?...

« Vivant dans le palais avec les enfants du khédive, comme un animal curieux, je devins le souffre-douleur de ces oursons mal léchés, humiliation plus terrible encore que de se voir maltraité par des hommes. C'est à dessein que j'emploie le mot de *souffre-douleur*. On avait renouvelé pour moi un odieux usage des vieilles maisons royales : quand ces jeunes sauvages avaient mérité le fouet, c'est à moi qu'on l'infligeait; mais les coups, je les connaissais de longue date; j'avais passé par des tortures autrement amères! Ici, du moins, j'avais une consolation : la science, dont toutes les avenues m'étaient ouvertes. Le khédive, homme assez intelligent en son genre, ne négligeait rien pour l'éducation de ses enfants et leur donnait, à prix d'or, les meilleurs maîtres d'Europe. J'assistais aux leçons des princes ; et, tandis qu'ils bâillaient, j'écoutais avidement. C'est ainsi que j'appris l'histoire, les sciences physiques et naturelles, les mathématiques, la philosophie des langues. Je me gardais de laisser voir que je thésaurisais toutes ces richesses, car on m'aurait immanquablement banni de la salle d'études : je me réjouissais de penser que c'était le khédive lui-même qui me fournissait les armes avec lesquelles je me payerais un jour de cet esclavage humiliant.

« Avec mes connaissances, en effet, ma haine s'était élargie. Je ne voulais plus me venger seulement sur les auteurs directs de ma misère, mais sur tous ceux qui s'étaient faits leurs complices. Je prenais en horreur l'humanité ; je rêvais de l'asservir, pour rire d'elle, à mon tour ; je rêvais de devenir si grand par la science, par la force et par le pouvoir, qu'on ne vît plus ma difformité !...

« Au moment où j'achevais d'acquérir tout ce que ces maîtres pouvaient me donner, la révolte d'Arâbi-Pacha se préparait dans l'ombre. Je fus un des premiers à la deviner et à la servir. Pour mieux dire, il n'était qu'un pantin dont je tenais les fils. Mais il se laissa corrompre par l'or des Anglais ; nous fûmes surpris par la trahison plutôt que vaincus, et, comme Arabi lui-même, on m'exila à Ceylan.

« Là encore, il me fut donné de profiter de cet exil pour élargir mes moyens d'action. La révolte m'avait appris l'art militaire : j'entrai aux environs de Pointe-de-Galles en relation avec des fakirs, qui m'enseignèrent des secrets tout-puissants sur les imaginations orientales. C'est alors que je formai le projet de prendre pour levier politique et pour instrument de ma future puissance, le fanatisme musulman, qui se déchaînait déjà sur le Haut-Nil. Je m'évadai de Ceylan pour venir près de Souakim inaugurer ma nouvelle carrière, en donnant au mogaddem de Rhadamèh une influence qui devait tourner à mon profit exclusif. Celle du Mahdi grandissant de plus en plus, sur ces entrefaites, c'est vers lui que je tournai mes regards, bien sûr de l'éblouir aisément par mes prestiges et de le transformer en simple outil de mes aspirations. C'est alors que j'eus l'occasion de venir à Tehbali, que j'y retrouvai Gryphins et Vogel, et que cette rencontre fortuite changea soudain le scenario de mes plans. Je voulais toujours conquérir le Soudan, l'Égypte, et, par eux, le monde musulman, pour le jeter ensuite sur l'Europe : mais, d'abord, je voulais me venger de mes tortionnaires, en les frappant à la fois dans leur personne et dans l'œuvre que je croyais leur. C'est pourquoi je m'attachai à vos pas à tous, et je vous fis surveiller pour saisir la première occasion favorable. Comment les choses ont tourné à mon désavantage; comment je suis devenu votre prisonnier et je n'ai trouvé que dans la mort feinte un refuge contre le dernier supplice, — vous le savez de reste... Je ne regrette ni mon échec, ni la ruine de mes ambitions : ils m'apprennent ce que j'ignorais, qu'il existe au monde d'honnêtes gens, capables de payer par des bienfaits les pires injures. Je ne regrette même pas de me trouver naufragé dans la Lune, puisque j'y suis avec vous... Je regrette seulement que les véritables auteurs de ma misère et de mes crimes n'y soient pas aussi, — pour régler avec eux mon compte suprême !... »

« Peut-être les retrouverez-vous un jour sur la Terre ! s'écria Norbert Mauny en riant, pour dissiper la tristesse que ce lamentable récit avait jeté sur l'auditoire. Car enfin rien ne dit que le cataclysme ait été fatal à MM. les commissaires-contrôleurs... Et vous ne supposez pas que nous voulions rester ici jusqu'à la consommation des siècles ?...

— Oui, parlons un peu du départ ! dit le docteur qui saisit l'intention de Norbert. Pensez-vous décidément qu'il nous sera possible ?

— Je n'en doute pas un instant, répliqua le jeune astronome, puisque le bonheur a voulu que nous emportions avec nous tout ce qui nous est nécessaire... Il s'agit uniquement de remettre en état de fonctionner nos insolateurs, dont un certain nombre a souffert de la secousse, et de retoucher avec soin quelques organes essentiels du mécanisme électrique.

— Alors, pourquoi ne pas le faire tout de suite? s'écria Gertrude non sans une certaine vivacité.

— Quoi ! mademoiselle, vous vous ennuyez déjà à ce point, sur la Lune? demanda Norbert.

— Non certes, je ne m'ennuie pas, et je ne donnerais pas ma place pour beaucoup ! Cependant, si j'avais devant moi la perspective d'y finir mes jours, de ne jamais revoir mon bon père, ou d'attendre trop longtemps l'heure où je le reverrai, j'aurais bien le droit, je crois, de me plaindre quelque peu de mon sort?

— Pour moi, dit Norbert, j'avoue que j'accepterais très volontiers la perspective de passer ici un an ou deux, ne serait-ce que pour enrichir la science de notions importantes. Mais rassurez-vous, mademoiselle !... C'est impossible. Ce que nous avons d'air n'y suffirait pas... Vous consentirez bien pourtant, je l'espère, à passer encore ici la nuit lunaire quand elle succèdera au jour?

— Une nuit de quatorze fois vingt-quatre heures ! ce sera bien lugubre... Mais enfin, il n'y a qu'à vous obéir, monsieur l'astronome, puisque notre retour à terre dépend de vous !

— A la bonne heure. Ne croyez pas au moins que je prolonge volontairement notre séjour ici !... Il va falloir plus de quinze jours pour remettre toutes les machines en ordre. Dans cet intervalle, la nuit sera venue et les insolateurs ne pourront pas entrer en action combinée avant le retour du Soleil. Cela nous condamne à rester au moins jusqu'à ce moment. J'ai déjà fait sur ce point des calculs très serrés : nous avons précisément ce qu'il nous faut d'air pour arriver à la limite. A une condition, pourtant, — c'est de ne pas le gaspiller, et notamment de ne faire de feu *d'aucun genre !*... Je dis cela pour certains fumeurs, qui nous brûlent au moins vingt mètres cubes d'air pour le plaisir de lancer un peu de fumée par les narines !... » ajouta Norbert en regardant Virgile et Tyrrel.

Les deux coupables baissèrent la tête et promirent de ne pas se remettre en faute. Ils n'avaient probablement pas supposé qu'une pipe pût coûter aussi cher.

Tyrrel, pour cacher sa confusion, s'empressa de desservir la table et de s'en aller à l'office, les deux bras chargés d'assiettes.

On entendit presque aussitôt un grand bruit de vaisselle cassée et le malheureux reparut, pâle, tremblant, prêt à tomber en défaillance.

« Un voleur!... balbutia-t-il. Un voleur, qui s'est enfui par la fenêtre en me voyant!.. »

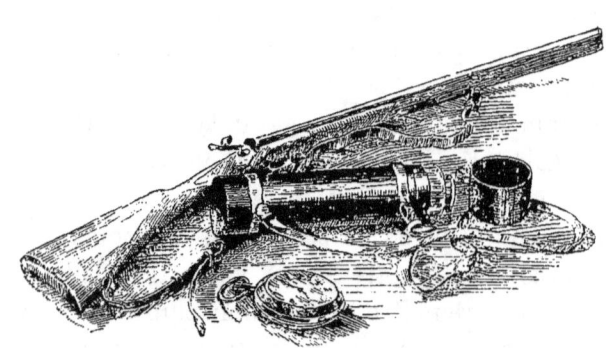

CHAPITRE VI

compagnons d'infortune

Norbert, Virgile, le docteur et Kaddour s'étaient précipités vers l'office.

Il n'y avait personne, et la fenêtre était fermée. Mais cela pouvait être dû au courant d'air de *dedans en dehors* qui s'établissait quand on l'ouvrait.

« Comment était-il fait, votre voleur? demanda le docteur un peu incrédule.

— Je ne l'ai vu que de dos, répondit Tyrrel, et ce dos

paraissait porter un respirateur : mais il ressemblait à celui d'un homme ordinaire.

— C'est extraordinairement vraisemblable, en effet! murmura le docteur. Un homme ordinaire dans la Lune. Vous rêvez, Tyrrel!... Auriez-vous, par hasard, dit un mot de trop à la bouteille de porto?

— Oh! monsieur!... protesta le valet modèle. Je n'en ai pas pris une goutte ce matin, — je veux dire depuis que nous sommes levés, car on ne sait même pas si c'est le matin ou le soir, dans ce triste pays!...

— Enfin, vous êtes sûr d'avoir vu quelqu'un se sauver par la fenêtre? demanda Norbert.

— Tout ce qu'il y a de plus sûr : je suis prêt à signer un *affidavit* devant un solicitor! déclara majestueusement Tyrrel.

— Nous vous épargnerons cette peine, attendu que les solicitors ne doivent pas être communs ici, dit Norbert. Mais il faut tirer l'affaire au clair. Messieurs, nous allons prendre nos boîtes à oxygène et nos fusils, et faire une ronde immédiate. Deux d'entre vous m'accompagneront : les deux autres garderont l'observatoire... »

Virgile et Kaddour ayant sollicité les premiers l'honneur d'être de la sortie, Norbert accepta leur concours en laissant le docteur et Tyrrel à la salle des Manettes. Les armes prises, et les respirateurs en place, on convint de suivre le même chemin que le voleur, et de partir par la fenêtre de l'office.

Cette fenêtre prenait jour, on ne l'a pas oublié, sur la branche droite du chemin de ronde, c'est-à-dire sur le côté des bâtiments occupé par ce qui avait été successivement le logement des commissaires-contrôleurs et la prison de Kaddour! Ce logement n'ayant pas de communication directe avec l'intérieur de l'observatoire, on avait négligé jusqu'à ce moment de le visiter.

Norbert fut frappé, en le voyant, de la pensée qu'il y avait là une petite réserve d'air supplémentaire, et comme une pareille aubaine n'était pas à dédaigner, il se dirigea droit vers la porte.

XVI

ON VIT SE PRÉSENTER SIR BUCEPHALUS COGHILL!...

A l'instant même où il mettait la main sur le loquet, un coup de feu sorti d'une ouverture circulaire, qui se démasqua subitement dans la porte, brûla les cheveux de Norbert, sans le blesser plus grièvement. La balle se logea dans le mur d'enceinte, qu'elle écailla fortement.

« L'ennemi est là !... » dit Norbert à ses compagnons en se défilant vivement contre la muraille et leur faisant signe de faire de même.

La précaution n'était pas inutile. Deux coups de feu, éclatant à quelques secondes d'intervalle par l'espèce de meurtrière pratiquée dans la porte, succédèrent au premier.

Virgile ne voulut pas tarder plus longtemps : il se jeta sur la porte et essaya de l'ébranler. Mais elle était fermée à clef et peut-être solidement barricadée à l'intérieur. Il fut impossible de l'enfoncer.

« Nous n'avons qu'une chose à faire, dit-il aussitôt à voix basse. Passons derrière le mur d'enceinte, nous nous logerons sur la crête et nous tirerons sur les fenêtres. »

L'avis était trop bon pour n'être pas immédiatement suivi. En moins de cinq minutes, les trois assiégeants avaient escaladé le mur d'enceinte par le talus extérieur. Ils s'étaient mis à plat ventre sur le gazon desséché, et avec leurs fusils à répétition ouvraient un feu nourri sur les fenêtres.

Vitres et boiseries eurent bientôt volé en éclats ; mais personne ne ripostait.

« Ils guettent le moment où nous nous découvrirons pour lâcher leur coup de fusil ! dit Virgile avec sa grande habitude du combat. Mais nous sommes sevrés depuis trop longtemps, mes gaillards, pour nous laisser faire ainsi !... C'est vous qui vous découvrirez les premiers !... »

Et ses balles, dirigées avec une habileté consommée, allaient fouiller dans tous les sens l'intérieur du logis assiégé.

Voyant que ce tir ne produisait aucun effet appréciable, Norbert ordonna de diriger le feu sur la porte.

A la troisième balle explosible, elle sauta en pièces.

« A l'assaut!... » cria aussitôt Norbert en se laissant glisser sur le chemin de ronde et se précipitant vers la porte, où Virgile et Kaddour arrivèrent avec lui.

Personne!... Les assiégés s'étaient évanouis. Sans doute, ils avaient pu se réfugier dans la pièce intérieure... Le feu fut rouvert sur la porte qui la fermait.

« Si ce sont des hommes ordinaires, il faudra bien qu'ils capitulent faute d'air! » disait le jeune astronome.

Un mouchoir blanc, qui parut presque aussitôt, au bout d'une baguette, par la brèche faite dans la seconde porte, sembla justifier cette opinion. Dans tous les pays du monde, même dans la Lune, un mouchoir blanc doit indiquer le désir de parlementer.

« Cesse le feu et arbore ton mouchoir!... » dit Norbert à Virgile, qui s'empressa d'obéir.

La porte s'ouvrit alors, et au seuil de cette porte on vit se présenter le personnage qu'on s'attendait peut-être le moins à y voir, — sir Bucephalus Coghill!...

Pâle, amaigri et faible, il n'était plus que l'ombre de lui-même. Néanmoins aucun doute n'était possible sur son identité.

« C'est vous qui nous recevez à coups de fusil? » demanda Norbert au comble de la surprise.

Le baronnet secoua mélancoliquement la tête sans mot dire. Mais une autre voix répondit pour lui, et cette voix ressemblait étrangement à celle... de Costérus Wagner!...

« Nous demandons à traiter! disait-elle, sans qu'on vît la personne qui parlait, et qui s'abritait probablement derrière le baronnet.

— Qui êtes-vous? reprit Norbert qui doutait encore du témoignage de son ouïe, tant il s'attendait peu à rencontrer Costérus sur la Lune.

— Qui nous sommes?... Vous nous connaissez bien... Costérus Wagner, Peter Gryphins et Ignaz Vogel, » répondit la voix.

Ici, le nain de Rhadamèh poussa un cri de joie pareil à un rugissement.

« Comment diable êtes-vous là, et pourquoi tirez-vous sur nous? demanda Norbert tout entier à la surprise que lui causait cette nouvelle.

— Peu importe!... répondit la voix. Tout s'expliquera... Mais le temps presse, car nous allons être sans air...

— Rendez-vous, en ce cas!...

— Pas sans conditions.

— Quelles conditions prétendez-vous?

— La vie sauve, l'air et la ration.

— La vie, passe encore!... répliqua Norbert. Mais l'air et la ration, c'est une autre affaire. Ce sont choses trop rares ici pour que je me charge de trois chenapans tels que vous.

— Alors c'est notre prisonnier qui payera!... reprit la voix d'un ton farouche.

— Quel prisonnier?

— Sir Bucephalus Coghill.

— Est-ce vrai? » demanda Norbert au baronnet.

Le malheureux fit de la tête un signe affirmatif. Il n'en fallait pas plus pour décider Norbert.

« Ecoutez, dit-il, voici les conditions que je vous accorde : vous aurez la vie sauve, l'air et la ration; mais vous resterez prisonniers dans le quartier qui vous sera assigné, et vous travaillerez au salut commun, selon mes instructions.

— Accepté!... dirent trois voix empressées, qui étaient bien celles de Costérus, de Gryphins et de Vogel.

— Eh bien! jetez vos armes devant nous et paraissez; vous avez ma parole!... » s'écria Norbert.

A ce moment, il sentit quelque chose de froid sur sa main, et se retournant, il vit que Kaddour, agenouillé, la baisait.

« Oh! monsieur Mauny, donnez-les moi!... disait-il d'une voix suppliante.

— Que voulez-vous que je vous donne? demanda le jeune astronome.

— Donnez-moi ces scélérats, pour que je me venge enfin, en les traitant selon leurs mérites!...

— Ma foi, ce serait de bon cœur, répondit Norbert en riant. Mais ils ont ma parole, et je ne puis la reprendre... Je dois vous demander formellement de la respecter, » ajouta-t-il très sérieusement en remarquant les yeux farouches que roulait le nain.

La vue des trois misérables était bien faite pour le mettre hors de lui-même. Ils paraissaient enfin, hâves, éreintés, malpropres, dans l'état où peuvent être des gens privés d'eau depuis plusieurs jours et enfermés dans un air de plus en plus irrespirable.

Leur attitude était abjecte autant qu'elle avait été arrogante en d'autres occasions. Quant aux armes qu'ils déposaient à terre, c'étaient celles qui avaient disparu de l'observatoire, lors de la première sortie des naufragés.

Norbert ne voulut même pas adresser la parole aux trois prisonniers. Il chargea Virgile de faire pour eux le nécessaire et remettant à Kaddour les armes qu'ils venaient de rendre, il s'empressa d'emmener le pauvre baronnet au salon.

Quelques bouffées d'oxygène pur, un bain préparé par Tyrrel et un verre de vin d'Espagne l'eurent bientôt mis en état de conter ses aventures et d'expliquer en même temps comment les trois coquins se trouvaient sur la Lune.

« Quand vous m'eûtes laissé à l'orifice du cratère, dit sir Bucephalus en s'adressant à Norbert, je ne tardai pas à me lasser de ramasser des moellons, et à me dire que deux ou trois aides suffiraient à finir ce travail en cinq minutes. Les Apennins, que vous m'aviez désignés à notre droite, me tentaient vivement, m'appelaient pour ainsi dire... Je me dis qu'il serait glorieux d'en faire le premier l'ascension, et de la raconter au *Traveller's Club* de Londres, si jamais, hélas! il m'est donné de m'y retrouver!... Partir, escalader le sommet le plus proche, y élever un petit obélisque commémoratif et redescendre dans le torrent desséché qui s'enfonce vers la plaine, — tout cela fut l'affaire d'une heure environ... Je rentrais tranquillement au Tehbali, quand soudain, au détour d'un grand rocher, trois ombres bondissent sur moi, me terrassent, s'emparent de ma boîte à oxygène... C'étaient les trois ex-commissaires!... Par bonheur, il y avait un peu d'air, — pas trop fort, mais enfin de l'air respirable, — au fond de cette espèce de gorge encaissée dans une étroite vallée. J'ignore d'où venait cet air. Toujours est-il qu'il m'a empêché de mourir là, comme il en avait empêché jusqu'à ce moment les trois coquins... Il paraît que le four à verre qui leur servait de prison, à la base du pic, a été emporté avec nous, pour venir s'abattre dans cette gorge, où j'en ai vu en effet les débris...

— Nous aussi, nous les avons vus en allant à votre recherche, interrompit Norbert.

— Ah!... Vous les avez vus aussi? Eh bien, Costérus Wagner, qui est moins bête que méchant, a tout de suite compris où il était : d'autant plus, qu'à peine sorti de la vallée il trouvait l'atmosphère irrespirable. Ces gredins étaient sans vivres. Ils voyaient de loin l'observatoire et savaient que nous y étions, mais ne pouvaient y venir, faute d'oxygène pour faire la traversée... Sur ces entrefaites, ils m'aperçurent au pied de l'Apennin, en train de le gravir. L'idée leur vint de m'attendre au retour, pour s'emparer à la fois de ma provision d'oxygène et de ma personne... Muni de mon respirateur, Wagner partit aussitôt en reconnaissance vers l'observatoire, le trouva désert et se mit sans plus tarder à faire passer par la fenêtre de l'office tous les vivres et toutes les armes qui lui tombèrent sous la main, sans parler de trois respirateurs dont vous n'avez peut-être pas remarqué la disparition...

— Je vous demande pardon, je l'ai fort bien remarquée, mais je m'étais permis de supposer que vous seul pouviez les avoir emportés pour prolonger votre escapade, répliqua Norbert.

— Voilà comment on est calomnié!... Bref, Costérus revint, nous fit contourner le Tehbali par le versant opposé au chemin en lacet, nous amena à l'ancien logis des commissaires... Vous entendez bien que j'étais, pendant cette marche, lié par le bras au canon de mon fusil, dont Costérus tenait la crosse, le doigt sur la détente... Il m'était d'ailleurs impossible d'émettre aucun appel, le son n'existant pas dans ce damné pays.. Nous arrivâmes dans cet ordre à l'endroit où vous venez de nous trouver, et nous y sommes restés depuis ce moment : moi, pieds et poings liés, menacé de mort si je faisais le moindre bruit; eux, complotant sans cesse et élaborant de nouveaux projets, qu'ils abandonnaient successivement sous prétexte de les perfectionner... Leur but était, je pense, de vous attaquer pendant votre sommeil et de s'emparer de l'observatoire. Mais ils ne se trouvaient pas suffisamment armés : c'est pourquoi Costérus avait tenté dans l'office, pendant votre déjeuner, la visite qui a amené leur découverte prématurée, et j'ajoute si opportune pour nous tous... »

Comme le baronnet achevait ce récit, sa voix tomba subitement; ses yeux fixes et vitreux exprimèrent la plus complète stupéfaction. Il venait d'apercevoir Kaddour, qu'il n'avait pas remarqué encore au milieu des émotions diverses par lesquelles il venait de passer. Et son profond étonnement, en revoyant vivant celui qu'il avait vu mort, n'avait d'égal sans doute que la surprise de le retrouver familièrement admis au salon des Manettes.

On lui expliqua les choses telles qu'elles s'étaient passées et il finit naturellement par s'en rapporter, sur la résurrection de Kaddour, au témoignage de ses sens.

Cependant, Virgile procédait avec activité à l'installation définitive des prisonniers. Il avait replacé fort adroitement les vitres de leur logement, réparé la brèche de la porte extérieure, qui fut condamnée, et ouvert, à l'aide d'un trou percé dans la muraille, une communication avec la galerie circulaire de l'observatoire, où débouchait le puits d'aération. L'annexe affectée aux trois commissaires ainsi pourvue d'air respirable, une citerne leur fut assignée comme provision d'eau, avec des rations libérales de vivres quotidiens. Enfin Norbert leur donna par écrit ses instructions pour le travail matériel qu'il attendait d'eux, et qui consistait à redresser, réparer ou polir un certain nombre de miroirs coniques, qui avaient subi des avaries et se trouvaient présentement hors de service.

Cette augmentation soudaine des habitants de l'observatoire et par conséquent des consommateurs, ne laissait pas d'apporter un changement notable dans les éléments du problème, et dès le premier moment Norbert s'en était préoccupé.

« J'avais compté sur une provision d'air suffisante pour *huit* personnes pendant *vingt-deux* jours, dit-il avec un soupir : il va falloir en rabattre, et ne plus compter que sur *seize jours*, puisque notre effectif s'élève désormais à *onze* paires de poumons. Nous serons obligés, dans les derniers temps de notre séjour, de recourir à la fabrication en grand de l'oxygène.

— Raison de plus pour se débarrasser de ces coquins! s'écria Kaddour, qui s'agitait comme un tigre en cage, depuis qu'il savait ses bourreaux si près de lui. Donnez-les moi, monsieur Mauny, donnez-les moi pour deux ou trois heures, et je me charge de les supprimer dans toutes les règles de l'art!... Ce sera tout bénéfice!... Vous garderez votre air pour ceux qui y ont droit, et l'humanité sera diminuée de quelques-uns de ses plus tristes spécimens! »

Mais Norbert ne voulait pas entendre de cette oreille. Il se donna la peine d'expliquer à Kaddour combien de tels sentiments étaient cruels et révoltants.

« Révoltants! s'écria le nain en se tortillant comme sous un fer rouge. Je voudrais bien vous y voir, si l'on vous avait tenu pendant quinze ans enfermé dans un moule métallique, pour vous transformer en monstre!... Vous ne trouveriez pas de supplice assez dur pour les auteurs d'une pareille infamie!...

— C'est vrai, répliqua le jeune astronome pour apaiser le pauvre petit diable. Mais rappelez-vous, Kaddour, que vos rancunes ne sont pas les nôtres et que nous ne pouvons pas sentir *tout à fait* comme vous sur le compte de ces misérables!... »

A son tour, l'infortuné en convint et promit de ne plus se montrer aussi exigeant; mais ce fut uniquement pour changer de tactique et demander à être au moins chargé de la surveillance des prisonniers.

« Vous ne les connaissez pas! disait-il. Ils vous joueront encore quelque tour de leur façon. Ce sont des scélérats dans toute la force du terme : il ne faut pas les perdre de vue un instant.

— Virgile s'en chargera, répondit Norbert, sans accéder à cette nouvelle demande. Vous feriez un mauvais geôlier, Kaddour, exaspéré comme vous l'êtes contre ces gens. L'humanité me défend de vous investir de ces fonctions. Si vous voulez me prouver votre amitié, comme vous l'attestez et comme je le crois, il ne faut même plus me parler d'eux. Vous devez oublier qu'ils sont là, ou vous conduire comme si vous l'aviez oublié... »

Kaddour baissa les yeux sur le parquet, mais un feu sombre y couvait toujours, et il était aisé de voir qu'aucune remontrance ne prévalait contre sa haine.

CHAPITRE VII

FRAGMENT DU JOURNAL DE GERTRUDE

« Il y a aujourd'hui six fois vingt-quatre heures que nous sommes sur la Lune : je croirais tout aussi bien qu'il y a six mois, si M. Mauny me l'affirmait sérieusement. On ne sait plus à quoi s'en tenir sur rien, dans ce monde singulier !... Il faut avoir passé par une journée de cent quarante-quatre heures, qui promet de se prolonger encore autant, pour se faire une idée de ce qui mérite le nom *d'interminable !*... O nuit, que ne donnerions-nous pas pour te voir revenir chaque soir, comme tu nous en as donné l'habitude !... Et que ces siestes interminables, auxquelles nous nous condamnons par raison, ressemblent peu au sommeil régulier que nous goûtions sur la Terre !... Enfin, il faut acheter par quelques petites misères la gloire d'une expédition comme la nôtre !...

« Continuons ce journal, entrepris pour mon père chéri — seul moyen qui me reste de m'entretenir avec lui à travers l'espace. Pauvre père !... Que fait-il en ce moment ?... Pourquoi n'est-il pas avec nous plutôt que de se trouver assiégé dans Khartoum ! Il doit y faire presque aussi chaud qu'ici, et peut-être y est-on déjà plus mal encore... Pauvre père !... Quand nous trouverons-nous réunis !... Je voudrais du moins, si ce bonheur nous est donné, pouvoir vous décrire jour par jour notre existence *sélénique*. C'est mon oncle qui l'appelle ainsi. Il paraît que cela veut tout simplement dire *lunaire*; mais en grec, ce qui est bien plus beau !... Elle est toujours à la fois monotone et fantastique, cette existence. Il m'arrive de me mordre le bout du doigt pour m'assurer que je ne rêve pas et que tout ceci n'est pas une illusion. Chaque fois que je me réveille, après quelques heures de sommeil dans la nuit artificielle de ma chambre, il me faut cinq bonnes minutes, et le témoignage formel de Fatima, pour me convaincre que je suis véritablement sur la Lune. Mais hélas ! je suis bien obligée de me rendre à l'évidence, et alors je ne sais plus si je dois en rire ou en pleurer.

« Nous sommes ici comme à bord d'un grand navire, avec la faculté en moins d'aller prendre l'air sur le pont : car je ne saurais compter comme telle le droit de faire quelques pas sur l'esplanade, grâce à ces maudites boîtes à oxygène. La première fois que je suis sortie, cela me semblait assez amusant, de ne respirer que comme on boit, à tout petits coups, dans cette espèce d'entonnoir, et de marcher par sauts, comme une cigale... Mais à la longue, c'est fatigant. La moindre brise de mer, au bras de mon cher papa, ferait mieux mon affaire !... Il n'y a ici que M. Mauny qui ne se fatigue pas d'être toujours dehors. Il est encore parti ce matin, je veux dire après déjeuner, pour une expédition nouvelle, et s'en est allé visiter l'autre hémisphère de la Lune, celui que la Terre n'a jamais vu et ne verra jamais. C'est drôle, n'est-ce pas, que la Lune nous tourne toujours la même face, et jamais l'autre? La première fois qu'on vous le dit, cela semble absurde. Et pourtant, c'est tout naturel, puisqu'elle accomplit avec nous le voyage que nous faisons tous les ans autour du Soleil. Elle est comme un enfant qui ferait à pied le tour d'un manège de chevaux de bois en regardant toujours, au centre, l'homme qui tient la manivelle : les voyageurs du manège perdraient de temps en temps de vue l'enfant, mais chaque fois qu'ils se rencontreraient, ce serait de face. Voilà ce que M. Mauny m'a expliqué, et ce que je ne suis pas mécontente de savoir. Eh bien, pour en revenir à lui, il a entrepris de s'en aller visiter cette face de la Lune, qu'aucun homme n'a encore vue, même comme on peut voir de loin, à l'aide des télescopes. Nous n'aurions pas été fâchés d'être de la partie, mais il n'a pas voulu. Il a dit d'abord que c'était trop loin, à trois cents lieues d'ici, et qu'il lui faudrait au moins quarante-huit heures pour aller et venir, puis qu'il allait trouver là-bas la nuit lunaire, c'est-à-dire un froid épouvantable; enfin, qu'il était obligé d'emporter de quoi renouveler sur place sa provision d'oxygène, ce qui compliquerait singulièrement l'expédition, s'il nous emmenait avec lui. Bref, il est parti seul, avec Kaddour et tout un attirail de lunettes, de cornues, d'appareils variés. En fait de vivres, quelques biscuits, deux ou trois boîtes de conserves et une bouteille d'eau. Cela lui ressemble, pour s'en aller à trois cents lieues !... Encore dites-vous sûrement, cher père : « mais il ne pourra jamais achever un pareil voyage en quarante-huit heures, dans un pays aussi dénué de chemins de fer et même de routes!... » Il assure le contraire et dit qu'il a fait son calcul : dix-huit heures pour aller, à raison de quatre-vingts kilomètres à l'heure ; dix-huit heures pour revenir ; douze pour se reposer et prendre des observations ou des notes. Vous voyez qu'un voyage à pied sur la Lune se fait avec des bottes de sept lieues !...

« N'empêche que je voudrais le voir de retour, monsieur Mauny !... Que deviendrions-nous s'il allait lui arriver malheur?... Je m'empresse de vous assurer, cher père, que cette pensée n'a rien d'égoïste : vous savez à qui je pense en disant : « Que deviendrions-nous?... » Ce n'est pas à coup sûr le baronnet qui nous tirerait d'affaire et se chargerait de nous ramener au bercail!... Pauvre sir Bucephalus!... Il commence à se remettre un peu de sa captivité ; mais il en était sorti dans un triste état!... Comme le disait son fidèle Tyrrel, en levant les yeux au ciel : « Voilà pourtant ce que deux jours passés sans « *tub* » peuvent faire d'un nobleman!... » Le fait est que c'était navrant, et qu'un nobleman privé de son nécessaire de toilette n'est plus du tout à son avantage, plus du tout!... Si vous l'aviez vu, cher père, avec sa barbe en chaume, ses manchettes fripées et ses cheveux jaunes tombant sur le nez!... Je vous connais : vous lui auriez tout de suite donné dix sous, en l'engageant à ne pas aller les boire et à chercher du travail. Pauvre garçon!... Je ne devrais pourtant pas me moquer de lui!... Il me prodigue d'excellentes leçons de prononciation anglaise et, pour peu que nous restions ici encore trois semaines, la langue de Shakespeare n'aura plus de secrets pour moi. Vous rappelez-vous comme nous avons ri, à Londres, un jour que ni vous ni moi ne pouvions nous faire entendre de ce cocher, près de Hyde-Park? Ces joies nous seront désormais interdites, et Tyrrel lui-même comprend déjà mon anglais.

« Je vous disais que c'est à se croire sur un grand steamer. Notre vie y est, en effet, tout aussi ponctuellement réglée. De douze heures en douze heures, nous dormons. Au réveil, que nous appelons le matin, mon oncle procède à sa visite hygiénique et médicale, s'assure que l'aération est bonne et que les ventilateurs fonctionnent normalement. Il pousse jusqu'à la prison, pour donner ses soins et ses conseils aux trois méchants hommes qui y sont enfermés : vous savez qu'à ses yeux, tous les êtres à face humaine sont égaux devant Hippocrate. A son retour, nous déjeunons ; puis je me mets à mon anglais, ou je donne sa leçon à Fatima. Je suis heureuse d'avoir cette chère enfant avec moi, et je l'aime tous les jours davantage. Vous verrez que mon élève me fait honneur. Elle est étonnamment douée et réussit dans tout ce qu'elle entreprend.

« Personne ne se tire mieux qu'elle du langage des sourds-muets, par exemple, que mon oncle persiste à nous enseigner. Après M. Norbert, Fatima tient la tête de la classe. Ils causent déjà fort bien par signes avec Kaddour, qui en remontrerait sur ce point à tout le monde. Ne nous a-t-il pas fait hier une conférence sur ce qu'il appelle la *Grammaire générale des gestes*? Ce nain se moque de nous, assurément, et reste encore ce qu'il y a de plus ridicule sur la Lune! A l'en croire, la plus grande des erreurs est précisément d'élever les sourds-muets à exprimer par signes un vocabulaire déterminé; il existe une langue universelle des gestes, qui est la même chez tous les peuples, et qui est peut-être la langue primitive de l'humanité : c'est cette langue qu'il faudrait enseigner, non seulement aux muets, mais à tous les enfants, qui se trouveraient ainsi en possession d'un idiome universel...

« Voilà ce que nous a servi M. Kaddour!... Et, comme il ne doute de rien, il nous a assuré très gravement que, cette langue universelle, il la sait, et qu'en tout pays il se fait fort d'être compris *sans le secours d'un seul mot articulé*. Cette idée nous a paru si prétentieuse que nous nous sommes mis à rire. Il en a conclu sans doute que nous le soupçonnions de n'avoir pas encore tout à fait dépouillé le charlatan, — en quoi il ne se trompait guère. Et il n'a plus soufflé mot jusqu'à son départ, ce qui nous a chagrinés, car il faut éviter de faire de la peine à un pauvre déshérité de son espèce.

« Je crois, au surplus, que M. Mauny l'a emmené à la fois pour le consoler, pour pouvoir causer avec lui, puisqu'ils savent s'entendre par gestes, et pour ne pas le laisser en son absence sous le même toit que les prisonniers. Vous n'avez aucune idée cher père, de la haine que ce petit homme leur porte. Je vous en ai conté la raison, mais il faut voir, pour mesurer cette haine, l'expression de sa physionomie, s'il arrive qu'on prononce les noms exécrés de Gryphins ou de Vogel, voire de Costérus Wagner.

« Le choix de Kaddour, que M. Mauny a fait pour l'accompagner dans son expédition, a eu pour effet de plonger le pauvre Virgile dans une noire mélancolie. Le brave et excellent garçon voyait là presque une injustice. Nous avons essayé de lui expliquer que son maître lui donnait une bien plus haute marque de confiance en le laissant ici ; mais il a fallu, pour qu'il se décidât à sourire, que Fatima se mît de la partie, en l'accusant formellement de se montrer peu galant. Vous voyez, cher père, que je vous conte tous les événements, petits et grands, de notre vie.

« Virgile continue d'ailleurs à se montrer un collaborateur inappréciable. Il est présentement chef d'atelier et dirige la réparation des insolateurs, que les prisonniers exécutent avec lui. Mon oncle et M. Mauny ont gardé pour eux-mêmes les appareils électriques. Je crois même que le secret des organes centraux restera cette fois réservé par M. Norbert, pour qu'il n'arrive plus d'accidents dans le genre de celui qu'a amené la sottise de Tyrrel. Fatima et moi, nous travaillons trois heures par jour à assembler des bandes d'étoffe qui doivent, paraît-il, avoir leur rôle dans notre voyage de retour. Le baronnet et son valet modèle persistent seuls à rester inutiles, probablement pour n'en pas perdre l'habitude. Encore Tyrrel nous fait-il d'excellente soupe à la tortue de conserve. Mais sir Bucephalus prétend qu'il est ici contre son gré, sans avoir rien fait pour y venir, sans avoir jamais cru qu'il y viendrait, et que c'est à M. Mauny de l'en tirer...

« — Si je ne vous en tirais pas, pourtant !... lui a dit hier en riant M. Norbert. Rien ne m'y oblige, après tout, et je pourrais fort bien prendre congé à l'anglaise, comme nous disons à Paris, à la française, comme vous dites à Londres !... »

« Sur quoi, la figure du baronnet s'est fortement allongée. Une seule chose est faite pour le consoler de son voyage, c'est la perspective de pouvoir un jour le raconter. Que deviendrait-il sans cette noble ambition pour le soutenir ?

« Au fond, il n'y a de vraiment satisfait de son sort que

M. Mauny. Il dit que la Lune est le paradis des astronomes et le meilleur poste d'observation qu'il y ait dans l'espace ; qu'il s'arrangerait fort bien d'y passer deux ou trois ans et ne regrette rien tant que le départ prochain auquel nous condamne le manque d'air. On voit assez avec quels regrets il s'arrache à son télescope, même en plein jour. Que sera-ce quand il pourra prendre des observations nocturnes? Et quels beaux mémoires il doit préparer !... »

. . . .

« *Quatre heures plus tard.* J'ai été interrompue dans ma causerie quotidienne avec vous, cher père, par mon oncle qui est venu m'inviter à sortir avec sir Bucephalus et lui. Vous savez que depuis son arrivée, il a pour idée fixe de découvrir ici un végétal quelconque, fût-ce une mousse ou le moindre brin d'herbe. Ce serait, dit-il, la gloire de son herbier, et il n'en faudrait pas davantage pour l'illustrer lui-même. Le nom de ce bienheureux végétal est déjà arrêté : ce sera *Brieta maxima* ou *parvula*, selon les dimensions, à moins que ce ne soit tout simplement *Brieta selenensis*. Il n'y a qu'un malheur, c'est que jusqu'à présent nous n'avons pas découvert l'ombre d'une plante quelconque. Mais mon oncle ne se tient pas pour battu, et c'est en vue de poursuivre ses recherches qu'il est venu me prendre. Il assure d'ailleurs que ce qu'il faut bien appeler le grand air de la Lune, faute d'une meilleure expression, me fait le plus grand bien, et que je dois prendre tous les jours de l'exercice, même sur ce sol où il est si peu fatigant.

« Nous sommes donc partis, légers comme des oiseaux et de la meilleure humeur du monde, pour nous diriger vers le fond de ce torrent desséché, qui descend des Apennins et qui a failli être fatal à sir Bucephalus. Il nous a montré la place où les trois conspirateurs l'attendaient pour le dépouiller de son oxygène, et ses gestes étaient si pathétiques en décrivant ce tragique événement, qu'ils suppléaient éloquemment à la parole absente. Par parenthèse, nous n'avons plus trouvé trace d'air dans le lit du torrent, ce qui prouve bien la justesse de la théorie de M. Mauny : l'air resté là pendant quelques heures après le cataclysme n'était qu'un lambeau emprunté à l'atmosphère terrestre.

« Laissant sur notre droite le sommet déjà exploré par le baronnet et par M. Norbert, nous nous sommes dirigés, toujours en suivant cette longue vallée, vers une autre gorge plus profonde encore, que nous apercevions au sud. Et là, nous avons tout d'abord trouvé un gisement de houille à fleur de terre (ou de lune), devant lequel le baronnet est resté en contemplation. Sans doute il calculait mentalement ce que vaudrait un tel trésor, s'il se trouvait dans le comté de Middlesex, voire même en Lancashire. Mais cette évaluation ne possédant aucun intérêt pour mon oncle et pour moi, nous avons poursuivi notre route : toujours, bien entendu, par sauts de huit à dix mètres, et à raison de quinze lieues à l'heure, au minimum.

« Soudain, je vois mon oncle s'arrêter comme médusé. Il se baisse, il se jette à genoux, il tire une loupe de sa poche, il examine longuement une sorte de petite moisissure jaune à peine visible sur le dos d'un gros caillou bleu... Il se redresse, enfin, en proie à la plus vive émotion, et me fait signe d'approcher à mon tour pour contempler la merveille... Et bien ! mon cher papa, voilà comme se font les découvertes !... La *Brieta parvula* était là, devant moi, sous nos yeux !... Oh ! très *parvula*, par exemple, tout ce qu'il y a de plus *parvula* !... Une pauvre mousse si misérable, si humble, si imperceptible, que je serais bien passée cent fois devant elle sans la voir, ou en la prenant pour une veine de la lave environnante.

« Mon oncle était manifestement ravi, et j'étais enchantée de sa joie. Nous nous serrions les mains, nous nous congratulions réciproquement par gestes.

« Au bout d'un quart d'heure d'allégresse, pourtant, j'ai commencé à penser que nous avions donné à la *Brieta* toute la part d'attention dont elle était digne, et comme mon oncle ne semblait pas disposé à partir, comme il paraissait au contraire prêt à prendre racine auprès de son caillou, je lui ai fait signe que j'allais jusqu'au pied de la montagne, et que je le retrouverais en revenant.

« Était-ce un instinct secret qui m'appelait, et fallait-il que j'eusse aussi ma découverte? Je ne saurais le dire. Toujours est-il qu'à peine arrivée derrière un petit éperon de l'Apennin, qui masquait une vallée sombre, je me trouvai en présence d'une immense excavation, visiblement *taillée* dans le roc par des mains humaines ou plutôt surhumaines !

« Il n'y avait pas à en douter un instant : ce que je voyais devant moi n'était pas un jeu de la nature, mais bien l'œuvre de créatures aussi puissantes qu'intelligentes ! D'abord un escalier gigantesque et de proportions admirables, donnant accès par de larges marches en pente douce à un péristyle de piliers cyclopéens, — piliers quatre ou cinq fois plus hauts et plus larges que ceux de la colonnade de Saint-Pierre à Rome, sculptés d'un seul bloc dans la malachite, et soutenant comme un fronton le sommet de la montagne elle-même.

« Ce péristyle s'ouvrait sur une enceinte qui m'a paru sept ou huit fois aussi vaste que celle du Colisée et que recouvrait une prodigieuse voûte, éclairée de distance en distance par des œils-de-bœuf. Tout cela d'une grandeur, d'une hauteur et en même temps d'une élégance qui dépassent l'imagination. Mon cher papa, nous n'avons rien vu qui en approche, ni en Égypte, ni sur le Haut-Nil, ni même à Ninive. Des monstres colossaux et pris dans le roc gardaient l'entrée de la nef. Les murs disparaissaient sous un décor merveilleux de figures en creux et de bas-reliefs peints de couleurs vives.

« L'ensemble était si éblouissant et en même temps de proportions si colossales, que j'en restai comme assommée.

« Quelles sont les puissantes mains qui ont élevé cet édifice, auprès duquel les monuments des Pharaons eux-mêmes sont des œuvres de pygmée!... me disais-je, éblouie, émerveillée, presque épouvantée.

« Il fallait au plus tôt faire part de ma trouvaille à mon

oncle et à sir Bucephalus. Je m'arrachai à la contemplation de ces merveilles, je courus d'un trait au rocher natal de la *Brieta parvula*, où je retrouvai le docteur toujours absorbé dans son examen, et le baronnet qui venait de le rejoindre. A grand'-peine je pus les décider à me suivre. Mais quand enfin j'y fus parvenue, quel étonnement pour eux et quelle joie !.. Mon oncle était comme fou de bonheur. Il levait les bras au ciel, il gambadait, il m'embrassait, il essayait de me dire par gestes l'importance de ma découverte ; et n'y parvenant pas, il finit par déchirer fiévreusement un feuillet de son calepin de poche et me le passer après y avoir écrit ces mots :

« Ma chère Gertrude, tu as été la première à trouver un
« *monument sélénite*, et à mettre ainsi hors de doute que la
« Lune a été habitée... *C'est une découverte plus importante*
« *que celles d'aucun archéologue contemporain.* »

« Je ne comprenais pas d'abord très bien en quoi cette découverte était si importante. Mais en y réfléchissant, tandis que mon oncle et sir Bucephalus examinaient les décorations murales de l'édifice, j'ai fini par me rendre compte qu'en effet un monument pareil suppose non seulement une race d'êtres intelligents, mais une race parvenue à un très haut degré de civilisation.

« Comme vous me le disiez à propos des pyramides, cher père, rien que pour tailler et lever de pareilles pierres, il faut savoir à fond les mathématiques, la mécanique et les sciences accessoires. Voilà donc un point jusqu'ici douteux qui est définitivement fixé. Ce monde aujourd'hui mort, qui est la Lune, a eu des habitants ; et ces habitants étaient des architectes, des ingénieurs, des artistes incomparables. Que je suis contente, cher père, d'avoir pu, moi si ignorante et si faible, servir d'instrument à une découverte aussi capitale !...

« En rentrant à l'observatoire, la joie de mon oncle était tout à fait tombée. Savez-vous pourquoi? Parce qu'il a constaté, à l'examen microscopique, l'identité absolue de la *Brieta parvula* avec une espèce terrestre dont le nom m'échappe, extraordinairement commune dans les régions polaires. Elle est plus rabougrie encore, et comme dégénérée. Cette constatation a été des plus douloureuses à mon oncle. La *Brieta* a perdu toute valeur à ses yeux. En vain j'ai essayé de le consoler en lui disant qu'elle avait toujours le mérite d'être l'unique végétal survivant sur la Lune. Il dit qu'une espèce absolument nouvelle aurait seule *fait preuve* auprès des botanistes terrestres, qui iront jusqu'à contester l'origine de la *Brieta*, et dire, par exemple, que nous l'avions apportée ici avec notre montagne et notre observatoire!... Ce serait une insigne mauvaise foi, par exemple!... Mais mon oncle croit ses collègues capables de tout quand il s'agit de dénigrer un travail original!...

« Que ces choses sont curieuses, en dépit de tout, cher père, et que je voudrais vous voir avec nous pour profiter de ces spectacles!... »

CHAPITRE VIII

L'HÉMISPHÈRE INVISIBLE

Norbert ne s'était pas contenté d'emporter dans son expédition à l'hémisphère invisible des provisions de chlorate de potasse suffisantes pour renouveler l'oxygène des respirateurs ; il avait imaginé, pour se protéger des ardeurs du soleil, une sorte de chapeau-parasol muni d'un couvre-nuque en arrière, d'une cagoule de toile en avant; à la hauteur des yeux, cette cagoule portait deux verres bleus qui protégeaient la vue contre les ophtalmies. Grâce à cette ingénieuse précaution, Kaddour et lui, chargés de tout un attirail scientifique, de leurs armes et de deux jours de vivres, purent accomplir en dix-huit heures, et sans accident, le voyage de trois cents lieues environ nécessaire pour arriver, du cratère de Rhéticus, à l'autre hémisphère de la Lune.

S'ils avaient omis ce soin, nul doute qu'ils eussent succombé, au bout de quelques heures de marche, aux effets de l'insolation. La chaleur, déjà difficile à supporter dans une simple promenade, devenait en effet intolérable au cours d'une marche prolongée. Mais Norbert et son compagnon avaient l'expérience du désert, ils connaissaient l'instant précis où il fallait se reposer, manger, renouveler le gaz des appareils, à l'aide d'une petite lampe à alcool, alimentée par un reste d'oxygène, et d'un ballon de verre contenant le chlorate de potasse. Aussi arrivèrent-ils sans trop de fatigue au terme de leur formidable étape.

Une seule privation se serait cruellement fait sentir au cours d'un pareil voyage, celle de pouvoir échanger à l'occasion les idées suggérées par la vue du pays. Mais Norbert et Kaddour commençaient à se trouver en état de causer par signes, et à mesure qu'ils avançaient, le jeune astronome se perfectionnait dans cet art au fond si simple. Aussi en était-il déjà, au bout de quelques heures, à pouvoir exprimer toutes ses pensées et à saisir toutes celles que lui communiquait le nain.

A mesure qu'on approchait de cette face de la Lune éternellement invisible aux habitants de la Terre, l'impatience de Norbert se manifestait par des exclamations mimées.

« Rien qu'à l'idée de ce que nous allons voir, disait-il avec ses doigts, il me court des frissons de hâte sur l'épiderme !... Pensez donc, Kaddour, à cette fortune inouïe pour un astronome : contempler ce que personne avant moi n'a jamais entrevu !... Voir se déployer pour nous seuls le tableau sublime de la nuit lunaire et, de ce poste unique dans l'espace, à jamais interdit aux télescopes terrestres, passer en revue toutes les constellations du monde solaire !...

— Mais ne vous paraît-il pas probable que l'hémisphère invisible soit de tout point identique à celui-ci ? demandait Kaddour, à la fois pour se renseigner et pour prémunir contre une déception celui qu'il apprenait tous les jours à aimer davantage.

— Cette identité est en effet probable, répondait Norbert, mais elle n'est pas certaine. Et puis ce n'est pas le sol lunaire, que nous allons chercher, c'est le spectacle du ciel aperçu de cet observatoire incomparable. Vous verrez, Kaddour, comme ce sera beau!... Il nous semblera à tous deux que nous contemplons pour la première fois la *Grande Ourse*, *Cassiopée*, la *Lyre*, la *Voie Lactée*, tous les détails pourtant si familiers de notre ciel; tant ces détails vont être puissamment accusés et mis en relief, pour ainsi dire, par le fond noir de cette nuit parfaite!... »

Ce disant, — par signes, bien entendu, — Norbert, éperonné par son propre enthousiasme, allongeait le pas, c'est-à-dire qu'il faisait des enjambées de quarante à cinquante mètres, et le pauvre nain avait fort à faire pour le suivre. Heureusement que la vigueur des muscles suppléait chez lui à la longueur des jambes. Il en était quitte pour mettre de la force où Norbert n'apportait que de l'agilité.

Enfin les deux voyageurs arrivèrent à un sommet qu'ils voyaient depuis assez longtemps se dresser devant eux, à l'ouest, et que Norbert supposait avec raison compris dans la « frange parallactique », région intermédiaire que la libration de la Lune rend tantôt visible et tantôt invisible pour la Terre.

Il ne se trompait pas; à peine ce sommet eut-il été franchi, que le Soleil ne fut plus que partiellement visible au-dessus de l'horizon. Il était, derrière les voyageurs, comme coupé par cette ligne, et à mesure qu'ils avançaient, semblait disparaître derrière eux. Enfin, il parut s'éteindre brusquement. Et aussitôt, sans transition, les deux voyageurs se trouvèrent dans la nuit.

En même temps ils constataient un changement de température si soudain et à la fois si considérable, qu'ils ne purent d'abord le supporter. Force leur fut de rétrograder en toute hâte vers la région éclairée, pour revenir ensuite très lentement et par gradations prudemment ménagées à la région obscure. Et alors, il fut enfin donné à Norbert de contempler ce qu'il avait si grande soif de voir.

Dans un ciel d'un noir d'encre, sans Terre ni Soleil, des étoiles innombrables étaient semées comme une poussière de diamants. Ces étoiles n'avaient pas un mouvement plus rapide que ne l'a, pour un astronome de Paris, l'étoile polaire. Trois cent cinquante heures de suite elles restaient là, s'offrant aux observations les plus minutieuses, aux déterminations absolues ou relatives, sans qu'aucun nuage, aucune vapeur, aucune agitation atmosphérique vînt affaiblir leur éclat ou masquer leurs caractères. C'était bien ce que Norbert attendait sans l'avoir jamais vu. Mais, pour des yeux d'astronome, le spectacle avait quelque chose de si délicieux, qu'il en resta d'abord comme enivré.

Quand il sortit de son immobilité pour monter le pied de sa lunette, il s'aperçut que le froid l'avait saisi au point de le paralyser. Ses mâchoires se contractaient, un engourdissement général saisissait tous ses membres. Ses poumons même avaient peine à aspirer l'oxygène de son réservoir. Il sentait ses tempes serrées comme par un étau glacé. Une minute encore, et il allait être définitivement gelé...

Il se retournait avec un geste d'impatience, pour dire à Kaddour qu'il fallait sans retard revenir à la zone éclairée, quand il aperçut au loin, et sur le sol même de la Lune, certaine lueur rougeâtre qui attira son attention. On aurait dit, à ses intermittences, un de ces feux tournants qui signalent, sur les côtes maritimes d'Europe, soit un danger, soit un alignement nautique.

« C'est un phare ou un volcan ! » pensa Norbert.

Et prenant Kaddour par la main, comme il aurait pu prendre un enfant de quatre ans, il se mit à courir de toutes ses forces dans la direction de la lueur.

Ce mouvement violent ne tarda pas à les réchauffer tous deux et, du pas dont ils allaient, ils eurent bientôt franchi les trois à quatre lieues qui les séparaient du feu.

C'était bien un volcan en effet, — un volcan en miniature, car son orifice n'avait pas dix mètres de large, — et qui semblait expirant au milieu d'une myriade d'autres cratères éteints. On aurait dit la dernière étincelle d'un incendie colossal, qui avait jadis fait rage dans cette plaine et maintenant exhalait son dernier soupir.

Mais, si modeste qu'il fût, ce volcan minuscule ne laissait pas de représenter un foyer de chaleur assez intense, et véritablement inappréciable dans les circonstances où se trouvait Norbert. Kaddour et lui s'installèrent avec délices sur le versant nord du petit cratère, comme sur un poêle russe, et sans plus tarder ils y plantèrent leur camp.

A cette chaleur douce et égale, leurs membres revivaient pour ainsi dire, leurs poumons se dilataient, la faculté de se mouvoir et d'agir revenait tout entière.

Quant au volcan, sans se douter qu'il était ainsi réduit au rôle humiliant de chaufferette, il continuait à lancer de minute en minute un halètement de cendres et de fumée, éclairées par son foyer mourant. On entendait à ce moment un grondement souterrain qui se fondait comme un soupir dans l'explosion ; puis le silence se faisait pour un instant, et pendant cet intervalle de repos, Norbert percevait un bruissement distinct, continu, pareil à celui d'une chute d'eau.

Curieux de vérifier la cause de ce bruit, il alla à la découverte, aussitôt qu'il se sentit réchauffé, et ne tarda pas à apercevoir au pied même du cratère, mais sur l'autre versant du volcan, un geyser minuscule comme le volcan qui l'alimentait. De ce geyser s'élevait, à la hauteur d'un mètre à peine, une colonne d'eau bouillante qui montait, au moment de l'explosion, à sept ou huit mètres.

L'eau n'en était pas bonne ; elle se trouvait associée à des cendres sulfureuses qui la rendaient nauséabonde ; mais c'était de l'eau, — de l'eau chaude, — trésor sans prix en ce lieu. Il fut donc convenu qu'on y resterait. Après avoir pris un substantiel repas de biscuit, de viande froide et de thé au rhum, après avoir renouvelé à la chaleur du geyser la provision d'oxygène de leurs réservoirs, les deux voyageurs se roulèrent chacun dans une couverture de laine et ne tardèrent pas à s'endormir.

A son réveil, Norbert monta sa lunette et se mit sans retard à étudier le ciel. Les observations qu'il pouvait prendre dans le temps si court dont il disposait n'étaient assurément pas d'une très grande importance; encore suffisaient-elles à lui prouver quels avantages inappréciables il aurait gagnés à les continuer d'un pareil observatoire. Se dire, par exemple, que, s'il y avait eu une comète au ciel à ce moment, il lui aurait été possible de la suivre pendant des intervalles de temps égaux choisis à volonté, et d'obtenir une série de positions assez exactes pour déterminer son orbite et en calculer les éphémérides; que toute observation aurait pu être reprise, poursuivie, contrôlée, pendant une suite d'observations nouvelles, échelonnées sur plus de quatorze fois vingt-quatre heures!... Quel rêve pour un astronome!... Il n'y avait même pas à songer à le réaliser cette fois : mais du moins Norbert voulut se donner la joie de voir une à une, et sans voiles, ces planètes sœurs de la Terre, qu'il avait si souvent étudiées à travers la gaze de notre couche atmosphérique.

Il braqua d'abord sa lunette sur Mars, dont il vit distinctement les continents et les mers, les glaces polaires et les deux lunes; sur Vénus, resplendissante de lumière, si éclatante qu'elle embrasait le ciel autour d'elle, et qu'elle traçait des ombres très nettes sur le sol de la Lune. Puis, sans chercher Mercure, qu'il savait ne pouvoir rencontrer qu'à heure fixe et immédiatement avant le lever ou le coucher du soleil, Norbert se tourna, dans le ciel, vers le monde géant de Jupiter.

Comment exprimer son émotion, quand il le vit arriver, — imposant et radieux, strié de ses bandes équatoriales, accompagné de son cortège de quatre lunes. — dans le champ de sa lunette !... Jamais ce globe colossal, 1234 fois plus grand que la Terre, ne lui était apparu si majestueux et si beau.

Uranus ni Neptune ne pouvaient être visibles. Le cœur doucement ému par l'attente, Norbert porta sa lunette vers Saturne. Certes, il n'avait jamais oublié l'impression laissée en lui par cette admirable planète, le soir où pour la première fois, dans un jardin public, il lui avait été donné de la contempler au télescope, — un télescope bien banal pourtant !... Mais cette impression ineffaçable de son adolescence, qui avait décidé de sa carrière, n'était rien encore auprès de celle qu'il ressentit alors... Jamais l'anneau mystérieux qui entoure Saturne d'une bande d'or ne lui était apparu aussi éclatant et aussi distinct. Il le voyait très ouvert, divisé en trois segments et formé de plusieurs cercles concentriques. La tranche, l'ombre portée de l'anneau sur la planète, l'ombre du globe sur l'anneau lui-même, et les bandes dont ce globe est strié, tout cela se détachait comme un dessin de braise sur le fond noir du ciel. C'était à croire qu'on en était à quelques mètres, et qu'en allongeant le bras on toucherait à ce monde lointain...

Quelles inappréciables découvertes des observations prolongées, des études de détail, des analyses spectrales, prises de ce lieu, n'auraient-elles pas fourni en quelques mois, à un cerveau comme celui de Norbert Mauny, en possession de toutes ses énergies, de toute sa ferveur scientifique !... Perdu dans sa contemplation, il oubliait tout le reste, ne se savait même plus sur la Lune, et se trouvait en quelque sorte transporté dans l'espace, hors de toutes conditions de temps et de lieu.

Soudain, il se sentit tiré par la manche, et reportant ses yeux sur le sol, — retombant, on peut le dire, du haut de l'empyrée, — il vit le nain qui levait vers lui son regard suppliant.

« Ah ! répondit-il par signes à cette requête muette... C'est vous, Kaddour ?... Vous voudriez bien aussi donner un coup d'œil à la lunette ?... Une minute encore et je suis à vous !...

— Savez-vous depuis combien de temps vous êtes là, l'œil

fixé sur votre objectif? demanda le nain avec une mimique expressive.

— Mais... Je ne sais trop!... Trente minutes, peut-être, ou davantage!...

— Il y a quatre heures!... répondit Kaddour. Et je ne vous aurais pas dérangé, croyez-le bien, si nous n'étions déjà en train de dépasser la limite assignée à cette expédition, dans votre programme... Vos amis seront inquiets!...

— Vous avez raison, et je vous remercie de m'avoir averti, Kaddour!... Il ne faut pas leur causer d'inutiles soucis. Regardez à votre tour les anneaux de Saturne. Regardez dans le ciel tout ce qu'il vous plaira. Puis, nous plierons bagage et nous nous remettrons en route... »

Vingt heures plus tard, les deux voyageurs, brisés de fatigue, rentraient à l'observatoire, où ils retrouvaient choses et gens comme ils les avaient laissés.

CHAPITRE IX.

LE PAPYRUS SÉLÉNITE

Après leur avoir donné le temps de se reposer, on écouta avec intérêt le récit de la reconnaissance poussée par Norbert jusqu'à l'hémisphère invisible; puis on lui conta par le menu la découverte de Gertrude. Il voulut aussitôt aller faire une exploration plus complète du monument sélénite, et, cette fois, ce furent Mlle Kersain et Fatima qui l'accompagnèrent avec le docteur.

Dès son entrée dans la nef de l'édifice, il fut frappé de voir dans toutes les peintures en creux qui couvraient les murailles, et sur tous les hauts-reliefs, un détail qui devait frapper un astronome : la présence de deux *soleils* dans le ciel de la Lune, un grand et un petit.

Tout à fait familiarisé, désormais, avec le langage des gestes, il eut recours à ce procédé pour donner l'explication du phénomène.

« On ne peut douter, dit-il, que dans ces images, le grand soleil ne soit la Terre, encore à l'état incandescent, et cette circonstance même assigne au monument sélénite une antiquité extraordinairement reculée. Sa conservation s'explique par le fait qu'il n'y a ici ni pluies, ni vents, ni tempêtes atmosphériques d'aucun genre : rien que des variations de température aux effets desquelles ces matériaux sont probablement peu sensibles... »

En promenant ses regards autour de l'édifice, Norbert en remarqua la forme pyramidale.

« Il est clair, reprit-il aussitôt, que les Sélénites connaissaient les lois de la mécanique bien avant que la Terre se fût assez refroidie pour voir naître la vie. La pesanteur étant ici six fois moins intense que sur notre sol natal, et la solidité des édifices étant en raison directe de cette force, on était obligé de les établir sur des bases bien plus larges et de leur creuser des assises autrement puissantes. La forme de la fourmilière qui résiste au vent malgré la légèreté de la construction ; celle de la montagne qui survit à toutes les convulsions géologiques ; celle du cône enfin, est la seule qui pouvait être adoptée dans la Lune, et vous voyez que les Sélénites l'ont compris !... C'est ce qui explique aussi que leur monument soit encore debout, après des milliers de siècles d'existence...

— Qu'est-ce donc que ceci ? » disait de son côté Gertrude, en s'arrêtant devant une sorte d'encadrement triangulaire qu'elle n'avait pas remarqué lors de sa première visite.

Examen fait, cet encadrement percé dans la muraille se trouva être une porte immense comme tout le reste, et que fermait une série de lames métalliques assez semblables à celles d'un éventail. Ces lames se replièrent aisément sur elles-mêmes.

Elles laissèrent voir une ouverture qui donnait accès dans une seconde salle.

Celle-ci n'était point vide comme la première. Elle contenait un grand nombre de meubles, qui tous, jusqu'aux sièges, rappelaient la pyramide par leur base large et massive, leur sommet plus ou moins effilé. Ces sièges étaient de dimensions colossales et devaient avoir été destinés à des statues aussi gigantesques que les Bouddhas des temples indiens. L'hypothèse parut se confirmer quand on s'aperçut qu'ils étaient tous en or fin, mais terni par le temps. Il y en avait là, évidemment, pour une somme énorme, au prix que ce métal vaut encore sur la Terre.

« C'est incroyable! disait le docteur toujours en langage manuel. Pour avoir ainsi prodigué l'or, il faut que les Sélénites aient connu le moyen de le fabriquer, et possédé ce que les alchimistes de jadis appelaient la « pierre philosophale! »

— Quoi! mon oncle!... demanda de même Mlle Kersain. Est-il possible que vous croyiez à la science des alchimistes?

— Je ne crois pas qu'ils aient jamais trouvé le moyen de faire de l'or; mais je ne vois vraiment pas pourquoi on ne le trouverait pas! La chimie moderne réduit tous les jours le nombre des corps simples élémentaires. Qui nous dit qu'un de ces matins elle ne découvrira pas, dans l'or, tout uniment l'état solide d'un gaz aussi commun que l'azote? Elle nous a déjà donné bien d'autres surprises!... »

On était arrivé devant une porte pareille à la première et qui s'ouvrit de même. Et alors, dans une troisième salle, s'offrit un spectacle saisissant.

Au milieu d'un pavé qui semblait fait de pierres précieuses taillées à arêtes vives, s'élevait une sorte de catafalque immense, si l'on peut donner ce nom aux huit ou dix assises monumentales qui le constituaient. Sur la plus haute, reposait dans l'attitude du sommeil, — sous la lumière qui tombait de la voûte après avoir traversé des lentilles de cristal, — une merveilleuse statue de proportions colossales. On eût dit un Hercule endormi; mais un Hercule comme la statuaire terrestre n'en a jamais coulé, un Hercule d'or massif et plus beau encore par la noblesse des proportions, la vigueur du modelé, la puissance et la vérité de la musculature, que par le métal précieux dont il était fait.

« Il faut que je le mesure ! » se dit le docteur Briet *in petto*, en escaladant non sans peine les énormes degrés du catafalque.

Arrivé sur la dernière marche, il tira un mètre de sa poche et venait de mesurer une longueur totale de 9 mètres 80 centimètres, de la tête aux pieds de la statue, quand, sous ses doigts même, il la vit littéralement tomber en poussière... A peine l'avait-il effleurée, pourtant. Il n'en fallait pas plus pour la détruire.

Maintenant ses traits avaient disparu, légèrement dispersés comme une poussière d'or, et à la place de ces traits qu'on eût dit sculptés par le ciseau d'un Praxitèle, le docteur ne voyait plus... qu'un crâne humain, colossal, pétrifié, mais parfaitement reconnaissable !...

« Un squelette !... s'écria-t-il. C'est un squelette de Titan !... »

Et sa voix, répétée par quatre ou cinq échos, résonna dans cette salle immense comme dans la nef d'une cathédrale.

Ici encore il y avait donc de l'air !...

A peine prit-on le temps de le constater, tant la trouvaille du docteur était surprenante.

C'était bien un squelette humain pourtant, — un squelette de 9 mètres 80 centimètres, — qui restait gisant à ses pieds, encore à demi revêtu de son écorce d'or.

« Aussi long que la baleine du Jardin des Plantes !... poursuivait le docteur, toujours penché sur son sujet. Ainsi donc, non seulement la Lune a été habitée, mais les Sélénites étaient des géants !...

— Celui-là, tout au moins ! dit en riant Norbert, ravi de pouvoir enfin sortir de son mutisme forcé.

— Non pas seulement celui-ci ! répliqua le docteur du

haut de son piédestal. Cette stature gigantesque n'était pas simplement possible, elle était *forcée* sur la Lune, du moment qu'il y avait des habitants !... L'intensité de la pesanteur étant six fois moindre que sur notre globe, les arbres, les plantes, les animaux et les hommes sélénites, à l'époque où ils existaient, ont dû *nécessairement* se développer en hauteur et en force musculaire, en raison de cette faible intensité...

— Mais comment vous expliquerez-vous cette transformation soudaine d'une admirable statue d'or en un affreux squelette ? demanda Gertrude.

— C'est que ce n'était pas du tout une statue. Les Sélénites avaient évidemment pour habitude d'envelopper leurs morts d'une fine carapace métallique, comme ont fait parfois les Égyptiens. Étant donnée la perfection du modelé, je ne serais pas surpris qu'ils eussent eu recours à cet effet aux procédés galvanoplastiques. C'est ce qui expliquerait le caractère tout à fait vivant de cette statue, en même temps que son grand style... Le temps, de son côté, a fait son œuvre ; il n'a plus laissé que l'ossature, tout en conservant à la pellicule métallique la forme qui l'avait moulée. Mon indiscrétion seule a détruit ce que les siècles avaient respecté... »

Le docteur se disposait à descendre, quand il remarqua dans la main droite du squelette un rouleau dont il s'empara sans façon. C'était une espèce de papier qui semblait fait d'un tissu d'amiante et qui se trouva couvert de caractères inconnus.

« Voici peut-être le plus intéressant de tout !... » dit-il en sautant sur le sol avec son butin.

Et il avait si grande hâte de l'examiner à loisir, qu'il demanda à rentrer sur l'heure à l'observatoire. On en reprit donc le chemin, non sans deviser, tant qu'on eut de l'air, sur ce qui venait de se passer.

« Cet air, enfermé dans une crypte hermétiquement close, semblerait indiquer qu'à l'époque où elle a été formée, l'atmosphère de la Lune était analogue à la nôtre, fit remarquer à ce propos Norbert. Peut-être s'est-elle tout simplement dépouillée de son oxygène, à la longue, et est-elle par cette raison même devenue impropre à la vie. Ce qui en reste serait, dans mon hypothèse, de l'azote plus ou moins pur. Il sera aisé de le vérifier, et cela pourrait être non seulement intéressant, mais immédiatement utile. »

En rentrant à l'observatoire, le docteur s'était mis sans tarder à étudier son papyrus. Mais après plusieurs heures de vains efforts pour le déchiffrer, il dut s'avouer qu'il était précisément aussi avancé que les égyptologues avant la découverte de la fameuse pierre de Rosette [1]. La clef lui manquait.

Voyant qu'il donnait, comme on dit, sa langue aux chiens, Kaddour lui demanda la permission de s'essayer à son tour sur le document sélénite. Il sortit de cette étude, au bout d'un quart d'heure, en déclarant que l'inscription signifiait pour lui :

« Soleil, fils de l'Astre du Nord, s'est endormi du dernier sommeil le 4e jour de la 9e année du 32e cycle. »

Cette traduction, il faut le dire, se heurta d'abord à une certaine incrédulité ; mais Kaddour insista si bien, et démontra avec tant d'éloquence que les signes du papyrus, interprétés comme formant un rébus *idéologique, pouvaient* au moins avoir ce sens, — que le docteur finit par se déclarer convaincu, non sans admirer beaucoup la sagacité du petit homme.

Sur quoi, le nain fit observer avec raison qu'on avait là un bon exemple d'écriture se rapportant à des idées et non pas à des mots, indépendante de toute langue, et de nature à être comprise par tous les hommes.

A ce moment, Norbert sortait du laboratoire de chimie, où il s'était enfermé. On le mit au courant du débat.

« Je serais très disposé pour mon compte, dit-il aussitôt, à admettre l'interprétation de Kaddour. Elle tendrait à montrer que les Sélénites prenaient volontiers des noms d'étoiles, et

---

1. Cette pierre porte une inscription sur trois colonnes : en grec, en copte et en caractères hiéroglyphiques. Elle a servi de base à tous les travaux modernes sur l'écriture égyptienne.

cela *devait être*, chez une race aussi bien placée pour faire de rapides progrès dans la science du ciel. Le cycle dont il est parlé là est probablement un grand cycle astronomique, ce qui confirme notre première impression sur la très haute antiquité de ce papyrus...

« ...De mon côté, reprit Norbert après un instant, j'ai fait une constatation assez importante : c'est bien d'azote, avec des traces d'oxygène, que se compose l'atmosphère lunaire. La densité de cet azote est seulement de 0.16200, c'est-à-dire égale au sixième de la densité du même gaz dans l'atmosphère terrestre. Ce fait est encore un corollaire logique de la faible intensité de la pesanteur sur le globe où nous nous trouvons. Il explique aussi, avec l'état de sécheresse absolue de l'atmosphère lunaire, qu'elle soit d'une transparence si parfaite. Enfin, il explique un phénomène qui m'intriguait beaucoup, c'est que la provision d'oxygène de nos réservoirs nous permette de respirer pendant trois ou quatre heures et au delà. Il suffit, en effet, qu'une proportion de 20 à 23 pour 100 de cet oxygène se mêle à 76 pour 100 d'azote lunaire pour nous donner un air tout aussi respirable que celui de la Terre. Ce mélange s'effectue tout seul, par la raison que nos masques respiratoires ne sont pas hermétiquement appliqués sur nos faces, et c'est ainsi que nous nous tirons d'affaire...

— Voilà une nouvelle de première importance pour nous! s'écria le docteur.

— En effet, nous sommes sûrs désormais de ne pas manquer d'air; car, au lieu de consommer dans les derniers jours de l'oxygène pur, comme j'entrevoyais la nécessité de le faire, il suffira de fabriquer, pour l'usage intérieur de l'observatoire, le mélange d'oxygène et d'azote, ou air artificiel, qui nous sera nécessaire.

— Alors, vous pensez décidément que l'air de la Lune a été jadis analogue au nôtre, à la différence près de sa densité, et qu'il a graduellement usé son oxygène? demanda le docteur.

— Précisément. Nous en avons pour preuve le lambeau de vieux air confiné dans la crypte du monument sélénite, et le fait que la vie, après avoir régné sur la Lune, y ait aujourd'hui disparu. Vous remarquerez d'ailleurs la prédominance visible du fer dans toutes les roches qui nous entourent, et toutes ces roches sans exception sont profondément oxydées : à force de consommer ou d'absorber de l'oxygène, les animaux, les végétaux et les minéraux de la Lune ont fini par n'en plus trouver assez dans leur atmosphère, et alors la vie s'est éteinte. »

La nouvelle apportée par Norbert avait mis tout le monde en belle humeur.

Aussi, chacun voulut-il, après dîner, concourir avec lui à prendre une précaution indispensable, en emmagasinant de la chaleur pour les besoins de la longue nuit lunaire. Il s'agissait de mettre en action une série d'insolateurs, pour chauffer à blanc d'énormes pierres : ces pierres furent ensuite enterrées dans le sous-sol des magasins, de manière à conserver une grande quantité de chaleur utilisable.

En même temps, on inaugurait la fabrication en grand de l'oxygène, pour renouveler la richesse de l'air du cratère qui commençait à se raréfier sensiblement.

A cette occasion, la quantité de chlorate de potasse en magasin fut vérifiée. On constata qu'il en existait 120,000 kilogrammes ou 30 tonneaux [1]. Provision précisément suffisante pour recharger d'oxygène l'air nécessaire à la consommation de onze personnes pendant dix-huit ou vingt jours. L'appareil adopté à cet effet était des plus simples : il consistait en une grande caisse d'oxydation par où passait, avant de se rendre aux parties habitées de l'observatoire, tout l'air amené du réservoir souterrain par l'action d'une pompe automobile.

---

1. Ces 120,000 kilogrammes terrestres n'en pesaient, bien entendu, sur la Lune, que 18,680 environ.

Ces soins et ces travaux nécessitèrent trois fois vingt-quatre heures d'activité incessante, et pendant lesquelles on ne put faire au dehors que de rapides promenades. Peu importait, au surplus : on connaissait maintenant dans ses lignes essentielles la physionomie des deux hémisphères de la Lune ; le docteur avait formé une collection de roches variées ; il possédait un manuscrit sélénite ; Gertrude avait pris des croquis de tout ce qu'elle avait vu d'intéressant. Il ne restait plus qu'à affronter la monotonie de la longue nuit lunaire. Puis, au retour du Soleil, les travaux terminés et tous les miroirs coniques remis en action, on pourrait tenter de reprendre le chemin du sol natal.

Mais quelles surprises ne réservait peut-être pas encore aux naufragés cet effort suprême ! Norbert, qui en avait la responsabilité, en sa qualité de commandant, ne voulait cette fois rien laisser soit au hasard, soit à l'imprudence d'un de ses compagnons. Il combina donc, pour la mise en jeu de son appareil central, un mécanisme nouveau dont il se réserva le secret. C'était comme une serrure de coffre-fort. Il fallait en connaître le mot pour l'ouvrir. Lui seul pouvait désormais établir le contact et transformer le roc de Tehbali en aimant.

Les dernières heures du jour furent consacrées à établir sur l'esplanade une haute charpente de fer supportant un axe horizontal d'acier poli. A cet axe devait venir se suspendre, au moment voulu, un vaste parachute de soie, tenu tout ouvert par une carcasse démontable et dans la nacelle duquel les onze voyageurs trouveraient place pour achever leur descente, à l'instant précis où ils seraient suffisamment près de la Terre. Leur poids même devait lester le parachute et l'orienter dans le sens de la plus grande force d'attraction. L'axe horizontal, tournant sur les montants de la charpente, permettrait à l'inversion de se faire graduellement et d'une manière insensible, en donnant au parachute la mobilité d'un pendule autour de cet axe. Enfin, le système de suspension, mis en communication directe avec l'organe électrique central, devait rendre possible une séparation instantanée du parachute et de la charpente, coïncidant avec l'arrêt subit de l'action magnétique. Les éléments de ce système, longuement mûris par Norbert, étaient déjà arrêtés dans son esprit. Il ne restait plus qu'à les exécuter, et c'était chose facile avec les ressources dont il disposait.

XVII

C'ÉTAIT FÉERIQUE ET RAVISSANT

CHAPITRE X

L'ÉCLIPSE DU SOLEIL PAR LA TERRE

Sur ces entrefaites et pendant qu'on se livrait à ces travaux, Norbert qui ne perdait pas une occasion d'étudier le ciel et notamment les *protubérances* du Soleil, s'aperçut qu'une éclipse totale de cet astre *par la Terre* allait se produire. Il avertit aussitôt ses compagnons pour qu'ils pussent jouir de ce spectacle qu'il supposait très curieux, en raison des dimensions énormes de la Terre dans le ciel lunaire. Mais il était loin de s'attendre lui-même aux merveilleux effets d'optique dont cette éclipse allait être l'occasion.

A peine les observateurs, munis de verres foncés pour protéger leurs yeux, et des indispensables réservoirs d'oxygène, avaient-ils pris position sur l'esplanade, que le contact s'établit.

D'abord, la Terre se borda lentement d'un croissant d'or qui brillait le long de son disque noir comme une auréole radieuse. Peu à peu, à mesure que le Soleil, comme rongé par ce disque, disparaissait derrière lui, l'auréole grandissait, envahissait la circonférence entière, finissait par entourer de toutes parts l'écran terrestre. Enfin l'occultation devint complète, et alors ce fut chez les spectateurs un geste simultané d'admiration.

Tout autour de l'immense disque, égal en surface à quatorze Lunes vues de la Terre, rayonnait une gloire orangée, bordée par un anneau écarlate. Le paysage lunaire, plongé dans l'ombre, s'enveloppait d'une teinte rousse qui en fondait délicieusement tous les détails, en revêtant les sommets et les cratères de glacis violacés. C'était féerique et ravissant. Pendant plusieurs minutes, les voyageurs restèrent plongés dans la délicieuse sensation que leur donnait la vue du panorama lunaire ainsi transformé, adouci et animé par ce jeu de lumière. Mais, l'éclipse devant se prolonger plusieurs heures, on finit par rentrer au salon pour échanger plus aisément ses impressions.

La première idée de Norbert fut de photographier le paysage sous cet aspect nouveau, comme il l'avait déjà fait à la lumière ordinaire; il obtint une épreuve assez intéressante. Quant à Mlle Kersain, son idée, à elle, était faite de bonté et de pitié profonde.

« M. Mauny, dit-elle tout à coup, je voudrais vous demander une faveur !...

— Ai-je besoin de vous dire que je suis trop heureux de vous l'accorder d'avance?

— Je pense à ces pauvres malheureux qui sont en prison, et je les trouve fort à plaindre de ne pas profiter au moins de cet admirable spectacle. Il est déjà bien dur pour eux d'être exilés sur la Lune sans rien voir des curiosités qu'elle nous montre. Ne pourrait-on pas les faire sortir pour qu'ils voient l'éclipse?

— Rien n'est plus facile, mademoiselle, et Virgile, qui leur donne deux fois par jour une promenade dans le chemin de ronde, va aller leur en ouvrir la porte.

— Oh! Monsieur Mauny!... Il faut leur donner la fête complète et les laisser venir sur l'esplanade. Dans le chemin de ronde, ils ne verraient rien.

— Soit, mademoiselle. Tu as entendu, Virgile? Fais ce que souhaite Mlle Kersain. »

A ce moment, les yeux de Norbert tombèrent par hasard sur la physionomie de Kaddour, qui venait de l'assister dans ses opérations photographiques : il fut étonné de l'expression de rage atroce qu'il y vit.

« Qu'est-ce donc? lui dit-il aussitôt. Trouvez-vous extraordinaire qu'on montre un peu d'humanité pour des gens fort peu recommandables assurément, mais malheureux, à tout prendre?

— Malheureux!... Malheureux, ces vils gredins!... rugit Kaddour, incapable de contenir les passions qui l'agitaient. Malheureux, parce qu'ils sont aux arrêts dans leur logement même, nourris comme des princes et occupés du travail le plus doux!... Et des distractions, des spectacles, par-dessus le marché!... Ah! je leur en donnerais, des spectacles, si j'étais le maître!... Je leur en donnerais des appartements, et des rations, et des promenades dans le chemin de ronde!... A coups de fouet, oui!... Du fer rouge dans la langue, oui, — en manière de biscuit!... Un bon baril de poix bouillante, oui, — en manière de logement!...

— Kaddour, comment pouvez-vous parler ainsi devant Mlle Kersain, ou seulement penser de pareilles abominations? Êtes-vous donc devenu étranger à tout sentiment humain?... Voulez-vous nous faire penser que vous êtes un sauvage polynésien et non pas un Français, comme vous le prétendez?

— Si ces misérables vous avaient fait souffrir comme moi, monsieur Mauny, vous verriez si l'idée vous viendrait de leur procurer des douceurs dans leur prison!...

— L'idée ne m'en viendrait peut-être pas dans ce cas, j'en

conviens. Mais ce n'est pas une raison pour que vous ne l'admettiez pas chez Mlle Kersain ou chez moi. La justice n'est pas et ne doit pas être une vengeance. Elle doit, dans la mesure du possible, empêcher le méchant de nuire, mais ne saurait s'arroger le droit de lui infliger une souffrance inutile. Les horribles représailles dont vous parliez tout à l'heure sont bonnes pour des cannibales : un homme civilisé, instruit, comme vous l'êtes, doit savoir s'élever au-dessus de ces instincts farouches, comprendre que son premier devoir est de ne pas adopter les procédés sanguinaires de ceux qui lui ont fait le plus de mal.

— Mais alors, tout l'avantage est pour eux, et c'est lui qui reste dupe!...

— Pourquoi?... Parce que des misérables, désormais impuissants à mal faire, ne souffrent pas tout ce qu'il a souffert?... La belle avance que ce serait pour lui!... Est-ce que leurs torts s'en trouveraient effacés?... Supposez qu'il nous fût possible, comme vous le voudriez sans doute, d'enfermer Vogel et Gryphins, pendant quinze ans, dans un moule en fer, en auriez-vous moins subi ce supplice?

— Non, mais je serais content de le leur voir subir!...

— Eh bien, c'est ce que j'appelle un sentiment plus erroné encore que mauvais. Vous seriez beaucoup plus content, je vous l'assure, si vous pouviez vous résoudre à leur pardonner de bonne foi!...

— Oh! cela, jamais, par exemple!...

— Soit. C'est votre affaire. La mienne est d'empêcher que des prisonniers qui ont ma parole subissent aucune rigueur inutile. Et c'est pourquoi je vous renouvelle ici la demande formelle de les respecter, tant qu'ils sont sous mon toit!... »

A ce moment, Virgile était précisément en train d'amener les trois prisonniers, par le chemin de ronde, au bord de l'esplanade. Il n'y avait aucun danger qu'ils s'évadassent, vu l'impossibilité de respirer sans oxygène. Aussi étaient-ils entièrement libres de leurs mouvements.

Norbert, craignant que ce spectacle n'exaspérât encore le

ressentiment de Kaddour, l'envoya au laboratoire de chimie développer les épreuves photographiques. Il laissa les prisonniers profiter pendant deux heures du spectacle de l'éclipse, et ne donna l'ordre de les reconduire à leur quartier qu'au moment où elle allait prendre fin. Alors seulement, Kaddour eut la permission de venir avec les autres voyageurs observer la dernière phase du phénomène, qui fut de tout point digne de la première.

En rentrant dans sa chambre, Norbert prit occasion de l'incident de la journée pour interroger Virgile sur l'attitude générale des prisonniers. Il apprit qu'ils se montraient ordinairement assez soumis et même reconnaissants des égards qu'on avait pour eux, mais très paresseux et surtout très méfiants.

« Je ne puis pas leur ôter de la cervelle que votre intention est de les laisser ici quand nous partirons, disait le digne serviteur. J'ai beau recourir à tous les moyens pour les convaincre de votre bonne foi et les assurer que vous n'avez jamais songé à chose pareille, il est clair qu'ils gardent à ce sujet un doute ou, pour mieux dire, une opinion arrêtée. Ils vous jugent d'après eux-mêmes et trouveraient tout naturel que vous fissiez contre eux ce qu'ils n'hésiteraient probablement pas à faire contre vous.

— Dis-leur pour les convaincre que je n'ai garde de vouloir les soustraire à l'exposé public de leurs méfaits, dit Norbert. Il ne faut pas qu'ils s'imaginent qu'ils en seront quittes avec quelques jours de prison. Je compte les traduire devant le premier tribunal qui sera à ma portée, fût-ce un jury quelconque d'honnêtes gens, que je prendrai pour arbitre entre eux et moi. Ils ne perdront rien pour attendre, ils peuvent en être sûrs!... Mais quant à les laisser ici, répète-leur bien sous toutes les formes que je suis incapable de concevoir une idée de ce genre, à plus forte raison de la réaliser!... Tu peux même ajouter que je leur tiendrai compte de l'aide qu'ils nous auront donné pour remettre nos machines en état de servir, et que mon indulgence sera exactement proportionnée à l'ardeur qu'ils apporteront au travail!... »

Les heures suivantes furent activement occupées à terminer les derniers préparatifs nécessaires en vue de la nuit qui venait.

Vingt-deux tonneaux de chlorate de potasse ayant été consacrés à fabriquer de l'oxygène qu'un conduit de cuir allait directement mêler au reste d'air contenu dans le cratère, on avait encore en réserve huit barriques, et tout permettait d'espérer qu'on arriverait sans encombre au moment où le départ serait possible. Les miroirs paraboliques étaient tous réparés. Il n'y avait plus qu'à compléter les travaux d'électricité et de couture, à poser des bandes de papier sur les fissures des portes et des fenêtres, pour combattre le froid extérieur dans la mesure du possible, et à s'armer de patience pour affronter la prodigieuse nuit de 354 heures qui allait s'ouvrir.

Le Soleil, en effet, après avoir mis le même temps à parcourir en apparence, dans le ciel lunaire, son demi-cercle complet, approchait de l'horizon occidental. Il y arriva enfin, et toujours avec la même lenteur s'abaissa derrière les montagnes voisines.

Le spectacle était curieux parce qu'il était nouveau, mais il n'avait rien de la splendeur qui avait signalé l'éclipse, ni même de celle qui caractérise un coucher de Soleil terrestre. L'illumination merveilleuse des hauteurs atmosphériques, les nuées de pourpre et d'or, les éventails de rayons lumineux dont l'astre du jour s'enveloppe pour nous au moment de disparaître, sont inconnus sur la Lune, précisément parce que son atmosphère, parfaitement translucide, n'a conservé ni nuages ni vapeurs. Le Soleil commença donc de descendre tout simplement à l'horizon, sans prendre congé par un feu d'artifice, si l'on peut ainsi dire, de ceux qui lui disaient au revoir. Son disque s'abaissa lentement pendant une heure, disparut enfin, ne trahit plus sa présence que par des paillettes d'or accrochées aux cimes les plus hautes du paysage, et alors, sans transition, sans crépuscule, la face visible de la Lune resta plongée dans la nuit, tandis que l'autre hémisphère s'éclairait à son tour.

XVIII

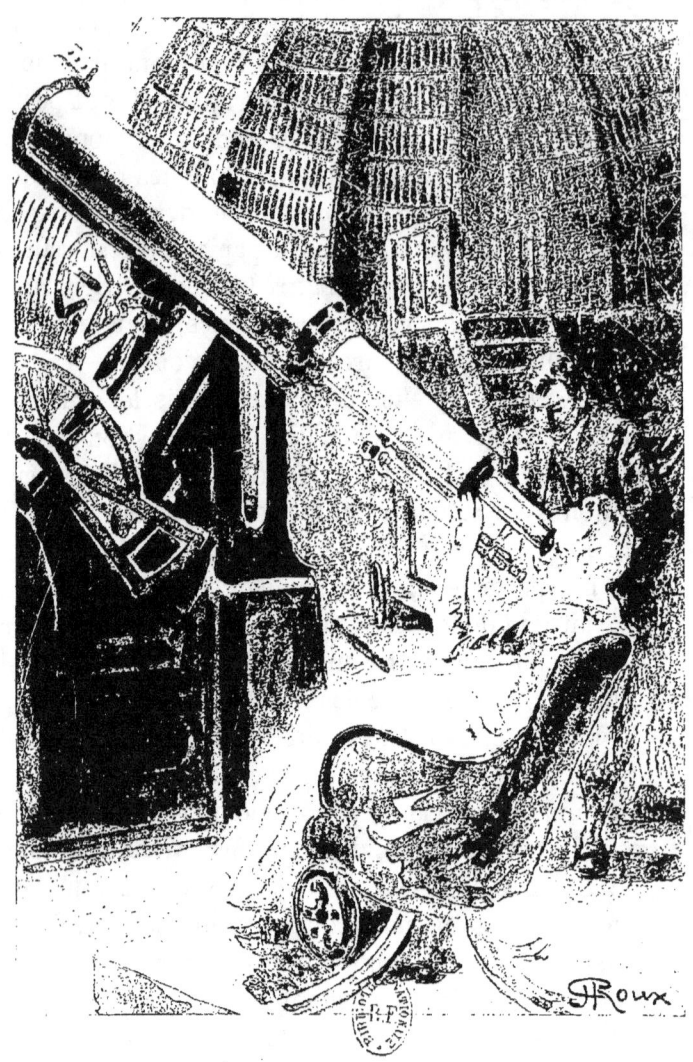

Mlle KERSAIN INSTALLÉE DANS UN BON FAUTEUIL

CHAPITRE XI

AU CLAIR DE LA TERRE

La nuit, telle qu'elle s'établit sur la face visible de la Lune, est bien loin d'être aussi complète que sur l'autre hémisphère. C'est plutôt une sorte de demi-jour, où tous les objets revêtent une teinte adoucie, mais claire.

Mlle Kersain s'était approchée d'une des fenêtres du salon et contemplait avec un vif intérêt le nouvel aspect du paysage lunaire. Il avait maintenant quelque chose de plus fantastique encore que sous les rayons du Soleil. Au pied du Tehbali, moutonnait toujours le troupeau des cratères, dont un côté était baigné dans une lumière blanche, tandis que l'autre restait plongé dans une ombre d'un noir de velours. L'immobilité de tous les objets semblait pour ainsi dire plus intense sous cette clarté glaciale. Elle avait quelque chose de si étrange et de si imprévu, que Gertrude en chercha machinalement la source.

En se penchant sur le côté droit de la fenêtre, elle aperçut alors au ciel, vers l'occident, un astre monstrueux et qui lui était inconnu.

C'était un disque immense, large en apparence de deux ou trois mètres, et qui inondait le ciel d'une lumière blafarde comme celle que nous envoie la Lune ici bas, mais quinze ou vingt fois plus forte. Sur le premier moment de surprise, Mlle Kersain ne put retenir un cri d'admiration, presque d'effroi, qui amena Norbert auprès d'elle.

« Voyez! lui dit-elle, en lui montrant l'astre merveilleux. Qu'est-ce que cela?...

— Eh quoi! mademoiselle, vous ne reconnaissez pas votre pays natal?... s'écria Norbert en riant. C'est la Terre... Notre vieille Terre elle-même, qui veut bien nous adoucir les rigueurs de la nuit lunaire par un *clair de Terre* admirable, et que nous aurons jusqu'au bout...

— Quelle chose étrange et pourtant naturelle!... j'aurais dû m'en douter!... Mais, sur le premier moment, je suis restée saisie. J'ai même eu un peu peur, je crois!... Ce disque est si majestueux et si grand!... Il m'a rappelé la Lune au troisième jour de l'opération qui nous a envoyés ici... J'ai cru que les cataclysmes allaient recommencer sans crier gare!... Mais voyez donc, M. Norbert, ces taches claires au milieu d'un fond plus noir... Il y en a une qui a *un peu* la forme de l'Afrique, là sur la gauche...

— Elle l'a bien *tout à fait*, la forme de l'Afrique!... C'est l'Afrique elle-même... Si vous voulez venir à la galerie des lunettes, je vais vous la montrer au télescope, et vous n'en douterez plus.

— Est-il possible!... Allons-y au plus vite. Fatima! Mon oncle!... Venez voir la merveille!... Venez voir ce que personne n'a jamais vu encore !... L'Afrique entière dans le champ de votre vue !...

— Avec la moitié de l'Asie et de l'Europe par surcroît, dit Norbert en se dirigeant vers la coupole de l'observatoire, où chacun s'empressa de le suivre. »

Bientôt, Mlle Kersain, installée dans un bon fauteuil, devant l'oculaire du télescope, eut la joie inexprimable d'apercevoir non seulement toute l'Afrique, mais la région même limitée par la mer Rouge, et par conséquent le Soudan. C'était comme une carte muette dessinée en clair sur un fond de nuages noirs. Ces nuages noirs étaient l'Océan.

« C'est admirable !... merveilleux !... disait-elle ravie. Quelle netteté !... Quelle clarté !... Quel modelé parfait !... Et dire que mon cher père est là, se désolant de n'avoir plus sa fille !... Il me semble que je suis tout près de lui. Et pourtant je ne m'en suis jamais sentie si loin... Pauvre cher père !... Je sais du moins où il est. Mais lui !... Que doit-il penser ?... Quelles ne doivent pas être ses inquiétudes ?... Ah ! monsieur Norbert, vous qui êtes si savant, ne pourriez-vous pas trouver le moyen de lui envoyer un message ?...

— Hélas, mademoiselle, ce n'est peut-être pas impossible, mais il faudrait en tout cas des préparatifs fort longs et sans grandes chances d'arriver à être compris ou même aperçus, répondit le jeune homme profondément attristé de voir briller des larmes dans les yeux de la pauvre enfant. Mais je vous en prie, ne vous désolez pas ainsi. Je vous affirme que vous le reverrez bientôt, ce cher père !... Vous ne resterez ici que le temps absolument indispensable... Que cette nuit prenne fin, et vous verrez !... Allons, mademoiselle Gertrude, vous, si brave, si courageuse jusqu'ici !...

— Je vais m'efforcer de l'être, dit-elle en essayant de sourire. Mais vous ne pouvez vous rendre compte de l'émotion que j'éprouve à voir ainsi dans le ciel le monde où se trouve mon père. Il me semble que je suis morte, et que je le regarde de là-haut !... ou bien que c'est lui, au contraire... Jamais je n'avais senti si vivement quelle effroyable distance nous sépare !...

— Qu'importe la distance, puisqu'on peut la franchir !... Nous l'avons fait déjà, et nous le referons, sur une monture qui ne s'attarde pas en route et va deux fois plus vite qu'un boulet de canon... »

Mais Gertrude ne parvenait pas à dominer son chagrin. Sa voix était brisée. Elle sanglotait en silence sur l'épaule de Fatima, qui mêlait ses larmes aux siennes.

« Voyons !... voyons ! dit brusquement le docteur. Cela n'est pas raisonnable, que diable, ma chère enfant !... Kersain ne se trouve pas plus loin de nous parce que nous voyons un clair de Lune — ou de Terre — qu'au moment où nous ne le voyons pas !... Lui aussi, parbleu, je parle de Kersain, il nous voit, quand le temps est clair au-dessus de Khartoum !

— Croyez-vous qu'il nous voie *maintenant*?... demanda vivement Gertrude.

— Peut-être bien, répondit évasivement le docteur, en faisant un signe à Norbert, qui allait avouer, avec la rude franchise du savant, que c'était au moins peu probable.

L'idée amusa Gertrude, et dans une certaine mesure la consola.

« Si seulement il pouvait me savoir ici, murmura-t-elle ; il me semblerait que nous sommes en communication à travers l'espace et que sa pensée vient au devant de moi, tandis que la mienne s'envole vers lui... Et pourtant, mieux vaut encore qu'il ignore tout, ajouta-t-elle mélancoliquement.

— Il ne faut pas ne garder des yeux que pour le Soudan, s'écria le docteur pour la distraire ; j'aperçois là-bas, tout en haut, un bout de pays qui m'a l'air d'être la France... Elle ne fait pas mauvais effet du tout, avec sa forme trapue, bien assise sur les Alpes et les Pyrénées, et ses deux bras tendus vers l'Atlantique !... »

Mlle Kersain ne refusa pas de donner un coup d'œil à la patrie et la reconnut, avec un vif plaisir, entre la ligne claire dessinée par l'Italie et les deux petites taches blanches qui étaient les Iles Britanniques. Mais son cœur était au Soudan, et c'est de ce côté que se tournaient involontairement ses regards. Il devenait indispensable d'opérer une nouvelle diversion. Heureusement, Norbert l'avait sous la main.

« J'y pense, dit-il tout à coup, moi aussi, je dois avoir quelque chose à vous montrer!... Mais dans une autre région du ciel. »

Faisant virer le télescope sur son axe, il le braqua du côté de la constellation du Cygne, aussi brillante et aussi distincte que si elle avait été composée de gros diamants, chercha pendant deux ou trois minutes, et enfin se retourna.

« Regardez, dit-il à Mlle Kersain en lui cédant sa place.

— Je vois une petite boule rouge, ou plutôt orangée... grande à peu près comme une mandarine.

— C'est cela même... Eh bien, savez-vous ce que c'est que cette petite boule rouge?... Votre filleule en personne!...

— Mon étoile!... s'écria vivement la jeune fille.

— Elle-même, la planète *Gertrudia,* la bien nommée, qui n'a pas voulu nous savoir ici sans nous rendre une petite visite d'amitié et nous saluer à sa façon, en paraissant dans notre ciel!...

— C'est très aimable à elle, et je suis très satisfaite de faire sa connaissance!... Elle n'est pas encore bien grosse, la pauvre petite; mais j'espère qu'elle se porte bien!...

— Oh! le mieux du monde, soyez-en sûre. Ses dimensions, en effet, ne sont pas des plus considérables. Elle n'a qu'une superficie égale à la *treize-centième partie* de celle du globe terrestre. Mais elle est fort bien placée, entre Mars et Jupiter, et elle tourne avec ses sœurs, les autres planètes télescopiques, dans une région fort intéressante du monde solaire. Aussi son voyage autour du Soleil, s'il est un peu long, doit-il être assez amusant.

— Pensez-vous qu'elle soit habitée?

— Je l'ignore absolument, cela va sans dire. Mais il n'y a

aucun motif pour qu'elle ne le soit pas. Elle possède une atmosphère, c'est certain, et une constitution géologique très analogue à celle de la Terre et de Mars. Ce que je puis affirmer, c'est que ses habitants, s'ils existent, sont d'une légèreté extraordinaire et peuvent faire des sauts absolument prodigieux sans se rien casser. La masse de *Gertudia* est si faible que la pesanteur n'a pour ainsi dire aucune énergie à sa surface. Les objets n'y pèsent presque point. S'il y a des volcans chez elle, les pierres qu'ils vomissent s'en vont probablement tomber dans d'autres mondes. S'il y a des enfants, ils peuvent jeter à la main des cailloux qui se perdent dans l'espace et ne reparaissent plus. Il est d'ailleurs aisé d'imaginer que ces habitants possibles doivent être encore bien plus grands que les Sélénites, puisque la taille est étroitement liée à l'intensité de la pesanteur.

— Alors, plus un monde est petit, plus ses habitants, s'ils existent, doivent être grands?...

— C'est évident.

— Eh bien! je n'aime pas du tout cette idée, de savoir mon étoile peuplée de gens encore plus grands que les ci-devant Sélénites... Combien de fois plus grands?...

— Soixante fois peut-être.

— Soixante fois neuf mètres!... Cela ferait des géants de 540 mètres de haut...

— A peu près dix fois l'altitude des tours Notre-Dame. Voilà des gaillards qui seraient sûrs de ne pas être réformés par un conseil de revision! dit le docteur.

— J'aimerais beaucoup mieux qu'ils fussent tout petits et proportionnés à leur monde, poursuivit Gertrude.

— Que voulez-vous?... Il faut les prendre comme ils sont, ou vous adresser, si vous voulez des miniatures d'humanité, au plus grand de tous les globes qui circulent avec nous autour du Soleil, à Jupiter!...

— Ce doit être une société de véritables fourmis, s'écria Mlle Kersain.

— Peut-être même d'êtres microscopiques! répliqua Norbert en riant.

— Oh! sans nul doute, leur vue est proportionnée à leur taille. Mais convenez que ces comparaisons ne sont pas sans utilité pour abaisser un peu la vanité humaine, et surtout cette sorte de vanité qui repose sur quelques centimètres de taille en plus ou en moins. »

Ceci était dit sans doute à l'adresse de Kaddour, qui le prit en tout cas pour lui, car il salua, très touché de cette attention.

On était revenu au salon pour se mettre à table, car l'heure habituelle du déjeuner était venue.

« On dirait qu'il fait déjà froid!... dit tout à coup Mlle Kersain étonnée de sentir un frisson passer sur elle, car c'était une impression dont elle avait de longue date perdu l'habitude.

— On peut le dire sans se tromper! répondit le docteur. Je gage que nous avons déjà deux ou trois degrés au-dessous de zéro, et voilà sir Bucephalus qui claque des dents.

— Moi!... Par exemple!... protesta le baronnet. Apprenez, mon cher docteur, que j'en ai vu de plus dures, et que j'ai fait l'ascension du Mont-Blanc en simple veste de laine!... »

Une des prétentions du baronnet, assez commune d'ailleurs en Angleterre, était de supporter virilement le froid et de ne jamais revêtir de pardessus, même au fort de l'hiver. Il est vrai qu'il avait soin, pour se livrer à cet étalage de mâle résistance aux intempéries, de se cuirasser de flanelle des pieds à la tête.

« Tous mes compliments, cher monsieur, si vous êtes insensible au froid! répondit ironiquement le docteur, qui n'était pas sans avoir quelques doutes à cet égard. Pour moi, qui ne me targue pas d'une telle faculté, j'avoue humblement que je commence à geler et qu'un bon feu me ferait le plus vif plaisir. »

Comme pour souligner ces paroles, une bruyante détonation se fit tout à coup entendre dans la muraille.

« Qu'est ceci?... s'écria Mlle Kersain.

— Tout simplement une pierre qui éclate! répondit Norbert sans s'émouvoir. Il gèle, comme on dit, à pierre fendre, et l'un de nos moellons ayant conservé quelque reste d'humidité, en dépit du soleil lunaire, s'empresse de se briser comme un obus ou comme une châtaigne. Par bonheur, nous en avons fort peu dans les murs de l'observatoire, ou ce serait un concert de détonations. Mais les pyrites qui sont entrées dans la bâtisse n'éclateront pas. Elles sont parfaitement étanches et ductiles presque à l'égal d'un métal.

— Quoi qu'il en soit, préparons-nous à un beau froid, dit le docteur. Si une heure à peine après le coucher du soleil nous en sommes déjà là, ce sera une bien autre affaire dans vingt ou trente heures!... Je me demande même si nous allons pouvoir résister.

— Au pis, nous en serions quittes pour émigrer sur l'autre hémisphère et aller y chercher le Soleil, répliqua Norbert. Mais j'espère que nous ne serons pas obligés d'en venir là. Si j'en juge par le froid que j'y ai trouvé, quand je m'y suis rendu avec Kaddour, celui que nous aurons ici, tout en étant assez vif, — de 30 à 35 degrés au-dessous de zéro, — sera encore supportable.

— Supportable, un froid de 30 à 35 degrés ! Mais vous êtes donc de l'école de sir Bucephalus? s'écria le docteur. J'avoue que je préfère les pays chauds.

— Moi aussi. Quand je dis supportable, j'entends compatible avec la vie et surtout avec nos habitudes terrestres. Nous ne sommes pas d'ailleurs sans avoir pris quelques précautions... Virgile, on pourrait exhumer deux ou trois pierres chaudes. Cela nous réchaufferait toujours un peu... Mlle Gertrude fera bien aussi d'ouvrir sa malle et d'en tirer les châles et manteaux qui peuvent s'y trouver.

— J'en suis assez pauvre : c'était chose si inutile à Souakim et à Khartoum.

— Eh bien, nous chercherons dans la garde-robe de sir Bucephalus et dans la mienne, et nous y découvrirons bien des par-dessus pour vous et pour Fatima.... Non? pas de pardessus?... poursuivit Norbert en remarquant un signe de dénégation du baronnet. Eh bien, une couverture de laine alors, ou un ulster... car j'ai remarqué une chose, mon cher ami : si vous et vos compatriotes protestez contre les pardessus ordinaires, je n'ai jamais vu personne pour avoir en voyage des couvertures aussi épaisses et des ulsters aussi majestueux ! »

Tout le monde se mit à rire de la remarque, même le baronnet, qui ne se chargea pas d'ailleurs d'expliquer cette particularité nationale.

Virgile apporta sur ces entrefaites, dans un bassin de cuivre, trois énormes pierres chauffées au rouge blanc par les insolateurs, et qui avaient conservé sous terre une grande quantité de calories. A peine ce brasero eut-il été déposé au milieu du salon, qu'une chaleur douce et égale s'y répandit.

« Voilà une excellente idée! dit le docteur, et il est aussi étrange que regrettable qu'elle ne se soit pas déjà répandue parmi les populations de la Terre. Quand on pense à tous les pauvres gens qui souffrent du froid en hiver, et qui n'auraient pour y échapper qu'à utiliser de la sorte la chaleur solaire! Vraiment l'humanité terrestre, qui se prétend civilisée, est encore dans l'enfance!... Savoir que la bise viendra tôt ou tard, et ne pas même se servir de cette bienfaisante chaleur qui se déverse à flots sur elle!...

— Elle s'en sert sous forme de houille, de bois et en général de combustible, fit remarquer Norbert, car le bois et le carbone, sous ses formes variées, ne sont pas autre chose que du soleil en cave.

— C'est vrai. Mais convenez qu'on pourrait le recueillir plus directement.

— Vous voyez que j'ai été l'un des premiers à le reconnaître, puisque c'est la chaleur solaire qui nous a mis ici.

— Ce n'est pas ce qu'elle a fait de mieux !...

— Mais elle nous ramènera chez nous, docteur!...

— Alors, je lui en présenterai tous mes compliments.

— A propos de carbone, dit le baronnet. Vous savez qu'il y en a un superbe gisement dans le lit du torrent... du torrent desséché.

— Du torrent où vous avez passé un si mauvais quart d'heure?... acheva Norbert. En effet, c'est de l'anthracite magnifique et qui ferait un joli feu!... Je ne dis pas pour vous, mon cher, qui dédaignez ces frivolités, mais pour nous autres, faibles Français que nous sommes!... Malheureusement, le feu consomme ou consume de l'oxygène, et nous n'en avons pas à lui donner. Il faudra donc que nous fassions comme vous, que nous restions insensibles au froid!... »

CHAPITRE XII

LA NUIT LUNAIRE

La nuit lunaire avait introduit de nouvelles habitudes dans la vie des habitants de l'observatoire. On se tenait beaucoup plus ensemble, réunis dans le salon autour du brasero plein de pierres chaudes; on bavardait; par moments on organisait des parties de jeux violents, ou bien on allait faire au galop une excursion de dix minutes dans la campagne. Mais en dépit de tous les expédients, de toutes les précautions, on souffrait terriblement du froid.

C'est en vain que les vêtements de tout genre, les couvertures et jusqu'aux étoffes du magasin de soieries avaient été mises en réquisition. C'est en vain que chacun s'était composé un accoutrement bizarre, fait de tous les éléments non conducteurs de la chaleur qu'il avait pu rassembler; que le docteur, tout particulièrement, s'était confectionné une doublure d'habit avec une collection complète de journaux superposés... Rien n'y faisait et le froid augmentait toujours. Le baronnet lui-même était obligé de convenir qu'il claquait des dents comme s'il n'avait pas été sujet britannique.

Ce qui paraissait le plus singulier dans ce froid noir, c'était de le trouver indépendant de tout incident atmosphérique. Il n'y avait ni neige, ni verglas, ni glace, ni vent ou brise d'aucune sorte. Le thermomètre baissait d'heure en heure au-dessous de zéro. Il tombait à 20, à 25, à 30, à 35, à 40 degrés; mais le paysage ne changeait pas et présentait toujours, sous son *clair de Terre* immuable, le même aspect morne et silencieux.

L'explication du fait était d'ailleurs toute naturelle. L'atmosphère de la Lune ne possédant ni humidité ni vapeurs quelconques, ne pouvait présenter aucun des phénomènes qui naissent d'une répartition variable de ces éléments dans les diverses régions de l'atmosphère terrestre. Les seuls météores qui venaient de temps à autre varier la monotonie de cette longue nuit étaient des aurores boréales splendides, qui frangeaient subitement l'horizon d'une merveilleuse courtine de lumière bleue ou mauve, puis s'éteignaient soudain comme elles étaient venues.

Au début de ces froids si rigoureux, le docteur Briet avait éprouvé une vive inquiétude, sans en rien témoigner à personne. Comment sa nièce allait-elle les supporter? En dépit de son optimisme, il ne pouvait croire qu'elle y résistât, et cette pensée l'obsédait cruellement. Aussi n'y avait-il rien qu'il n'inventât pour la réchauffer, la fortifier, l'empêcher d'éprouver les effets de cette terrible température.

A son extrême surprise et à sa profonde joie, il s'aperçut au bout de quelques jours que Gertrude, loin de la supporter avec difficulté, la tolérait plus vaillamment peut-être qu'aucun des autres voyageurs. Ses forces, loin de décliner, paraissaient renaître. Elle ne toussait plus, n'avait plus aux joues de ces rougeurs inquiétantes qui avaient valu tant d'insomnies à son père. Au lieu de s'étioler et de s'amaigrir, elle s'épanouissait dans toute la grâce et la vigueur de ses vingt ans. Jamais le docteur ne l'avait vue aussi bien portante, aussi manifestement affranchie de la fatalité héréditaire qui semblait jusqu'à ce moment peser sur elle.

« Il faut que ce climat si sec de la Lune soit positivement le climat d'élection des phtisiques! se disait-il. Jamais je n'ai rien vu de rapide ou pour mieux dire, de foudroyant comme cette guérison!... Non seulement elle ne présente plus le moindre symptôme inquiétant du côté des poumons, mais sa santé générale est absolument reconstituée!... Elle se comporte dans ce froid sibérien mieux que ne fait aucun de nous... C'est mieux qu'une guérison, c'est une transformation!... Si jamais nous revoyons son père, et s'il nous cherche noise à propos des aventures où nous avons bien involontairement entraîné sa fille, les belles couleurs de ses joues seront notre meilleure excuse!... »

Gertrude profitait de sa vigueur nouvelle pour imprimer une grande activité aux travaux de couture dont elle s'était chargée avec Fatima. Il s'agissait d'assembler et de piquer fortement, avec du cordonnet, les lés de soie destinés à la construction d'un vaste parachute. Le magasin en contenait un grand nombre de tout prêts. Mais Norbert en voulait maintenant un seul, de dimensions suffisantes pour soutenir toute la colonie; il fallait donc couper et réunir les éléments d'une calotte hémisphérique de trente mètres de diamètre. Quelle que fût l'ardeur de Mlle Kersain, aidée de Fatima, elles ne seraient pas venues à bout d'un pareil travail dans le temps limité dont elles disposaient, si Virgile n'avait obligeamment offert son concours. Il cousait aussi bien qu'un maître voilier de la flotte, ce qui n'est pas peu dire.

Norbert, avec le docteur et Kaddour, s'occupait surtout de remettre en ordre les organes électriques de son grand aimant artificiel. Il y avait fort à faire, car la terrible secousse avait singulièrement éprouvé les parties délicates des appareils.

Aussi prenait-il des heures sur son sommeil pour faire des observations astronomiques et passait-il à son télescope presque tout le temps qu'il aurait dû normalement employer à dormir dans son lit.

Seul, peut-être, dans toute la colonie, il était profondément heureux de son sort et il aurait voulu voir durer indéfiniment cette nuit déjà si longue.

« Jamais, disait-il, il ne lui avait été permis de recueillir des données aussi précises, aussi exactes, aussi neuves, avec si peu de peine et tant de facilité, pour recommencer ou contrôler ses observations. Un an de séjour dans un milieu pareil ferait faire aux sciences astronomiques plus de progrès que cent ans d'études dans l'atmosphère terrestre. Et que serait-ce, si on disposait de télescopes aussi puissants que ceux des grands observatoires... Enfin, il faut se contenter des moyens dont on dispose!... Je me tiendrais pour satisfait de pouvoir les utiliser pendant cinq ou six nuits lunaires de quatorze à quinze fois vingt-quatre heures!... Il n'en faudrait pas plus pour me placer au premier rang des astronomes.

— Restons, en ce cas!... s'écria Gertrude. Nous vous ferons volontiers ce sacrifice, quoique à coup sûr il soit peu réjouissant.

— L'intention est charmante et je ne puis que vous en remercier. Mais vous savez bien qu'il n'y a même pas à songer à la réaliser. Notre temps est strictement limité par nos provisions d'air respirable.

— Alors nous partirons dès le lever du jour?

— Pas précisément à son lever, mais quarante-huit heures environ après le retour du Soleil. C'est le minimum indispensable aux préparatifs qui ne peuvent être faits que de jour.

Au milieu de tous ces travaux, les prisonniers n'étaient pas oubliés. Norbert se croyait même obligé de leur témoigner d'autant plus de bontés que leur situation devait être plus pénible, par ce froid rigoureux. Il avait donc donné à Virgile des instructions formelles pour qu'ils participassent, eux aussi, au chauffage fourni par les pierres rougies au soleil. Des vêtements supplémentaires leur avaient été envoyés. Ils recevaient deux fois par jour, outre leur ration normale de vivres et de vin, du thé, du rhum et de la bière.

Chaque fois qu'une innovation de ce genre se produisait, elle était pour Kaddour le sujet d'une nouvelle explosion de colère; et quoi qu'il fît pour la dissimuler, par égard pour Norbert, il ne pouvait y réussir. Toujours la haine prenait le dessus et lui arrachait des cris féroces. La face convulsée, la bouche écumante, il était hors de lui-même.

Norbert alors essayait une fois de plus de lui faire entendre raison et de lui représenter combien cette rancune était puérile.

« Je vous ai déjà dit que vous n'obtiendrez jamais de moi que je m'en fasse l'instrument, s'écriait-il. A quoi bon revenir sur ce douloureux sujet? Montrez-vous digne enfin de votre éducation!... Abjurez ces violences répugnantes!... Oubliez, mon cher Kaddour, oubliez, je vous le demande pour nous et pour vous-même!...

— Oublier!... répondait le nain avec une amertume inexprimable. Qu'il oublie, celui qui n'a pas connu mes souffrances. Mais moi, pauvre être bafoué et méprisé, moi le nain grotesque et monstrueux, qui vois frémir à mon aspect les petits enfants et les femmes, puis-je oublier?... Comprenez donc dans quel enfer m'ont plongé ces hommes... Ah! Monsieur Mauny, vous m'avez révélé un sentiment que j'ignorais, la reconnaissance et l'affection!... Eh bien, il faudrait que vous eussiez éprouvé un seul jour ce que j'éprouve depuis trente ans!... Alors vous pourriez savoir quelle haine m'inspirent ces misérables...

— Kaddour, je ne conviendrai jamais que vous ayiez raison de vous abandonner à ces fureurs! lui dit Norbert en se rapprochant de lui et lui posant affectueusement la main sur l'épaule. Ces gens vous ont cruellement traité, je le sais. Eh bien, montrez-vous supérieur à eux; montrez que votre cœur était né haut placé et qu'ils n'ont pu l'avilir. Pardonnez-leur, Kaddour!... Mettez-vous au-dessus de votre fortune!... L'épreuve est dure, sans doute. Mais donnez-moi la joie de vous en voir sortir victorieux. »

Le nain le regardait d'un œil égaré.

« Vous en demandez trop! criait-il d'une voix rauque, je sens que vous avez raison; mais je ne peux pas!... Je ne peux pas!... Je suis un être maudit et malfaisant, dont la place n'est plus parmi les honnêtes gens!... Laissez-moi agir selon le caractère qu'on m'a fait!... »

Mais tout en parlant ainsi, il pleurait à chaudes larmes, et, d'un geste farouche, cachait sa tête dans ses mains.

Norbert vit qu'il avait enfin réussi à l'émouvoir. Il voulut achever sa cure morale :

« Écoutez, reprit-il, je veux tenter une expérience, essayer de vous rendre à vous-même en vous accoutumant à la vue de vos ennemis. Votre haine se nourrit surtout de souvenirs. Peut-être aurais-je été mieux inspiré en vous rapprochant d'eux. Désormais vous accompagnerez Virgile à la prison : j'ai assez de confiance en vous pour être sûr que vous ne direz rien de déplacé à des hommes sans défense... »

En effet, de ce jour, le nain se montra plus calme. Deux fois par jour il se rendait avec Virgile à la prison, et la vue de ses bourreaux, courbés sur leur travail forcé, fournissait apparemment une diversion suffisante à sa haine, car on ne l'entendit plus proférer contre eux aucune menace.

Ainsi s'écoulait cette nuit interminable; à mesure qu'elle avançait, le froid devenait plus vif et plus intolérable; et à mesure que le thermomètre baissait, les pierres de chauffe emmagasinées dans le sous-sol perdaient de leur calorique et devenaient plus impropres à adoucir la température. Le moment arriva où le froid devint si cruel que sir Bucephalus lui-même demanda grâce.

« Je donnerais un œil pour un bon feu de houille! » s'écriat-il en sortant de table.

Et ce sentiment répondait si bien à celui de toute la colonie, que Norbert n'eut pas la force d'y résister.

« Ma foi, tant pis!... s'écria-t-il, c'est une folie!... Mais il faut nous en passer la fantaisie, au moins aujourd'hui. Faisons du feu!... Il y a de la houille dans la vallée : allons en chercher. »

S'équiper, prendre des sacs, aller les remplir d'anthracite dans le lit desséché du torrent, fut pour Virgile et Tyrrel l'affaire de dix minutes et de cinq ou six cents pas.

On en fit un grand tas dans la galerie circulaire, sous un trou percé dans le mur pour servir de cheminée. On y mit le feu, et l'on se donna pendant deux heures la joie profonde de se rôtir de face, de dos et de profil. On fit du thé et du punch. On dansa. Rien ne manqua à la fête. Et la dernière étincelle s'était éteinte sous les cendres qu'on gardait encore au cœur un peu de la joie qu'elle y avait apportée.

« Nous sommes d'une prodigalité! disait pourtant Norbert en secouant la tête. Dire que nous venons de brûler là, pour le plaisir, de quoi respirer pendant vingt heures!... »

Heureusement, la nuit tirait à sa fin. Encore un peu de souffrance, encore deux ou trois degrés de moins au thermomètre, et un beau soir, après dîner, comme on sortait de table, le Soleil s'annonça vers l'orient.

Ce fut d'abord, sans crépuscule, une petite frange de rayons montant au bord de l'horizon. Puis on aperçut un tout petit segment du disque, qui avait l'air d'un curieux glissant son regard au-dessus d'un mur. Puis le disque grandit, se dégagea, se montra tout entier, et de ses flèches d'or couvrit de nouveau les cratères et les steppes.

Pour trois cent cinquante-quatre heures le jour était revenu.

CHAPITRE XIII

ENCORE LES COMMISSAIRES

« Allons, s'écria Norbert, ne perdons pas de temps et quittons au plus vite cet enfer!... Ce ne sera plus bien long maintenant. Je vais immédiatement passer en revue les insolateurs et les machines. Virgile et Kaddour les mettront en action. Dans quarante-huit heures, au plus tard, nous commencerons la descente... Six jours, onze heures et huit minutes de plus et nous arriverons à Terre!...

— Quoi! dit Mlle Kersain. Nous mettrons cette fois à effectuer notre voyage, trois heures de plus que la Lune n'a pris pour réaliser sa première descente?...

— Oui, parce qu'elle est en ce moment plus loin de la Terre... Mais avant tout, il faut renouveler notre provision d'oxygène pour cette semaine suprême. Virgile, tu vas t'en occuper et garnir les cornues, tandis que je procède à mon inspection... Venez-vous, docteur? »

Non seulement le docteur, mais Gertrude et sir Bucephalus voulurent être de la partie. Cela semblait si bon, au sortir de cette longue nuit, de revoir le Soleil et même de rôtir un peu sous ses rayons!... L'inspection des miroirs coniques dans le chemin de ronde se transformait en promenade d'agrément.

Cette promenade durait depuis vingt minutes à peine, quand elle fut interrompue par Virgile, qui se montra à l'une des portes latérales de l'observatoire. Il était visiblement en proie à une violente émotion, agitait les bras, faisait des signaux pour hâter le retour de son maître... On s'empressa d'accourir vers lui.

« Monsieur!... Un grand malheur!... dit-il d'une voix altérée, aussitôt que Norbert fut rentré dans l'atmosphère confinée et en état de l'entendre.

— Qu'est-ce donc?... Quel malheur?...

— Le chlorate de potasse!...

— Eh bien?...

— Vous savez qu'au moment où la nuit est venue, il en restait *huit* tonneaux en magasin?... Il n'y en a plus qu'*un*!...

— Comment, plus qu'un?...

— J'en suis aussi stupéfait que vous; mais c'est ainsi. Toutes les barriques sont vides, sauf une seule! »

Norbert ne pouvait en croire ses oreilles, tant le fait lui paraissait invraisemblable. Il courut au magasin où se trouvaient déposées les barriques.

Elles étaient là, rangées en ligne, dans l'ordre où il les avait vues quatorze jours plus tôt. Mais Virgile ne disait que trop vrai!... à la percussion, elles sonnaient toutes le creux, — sauf une seule!...

Il n'y avait qu'une explication possible : on avait volé sept tonneaux de chlorate. Et il n'y avait qu'une hypothèse admissible : les auteurs de ce vol étaient les trois prisonniers. Mais, de toute façon, la situation devenait horrible. Jamais un seul tonneau de chlorate de potasse ne fournirait la quantité d'oxygène indispensable à la consommation de huit jours...

Norbert sentit une angoisse mortelle lui serrer le cœur. Faudrait-il qu'il vît là, — dans ce monde néfaste où lui seul l'avait amenée, — Gertrude périr sous ses yeux, privée d'air, asphyxiée comme une fauvette sous la cloche d'une machine pneumatique? Non!... Non!... Tout plutôt que cela! Le supplice des coupables, le rationnement des autres, plutôt que de voir Mlle Kersain manquer d'oxygène pendant une minute!...

Mais avant tout, il fallait élucider ce mystère. Suivi de Kaddour et de Virgile, il se rendit à la prison, où les trois ex-commissaires le virent entrer sans mot dire, et procéda à une visite approfondie du bâtiment. « Sept tonneaux de chlorate de potasse ne sont pas une épingle, se disait-il, et il ne doit pas être facile de les cacher!... »

Les murs furent sondés, les dalles du sol soulevées en vingt endroits sans donner le moindre indice révélateur.

Alors on se livra à une exploration attentive des environs. Le chemin de ronde, les magasins, l'observatoire tout entier furent examinés, fouillés, sondés à la lumière électrique, à la pioche et au marteau. Nulle part on ne trouva trace du chlorate.

Impossible, pourtant, qu'on l'eût utilisé ou volatilisé! La chaleur manquait depuis quatorze fois vingt-quatre heures. D'ailleurs, les prisonniers, par cela même qu'ils étaient prisonniers, ne pouvaient avoir procédé, sans être vus, à une opération pareille...

Norbert et le docteur commençaient à se sentir mordus par un autre soupçon. Serait-il possible que Kaddour?... Mais non! La supposition était trop odieuse. Il aurait fallu que le nain fût un monstre d'hypocrisie... Toute sa conduite, depuis qu'il était admis à l'intimité des naufragés, protestait contre une pareille accusation!... Norbert, pour son compte, la repoussait absolument, comme la plus noire des injustices. Et pourtant!...

Comme s'il eût senti d'instinct le soupçon qui planait sur sa tête, Kaddour était le plus affecté de tous par la disparition du chlorate. Il s'agitait, courait à droite et à gauche, cherchait comme un forcené, en roulant des yeux féroces.

Et maintenant cet empressement même se tournait contre lui, car on y voyait de l'affectation. Le malheureux en avait le sentiment. Soudain, il se planta devant Norbert et lui dit :

« Le voleur est Costérus Wagner, le chef de ces drôles,—ou moi. Si je ne prouve pas que c'est Costérus, je me brûle la cervelle!...

— Pourquoi prendre les choses si vivement, mon cher Kaddour ? lui répondit avec bonté le jeune astronome. Prouvez la culpabilité de Costérus, je ne demande pas mieux.

— Alors, laissez-moi l'interroger devant vous!

— Soit. Revenons à la prison... »

Chemin faisant, Kaddour expliquait que les ex-commissaires pouvaient s'être introduits dans les magasins, pendant la nuit, par le trou qui servait à leur apporter de l'air. Eux seuls avaient perpétré le vol : eux seuls en étaient capables...

— Mais dans quel but? demandait Norbert.

— C'est ce que nous saurons bientôt. »

Sur ce point, au moins, Kaddour ne se trompait guère. Interrogé par lui sur la disparition du chlorate de potasse, Costérus Wagner ne fit aucune difficulté d'avouer qu'il en était l'auteur. Pour parler plus exactement, il s'en vanta.

« Je ne vous l'ai pas dit, tout à l'heure, parce que vous ne me l'avez pas demandé, ajouta-t-il d'un ton goguenard. Au lieu de sonder les murs et de chercher sous le dallage, si vous aviez daigné m'adresser la parole, je vous aurais d'emblée déclaré la chose!... »

Tant d'impudence passait la mesure.

« Et puis-je vous demander, s'écria Norbert, comment et dans quel but vous avez commis ce vol?

— Comment?... C'est notre secret. Dans quel but?... Le voici. Nous sommes las d'être tenus en cage et de travailler comme des nègres pour un résultat qui me paraît fort problématique. J'ai cherché quel gage nous pourrions prendre pour vous obliger à nous remettre en liberté, et je l'ai trouvé... Ou vous nous admettrez sans délai à la vie commune, — ou vous vous passerez de chlorate !...

— En voilà assez, interrompit Norbert. Venez, Kaddour. Je verrai la décision qu'il me convient de prendre... »

Il sortait un peu soulagé de savoir que le chlorate de potasse pouvait au moins se retrouver. Au pis, on accepterait les conditions de ces misérables, voilà tout !... Certes, s'il s'était agi exclusivement de lui, il leur aurait montré qu'il se moquait d'eux et de leur menace. Mais il s'agissait de Gertrude...

« Eh bien, Kaddour, que feriez-vous à ma place ? dit-il en rentrant au salon, où le docteur, sir Bucephalus et Virgile les attendaient seuls.

— J'accepterais la proposition de ces drôles, et après leur avoir fait rendre ce qu'ils ont volé, je leur logerais deux ou trois balles dans la tête !... répondit aussitôt le nain.

— Ces choses-là se font peut-être au Soudan, mais non pas chez moi ! répliqua Norbert. Mon pauvre Kaddour, pourquoi faut-il que la haine vous aveugle toujours, au point d'effacer chez vous le sentiment le plus élémentaire de la parole donnée ?... »

Kaddour baissa la tête sous ce juste reproche, mais bientôt il la releva.

« En ce cas, il s'agit de retrouver le chlorate de potasse sans le secours de ces gredins, dit-il. Voulez-vous me confier une pioche et une lanterne électrique ?

— Volontiers. Prenez tout ce qui vous est nécessaire. Je serais trop heureux de vous voir réussir. »

Kaddour s'équipa, prit un réservoir à oxygène et sortit.

« Où va-t-il ? se demandait-on. Suppose-t-il que les prisonniers ont pu aller enterrer sept tonneaux de chlorate dans la campagne ?... »

L'idée semblait au moins ridicule.

Au bout d'une heure le nain était de retour.

« Le chlorate de potasse est au fond du cratère de Rhéticus, dit-il. Ces misérables l'ont transporté en sacs à l'orifice du puits d'aération et l'y ont vidé... Je viens de le retrouver, en tas, directement au-dessous du puits, à quelque trois mille mètres de profondeur dans le cratère que j'ai ouvert, exploré et refermé...

— Est-ce possible, Kaddour, et ne vous êtes-vous pas trompé? s'écria Norbert trop heureux de ce dénouement pour oser y croire.

— Voici la preuve, poursuivit le nain en fouillant dans sa poche et y puisant une poignée de chlorate de potasse, qu'il déposa sur la table. »

La preuve, en effet, était péremptoire. On le félicita chaudement de sa découverte, puis on tint conseil au sujet des tristes auteurs de cette criminelle tentative.

« Docteur, quel est votre avis? demanda Norbert. Que pensez-vous que nous devons faire de ces misérables, dans les circonstances où nous nous trouvons placés?

— Leur crime est positivement atroce, dit le docteur, et il est certain qu'à bord d'un navire une tentative de ce genre serait punie de mort. Peut-être est-elle plus noire encore et moins excusable dans la position inouïe qui est la nôtre. Je ne suis point un homme de violence et il m'est souverainement douloureux d'avoir à donner un verdict comme celui-ci. Mais, en mon âme et conscience, ces gredins ont mérité le dernier supplice.

— Et vous, sir Bucephalus? demanda Norbert.

— Il ne saurait y avoir deux opinions sur ce qui nous reste à faire! déclara péremptoirement le baronnet. Ces misérables sont pour nous un danger permanent. La fraude, le parjure et la trahison sont leurs armes préférées. Il n'y a ni reconnaissance, ni repentir à attendre d'eux. J'opine pour la mort.

— Et vous, Kaddour?

— La mort est trop douce pour eux, voilà tout ce que je puis dire!...

— Et toi Virgile?

— Ma foi, monsieur, répondit le brave algérien en se grattant l'oreille, j'ai vu fusiller plus d'un pauvre diable de soldat qui n'avait pas fait le quart de ce qu'ont fait ces gens là!... Et en temps de paix encore!... La discipline est la discipline...

— Enfin, quel est ton avis?

— La mort. »

Norbert resta silencieux et pensif. Peut-être allait-il, avec ses compagnons, conclure à la nécessité du plus terrible des châtiments, quand Gertrude ouvrit la porte.

Elle venait chercher son ouvrage, oublié sur la table : des pantoufles en drap qu'elle brodait pour son père, à ses moments perdus.

« Ah! mon Dieu!... dit-elle en entrant. Je crois que je vous dérange, messieurs!... Vous avez l'air de conspirer, assis autour de cette table. »

On lui avait soigneusement caché la crise que venait de traverser la petite colonie, et elle était, avec Fatima et Tyrrel, à cent lieues de s'en douter. Son insouciance et sa grâce produisirent sur les cinq juges l'effet d'une brise parfumée : mais aucun d'eux ne se sentit la force de rompre le silence. Elle s'en offensa, — très peu, — comme elle pouvait s'offenser...

« Je crois décidément que je suis de trop!... » dit-elle en s'envolant vers sa chambre.

Elle disparut. Mais son passage avait suffi pour laisser au salon un parfum de douceur et de clémence.

« Procéder à une triple exécution, à deux pas de cet ange! pensa Norbert. L'idée seule fait horreur!...

« Messieurs, dit-il tout haut, une difficulté m'arrête et je puis presque dire d'avance qu'elle vous arrêtera comme moi... N'êtes-vous pas frappés de ce fait que nous sommes, dans ce procès, à la fois *juges et parties*?... Pour moi, je ne puis m'empêcher de remarquer que nous avons personnellement intérêt à la mort de ces trois misérables, parce qu'elle réduirait ici le nombre des consommateurs d'oxygène, et par suite augmenterait notre part de gaz respirable... Il me semble qu'il ne faut pas plus pour infirmer notre sentence !... Ces hommes ont mérité la mort, assurément !... Mais nous seuls peut-être n'avons pas le droit de la leur infliger... Je propose de leur accorder un sursis, pour les traduire, à notre arrivée à Terre, devant des juges impartiaux... »

Le docteur, le baronnet et Virgile se rallièrent aussitôt à cette solution. Mais Kaddour eut peine à étouffer un cri de colère.

« Je comprends vos sentiments et dans une certaine mesure je les partage, lui dit Norbert. Mais c'est chose dite : les prisonniers bénéficieront au moins du sursis. Tout ce que je puis faire, mon cher Kaddour, c'est de vous charger désormais avec Virgile de les surveiller, mais en vous interdisant de leur faire subir aucun mauvais traitement, et même de leur adresser la parole... Vous devez vous borner à empêcher qu'ils puissent désormais sortir des limites de la prison.

— Oh ! cela, je m'en charge ! s'écria le nain avec des yeux flamboyants. Et pour commencer, je vais murer les ouvertures, en ne laissant que l'espace indispensable à l'arrivée de l'air.

— C'est précisément ce que j'appelle une rigueur inutile, répliqua Norbert. Murez, mais seulement dans la mesure du nécessaire !... »

Virgile et Kaddour eurent bientôt fait d'assembler des matériaux et de se mettre à réduire aux proportions d'un étroit soupirail le trou d'aération qui s'ouvrait de la prison sur la galerie circulaire. De leur côté, les prisonniers les voyaient avec une inquiétude grandissante préparer les éléments de cette maçonnerie. Ils en concluaient qu'on se proposait de les enterrer vivants, et cette perspective était peu de leur goût.

« Mes amis, mes bons amis, dit soudain Costérus Wagner, d'une voix doucereuse : est-il bien possible que vous vouliez nous murer ici !

— Dame ! riposta Virgile. Puisque nous n'avons plus qu'un

XIX

KADDOUR ENTASSAIT L'UNE SUR L'AUTRE DES PIERRES

tonneau de chlorate, c'est bien le moins que nous le gardions pour nous... »

Costérus et ses acolytes se regardèrent avec effroi et se parlèrent à voix basse.

« Nous n'avons pas détruit les autres tonneaux de chlorate, expliqua Costérus, et nous serions tout prêts à indiquer où ils se trouvent, si l'on veut se montrer plus bienveillants pour nous.

— Vraiment? répliqua Virgile en continuant à gâcher son plâtre. Eh bien, cela tombe mal!... Il se trouve justement que nous n'avons pas besoin de votre chlorate.

— Ah!... Vous m'en voyez ravi, dit Costérus dont la physionomie n'exprimait pas précisément une joie sans mélange. En ce cas, vous ne voudriez pas punir d'un supplice si terrible une faute sans gravité.

— Tout dépend de l'intention, et je ne crois pas que la vôtre fût bienveillante pour nous! répliqua Virgile en posant sa première pierre.

— Mais enfin, vous ne songez pas sérieusement à nous faire périr par asphyxie? s'écria Vogel de plus en plus effrayé.

— A quoi pensiez-vous donc vous-mêmes en nous prenant notre air? » riposta le tirailleur algérien.

Les trois misérables, affolés cette fois, eurent à ce moment la malencontreuse idée de s'adresser à Kaddour.

« Monsieur, lui dit Peter Gryphins, n'intercéderez-vous point pour nous?... Nous n'avons pas l'honneur de vous connaître, mais nous ne pouvons croire qu'en votre présence on perpètre contre nous un crime aussi odieux.

— Non?... s'écria d'une voix stridente le nain qui, jusqu'à cet instant, avait eu la force de se conformer aux instructions de Norbert et de garder le silence. Non?... Vous ne croyez pas qu'on puisse perpétrer un crime aussi odieux?... Ces choses-là se voient, pourtant!... N'auriez-vous jamais entendu parler de certain enfant, que deux associés, directeurs d'un cirque forain, ont volé à sa famille, puis *muré* pendant quinze ans dans un moule en fer, pour l'empêcher de grandir?... On m'a conté cette histoire, à moi, et je me suis permis de penser qu'il y en avait peu d'aussi atroces!... Voulez-vous que je vous la conte, Peter Gryphins et Ignaz Vogel?... »

Les deux misérables étaient déjà bien pâles ; mais, à mesure que le nain parlait, leur pâleur devenait plus livide encore, leurs yeux se dilataient et semblaient prêts à jaillir hors de leurs orbites.

« Voulez-vous que je vous dise, mes maîtres, poursuivit Kaddour, comment cet enfant a été vendu par vous au vice-roi d'Égypte, comment il a vécu douze ans au Caire à l'état de bête curieuse et d'animal domestique ; comment il s'est enfui au désert, y a déchaîné des révoltes et soulevé des nations ; comment enfin il se trouve ici, devant vous, dans la Lune : et toujours en ne gardant qu'une idée fixe, un seul désir au cœur : celui de se venger de vous?... Mais non : c'est inutile, je le vois... Vous me reconnaissez enfin, et vous comprenez ce qui vous attend!... Oui, Peter Gryphins. Oui, Vogel : c'est bien moi, Midgy, ex-général en chef des Myrmidons du sultan de Batavia!... Moi, dont vous avez pétri et atrophié la chair pour la vendre à la foule, d'abord, puis à un vice-roi... J'ai un peu grandi, c'est vrai, — de huit centimètres au moins, — depuis que vous m'avez perdu de vue. Une barbe d'homme a poussé à mon menton d'enfant... Mais c'est bien moi, allez, misérables!... Je vous tiens, cette fois, et je ne vous lâcherai pas!... »

Kaddour aurait pu parler longtemps ainsi : les malheureux ne l'entendaient même plus. Éperdus de surprise et de terreur, ils étaient tombés à genoux et tendaient vers leur victime des mains suppliantes. Mais il ne les regardait même plus, et fou de rage, grinçant des dents, il entassait l'une sur l'autre des pierres que Virgile se hâtait de cimenter. En quelques minutes, il ne resta plus qu'une ouverture de quelques centimètres carrés, à peine assez large pour le passage du conduit de plomb, qui devait continuer à apporter de l'air aux prisonniers.

CHAPITRE XIV

LE PARACHUTE

Quelques minutes après la terrible scène où Kaddour avait jeté l'épouvante dans l'âme de ses anciens bourreaux, Virgile venait les rassurer en leur apportant des vivres et leur annonçant que, pour toute punition, ils étaient condamnés à aller chercher au fond du cratère de Rhéticus le chlorate qu'ils y avaient jeté.

Les trois misérables se plièrent avec tant d'ardeur à cette nécessité, qu'en douze heures le mal fut réparé. Il avait fallu pourtant aller rouvrir l'orifice extérieur du cratère, y descendre, remplir des sacs, les remonter à l'observatoire en vingt-sept convois successifs. Quand ce fut chose faite, la fabrication de l'oxygène recommença activement, en même temps que les machines se mettaient en marche pour charger les accumulateurs électriques. Enfin, au bout de quarante-huit heures, c'est-à-dire sans le plus léger retard sur les prévisions de Norbert, ces préparatifs se trouvèrent terminés.

Il l'annonça au déjeuner, et en sortant de table, tranquillement, sans autre cérémonie, presque sans émotion, il établit le contact.

« Nous voici partis, dit-il en consultant son chronomètre et en prenant sur son carnet une note au crayon. Dans cent cinquante-cinq heures et huit minutes, — je néglige les secondes, — nous serons arrivés.

— Arrivés où? demanda Gertrude.

— Au Soudan, ce n'est pas sans raison que vous me voyez depuis hier déployer cette activité dévorante!... La Terre se trouve en ce moment tournée de telle sorte, qu'au terme de notre voyage nous avons toutes chances de retomber dans le désert de Bayouda... Une heure de retard, et nous allions tomber au Bengale, sinon en Cochinchine. Vous voyez pourquoi il importait tant de se presser!...

— Si vous m'aviez parlé de cela, je vous aurais demandé de nous faire descendre à Khartoum! s'écria Gertrude avec une petite moue de désappointement.

— Je n'y aurais pas manqué, croyez-le bien, si je l'avais cru possible! s'empressa de plaider Norbert. Mais il y avait à cela une difficulté grave...

— Et laquelle?...

— Il aurait été nécessaire d'attendre dix-sept ans!... »

Tout le monde se mit à rire, même Gertrude.

« Sans compter, ajouta Norbert, qu'au cas où un accident quelconque nous aurait fait manquer le départ à la minute même, cette longue attente serait restée inutile... »

Aucun changement dans la vie habituelle de l'observatoire n'indiquait encore qu'on fût en route. C'était à croire qu'on n'avait pas changé de place, et il fallait la confiance implicite de toute la colonie dans les calculs du jeune astronome, pour qu'on parvînt à se convaincre qu'on était parti.

Avant l'heure habituelle du coucher, pourtant, on croyait déjà reconnaître à l'œil nu une augmentation sensible du diamètre apparent de la Terre, en ce moment à son dernier quartier, et Norbert confirma cette impression en déclarant que les mesures micrométriques mettaient l'augmentation hors de contestation.

Dès lors, il n'y avait plus à en douter : entraîné par une force irrésistible, le boulet lunaire s'avançait bien, pour la seconde fois, à la rencontre du globe terrestre !...

Virgile, en apportant des vivres aux prisonniers, leur avait annoncé la nouvelle, avec sa bonhomie ordinaire. Il s'aperçut bientôt qu'au lieu de les réjouir elle produisait sur eux un effet tout opposé.

« Comprend-on ces gredins-là? murmurait-il en revenant de la visite à la prison.

— Qu'est-ce donc?... qu'avez-vous, Virgile? lui demanda Mlle Kersain qui l'entendit.

— J'ai qu'il n'y a pas moyen de satisfaire ces prisonniers, quoi qu'on fasse!... Vous savez si j'ai jamais manqué de les combler de toutes les gracieusetés possibles, sur les ordres de monsieur. Vin, bière, tafia, café, biscuit, on ne leur a rien refusé!... Eh bien! ces messieurs ne sont jamais contents!...

— C'est qu'on ne leur donne pas la seule chose apparemment qui leur ferait plaisir, — la liberté!... dit Gertrude en riant.

— Ils n'avaient qu'à ne pas la compromettre, cette liberté, en complotant contre monsieur, qui est mille fois trop bon pour eux. Et savez-vous comment ils l'en remercient? En se refusant à croire qu'il veuille les ramener avec lui sur la Terre, contre toute évidence, et prétendant qu'au dernier moment, il trouvera bien moyen de les abandonner dans la Lune!...

— C'est indigne!... s'écria Gertrude. Oh!... les méchants hommes!

— Je vous avoue que je suis parfois tenté de le leur laisser croire, ne fût-ce que pour les punir un peu.

— Ne faites pas cela, Virgile, ce serait trop cruel. Mais il est vraiment indigne de leur part de ne pas croire à la loyauté de M. Mauny, qui leur en a pourtant donné tant de preuves.

— C'est qu'ils le jugent d'après eux-mêmes, voyez-vous, mademoiselle, et ce sont vraiment de vilains merles!... »

Norbert, informé de ces faits, crut devoir aller en personne rassurer les prisonniers.

« Il me revient, leur dit-il, que vous me croyez capable de vous abandonner ici. C'est me mal juger et ne pas apprécier à sa valeur le sacrifice que j'ai fait en ne vous supprimant pas, quand je n'avais qu'à laisser agir la nature, et dans un moment où l'oxygène m'était si précieux!... Comprenez donc, messieurs, que le passé vous répond de l'avenir. Je ne vous ai pas laissés vivre pour vous abandonner ici, mais pour vous livrer en arrivant à Terre à une justice régulière. Tranquillisez-vous donc : vous reviendrez au Soudan avec moi. Je ne réponds pas que vous y filerez des jours d'or et de soie. Mais vous y reviendrez!... »

Les prisonniers écoutèrent ces paroles dans un morne silence, et pour quelque temps au moins ils parurent plus calmes. Mais leurs inquiétudes ne tardèrent pas à les reprendre, au rapport de Virgile. On prit le parti de ne plus s'en occuper. Ces âmes noires jugeaient tout le monde d'après elles-mêmes : à quoi bon se donner la peine de combattre une si triste maladie?

La descente faisait des progrès rapides. Il y avait maintenant soixante-douze heures qu'elle durait, et d'instant en instant on voyait grandir le diamètre de la Terre. Elle apparaissait comme un boulet monstrueux, d'une couleur claire, sur lequel les continents se dessinaient en jaune et les mers en bleu d'acier.

Son mouvement de rotation était si marqué, qu'on voyait littéralement les différentes régions du globe se présenter au bord oriental du disque, passer comme de légers nuages sur son étendue et disparaître à l'autre bord.

« On dirait une de ces lanternes magiques où les personnages, entrant par la droite, s'en vont par la gauche ! faisait remarquer Mlle Kersain. »

C'était féerique et charmant. Au télescope, ces régions terrestres montraient distinctement leurs montagnes, leurs forêts, leurs neiges sur les hauteurs et vers les pôles; parfois même une ligne serpentine, de l'épaisseur d'un cheveu, où l'on devinait l'Amazone ou le Mississipi, un point noir qui devait être une grosse ville...

Paris, notamment, fut très nettement reconnu, par sa position et par sa forme. C'était une petite tache brune, grande comme une aile de moucheron.

Mais bientôt d'épais nuages, amoncelés sans doute sous l'influence de l'attraction lunaire augmentée, vinrent masquer ces détails.

Le globe terrestre conservait son aspect caractéristique; son diamètre croissait normalement; mais il était d'apparence floconneuse et comme enveloppé d'ouate.

Vers la cent-vingtième heure de la descente, qui répondait à la fin du cinquième jour, l'interposition de la Terre entre le Soleil et la Lune suffisait déjà à produire une véritable nuit, qui dura sept heures. On ne pouvait pas lui donner le nom d'*éclipse*, car ce n'était pas une occultation partielle ou momentanée du disque solaire, — c'était sa disparition totale derrière un écran colossal qui masquait tout un côté de l'horizon.

Quand le Soleil reparut, les nuages qui voilaient la Terre s'ouvrirent un instant, et par cette éclaircie, Norbert vit distinctement, au télescope, une mer couverte de navires, qui était la Méditerranée. Les eaux en étaient si limpides qu'il distinguait nettement, au-dessous de leur masse, tout le relief du fond entre la Sicile, la Sardaigne et la Tunisie.

Puis les nuages se refermèrent, et la vision disparut.

Mais on approchait du terme de la descente, et le moment

était venu de mettre la dernière main aux préparatifs suprêmes.

Norbert, aidé du docteur, de Virgile et de Kaddour, commença par monter le parachute qui l'attendait. C'était une grande armature en fer, solidement plantée depuis dix-huit jours déjà au beau milieu de l'esplanade. Elle affectait la forme classique d'un arc de triomphe portant, en guise de fronton, un axe d'acier qui tournait librement dans deux charnières bien graissées. De cet axe descendait la corde de suspension du parachute, autour de laquelle serpentait un petit câble électrique en communication avec l'organe central de la régulation magnétique.

Un couperet horizontal maintenu par une gaine était attaché à hauteur de bras à cette corde. Il suffisait de presser un ressort pour que ce couperet la tranchât net, avec le câble électrique.

Du même coup, le parachute se détachait, et l'action magnétique du roc de Tehbali était instantanément arrêtée. Mais cette fois, personne que Norbert n'était en possession du secret de ce mécanisme. Il voulait être maître jusqu'au bout de la direction, et ne rien laisser au hasard.

Le parachute, formé de lés de soie tout préparés dans les magasins et assemblés, sous la direction de Mlle Kersain, par Fatima et Virgile, avait trente mètres d'envergure. Il était percé en son milieu d'un large trou par où passaient les cordes de suspension, et tenu tout ouvert par une armature d'acier, analogue à celle d'un parapluie. Cette armature était disposée de manière à pouvoir être démontée et jetée par pièces aussitôt que le parachute se trouverait livré à lui-même dans une atmosphère suffisamment dense pour le maintenir tendu.

Enfin la nacelle, suspendue par des cordes de soie aux bords de la calotte, était constituée par une légère plate-forme circulaire de deux mètres de diamètre, bordée d'un filet de soie jusqu'à hauteur d'appui et où des places étaient marquées pour onze respirateurs à oxygène : ces boîtes devaient servir de sièges en même temps que de réservoirs à gaz respirable. Un panier de provisions préparé par Tyrrel, une caisse de vêtements, un baromètre anéroïde et un thermomètre complétaient l'ameublement de la nacelle, au-dessus de laquelle descendait, de manière à pouvoir aisément être tranché comme il a été dit, le câble de suspension, replié en deux et passant dans des poulies.

L'ensemble, arrivant à quinze centimètres du sol du pic, formait un véritable pendule, parfaitement mobile autour de l'axe d'acier que portait la potence.

Depuis deux ou trois heures, déjà, le parachute était en place et prêt à fonctionner, quand le Soleil disparut de nouveau derrière l'écran terrestre, et une nuit profonde régna dans la partie de l'esplanade où se trouvaient présentement les voyageurs. Cette nuit était complète, *absolue* pour ainsi dire. Non seulement il n'y avait pas au ciel la moindre lueur sidérale, et l'on n'y voyait pas briller la moindre étoile, mais ce ciel même *n'existait plus* : le globe terrestre en occupait toute l'étendue, pour les habitants du Tehbali.

On ne voyait plus rien. On n'entendait plus rien. C'étaient les ténèbres et le silence du néant.

Dans le salon de l'observatoire, les naufragés, assis autour de la table, où brillait une lampe électrique, attendaient sans mot dire que Norbert donnât le signal de l'embarquement. Une émotion poignante étreignait tous les cœurs. On sentait que l'heure décisive approchait, et chacun se recueillait dans l'attente de la crise suprême d'où allait sortir le salut, à moins que ce ne fût la mort.

Norbert se leva et s'avançant vers Gertrude :

« Voici le moment, dit-il. Il y a cent cinquante-quatre heures et demie que nous sommes en route. Dans trente-huit minutes nous serons à terre. Il est temps de prendre place dans la nacelle du parachute.

— Je suis prête, dit Gertrude en se levant aussitôt. Allons, Fatima !... »

Elles prirent chacune un respirateur, et sous la conduite du docteur, qui s'était également muni du sien, elles sortirent sur l'esplanade, se dirigèrent vers la nacelle du parachute et s'y installèrent. Norbert, qui les avait accompagnées, revint alors au salon et invita sir Bucephalus à s'embarquer sans retard avec Tyrrel.

« Il n'y a pas de temps à perdre, ajouta-t-il, je viens de constater que le parachute s'écarte déjà très sensiblement de la verticale... Dans un quart d'heure au plus, il faut que tout soit terminé !... Embarquez-vous, sir Bucephalus, avec Tyrrel. Virgile, Kaddour et moi nous allons nous rendre à la prison pour extraire les détenus. »

Le baronnet et son domestique modèle s'empressèrent de courir à l'esplanade, tandis que Norbert se dirigeait vers les magasins pour y choisir les respirateurs nécessaires aux prisonniers.

Sa lampe électrique à la main, il venait de pénétrer dans la galerie circulaire, quand il reçut sur l'épaule droite un coup qui fit tomber la lampe à terre, et presque en même temps il se sentit appréhendé au corps par deux bras vigoureux.

« Vous vouliez partir sans nous !... Mais cela ne sera pas ! » criait une voix qu'il reconnut pour celle de Costérus Wagner.

Et, tout en se débattant contre l'agresseur qui l'étreignait, il vit deux ombres se détacher de la muraille.

« A moi, Kaddour !... Virgile !... cria-t-il. Les prisonniers se révoltent !... »

Par bonheur, Kaddour et Virgile le suivaient de près. D'un coup d'œil ils comprirent ce qui se passait, et ils se jetèrent chacun sur un des mécréants.

Luttant avec une énergie farouche, Norbert avait déjà réussi à prendre le dessus sur son agresseur, qu'il tenait maintenant à la gorge, un genou sur sa poitrine, allongé sur le sol. C'était Peter Gryphins.

D'un coup de tête en plein estomac, Virgile avait envoyé Costérus rouler à terre. Et, de son côté, Kaddour empoignait

Vogel dans ses deux mains musculeuses, le courbait pantelant et sans souffle dans la poussière.

« Ils y sont tous les trois ! s'écria Virgile en constatant cette victoire. Canailles !... C'est au moment où l'on venait vous chercher, que vous vous conduisez de la sorte !... Mais comment diable ont-ils fait pour arriver ici ? » reprit-il en levant la tête et regardant autour de lui.

La lanterne électrique, gisant à terre, envoyait son faisceau de rayons lumineux dans la direction de la muraille. Il vit que les pierres en avaient été déchaussées par un travail lent et patient, de manière à s'abattre tout d'un coup sous une forte poussée et à laisser une brèche béante. C'était par là, évidemment, que les prisonniers avaient pénétré dans la galerie circulaire.

Cependant il fallait arrêter un parti. Si les trois vainqueurs avaient eu des armes sous la main, nul doute que le compte des agresseurs n'eût été sommairement liquidé. Mais ils n'en avaient point et restaient assez embarrassés de leur victoire.

« Si monsieur et Kaddour voulaient se charger de maintenir ce coquin-ci, j'irais chercher des cordes et nous les aurions bientôt ligottés ! suggéra Virgile.

— C'est cela ! répondit aussitôt Norbert. Passe-nous ton paquet et hâte-toi... »

Le brave garçon fit ce qu'il avait dit. Saisissant par le cou Costérus déjà à demi étranglé, il l'amena entre Kaddour et Norbert, qui, tout en maintenant chacun leur homme, purent prendre possession du troisième.

« Emporte la lanterne !... Ne perds pas une minute !... » lui cria Norbert.

Virgile obéit et disparut dans le magasin. Aussitôt les vaincus tentèrent un effort pour se dégager. Mais ils avaient affaire à forte partie. Kaddour, à lui seul, les aurait maintenus tous les trois.

« Encore un mouvement pareil et je serre !... » dit-il avec

un ricanement sauvage en empoignant un cou de chaque main.

La démonstration était si éloquente, que personne ne s'avisa plus de bouger.

Virgile revenait déjà avec un paquet de cordes. Il en coupa sept ou huit bouts avec son couteau de poche, et en quelques minutes les trois prisonniers, ficelés comme des saucissons, furent rangés contre la muraille.

Ils ne faisaient entendre ni une plainte ni un soupir, accablés de leur défaite.

« Allons !... aux respirateurs, maintenant !... dit Norbert : nous les leur attacherons sur la poitrine, puis nous saisirons ces coquins par les pieds et les mains et nous les transporterons au parachute.

— Quoi !... s'écria Kaddour. Songez-vous encore à les emmener, après ce qu'ils viennent de tenter ?...

— Ce qu'ils ont tenté ne change rien à la question ! répondit Norbert. Ces hommes doivent être jugés et punis par un tribunal régulier. Je me suis promis que le monde saurait ce qu'ils ont fait, et je tiendrai ma promesse !... Allons, Virgile, apporte les respirateurs et finissons-en. »

L'ex-tirailleur algérien obéit militairement, mais Kaddour ne se tint pas pour battu

« Ce n'est pas possible !... dit-il. Quand vous avez sous la main un châtiment si légitime et si aisé, vous n'allez pas vous donner la peine d'amener ces misérables à la justice humaine ! Vous les laisserez ici !... N'ont-ils pas perdu tout droit à votre indulgence, par cette dernière et suprême trahison ?... Croyez-vous qu'ils vous emmèneraient, eux, s'ils étaient les maîtres ?... Et peu s'en est fallu qu'ils ne le fussent...

— Ce n'est pas sur leur conduite que je règle la mienne, répliqua froidement Norbert. Plus un mot là-dessus, Kaddour ; ces hommes viendront avec nous !... Ce sont de grands misérables, les plus noirs coquins que la Terre ait portés... Mais il ne sera pas dit que, par ma volonté, par la seule décision de ma conscience, ils seront voués à un supplice comme l'exil dans la Lune, avec la mort par asphyxie pour conclusion!... Non. Cela ne sera pas dit!... Ils sont maintenant hors d'état de nuire. Les laisser ici serait se ravaler à leur niveau. »

Virgile revenait avec les respirateurs. Il les avait rapidement attachés sur la poitrine des trois prisonniers, et leur en appliquait le masque au visage.

« Allons, celui-ci d'abord! » dit Norbert en désignant Peter Gryphins.

Virgile l'empoigna sous les épaules, mais le nain ne bougea pas.

« Ce sera donc moi qui l'emporterai avec toi, puisque Kaddour ne veut pas nous aider!... » reprit Norbert en se baissant pour saisir le corps par les jambes.

Mais le nain avait fait trois pas et s'était placé devant la porte.

« Ces hommes ne sortiront pas d'ici!... *Je ne le veux pas!...* dit-il d'une voix rauque.

— Kaddour, perdez-vous la tête?... C'est moi qui suis le maître, ici, et ces hommes sortiront!...

— Non pas, si je puis l'empêcher!... répliqua le nain.

— Prétendez-vous l'empêcher par la force?

— Par la force, si c'est nécessaire.

— Kaddour, je ne m'attendais pas de votre part à une révolte pareille!... Oubliez-vous qui nous sommes tous deux, et le dévouement que vous m'avez promis?... Il me coûte de vous rappeler vos protestations... Mais, en vérité, vous manquez en ce moment à tous vos devoirs!... »

Cet appel parut aller au cœur du nain, dont les yeux se mouillèrent de larmes. Mais il ne bougea pas et resta planté devant la porte.

Croyant que c'était par fausse honte, Norbert fit signe à Virgile de reprendre Peter Gryphins par les épaules, tandis qu'il l'empoignait par les pieds. Mais Kaddour ne voulait pas céder.

« Il m'en coûte plus que je ne puis exprimer de paraître

ingrat et de vous désobéir, dit-il avec un accent sincère de chagrin. Mais c'est décidé : moi vivant, ces hommes ne sortiront pas d'ici !... Ils m'appartiennent, et je ne suis pas d'humeur à les céder à un autre tribunal. »

Cependant les voyageurs de l'esplanade, étonnés de ne pas voir reparaître leurs compagnons, commençaient à perdre patience, car la voix du docteur se fit tout à coup entendre dans la galerie des Lunettes.

« Venez-vous, Mauny ? criait-il. Il n'est plus temps de lanterner... Le parachute fait déjà avec le sol un angle de 25 degrés !... »

Norbert tira son chronomètre et fut surpris du temps écoulé.

« Il nous reste sept minutes à peine ! dit-il. Kaddour, au nom de tout ce qu'il peut y avoir de sacré, obéissez, livrez-nous passage, ne nous obligez pas à employer la force !... Comprenez donc que vous nous mettez tous en péril !... que les secondes sont précieuses !... que tout à l'heure il sera trop tard pour nous sauver !... »

Le nain avait croisé les bras et restait immobile.

« Partez, dit-il. Je ne vous en empêche pas !... Mais ces hommes resteront ici !... »

CHAPITRE XV

LA DESCENTE

« Faut-il donc que je vous brûle la cervelle pour vous obliger à obéir ? » s'écria Norbert mis hors de lui-même par l'obstination du nain.

Il se jeta vers la porte pour aller chercher une arme.

Aussitôt Kaddour s'effaça respectueusement et le laissa passer.

Le jeune savant courut jusqu'au salon, ne trouva pas sous sa main, dans l'obscurité, l'arme qu'il cherchait; mais par la fenêtre, à la lueur de la lanterne électrique suspendue à la potence, il put vérifier l'état des choses. Le changement qui s'était effectué dans la position du parachute était frappant.

Il faisait présentement avec le sol lunaire un angle non pas de 25 degrés, comme l'avait annoncé le docteur, mais de 35 degrés au moins. Par rapport à la verticale qu'il dessinait, l'esplanade prenait maintenant l'aspect d'une pente presque à pic. Encore quelques instants, et l'angle formé avec elle par l'énorme pendule *allait être un angle droit!...*

Or, c'est à ce moment précis que Norbert avait fixé la section de la corde de suspension. Il y avait non seulement un péril épouvantable, mais une véritable impossibilité à retarder l'embarquement.

« Virgile!... docteur!... cria-t-il en revenant vers la galerie circulaire, il n'y a plus un instant à perdre!... Prenons chacun un de ces hommes sur notre dos, et embarquons-nous!...

— Ces hommes ne passeront pas!... » répéta Kaddour en barrant la porte de ses grands bras.

Virgile, exaspéré de cette résistance, se jeta sur le nain et voulut le terrasser. Mais en dépit de sa force, il lui fut impossible non seulement de le faire bouger, mais même de l'étreindre. Kaddour lui avait pris les poignets dans ses mains et le contenait sans effort apparent.

Cette lutte ne pouvait se prolonger plus longtemps : Norbert le comprit. De seconde en seconde, l'aiguille du chronomètre se rapprochait de la minute suprême.

« Allons!... dit-il. Il faut céder... nous ne pouvons sacrifier notre vie à tous, et surtout la vie de Mlle Kersain, à celle de ces gens... vite, à la nacelle!... Ce que vous faites là est indigne, Kaddour, et jamais je ne vous le pardonnerai! »

Sûr désormais qu'on renonçait à emporter les prisonniers, — parce qu'il n'y en avait même plus le temps, — Kaddour s'effaça pour laisser passer Virgile.

« Vivement au parachute!... cria Norbert en montrant le chemin. »

Au moment de franchir la porte extérieure, il s'aperçut

XX

LA LUNE ÉTAIT RENDUE A SON COURS

que Kaddour ne le suivait pas et revint sur ses pas pour l'appeler.

La porte de la galerie était fermée à clé !

« Kaddour !... Kaddour !... cria-t-il en s'efforçant de l'ébranler. Hâtez-vous !... arrivez !... Nous n'avons pas une seconde de reste !... »

Pas de réponse. Et il était trop vrai qu'il devenait impossible d'attendre !... L'aiguille du chronomètre le disait plus fort par chacun de ses battements.

« Kaddour !... cria une dernière fois Norbert. Venez !... Je vous pardonne, mais venez !... nous partons !... »

Toujours pas de réponse...

La mort dans l'âme et la gorge serrée par une affreuse angoisse, le jeune astronome dut se résoudre à revenir vers l'esplanade.

Il n'était que temps...

Le parachute, tournant insensiblement autour de son axe de suspension, faisait avec le sol un angle tel, que pour se jeter dans la nacelle Norbert dut préalablement escalader l'armature de fer et se laisser glisser par les cordages...

Une fois encore il regarda son chronomètre. Le moment était venu !... Encore cent vingt secondes, et, si les voyageurs tardaient à se lancer dans l'espace, en se séparant de la Lune et en lui rendant sa liberté, une collision épouvantable allait se produire entre les deux mondes, écrasant nécessairement le parachute entre les deux aires de contact !...

Norbert leva le bras vers le ressort du couperet. A cet instant, Kaddour parut sur le seuil de l'observatoire. Il tenait la lampe électrique au-dessus de sa tête, pour éclairer l'esplanade, et regardait.

« Venez !... Venez !... lui dirent aussitôt toutes les mains, d'un geste spontané.

Mais il secoua tristement la tête, et agitant son mouchoir, il parut dire :

« Adieu !

— Allons!... pensa Norbert. Le sort en est jeté, et je n'ai pas le droit d'attendre plus longtemps!... »

Il toucha le ressort.

D'un seul bloc, presque sans secousse, le parachute se détacha et tomba comme un fruit mûr...

Aussitôt, avant même que les voyageurs eussent compris ce qui se passait, l'observatoire, l'esplanade, le sol du Tehbali, s'éclipsèrent à leurs yeux, perdus dans la nuit. La Lune était rendue à son cours par l'arrêt subit de la force qui la tenait enchaînée. Un grondement sourd, montant des profondeurs de l'espace, annonça que cette séparation ne s'opérait pas sans déchirements et sans cataclysmes. Des lueurs pareilles à des éclairs et aussi vite éteintes crépitèrent parmi les nuées sous-jacentes.

Quant au parachute, cédant à l'attraction supérieure du globe le plus vaste et le plus lourd, il tombait vers la Terre.

Il tombait même si vite, que le baromètre anéroïde montait de deux degrés par seconde...

Et pourtant la nacelle paraissait immobile. Pas un souffle, pas un frémissement quelconque n'indiquait cette chute effroyable.

C'est à peine si le plancher circulaire, échauffé par la rapidité du mouvement, en rendait témoignage par une élévation de température très marquée. Cette rapidité, Norbert n'avait pas d'abord voulu la modérer, convaincu qu'on ne pouvait sortir trop vite des régions supérieures de l'atmosphère terrestre. C'est à la hauteur de 9,000 mètres au-dessus du niveau des mers que s'était accomplie, à son estime, la séparation. Quand l'aiguille barométrique accusa une hauteur de 4,500 mètres, pensant avec raison que désormais l'air ambiant était respirable, il se décida à faire jouer les ressorts de l'armature d'acier, pour la démonter et délester d'autant l'appareil.

« Allons!... Virgile!... dit-il en renonçant à son respirateur. Jetons du lest!... Et vivement!... »

Tout le monde entendit cet ordre, que Virgile s'empressa d'exécuter. Détachées une à une, les membrures du parachute étaient aussitôt lancées hors de la nacelle, et tombant beaucoup plus vite que l'hémisphère de soie, elles disparaissaient à l'instant.

« Encore quelques minutes, et nous prendrons terre! dit Norbert quand l'opération fut terminée. Nous y serions arrivés plus tôt avec notre armature; mais l'important est d'y arriver doucement. »

Voyant qu'il ne se servait plus de sa boîte à oxygène, chacun imita son exemple.

Chose singulière : personne ne songeait à se féliciter d'arriver enfin au terme de la descente. Sans doute, la terrible crise du départ pesait encore sur tous les cœurs; mais le noir silence, la nuit profonde où l'on s'enfonçait avaient peut-être plus de part encore à l'espèce d'engourdissement qui pesait sur tous les voyageurs.

Cet engourdissement s'augmenta bientôt d'un froid humide et pénétrant : on venait évidemment d'entrer dans la région des nuages.

Une brume si épaisse se répandait partout, qu'à un mètre de distance les voyageurs ne se voyaient plus en dépit de leur lanterne électrique, et cette lumière même s'entourait d'une sorte de halo.

Norbert voulut réagir contre cette apathie singulière qu'il jugeait avec raison dangereuse pour tous, et il fit effort pour parler.

« Encore quelques minutes, dit-il, et nous toucherons terre. J'espère que ce sera avec une lenteur relative; mais il est possible, néanmoins, que le premier choc soit assez rude. Nous commencerons, pour l'amortir, par jeter tout ce que nous avons ici d'inutile, et notamment ces respirateurs... Puis, le moment venu, je vous avertirai, et il faudra que chacun se suspende par les mains au cercle de la nacelle... Vous en sentirez-vous la force?... demanda-t-il directement à la jeune fille, qui, la tête appuyée contre l'épaule de son oncle et l'un de ses bras passé autour du cou de Fatima, semblait très abattue.

— J'espère que oui, répondit-elle. Mais je ne puis m'empêcher de songer à ces pauvres gens abandonnés là-haut... Leur souvenir m'obsède... Est-il possible que nous les ayons laissés ainsi?... Que doivent-ils penser de nous?... Et que vont-ils devenir?... Leur sort est affreux!... Ils se haïssent tant!...

— J'ai tout tenté pour les enlever, répliqua Norbert; mais les efforts de Virgile et les miens se sont brisés contre l'entêtement de ce malheureux Kaddour. Pouvais-je sacrifier notre salut à tous, le vôtre, mademoiselle, et peut-être celui des régions terrestres où la Lune allait tomber, à l'espoir évidemment chimérique de vaincre cet entêtement?... Je n'en ai pas jugé ainsi. Je suis allé jusqu'à l'extrême limite de la patience. Deux secondes de plus pouvaient amener des cataclysmes irréparables. Il a fallu céder à la nécessité.

— Mais enfin que voulait-il donc, Kaddour?

— Il exigeait l'abandon de ses ennemis dans la Lune; et il est allé jusqu'à s'opposer par la force aux tentatives que nous avons faites pour les enlever. Naturellement, nous avions repoussé une proposition si barbare. Je ne pouvais même pas m'attendre à voir ce malheureux nain déployer une pareille ténacité et aller jusqu'à sacrifier sa vie à sa vengeance. Sans quoi, j'aurais pris les mesures nécessaires. Mais vous savez avec quel art il a évité dans les derniers jours toute allusion aux prisonniers. Il allait jusqu'à négliger systématiquement de les surveiller, comme il s'en était chargé, de peur d'attirer notre attention sur sa haine. De là, au dernier moment, une tentative désespérée de ces misérables, une lutte corps à corps où Virgile et moi nous avons failli succomber, et qui aurait eu dans ce cas, je n'ai pas besoin de vous le dire, les résultats les plus désastreux; de là enfin un débat final auquel j'ai dû couper court, parce qu'il n'y avait plus une minute à perdre... »

Le voisinage de la Terre se manifestait par des signes de

plus en plus sensibles. Un vent assez fort s'était levé et imprimait au parachute des secousses très accentuées, en l'emportant vers l'ouest. L'obscurité était toujours profonde; mais en regardant avec attention au-dessous de lui, Norbert distinguait vaguement des silhouettes d'arbres et des accidents de terrain. Tout à coup, une petite pluie fine se mit à tomber. Les voyageurs n'en souffraient guère, abrités qu'ils étaient par le parachute, et même ils accueillaient avec un certain plaisir cette impression toute sublunaire et dont ils avaient depuis longtemps perdu l'habitude.

Ils s'aperçurent bientôt que le vent se calmait sous cette pluie, comme il arrive souvent. Mais sans doute elle avait pour effet d'alourdir considérablement l'étoffe de la machine, car il parut soudain à Norbert que la descente s'accélérait un peu trop.

« Attention!... que chacun lance son respirateur par-dessus bord!... » cria-t-il aussitôt.

L'ordre fut exécuté avec ensemble et la descente se ralentit immédiatement.

Presque aussitôt, arrivèrent des bouffées de vent brûlant et *chargé de sable*, qui séchèrent le parachute en quelques secondes en le ramenant vers l'est. Et tout à coup la nacelle se heurta contre un obstacle qu'elle dépassa lentement, au milieu d'un frôlement caractéristique.

« Un arbre!... Nous allons toucher!... cria Norbert. Tout le monde au cercle!.. Suspendez-vous aussi haut que possible par les mains, et perdez pied!... Il n'y a pas de danger si l'on s'arrange pour échapper au premier choc!... Est-ce compris?... Faut-il vous aider, Mlle Kersain?... Et vous, doct... »

Une secousse assez rude lui coupa la parole. Le parachute venait de toucher le sol. Tous les voyageurs tinrent bon, excepté Tyrrel qui alla piquer une tête dans le vide, tandis que la nacelle rebondissait légèrement.

« Attention au second choc!... cria Norbert. Ce sera l'avant-dernier!... Tenez-vous bien!... Je saute avec une amarre... Mais ne bougez pas!... »

Il fit comme il disait, et au moment où la machine, après avoir rebondi de nouveau, touchait terre pour la troisième fois, elle s'y trouva arrêtée par Norbert, qui s'était laissé tomber au même instant. Aussitôt, l'étoffe du parachute s'abattit lourdement sur lui et l'ensevelit sous ses plis.

« Dégagez-vous!... Prenez pied!... criait-il d'une voix étouffée. Nous sommes à terre!... »

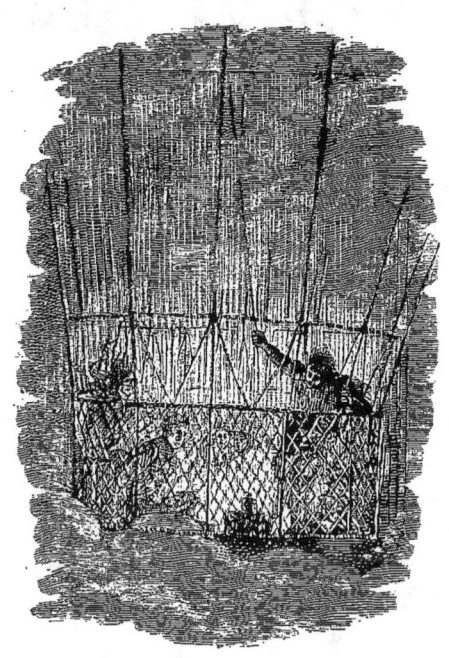

CHAPITRE XVI

SUR LE NIL

Après une lutte silencieuse contre les plis dégonflés du parachute, les voyageurs émergèrent un à un, sans trop d'avaries. L'un avait une entorse, l'autre un poignet foulé, Mlle Kersain une éraflure au bras, Fatima une bosse au front, sir Bucephalus était légèrement étourdi. Tous éprouvaient une singulière impression de lourdeur et de fatigue, comme si leurs membres étaient à demi-perclus et comme si des poids de cent kilogrammes eussent été attachés à leurs pieds. Mais à cette impression se mêlait un profond, un intime ravissement de se sentir redescendus sur le sol terrestre. Fatima traduisit avec naïveté ce sentiment filial. Elle se jeta à genoux et baisa littéralement la Terre, en disant :

« Ma mère!.. »

C'était la seule qu'elle se connût, la pauvre enfant!...

Quant au docteur, il était au moins aussi étourdi que sir Bucephalus; mais l'instinct professionnel ne le quittait jamais, même en songe, et son premier mouvement avait été de chercher sa trousse, le second de tâter le premier pouls qui lui tomba sous la main.

« Bon pouls!... dit-il automatiquement. Egal et plein!... quatre-vingts pulsations!... S'en tenir au régime simple et fortifiant...

— Eh! docteur!... s'écria Norbert en riant. C'est le cas de dire que vous descendez de la Lune!...

— De la Lune?... ma foi, je crois bien qu'en effet... Mais où sommes-nous donc ici?...

— Je vous le dirais volontiers, si je le savais... Tout ce que je puis affirmer avec quelque certitude, c'est que nous sommes au Soudan, et probablement dans le désert de Nubie... Le sol est sablonneux assurément, et il a pu amortir notre chute... Hors de cela, que voulez-vous savoir, dans des ténèbres aussi épaisses?...

— Le fait est que je n'ai jamais vu une nuit pareille, — si ce n'est pourtant tout à l'heure, en l'air!... Enfin, nous voici sur le plancher des vaches, c'est l'essentiel!... Et comment va-t-on par ici?... Gertrude?...

— Mlle Kersain dit qu'elle se trouve à merveille.

— Et vous, sir Bucephalus?

— Un peu moulu et concassé, mais sans rien dans les œuvres vives, j'espère.

— Et vous, Virgile?

— A vos ordres, monsieur, et prêt à recommencer, si c'est nécessaire.

— A la bonne heure!... s'écria le docteur. Voilà ce que j'appelle avoir de l'étoffe!... Fatima est là... Et Tyrrel?... où est Tyrrel?...

— Oui, au fait!... où est Tyrrel? » répéta sir Bucephalus.

Un gémissement sourd et qui semblait sortir de terre

répondit à cet appel. On chercha à tâtons. Virgile finit par se heurter, à huit ou dix pas, contre une forme humaine qui présentait au toucher de grandes analogies avec le valet modèle. Mais il eut peine à s'expliquer, tout d'abord, dans quelle attitude il la retrouvait.

« Eh! camarade, que faites-vous là? demanda Virgile en constatant qu'il restait inerte et silencieux, la tête en bas et comme arc-bouté sur ses pieds.

— Je ne sais pas où je suis!... répondit une voix sépulcrale. J'ai de la terre dans les yeux, dans le nez, partout!... Et je me sens si lourd, que je crois bien avoir trois ou quatre membres cassés!...

— Bast!... vous avez tout simplement piqué une tête dans le sable, et vous avez encore le nez dessus, répliqua Virgile, qui avait fini par se rendre compte de la situation. Prenez-vous donc le désert de Nubie pour un bain à fond de bois?... allons, camarade, un petit effort!... »

Joignant l'acte à la parole, Virgile finit par remettre Tyrrel sur ses pieds. Le soutenant alors par le bras, il le ramena au groupe formé par les autres voyageurs, qui s'étaient sans plus de façons assis à terre.

« Eh bien!... vous voyez que vous n'êtes pas encore en morceaux! disait-il pour l'encourager.

— Te voilà, Tyrrel!... s'écria sir Bucephalus qui venait subitement de retrouver sa belle humeur. J'avais cru que tu voulais me fausser compagnie, mon brave!... Tu n'as donc pas envie de repartir pour la Lune avec nous?...

— Repartir pour la Lune? s'écria Mlle Kersain, avec un effroi sincère. J'espère que personne n'y songe, pas même vous, monsieur Mauny?...

— Ma foi! je n'en répondrais pas..., répliqua le jeune astronome : nous avons laissé derrière nous tant de choses dignes d'être étudiées à fond!... Il suffirait assurément pour me décider de la perspective de refaire le voyage avec les mêmes compagnons!...

— C'est très gracieux, ce que vous nous dites là, monsieur Mauny; mais si vous le permettez, pour mon compte, je me récuserai.

— Et toi, quelle est ta réponse, Tyrrel? reprit le baronnet. Me laisseras-tu repartir sans toi?... »

Le pauvre valet modèle eut peine à réprimer un mouvement d'horreur. Retourner dans cette « objectionable » Lune, à laquelle il avait voué une muette exécration!... Lui qui caressait déjà avec délices l'espoir de revoir bientôt Curzon-street, et de renoncer enfin à cette existence de bohémiens de l'espace, pour reprendre les élégantes habitudes qui conviennent au *butler* d'un baronnet!... C'était un coup rude autant qu'imprévu. Mais Tyrrel n'avait jamais transigé avec ses principes :

« A vos ordres, monsieur, » dit-il héroïquement.

Et sa voix rauque indiquait assez le combat qui se livrait en lui.

Fatima, qui tenait la main de sa jeune maîtresse, écoutait avec terreur ce dialogue, et le tremblement nerveux de tout son corps témoignait de l'épouvante que lui causaient de tels projets.

« Allons, petite, rassure-toi, lui dit avec bonté Mlle Kersain. Notre voyage est bien fini... Votre maître plaisante, Tyrrel... »

Fatima poussa un long soupir de soulagement, et la voix de Tyrrel reprit son timbre normal pour dire au baronnet :

« Si monsieur se sent en appétit, le panier aux provisions est là.

— Voilà l'idée la plus sage qui ait encore été émise! s'écria le docteur. Nous ne saurions mieux célébrer notre heureuse arrivée sur l'*alma parens* que par un petit souper impromptu!... »

On alla à la recherche du panier, qu'on finit par trouver avec la lanterne électrique sous les plis du parachute, et cinq minutes ne s'étaient pas écoulées, que tous les voyageurs avaient déjà repris des forces nouvelles en faisant honneur aux provisions de Tyrrel.

XXI

C'ÉTAIT UN LONG BATEAU ÉGYPTIEN

Sur ces entrefaites, les premières lueurs du jour commencèrent à poindre vers l'orient et bientôt la clarté fut assez grande pour qu'on pût se rendre compte de l'aspect général du pays. C'était une vaste plaine sablonneuse, semée de bouquets de palmiers et bordée vers le levant par une ligne de feuillage sombre qui indiquait évidemment un cours d'eau.

« Je serais bien surpris si ce n'était pas le Nil ! dit Norbert. Attendons que le jour soit tout à fait levé et nous irons nous en assurer.

— A quoi bon attendre? répliqua Mlle Kersain. Allons-y tout de suite!... Cela nous changera un peu, de marcher au bon air frais, sans ces affreux respirateurs!...

— Vous leur en voulez donc beaucoup, à ces pauvres respirateurs? Sans eux, nous ne serions pourtant pas ici, maintenant...

— Eh bien, trouvez-moi ingrate tout à votre aise, mais je vous déclare que je préfère de beaucoup l'air terrestre à l'oxygène le plus pur sur la Lune!... »

Au fond, tout le monde était de l'avis de Mlle Kersain. Sans autrement s'inquiéter du parachute, qui ne pouvait plus servir à rien, on se dirigea vers la ligne boisée.

Il fallut plus d'une heure pour y arriver. Les voyageurs avaient si bien perdu l'habitude de leur poids terrestre, qu'ils eurent grand'peine à achever cette marche de cinq ou six kilomètres. Le Soleil venait de bondir au-dessus de l'horizon, quand ils se laissèrent tomber, exténués de fatigue, sur l'herbe de la rive, arrosée par un fleuve jaunâtre et bourbeux.

« C'est le Nil, incontestablement !... déclara Norbert. Il n'y a pas un autre fleuve pareil dans cette région du monde. Mais quelle partie du Nil, qui a cinq cents lieues de long?... C'est ce qu'il serait malaisé de dire avec certitude. Cependant, j'incline à penser que nous nous trouvons en aval de Dongola.

— Moi aussi, dit le docteur.

— Et qu'est-ce qui vous donne cette impression? demanda le jeune astronome. Je ne me base, je vous le déclare, que sur des données de ma spécialité.

— Moi, je suis surtout frappé de ce que les eaux ne présentent pas ici la moindre trace de *sudd*... On donne ce nom, en amont de Berber, à ces végétations flottantes qui forment de véritables îles, des bancs d'herbes et d'humus... Elles sont tout à fait caractéristiques du Haut-Nil, et parfois en entravent complètement la navigation, au point qu'il devient indispensable de se frayer un passage à la hache et à la scie. Or, vous le voyez, il n'y a rien de pareil dans ces eaux-là.

— Tout tendrait donc à indiquer que nous sommes, en tout cas, au-dessous de Berber.

— Nous ne tarderons pas à le savoir avec certitude! s'écria Mlle Kersain, dont les yeux étaient aussi bons que beaux. J'aperçois là-bas un point noir qui m'a l'air d'être un bateau, une *dahabieh*... »

Tous les regards se portèrent dans la direction qu'elle indiquait, vers le nord, et où chacun put en effet reconnaître un point noir en mouvement sur les eaux.

« Ah!... les yeux de vingt ans?... dit le docteur. Je ne vois pour mon compte que le Soleil qui flamboie et le sable qui poudroie!... »

Le point noir grossissait de moment en moment et bientôt Mlle Kersain annonça non seulement que c'était bien une *dahabieh*, mais qu'elle y voyait des *habits rouges*...

« Des habits rouges?... Ce seraient donc des soldats anglais, dit le baronnet. Puissiez-vous dire vrai!

— *Hurrah for old England!* » s'écria subitement Tyrrel, en proie à un accès d'enthousiasme.

Et aussitôt après cette manifestation si imprévue de sa part, il retomba dans l'attitude impassible qui cachait ordinairement les émotions de son cœur britannique.

« Si ce sont bien des soldats anglais, dit Norbert, il faut que nous nous trouvions tout près de la frontière d'Égypte, ou que l'armée de secours attendue par Gordon ait déjà remonté le Nil!... En tout cas, nous allons avoir des nouvelles de Khartoum!...

— De Khartoum!... répéta Gertrude qui ne put retenir ses larmes. Oh! mon père chéri!... Si je pouvais en avoir de vous!... »

La *dahabieh* se rapprochait de plus en plus. C'était un long bateau égyptien, — de la forme de ceux qu'on voit sur les peintures murales du temps des Pharaons et qui ont survécu jusqu'à nos jours, — avec une proue de gondole, une vingtaine de rameurs indigènes et une haute cabine à l'arrière.

Cette cabine était occupée par un détachement de soldats anglais qui remontaient probablement le Nil pour opérer une reconnaissance, car ils fouillaient avec soin les deux rives du regard.

L'officier commandant de ce détachement remarquant sur sa droite un groupe de gens qui lui faisaient des signaux, se rapprocha et prit la parole aussitôt qu'il se jugea à portée d'être entendu.

« Qui êtes-vous?... Et que faites vous là?... » demanda-t-il d'une voix brève, en anglais.

Le baronnet s'avança tout au bord de l'eau, pour répondre, mais au moment de parler il ne put s'empêcher d'être frappé de l'absurdité apparente de la déclaration qu'il allait faire.

« Je ne puis pourtant pas lui dire que nous tombons de la Lune!... murmura-t-il en se retournant vers ses compagnons de voyage.

— Eh bien!... Vous déciderez-vous à répondre! s'écria l'officier avec un geste d'impatience.

— Je suis sir Bucephalus Coghill, de 29, Curzon-street, à Londres, et Wigmore Castle, en Devonshire, déclara le baronnet. Ces dames et ces messieurs sont de mes amis... Quant à vous dire d'où nous venons, et ce que nous faisons ici, c'est une autre affaire, et je prendrai la liberté de ne pas répondre à votre question.

— Alors que voulez-vous de moi? demanda l'officier visiblement mécontent.

— Tout simplement que vous ayez l'obligeance de nous dire

où nous sommes et, si vous l'avez pour agréable, de nous conduire à votre quartier général.

— Où vous êtes ?... Près d'Ouady-Halfa ! répondit l'officier radouci par ce ton courtois, en dépit de la mine plus que suspecte à son sens de ces singuliers voyageurs. Quant à vous conduire au quartier général, je crois que ce serait mon devoir, même si vous ne le demandiez pas !... Je suis donc tout prêt à le faire. »

L'officier chercha pour la *dahabieh* un point d'atterrissement convenable et, l'ayant trouvé, fit pousser le bateau contre la rive. Une planche fut jetée en guise de pont. L'embarquement s'effectua rapidement.

Aussitôt, les rameurs reçurent l'ordre de virer de bord et de redescendre le fleuve.

« Vous êtes sans doute de l'armée de secours ? demanda sir Bucephalus, d'un ton dégagé, quand on se fut mis en route.

— Quelle armée de secours ? répliqua assez dédaigneusement l'officier, car la mine des voyageurs, depuis qu'il les voyait de près, le rassurait de moins en moins.

— Eh bien, l'armée anglaise attendue à Khartoum par Gordon.

— J'ignore s'il y en aura jamais une. Nous sommes deux cents hommes détachés du Caire à Assouan et Ouady-Halfa. »

Puis soudain, repris de ses soupçons :

« Pourquoi me demandez-vous cela ? Et quel intérêt y avez-vous ? reprit-il en regardant sévèrement sir Bucephalus. Seriez-vous par hasard un agent du Mahdi ?... Vous m'avez l'air, tous tant que vous êtes, d'étranges voyageurs ?... D'où venez-vous ?... où sont vos papiers ?

— Mes papiers ?... Ma foi, je n'en ai pas... Je n'en ai jamais eu, répondit sir Bucephalus en fouillant dans ses poches. J'ai ma carte !... Tenez... la voici !...

— Hum !... Une carte de visite, cela ne signifie pas grand'chose !... Enfin, vous vous expliquerez au quartier général... C'est votre affaire et non la mienne... »

On arriva heureusement assez vite à Ouady-Halfa, gros bourg misérable, à la hauteur de la deuxième cataracte. Les Anglais étaient en train de le fortifier en prévision de la tardive et désastreuse expédition qu'ils devaient y concentrer quelques mois après.

Conduits sous escorte au quartier général, qui était établi dans une vieille caserne délabrée, les voyageurs y furent enfermés dans une salle du rez-de-chaussée où ils eurent largement le temps de se concerter, car on les y laissa plus de deux heures. Plus ils examinaient les réponses qu'ils pouvaient faire aux questions qu'on allait sans doute leur adresser, plus ils comprenaient, avec sir Bucephalus, l'impossibilité de dire qu'ils venaient de la Lune. Après mûre délibération, il fut décidé qu'on laisserait ce point dans la pénombre, et qu'on déclarerait tout simplement venir en ballon du pic de Tehbali, où l'on était assiégé par l'armée mahdiste. On échapperait ainsi aux suspicions ou aux quolibets qu'une réponse plus complète ne pouvait manquer de provoquer.

Il était environ neuf heures du matin quand les portes de la salle se rouvrirent enfin. Un piquet de soldats venait prendre les « suspects », car c'est ainsi qu'ils étaient désignés sur le rapport de l'adjudant Brown, et les conduire au premier étage, par devant le major Wharton, commandant le détachement anglais à Ouady-Halfa.

Le major Wharton était un brave officier, très dévoué à ses devoirs et très ponctuel dans ses habitudes, mais affligé d'un défaut, aussi fâcheux que fréquent chez les chefs d'avant-postes : il voyait des ennemis et des espions partout. D'autre part, l'adjudant Brown, qui avait rencontré les voyageurs, lui avait présenté cette *capture*, comme il l'appelait, sous des couleurs peut-être un peu vives. Avec un désir assez naturel, mais assurément excessif, de se faire valoir, il insistait surtout dans son rapport sur l'apparence « peu respectable » de ces gens, trouvés sur les bords du Nil sans chameaux, ni bateau, ni escorte d'aucun genre, sur les vêtements déchirés de deux d'entre eux (M. Mauny et Virgile, dont le costume portait encore les marques de la lutte corps à corps qu'ils avaient soutenue au moment du départ); sur les réponses évasives de celui qui se donnait, sans preuves ni vraisemblance, pour un baronnet anglais.

Bref, le major était assez mal disposé d'avance contre les gens qu'on amenait à son tribunal, et il les reçut avec une extrême rudesse. Il siégeait, avec un sous-officier qui lui servait de secrétaire, dans un vieux salon meublé d'une petite table de bois blanc, de deux chaises et d'un banc.

« Qui êtes-vous et d'où venez-vous?... » demanda-t-il d'un ton rogue, en braquant sur le baronnet qui s'avançait pour servir d'interprète, deux gros yeux bleus surmontés de sourcils blonds, mais aussi menaçants que s'ils avaient été noirs.

Le baronnet entama d'une voix qu'il croyait pleine de dignité, mais qui était légèrement chevrotante, les explications qu'on était convenu de donner. Ses amis et lui arrivaient du pic de Tehbali, où ils avaient été bloqués par l'armée mahdiste. Ils étaient partis en ballon et venus tomber à cinq ou six milles du Nil.

Le major ne voulut même pas écouter jusqu'au bout ces renseignements un peu confus.

« Le pic de Tehbali?... Qu'est-ce que cette montagne-là?... Je n'en ai jamais entendu parler!... Elle n'est pas sur la carte de l'état-major!... dit-il d'une voix tonnante. Un ballon!... Où est-il votre ballon!... Montrez-le un peu, votre ballon!... Vous dites que vous étiez bloqués par l'armée mahdiste. D'abord, il n'y a pas d'armée mahdiste. Il y a un rassemblement de coquins et de voleurs, une bande de brigands qui prend ce nom, et que nous allons tous pendre haut et court à la première occasion... C'est déjà une très mauvaise note de se servir, pour les désigner, d'une expression pareille. Cela semble indiquer chez vous des sentiments qui ne leur sont nullement hostiles, et je ne serais pas du tout surpris qu'au lieu d'avoir été bloqués par les mahdistes, vous eussiez été... hum!... je m'entends... Où sont vos papiers?...

— Je n'en ai pas d'autre que ma carte, murmura piteusement le baronnet.

— Votre carte! *Fiddlesticks!...* Croyez-vous que je vais me payer d'un bout de carton sans authenticité... Et ces gens-là, est-ce qu'ils ont des papiers?...

— Monsieur, fit Norbert impatienté de ces manières, en s'avançant à son tour, nous n'avons pas de papiers, parce que nous avons dû n'emporter avec nous dans la nacelle que le strict nécessaire. Mais nous sommes d'honnêtes gens, et je vous avertis que votre gouvernement et vous serez rendus responsables de toute détention arbitraire infligée à des citoyens français, et spécialement à Mlle Kersain que voilà, fille du consul de France à Khartoum.

— Ah!... dit le major, dont la physionomie s'éclaira soudain d'un rayon d'ironie. Mademoiselle est la fille de M. Kersain, consul de France à Khartoum?... Vous me voyez on ne peut plus aise d'apprendre ce détail... »

Il appela le sous-officier qui commandait le piquet de soldats et lui donna un ordre à voix basse. L'homme sortit aussitôt du pas raide et compassé qui est encore de mise dans l'armée britannique.

« Vous me voyez fort aise d'apprendre ce détail, répéta le major. Et vous, qui êtes-vous ou qui prétendez-vous être? reprit-il en regardant Norbert d'un air qui voulait être terrible et arrivait seulement à être comique.

— Je suis M. Mauny, astronome-adjoint à l'Observatoire de Paris. Monsieur est le docteur Briet, bien connu par ses explorations africaines et ses travaux botaniques. Celui-ci est mon domestique; celui-là est le valet de chambre de sir Bucephalus et anglais comme lui. Cette jeune fille est au service de Mlle Gertrude Kersain...

— Vous persistez à prétendre que mademoiselle est la fille de M. Kersain, consul de France à Khartoum?

— Assurément.

— Eh bien, voici qui va confondre cet impudent mensonge.

s'écria le major en entendant des pas dans l'escalier. M. Kersain lui-même va se charger de vous répondre, car il est là, en personne!... »

Tout le monde se retourna vers la porte.

C'était bien en effet M. Kersain qui entrait au salon, où venait de le mander le major Wharton...

« Mon père!... Mon père bien-aimé!... » s'écria Gertrude en s'élançant vers lui.

Il la reçut dans ses bras, où elle tomba en sanglotant de surprise et de bonheur.

CHAPITRE XVII

EXPLICATIONS MUTUELLES

M. Kersain n'était pas moins ravi et moins étonné que sa fille.

« Gertrude!... mon enfant bien-aimée!... répétait-il en la serrant sur son cœur et caressant ses fins cheveux. Toi ici, ma chérie? Comment cela se fait-il?... Je pensais à toi comme je le fais constamment, ma fille, mais combien je m'attendais peu à te rencontrer ce matin!...

— Mais vous-même, mon cher Kersain, par quelle aventure vous trouvez-vous à Ouady-Halfa? demanda le docteur en s'avançant vers son beau-frère.

— Le général Gordon m'a demandé comme un service essentiel de descendre le Nil sur une de ses canonnières à vapeur qu'il envoyait ici, et de me rendre en Europe pour expliquer sa situation au monde civilisé. J'ai accepté cette mission parce que je ne pouvais guère la refuser, et aussi parce que j'y voyais la seule chance de débloquer Tehbali, où je vous savais investis. Mais comment vous dire mes angoisses ?... »

Ici le major Wharthon, dont la physionomie s'était subitement radoucie, s'interposa pour dire avec courtoisie et même avec empressement :

« Mon cher monsieur Kersain, vous répondez, je le vois, de tous ces messieurs... Je les prie d'excuser le malentendu qui les a fait prendre un instant pour ce qu'ils ne sont pas... S'ils veulent me faire avec mademoiselle votre fille l'honneur de déjeuner avec nous, j'en serai charmé... »

Les prisonniers s'inclinèrent. Mais il fallait une victime expiatoire ; le major l'eut bientôt désignée. Se tournant vers le sous-officier qui lui servait de secrétaire :

« L'adjudant Brown prendra les arrêts pendant quinze jours, dit-il, pour arrestations arbitraires et renseignements inexacts... »

Cependant Gertrude, les bras noués au cou de son père, était encore incapable de lui répondre. Toutes les émotions, toutes les tristesses, toutes les terreurs du mois terrible qu'elle venait de passer retombaient maintenant sur son cœur ; et se sentant hors de danger dans ce refuge, elle se trouvait démunie de ce courage qui l'avait soutenue jusque-là. Elle cachait son doux visage, comme un enfant peureux, sur la poitrine de son père, et donnait un libre cours à ses larmes.

Sans s'expliquer son émotion autrement que par les dangers qu'il venait de traverser lui-même, M. Kersain s'efforçait de la calmer :

« Allons, ne pleure plus, ma fillette, disait-il. Nous voici réunis, et pour toujours !

— Oh ! oui, je ne vous quitte plus, cher père aimé ! murmurait-elle en se serrant contre lui. Plus jamais!... Plus jamais!...

— Plus jamais, ma chérie!... répétait-il tendrement. J'ai trop souffert de me trouver séparé de toi pendant tout ce temps!... Mais conte-moi un peu comment vous êtes ici, ton oncle et toi...

— Vous serez mieux pour causer, dans ce petit salon, » dit obligeamment le major en ouvrant une porte et introduisant le père et la fille dans la pièce qui lui servait de cabinet, tandis que les autres voyageurs restèrent avec lui dans la salle commune. Tout entier à la joie de revoir sa fille, M. Kersain n'avait même pas aperçu Norbert et le baronnet, qui se tenaient à l'écart, par discrétion.

Restée seule avec son père, Gertrude finit enfin par surmonter son émotion. Elle poussa un long soupir, et plaçant ses deux mains sur les épaules de M. Kersain :

« Oh! mon cher papa! dit-elle. Si vous saviez toutes les aventures que je viens de traverser!... Vous auriez peine à les croire, et moi-même, je me prends par moments à en douter, en me demandant si je ne rêve pas. Et pourtant c'est vrai!... Mon oncle, M. Mauny, sir Bucephalus, Fatima, Virgile et Tyrrel sont là pour vous attester que je ne suis pas en proie à une illusion, et que nous venons bien tous de passer vingt-neuf jours dans la Lune!...

— Dans la Lune!... répéta M. Kersain non sans épouvante, car sa première idée fut de croire que Gertrude avait perdu la raison. Que me dis-tu là, ma chérie!...

— Oh! naturellement, vous avez peine à admettre que ce soit vrai, répondit Gertrude. Et pourtant, je vous jure, mon père chéri, que je n'ai pas perdu la tête, comme vous paraissez le supposer... Vous connaissiez les projets de M. Mauny, n'est-ce pas?... Eh bien, ces projets ont reçu leur exécution, voilà tout!... Nous venons de passer sur la Lune presque tout le temps de notre séparation...

— Plus de doute!... se dit avec effroi M. Kersain. Les angoisses de cette séparation ont altéré la raison de ma fille!...

Elle est en proie à un délire qui emprunte sa forme spéciale au milieu même où elle vient de vivre!...

— Chère enfant! murmura-t-il en essayant de lui cacher les pleurs que cette affreuse découverte faisait monter à ses yeux. Tu dis que M. Mauny et sir Bucephalus sont là avec ton oncle ?

— Oui, mon père. Ils ne m'ont pas quittée. C'est avec eux que j'ai fait tout ce merveilleux voyage!... Nous sommes redescendus cette nuit même. »

M. Kersain ne put pas supporter plus longtemps un doute si terrible. Il se précipita vers la porte, et l'ouvrant toute grande, les yeux hagards, la face d'une pâleur mortelle :

« M. Mauny!... cria-t-il d'une voix rauque. Vous êtes là ?...

— Oui, monsieur le consul! » répondit le jeune astronome en accourant avec empressement.

Il était, lui aussi, fort pâle et visiblement ému.

« Me pardonnerez-vous jamais, monsieur ?... commença-t-il en serrant la main que lui tendait M. Kersain.

— Quoi ?... que faut-il que je vous pardonne ? demanda le malheureux père.

— D'avoir exposé Mlle Kersain à tous les périls d'une expédition pareille!... Elle vous dira que c'est bien contre mon gré!... Les événements ont pris un cours imprévu... Et si nous nous sommes trouvés dans la Lune, c'est sans préméditation!...

— Comment ? s'écria le consul. Vous aussi!... Mais tout le monde a donc perdu la tête ?... Briet!... Sir Bucephalus!... »

Le docteur et le baronnet s'empressèrent d'accourir.

— Quelle est cette affreuse chimère, et que signifie tout ceci? leur demanda sans transition M. Kersain, après avoir refermé la porte.

Quelle chimère ?... De quoi s'agit-il ?...

— Ma fille et M. Mauny prétendent que vous... que vous arrivez tous de la Lune!... articula M. Kersain, comme si les mots avaient peine à franchir ses lèvres.

— Eh bien, c'est l'exacte vérité!... répondit le docteur en souriant.

— C'est la triste vérité, et elle va me coûter trente mille livres! ajouta sir Bucephalus d'un ton beaucoup moins gai.

— Comment?... Vous allez me dire avec Gertrude et M. Mauny, que...

— Que nous sommes partis pour la Lune, que nous y avons passé un mois et que nous en arrivons présentement!... Oui, mon cher beau-frère, reprit le docteur. Et tenez, si vous en doutez, je vais vous montrer la superbe collection d'échantillons géologiques que je rapporte de cette excursion!... ajouta-t-il en fouillant dans les vastes poches de son habit.

« ... Sapristi!.. s'écria-t-il douloureusement, je les ai oubliés sur la table de ma chambre!... quelle tête!... Je rendrais des points à une linotte!... Mais j'ai toujours mon papyrus sélénite, heureusement!... »

Il venait, en effet, de l'extraire de son portefeuille, et il l'agitait triomphalement sous les yeux de M. Kersain, qui ne savait plus, en toute sincérité, ce qu'il devait penser de quatre affirmations aussi positives.

Enfin, on lui donna tant de preuves, tant de détails, qu'il finit par accepter la réalité du fait ; encore ne put-il s'y résoudre qu'après avoir appelé Virgile, Fatima et Tyrrel, et avoir reçu d'eux la confirmation de ce qui lui était conté.

« Voulez-vous que je vous donne un conseil?... dit-il quand enfin sa conviction se fut assise. Gardez cela pour vous, et n'en parlez à personne qu'après avoir bien pris vos mesures pour être crus. Sans quoi vous passerez pour des charlatans ou des fous.

— Nous l'avons si bien compris ce matin même, lui répondit le docteur, que nos réticences nous ont valu d'être mis en état d'arrestation et de faire assez piteuse mine en présence du major. Mais patience!... Tout se prouvera!... Tout sera établi... »

On se donna alors mutuellement tous les renseignements que nécessitait une rencontre si singulière. Gertrude conta à grands traits à son père le voyage merveilleux qu'elle venait de faire. M. Kersain entra dans quelques détails sur la situation de Gordon à Khartoum.

« Dès l'investissement de la ville par des bandes mahdistes, dit-il en substance, les fils télégraphiques furent coupés, ou du moins interceptés, car la nature des communications qui nous parvenaient ne laissait aucun doute sur leur origine. Le général s'était mis à faire remuer de la terre avec activité ; il avait élevé une cinquantaine de batteries qui mettaient la place à l'abri d'une surprise ; il s'occupait nuit et jour de refaire le moral des troupes par des exercices continuels et il obtenait en quelques semaines des résultats admirables. Mais tous ces soins et toutes ces peines ne pouvaient servir à quelque chose qu'à la condition d'être appuyés par une armée de secours, sans quoi la chute de Khartoum n'était qu'une question de temps. Or le gouvernement anglais n'avait pas l'air de se décider à envoyer sur le Haut-Nil le corps expéditionnaire que Gordon réclamait si vivement et avec tant de raison. C'est dans ces conditions qu'il se décida à faire appel non seulement à son propre pays, mais à tous les peuples civilisés, intéressés à ce que le Soudan ne tombe pas aux mains du Mahdi et qu'il m'a demandé d'accepter cette mission. Je le pouvais, car, la ville étant définitivement investie, il n'y avait plus à songer, du moins immédiatement, aux projets que j'y apportais cinq ou six mois plus tôt. Je le devais, car le plan du général Gordon est le moyen certain et malheureusement le seul pratique de protéger efficacement les quinze ou seize cents Européens qui se trouvent à Khartoum, sans parler des troupes égyptiennes. J'ai donc accepté comme un honneur la mission que me confiait Gordon, et ce n'est pas sans péril que j'ai pu la remplir ou du moins commencer de la remplir en parvenant aux lignes anglaises — car notre canonnière n'a pas été attaquée moins de dix-sept fois entre le confluent des deux Nils et Dongola...

XXII

M. KERSAIN LES SERRA TOUS LES DEUX SUR SON CŒUR

« Enfin, me voici au port, grâce au ciel ! Il ne me reste plus maintenant qu'à me rendre à Paris, comme je l'ai promis à Gordon, pour saisir la presse des deux mondes de son appel suprême à tous les amis de la civilisation, et tenter de réunir des moyens d'action...

« ... Pensez-vous, docteur, ajouta M. Kersain après avoir donné ces explications, que Gertrude pourra m'accompagner, sans inconvénient pour sa santé?... Voici l'été qui commence...

— Gertrude pourra désormais aller en Laponie si bon lui semble ! s'écria le docteur. Ne voyez-vous pas ces belles couleurs sur ses joues et le changement si marqué qui s'est fait en elle?... Je n'ai jamais rien observé d'aussi étonnant au point de vue thérapeutique. Le climat de la Lune, avec son atmosphère ténue, pure et sèche, semblait fait exprès pour elle. Elle avait pris des forces si grandes dès notre arrivée sur le cratère de Rhéticus, qu'elle a supporté sans le moindre malaise un froid plus que sibérien, quand la nuit est venue. Gertrude peut aller partout maintenant et ne vous donnera plus jamais d'inquiétude, mon cher beau-frère : ce n'est pas le résultat le moins curieux de notre singulier voyage.

— En effet, repondit M. Kersain profondément heureux de ces nouvelles, je remarquais en elle un air de prospérité et de vigueur qui me frappait. Mais faut-il croire vraiment que ce soit définitif, et qu'un climat froid ou humide soit désormais sans danger pour elle?

— Je vous répète que l'expérience est faite et bien faite ! répliqua le docteur. J'en suis si émerveillé depuis que je la vois s'accomplir sous mes yeux, qu'il ne faudrait pas beaucoup me presser pour me remettre en tête un projet déjà caressé par moi.

— Quel projet?

— Celui de m'en aller établir sur la Lune une maison de santé modèle !... Une concurrence aux stations d'hiver !...

— Chut !... ne parlons plus de la Lune; vous savez que c'est provisoirement un sujet réservé !... » dit M. Kersain en entendant le pas du major Wharton qui venait inviter ses hôtes à passer dans la salle à manger.

Le brave officier avait à cœur de leur faire oublier la rudesse de son accueil, car il se confondait en prévenances. Il voulut à tout prix envoyer un peloton de fatigue chercher le parachute et les bagages des voyageurs au point qu'on lui indiqua, aussi minutieusement que possible, comme le lieu d'atterrissage. Mais quand les soldats anglais arrivèrent à l'endroit qui leur avait été désigné, ils eurent beau chercher, ils ne purent découvrir la moindre trace du parachute. Sans doute des Arabes pillards avaient déjà passé par là.

Bref, après plusieurs heures de vaines recherches, le peloton de fatigue revint sans rien rapporter. D'où une nouvelle et violente colère du major Wharton, qui infligea aux malheureux soldats une distribution générale de jours de salle de police.

Au coucher du soleil, M. Kersain voulut reprendre sans plus tarder son voyage vers le Caire et, comme la canonnière qui l'avait amené avait ordre de remonter à Khartoum, s'il était possible, on traita avec un *noggour* ou grand bateau plat remorqué tantôt à l'aviron et tantôt par des bêtes de somme, pour se rendre d'abord à Assouan et de là vers le Delta égyptien. Il va sans dire que Gertrude et Fatima, M. Mauny et Virgile, le baronnet et Tyrrel, avec le docteur Briet, s'embarquèrent par la même occasion. Un voyage en noggour, sans être le dernier mot de l'agrément, peut ne pas être trop pénible, quand on se trouve en aimable compagnie, si l'on a su s'organiser pour ne pas être à la merci des bateliers et des populations riveraines. Le major Wharton mit tous ses soins à fournir à ses hôtes ce qui leur était nécessaire et leur donna pour faciliter leur navigation jusqu'à une escorte militaire et des *laissez-passer* de nature à vaincre toutes les résistances.

La descente du Nil s'acheva donc avec une rapidité relative et avec une gaieté dont ceux-là seuls peuvent avoir une idée qui se trouvent réunis et hors de péril, après avoir passé par des épreuves tragiques.

C'est à bord du noggour, un soir, avant d'arriver au Caire, que Norbert se trouvant sur l'arrière avec M. Kersain et Gertrude, aborda le sujet qu'il avait à cœur depuis son départ de Khartoum, — si ce n'est depuis son arrivée à Souakim. La nuit était tiède et étoilée. On n'entendait sur la large nappe du Nil, épandue presque à perte de vue dans la plaine, que le bruit cadencé des avirons et le chant monotone du rameur qui marquait la mesure. A l'orient, la Lune à peine rentrée dans sa route normale, venait de se lever et semblait regarder avec tendresse, tant sa lumière était douce et pure, l'audacieux pionnier de la Science qui avait osé l'arracher au bercement de sa sieste séculaire. Mais ce pionnier, si brave devant les cataclysmes, hésitait encore devant un simple mot, que M. Kersain attendait, que Gertrude attendait aussi, et qu'il devenait de minute en minute plus indispensable d'articuler.

Il finit pourtant par rassembler tout son courage.

« Monsieur le consul, dit-il d'une voix émue, il y a deux mois j'ai eu l'honneur de vous demander la main de Mlle votre fille, et vous avez bien voulu me dire que vous me l'accordiez, à condition que je me fisse agréer par elle. Mlle Gertrude me connait mieux aujourd'hui qu'alors. Nous avons passé deux mois côte à côte, à travers des épreuves où les caractères se montrent à découvert et où il est possible de se juger. Ces épreuves m'ont donné d'elle, de son courage, de son intelligence, de son cœur et, permettez-moi d'ajouter, de sa bonne grâce, une idée plus haute encore que je me l'étais déjà faite. Je viens vous demander à mon tour si son jugement ne m'a pas été trop défavorable, et si je puis espérer qu'un jour elle ratifie votre promesse?...

— Si vous me l'aviez demandé plus tôt, mon cher enfant, répondit affectueusement M. Kersain, vous auriez su plus tôt ce que je suis heureux de vous dire : c'est que Gertrude vous aime autant qu'elle vous admire, et pense avec moi que vous ferez le meilleur des maris, comme vous êtes le plus brave, le plus généreux et le plus loyal des hommes... »

Sur quoi M. Kersain, prenant la main de sa fille, la plaça dans celle de Norbert et les serra toutes les deux sur son cœur paternel.

CHAPITRE XVIII

AVENUE DE L'OBSERVATOIRE

Près d'une année avait passé sur ces événements; février était revenu et Paris allumait son gaz par une soirée des plus fraîches, quand un coupé de place déposa le docteur Briet devant la porte d'une maison de bonne apparence, sur l'avenue de l'Observatoire. Le docteur gravit lestement deux étages et fut reçu, sur le palier où il s'arrêta, par un valet de chambre qui le salua d'un affectueux bonjour. Ce valet de chambre, aussi correct qu'il peut être donné de le devenir à un ancien tirailleur algérien, n'était autre que Virgile, — un Virgile nouveau modèle, revêtu d'une redingote de drap noir et absolument dépourvu de toute espèce de *chéchia*.

« Tout le monde est là, » dit-il en introduisant le docteur

dans un élégant salon, où M. Kersain lisait un journal au coin du feu, en compagnie de madame Mauny qui brodait sous la lampe, et de Norbert qui rêvait.

« Savez-vous ce qu'ils ont l'audace de prétendre? demanda le docteur en entrant comme un obus. Que mon papyrus sélénite est tout simplement un papyrus éthiopien...

— Qui prétend cela? dirent Gertrude et Norbert en cœur.

— L'Académie des Inscriptions, parbleu!... Il paraît que les anciens rois d'Éthiopie avaient l'habitude de faire écrire leurs décrets sur des feuillets d'amiante, et chose curieuse, celle de se servir aussi, pour exprimer leurs pensées, de dessins idéographiques. Tout le monde voit là des coïncidences absolument concluantes, et peu s'en faut que je ne passe pour un imposteur, quand je prétends avoir rapporté ce document de la Lune.

— Eh bien, et nous! s'écria Gertrude. Croyez-vous que nous soyons mieux traités? on a bien l'audace de contester tout le mémoire de Norbert, sous prétexte que si la Lune était descendue, à deux reprises, l'Observatoire n'aurait pas manqué de le remarquer!... Or, il est prouvé qu'aux séries de jours correspondantes, le ciel était partout couvert d'épais nuages qui ont empêché les observations. Il est certain d'ailleurs que ces nuages mêmes s'étaient formés ou accumulés précisément par suite du rapprochement de la Lune. Et enfin il est notoire que la série de jours en question a été marquée, sur toute la surface du globe, par des tempêtes exceptionnelles et des marées formidables, que personne n'avait prévues et que personne n'a pu expliquer... N'importe!... on ne veut pas admettre la plus naturelle et la plus simple des explications, celle que nous donnons, et l'on persiste à considérer notre voyage comme purement imaginaire. »

Le docteur encore tout chaud de sa lutte à l'Académie, écoutait Gertrude avec agitation :

« Je ne ne le sais que trop, hélas! que l'on traite notre voyage d'imaginaire! Mais convenez que c'est exaspérant et qu'il y a de quoi faire perdre patience à l'homme le plus pacifique!... On n'a pas idée d'une pareille mauvaise foi!... Soutenir qu'un document sélénite, que j'ai recueilli, sous vos yeux mêmes, dans la main d'un Titan lunaire, est un papyrus égyptien!... Vous ne voyez peut-être pas ce qu'il y a là de véritablement monstrueux. C'est plus fort que les contestations des astronomes. Car enfin, l'astronomie est une science exacte et l'on s'explique à la rigueur qu'un physicien, quand il n'a pas *vu* de ses yeux un phénomène, hésite à l'accepter... Oui, ne riez pas : si j'étais astronome, je serais très circonspect, j'en conviens, et quand on viendrait me dire : *j'arrive de la Lune*, ma foi! j'y regarderais à deux fois avant de le croire!... Mais il n'en est pas du tout de même en épigraphie!... Comment arriver à confondre un document unique, absolument unique en son genre, comme mon document sélénite, avec une chose aussi vulgaire, aussi commune, aussi connue qu'un papyrus éthiopien?

— Que voulez-vous, mon oncle! dit Mme Mauny en riant de plus belle; il ne faut nous étonner de rien, quand nous trouvons de l'incrédulité chez ceux-là mêmes qui devraient être les premiers à appuyer notre témoignage!...

— Ma fille parle de moi, j'en suis sûr!... s'écria M. Kersain en abaissant son journal. J'avoue qu'après avoir, sur le premier moment, accepté votre histoire, il m'est bien difficile de ne pas admettre, à tête reposée, que vous avez tout simplement été les jouets d'une illusion.

— Oui, dit le docteur d'un ton dédaigneux, d'une illusion qui aurait sévi simultanément sur sept ou huit personnes, et pour mieux dire sur onze!...

— Pourquoi pas?...

— J'entends bien, vous allez nous servir encore la théorie de ce médecin aliéniste, le docteur Marotte, qui voit en nous les victimes d'un accès de fièvre obsidionale!... Nous serions partis de Khartoum au moment de l'investissement et tombés entre les mains du Mahdi; nous aurions été soumis à des traitements rigoureux, qui auraient entraîné pour nous la perte de la raison; et une fois hors d'affaire, par une sorte de folie contagieuse, nous aurions adopté tous les sept le même système, à l'instigation de Mauny, depuis longtemps atteint de *manie des grandeurs!*... Tout cela est fort joli! Mais je dois vous avertir que Marotte lui-même est véhémentement soupçonné d'avoir, comme on dit, « un coup de marteau ». Ce n'est pas la première fois d'ailleurs qu'il nous sert sa théorie : il l'a déjà produite après les événements de 1870-71; volontiers il expliquerait toute l'histoire, ancienne, moderne et contemporaine, par des accès successifs de folie obsidionale. Voulez-vous que je vous donne mon opinion sincère : eh bien, dans tout cela, c'est encore Marotte qui est le plus fou! C'est lui qu'on devait enfermer, au lieu de lui donner à soigner des malades!...

— Vous auriez pu vous épargner ce chaud plaidoyer, mon cher Briet, car je n'accepte pas du tout, pour mon compte, la théorie de Marotte. Je m'en suis fait une à moi tout seul, et je m'en contente.

— Et voyons votre théorie, monsieur le directeur des affaires consulaires!

— Ma théorie, c'est que vous êtes tous parfaitement de bonne foi et parfaitement raisonnables...

— C'est déjà quelque chose, et je vous garantis que les cinq classes de l'Institut n'en diraient pas autant!...

— Vous êtes de bonne foi et parfaitement raisonnables, répéta M. Kersain. Seulement...

— Ah! voyons le seulement...

— Seulement vous êtes tombés entre les mains de ce maudit nain de Rhadamèh, le plus grand charlatan et le plus rusé magicien de la terre. Et ce nain, sachant le projet qui amenait M. Mauny au Soudan, sachant que nous en étions tous plus ou moins entichés, s'est amusé, — dans un but que j'ignore, d'ailleurs, — à vous faire croire que *c'était arrivé*...

— Et comment y serait-il parvenu, s'il vous plaît?

— Par quelque procédé de sa façon. En vous hypnotisant et vous *suggérant* ces histoires, comme on dit aujourd'hui Ou bien tout simplement en vous les contant après vous avoir fait prendre du haschich ou toute autre drogue de son officine.

— De sorte que, d'après vous, nous serions tout uniment des dormeurs éveillés, comme celui des Mille et Une Nuits?

— Tout uniment.

— Eh bien, et mon document sélénite!... s'écria le docteur triomphant : croyez-vous que je l'aie rêvé aussi?

— Non. Mais ce peut être un simple accessoire, utilisé par le nain pour vous donner confiance dans vos propres illusions. Et, par parenthèse, il s'ensuivrait que l'Académie des Inscriptions n'est pas tout à fait aveugle, quand elle assigne à ce document une origine éthiopienne.

— Vous avez tout dit? demanda le docteur, que la remarque finale avait particulièrement touché au vif.

— Absolument tout.

— Alors, reprit le docteur en se levant et marchant droit sur M. Kersain comme s'il s'attendait à le voir écrasé sous le poids de l'argument qu'il gardait en réserve; alors faites-moi le plaisir de m'expliquer *comment Virgile, le baronnet et son valet, qui n'étaient pas avec nous quand nous sommes tombés aux mains de Kaddour, sont en proie à la même illusion que nous?*

— C'est tout simplement que le nain, après vous avoir faits prisonniers, a pris possession du pic de Tehbali et y a trouvé Virgile et le baronnet, avec son fidèle Tyrrel. Il lui a donc été aisé de les soumettre au même traitement que vous.

— Mais notre parachute, pourtant?...

— On n'en a pas trouvé trace. »

Le docteur fit deux ou trois tours dans le salon, en rongeant son frein; puis, s'arrêtant de nouveau devant son beau-frère, il s'écria :

« Tenez, il n'y a pas moyen de raisonner avec vous... Mais si je n'avais pas oublié mes échantillons géologiques sur la table de ma chambre, présentement dans la Lune, vous verriez un peu!...

— Les échantillons ne prouveraient rien de plus que le

papyrus, fit observer Norbert en riant : ils présentaient justement les plus grandes analogies avec des roches terrestres.

— Bon ! Voilà que vous vous mettez avec nos adversaires ! s'écria le docteur. Il ne nous manquait que votre défection, pour nous achever !...

— Je ne déserte pas du tout la bonne cause, répliqua gaiement Norbert. Je cherche à suivre jusqu'au bout les arguments de nos adversaires, pour me rendre compte de leur état d'esprit ; mais leur opposition m'inquiète peu : j'aurai prochainement de quoi les réduire au silence, par des travaux déduits de mes observations lunaires et qui seront *irréfutables*. Pour le présent, je me contente donc de la confiance de mes actionnaires, qui est assurément de nature à me toucher profondément.

— Quoi !... Ils croient à notre voyage, eux ?...

— S'ils n'y croyaient pas, ce ne seraient pas de véritables actionnaires ! répondit Norbert en riant ; mais ayant donné leur bon argent pour notre expérience, ils l'acceptent dans l'ensemble et dans les détails. Ils font mieux : ils viennent de me voter des félicitations solennelles et les moyens de reconstituer le capital social, par une émission d'obligations, pour reprendre nos travaux, aussitôt que ce sera possible.

— Eh bien, si jamais vous repartez pour la Lune, je demande à être du voyage ! s'écria le docteur. Il faudra bien que j'arrive à prouver...

— Hélas, répliqua le jeune astronome, je crains bien que ce ne soit pas chose facile, au moins de longtemps. Outre qu'il n'est pas aisé de trouver une montagne de pyrite magnétique aussi favorable à l'entreprise que le pic de Tehbali, il sera peut-être plus impossible encore de découvrir un pays où toutes les conditions générales du succès soient réunies comme au Soudan... Et le Soudan n'est pas près d'être ouvert aux Européens !...

— Écoutez, dit M. Kersain, voulez-vous que nous convenions de ne plus parler de toute cette affaire ?... outre qu'elle menace de nous aigrir le caractère à tous, je vous assure qu'on finit par en avoir la tête cassée. Nous n'avons plus d'autre sujet de conversation. Il n'y a pas jusqu'à cette petite Fatima qui ne peut ouvrir la bouche sans répéter : « Quand j'étais dans la Lune... » Si vous les entendiez, elle et Virgile, ils n'en finissent pas, avec leurs réminiscences soi-disant sélénites...

— Un mot seulement, s'écria le docteur : avez-vous des nouvelles récentes de sir Bucephalus?

— D'excellentes. Il compte venir prochainement passer une quinzaine de jours à Paris. Vous savez ce qui lui est arrivé avec cette fameuse histoire? Il avait parié trente mille livres sterling que je n'irais pas dans la Lune. Très loyalement, en arrivant à Londres, il a envoyé la somme à son adversaire, qui a refusé de la recevoir sous prétexte qu'il n'avait pas gagné son pari. Le baronnet s'est entêté, l'autre aussi. On a fini par prendre des arbitres, et les arbitres ont décidé que la somme en litige dans ce combat de générosité serait consacrée à la construction d'un hôpital. Sir Bucephalus a obtenu qu'on l'appelât Hôpital de Sélénè, en l'honneur de son voyage. Mais ce nom n'a eu aucun succès, et le public en a déjà trouvé un autre : on dit couramment : *Hôpital des Lunatiques*.

— Ah!... mon Dieu!... la triste nouvelle!... dit ici M. Kersain, qui s'était replongé dans son journal pour échapper à l'éternelle discussion, et qui venait de jeter les yeux sur les « Dernières nouvelles » : Khartoum est tombé!... Le général Gordon a péri dans le massacre!... L'armée anglaise de secours, commandée par Wolseley, n'est arrivée sous Khartoum que pour trouver la ville au pouvoir du Mahdi!...

— Quels terribles événements!..,

— Ah!... il fallait s'y attendre!... reprit mélancoliquement M. Kersain. Vous savez quelle navrante indifférence avait rencontrée partout le pressant appel que j'apportais aux nations civilisées de la part de Gordon. Le gouvernement anglais, qui l'avait envoyé au Soudan, se débattait entre le sentiment de sa lourde responsabilité et le désir de ne pas s'engager dans une entreprise presque sans issue. Il a fini par se décider à envoyer une armée de secours, mais à contre-cœur, en lui recommandant de ne pas se presser, et peut-être avec le secret espoir qu'elle arriverait trop tard... C'est bien trop tard, en effet, qu'elle est arrivée!... Pauvre héroïque Gordon!... Noble soldat!... Il me l'avait bien dit qu'il ne croyait plus aux secours des siens!... »

Tout le monde était encore plongé dans les douloureux souvenirs qu'évoquait cette triste nouvelle, quand Virgile ouvrit la porte de la salle à manger pour annoncer que « madame était servie ». Et bientôt, dans l'amicale causerie de la table de famille, la tragique image de Gordon s'effaça. Ainsi va le monde, et il le faut bien, car la vie serait trop amère si le spectre de ceux qu'on a aimés ou respectés venait toujours s'asseoir au banquet!...

A l'heure même où ces choses se passaient à Paris, un groupe joyeux de *butlers* et de valets de pied se réunissait à Londres dans le salon réservé d'un *bar* de Curzon street. Le héros de ce petit club très exclusif n'était autre que Tyrrel Smith, Tyrrel Smith rentré dans ses foyers, Tyrrel Smith foulant le libre sol de la vieille Angleterre, et presque aussi célèbre dans son monde que Sindbad le marin. Ses amis n'étaient pas, sur le voyage à la Lune, du même avis que M. Kersain : ils ne se lassaient pas de l'entendre raconter. C'était le thème favori des plaisanteries du club.

« Allons donc! tu nous feras peut-être croire qu'il y a eu des hommes dans la Lune! disait-on à Tyrrel Smith.

— Parole d'honneur! Et de beaux hommes, encore. Presque aussi grands que la colonne de Trafalgar Square

— Bon!... Bon!... Tu nous en contes...

— C'est comme je vous le dis.

— En somme, tu ne t'amusais pas beaucoup sur la Lune, à ce qu'il me semble?...

— Ma foi, non! Pensez donc qu'on ne pouvait même pas fumer une pipe, non pas même une pipe, ma parole!... On ne pouvait pas seulement se promener en gens respectables. Il fallait avancer à la façon des sauterelles, en faisant des bonds de dix à douze yards ou davantage... Vous voyez d'ici la mine que cela donne à un homme. Et puis tout allait de travers ! Il fallait pleurer pour avoir un malheureux feu, par le froid le plus noir qui ait jamais gelé un pauvre diable de Cosaque. On ne prenait que du thé chauffé au soleil : vous imaginez aisément le goût de cette tisane. Et la nuit ?... Voilà ce qui n'était pas une plaisanterie ! Nos semaines de brouillard ne sont rien à côté !... Quatorze fois vingt-quatre heures d'obscurité, avec une espèce de grande lune, — *le clair de Terre* comme ils disaient : je vous demande un peu si la Terre est claire pendant la nuit !... Quand on a passé par tout cela, voyez-vous, mes amis, on se dit que décidément, il n'y a rien de tel qu'un bon verre d'ale à Londres, avec les camarades, et que la Lune tout entière ne vaut pas un pied carré de terrain dans la joyeuse Angleterre !... *Hurrah !* ajouta Tyrrel en guise de péroraison *Hurrah for old England !...* »

Son cri, comme on peut le penser, ne resta pas sans écho.

Mais quelques minutes plus tard, quand Tyrrel fut parti en constatant que l'heure d'habiller son maître pour le soir arrivait à grands pas, — tout le petit club de Curzon street secoua mélancoliquement la tête ; après un intervalle de silence contenu, un vieux valet de chambre se chargea de résumer l'opinion générale, non sans avoir préalablement rallumé sa pipe.

« Le pauvre garçon a le « grelot vide », dit-il en se touchant le front du bout de l'index.

FIN.

TABLE

I. — LE NAIN DE RHADAMÈH.

Chap.	I. — A Souakim	1
—	II. — Un five-o'clok sur la mer Rouge	13
—	III. — Au désert de Nubie	23
—	IV. — Le Mogaddem et son nain	37
—	V. — Le bureau de Queen street a Melbourne	51
—	VI. — La Selene-Company *limited*	65
—	VII. — *Sic vos non vobis*	77
—	VIII. — Le départ	89
—	IX. — Le grand aimant	103
—	X. — Visites sur visites	115
—	XI. — La garde noire	127
—	XII. — A Khartoum	141
—	XIII. — Le prince des Ténèbres	155
—	XIV. — Magie blanche et noire	165
—	XV. — Les fils du pays des Lacs	173
—	XVI. — La fin de Kaddour	181
—	XVII. — Défection de la garde noire	195
—	XVIII. — Tyrrel se manifeste	205

II. — LES NAUFRAGÉS DE L'ESPACE.

Chap.	I. — Après le cataclysme	219
—	II. — Un drole de pays	229
—	III. — Le cratère de Rhéticus	241
—	IV. — Simple catalepsie	253

Chap. V. — Histoire de Kaddour		267
— VI. — Compagnons d'infortune		279
— VII. — Fragment du journal de Gertrude		289
— VIII. — L'hémisphère invisible		301
— IX. — Le papyrus sélénite		309
— X. — L'éclipse de Soleil par la Terre		319
— XI. — Au clair de Terre		325
— XII. — La nuit lunaire		335
— XIII. — Encore les commissaires		343
— XIV. — Le parachute		353
— XV. — La descente		365
— XVI. — Sur le Nil		373
— XVII. — Explications mutuelles		385
— XVIII. — Avenue de l'Observatoire		395

Paris. — Imp. Gauthier-Villars et fils, 55, quai des Grands-Augustins.

Collection Hetzel

ÉDUCATION
RÉCRÉATION

Enfance — Jeunesse — Famille

500 Ouvrages

 JOURNAL DE toute la Famille

 COURONNÉ par l'Académie

MAGASIN D'ÉDUCATION et de RÉCRÉATION

FONDÉ par
P.-J. STAHL
en 1864

et

Semaine des Enfants

réunis, dirigés par

Jules Verne — J. Hetzel — J. Macé

La Collection complète	ABONNEMENT
48 beaux volumes in-8 illustrés	d'un An

Brochés	336 fr.	Paris	14 fr.
Cartonnés dorés	480 fr.	Départements	16 fr.
Volume séparé, broché	7 fr.	Union	17 fr.
— cartonné doré	10 fr.	(Il paraît deux volumes par an.)

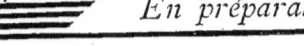

En préparation pour 1889

Un Roman inédit	Un Roman inédit
de Jules Verne	de André Laurie
Les Jeunes Aventuriers de La Floride Par J. Brunet	**Une Élève de Seize ans** Journal d'un Aïeul Par E. Legouvé, de l'Académie
L'Étude des Beaux-Arts Par Carteron	**L'Aînée**, par J. Lermont Etc., etc.

Catalogue EL.

MAGASIN D'ÉDUCATION ET DE RÉCRÉATION

Les Tomes I à XXIV

renferment comme œuvres principales :

L'Ile mystérieuse, Les Aventures du Capitaine Hatteras, Les Enfants du Capitaine Grant, Vingt mille lieues sous les mers, Aventures de trois Russes et de trois Anglais, Le Pays des Fourrures, Michel Strogoff, de JULES VERNE. — La Morale familière (cinquante contes et récits), Les Contes Anglais, La Famille Chester, Histoire d'un Ane et de deux jeunes Filles, La Matinée de Lucile, Le Chemin glissant, Une Affaire difficile, L'Odyssée de Pataud et de son chien Fricot, de P.-J. STAHL. — La Roche aux Mouettes, de Jules SANDEAU. — Le nouveau Robinson suisse, de STAHL et MULLER. — Romain Kalbris, d'Hector MALOT. — Histoire d'une maison, de VIOLLET-LE-DUC. — Les Serviteurs de l'Estomac, Le Géant d'Alsace, L'Anniversaire de Waterloo, Le Gulf-Stream, La Grammaire de mademoiselle Lili, Un Robinson fait au collège, de Jean MACÉ. — Le Denier de la France, La Chasse, Le Travail et la Douleur, A Madame la Reine, Un Premier Symptôme, Sur la Politesse, Un Péché véniel, Diplomatie de deux Mamans, etc., de E. LEGOUVÉ. — Petit Enfant, Petit Oiseau, L'Absent, Rendez-vous ! La France, La Sœur aînée, L'Enfant grondé, etc., par Victor DE LAPRADE. — La Jeunesse des Hommes célèbres, de MULLER. — Aventures d'un jeune Naturaliste, Entre Frères et Sœurs, de Lucien BIART. — Le Petit Roi, de S. BLANDY. — L'Ami Kips, de G. ASTON. — Causeries d'Économie pratique, de Maurice BLOCK. — Les Vilaines Bêtes, de BÉNÈDICT. — Vieux Souvenirs, Départ pour la Campagne, Bébé aime le rouge, de Gustave DROZ. — Le Pacha berger, de LABOULAYE. — La Musique au foyer, de P. LACOME. — Histoire d'un Aquarium, Les Clients d'un vieux Poirier, de E. VAN BRUYSSEL. — Histoire de Bébelle, Une Lettre inédite, Septante fois sept, de DICKENS. — Pâquerette, Le Taciturne, etc., de H. FAUQUEZ. — Le Petit Tailleur, de A. GÉNIN. — Curiosités de la vie des Animaux, par P. NOTH. — Notre vieille Maison, de H. HAVARD. — Le Chalet des Sapins, par P. CHAZEL. — Les Deux Tortues, Ce qu'on faisait à un bébé quand il tombait, par F. DUPIN DE SAINT-ANDRÉ, etc., etc.

Les petites Sœurs et les petites Mamans, Les Tragédies enfantines, Les Scènes familières, textes de P.-J. STAHL.

Les Tomes XXV à XLVIII

renferment comme œuvres principales :

JULES VERNE : Deux Ans de vacances, Nord contre Sud, Un Billet de Loterie, L'Étoile du Sud, Kéraban-le-Têtu, L'École des Robinsons, La Jangada, La Maison à vapeur, Les Cinq cents millions de la Bégum, Hector Servadac. — J. VERNE et A. LAURIE : L'Épave du Cynthia. — P.-J. STAHL : Maroussia, Les Quatre Filles du docteur Marsch, Le Paradis de M. Toto, La Première Cause de l'avocat Juliette, Un Pot de crème pour deux, La Poupée de Mlle Lili. — STAHL et LERMONT : Jack et Jane, La Petite Rose. — L. BIART : Monsieur Pinson, Deux enfants dans un parc. — E. LEGOUVÉ, *de l'Académie* : Leçons de lecture, Une élève de seize ans, etc. — V. DE LAPRADE, *de l'Académie* : Le Livre d'un Père. — A. DEQUET : Mon Oncle et ma Tante. — A. BADIN : Jean Casteyras. — E. EGGER, *de l'Institut* : Histoire du Livre. — J. MACÉ : La France avant les Francs. — CH. DICKENS : L'Embranchement de Mugby. — A. LAURIE : Le Bachelier de Séville, Une Année de collège à Paris, Scènes de la vie de collège en Angleterre, Mémoires d'un Collégien, L'Héritier de Robinson. — De New-York à Brest en 7 heures. — P. CHAZEL : Riquette. — Dr CANDÈZE : La Gileppe, Aventures d'un Grillon, Périnette. — C. LEMONNIER : Bébés et Joujoux. — HENRY FAUQUEZ : Souvenirs d'une Pensionnaire. — J. LERMONT : Les jeunes Filles de Quinnebasset. — F. DUPIN DE SAINT-ANDRÉ : Histoire d'une bande de canards, La Vieille Casquette, etc. — TH. BENTZON : Contes de tous les Pays. — BÉNÉDICT : Le Noël des petits Ramoneurs, Les charmantes Bêtes, etc. — A. GENIN : Marco et Tonino, Deux Pigeons de Saint-Marc. — E. DIÉNY : La Patrie avant tout. — C. LEMAIRE : Le Livre de Trotty. — G. NICOLE : Le Chibouk du Pacha, etc. — GENNEVRAYE : Théâtre de Famille, La petite Louisette. — BERTIN : Voyage au Pays des Défauts, Les deux Côtés du mur. — Les Douze. — P. PERRAULT : Pas-Pressé, Les Lunettes de Grand'Maman. — B. VADIER : Blanchette, Comédies. — I.-A. REY : Les Travailleurs microscopiques. — S. BLANDY : L'Oncle Philibert. — RIDER HAGGARD : Découverte des Mines de Salomon. — GOUZY : Voyage au Pays des Étoiles, Promenade d'une Fillette autour d'un Laboratoire. — Pierre et Paul, — La Chasse, Les petits Bergers, par UN PAPA.

Illustrations par ATALAYA, BAYARD, BENETT, BECKER, CHAM, GEOFFROY, L. FRŒLICH, FROMENT, LAMBERT, LALAUZE, LIX, ADRIEN MARIE, MEISSONIER, DE NEUVILLE, PHILIPPOTEAUX, RIOU, G. ROUX, TH. SCHULER, etc.

N. B. — La plus grande partie de ces œuvres ont été couronnées par l'Académie française

---

CHAQUE VOLUME SE VEND SÉPARÉMENT

Prix : broché, 7 fr.; cartonné toile, tranches dorées, 10 fr.; relié, tranches dorées 12 fr.

LES NOUVEAUTÉS POUR 1888-1889 SONT INDIQUÉES PAR UNE †
Les ouvrages précédés d'une double palme 🌿 ont été couronnés par l'Académie

(1er Âge)

ALBUMS STAHL IN-8° ILLUSTRÉS

Les Albums Stahl

Il y a des lecteurs qui ne sont pas hommes encore et à qui il faut des lectures et des images pour leurs premières curiosités. Ce public innombrable et frêle n'a pas été oublié. Les *Albums Stahl* leur donnent de piquants ou de jolis dessins accompagnés d'un texte naïf. La naïveté est celle qu'un ingénieux esprit, comme Stahl, peut offrir. Elle a ses malices légères et sa gaieté tendre. Les dessins ont de la fantaisie dans la vérité. Bégaiements heureux, rires argentins, ce sont là les effets que produisent ces albums caressants. Il y a beaucoup de gros livres et de travaux ambitieux qui n'ont pas la même utilité.

GUSTAVE FRÉDÉRIX. (*Indépendance Belge*.)

FRŒLICH

† Les petits Bergers.
Pierre et Paul.
La Poupée de Mlle Lili.
La Journée de M. Jujules.
L'A perdu de Mlle Babet.
Alphabet de Mlle Lili.
Arithmétique de Mlle Lili.
Cerf-Agile, histoire d'un jeune sauvage.
Commandements du Grand-Papa.

Bonsoir, petit père.
La Fête de Mlle Lili.
Journée de Mlle Lili.
La Grammaire de Mlle Lili. (J. MACÉ.)
Le Jardin de M. Jujules.
Mlle Lili aux Eaux.
Les Caprices de Manette.
Les Jumeaux.
Un drôle de Chien.
La Fête de Papa.

Mlle Lili à la campagne.
Monsieur Toc-Toc.
Le premier Chien et le premier Pantalon.
L'Ours de Sibérie.
Le petit Diable.
Premier Cheval et 1re Voiture.
Premières armes de Mlle Lili.
La Salade de la grande Jeanne.
La Crème au chocolat.
M. Jujules à l'école.

L. BECKER. . . . . L'Alphabet des Oiseaux.
— . . . . L'Alphabet des Insectes.
COINCHON (A.). . . . . . . Histoire d'une Mère.
DETAILLE . . . . Les bonnes Idées de mademoiselle Rose.
FATH . . . . Le Docteur Bilboquet.
— . . . . Gribouille. — Jocrisse et sa Sœur.
— . . . . Les Méfaits de Polichinelle. — Pierrot à l'École.
— . . . . La Famille Gringalet. — Une folle soirée chez Paillasse.
FROMENT. . . . . † Petites Tragédies enfantines.
— . . . . Le Petit Acrobate.
— . . . . La Boîte au lait. — Histoire d'un pain rond.
— . . . . La Petite Devineresse. — Le Petit Escamoteur.
GEOFFROY . . . . Le Paradis de M. Toto. — 1re Cause de l'avocat Juliette.
— . . . . L'âge de l'École.
GRISET. . . . . La Découverte de Londres.
JUNDT. . . . . L'École buissonnière.
LALAUZE. . . . . Le Rosier du petit Frère.
LAMBERT. . . . . Chiens et Chats.
LANÇON. . . . . Caporal, le chien du régiment.
MARIE (A.). . . . . Le petit Tyran.
MATTHIS . . . . Les deux Sœurs.
MEAULLE . . . . Petits Robinsons de Fontainebleau.
PIRODON. . . . . Histoire d'un Perroquet. — Histoire de Bob aîné.
— . . . . La Pie de Marguerite.
SCHULER (TH.). . . . . . . Les Travaux d'Alsa.
VALTON. . . . . Mon petit Frère.

ALBUMS STAHL ILLUSTRÉS gr. in-8°

FRŒLICH

Mlle Mouvette.
M. Jujules et sa sœur Marie.
Petites Sœurs et petites Mamans.

Voyage de Mlle Lili autour du monde.
Voyage de découvertes de Mlle Lili.
La Révolte punie.

CHAM. . . . . Odyssée de Pataud.
FROMENT. . . . . La belle petite Princesse Ilsée. — La Chasse au volant.
GRISET (E.). . . . . Aventures de trois vieux Marins. — Pierre le Cruel.
SCHULER (T.). . . . . . . Le premier Livre des petits enfants.
VAN BRUYSSEL. . . . . . . Histoire d'un Aquarium (en couleurs).

1er Age
ALBUMS STAHL en COULEURS, IN-4°

L. FRŒLICH
Chansons & Rondes de l'Enfance

Sur le Pont d'Avignon. — Giroflé-Girofla. — Le bon roi Dagobert.
La Tour prends garde. — Il était une Bergère. — Compère Guilleri.
La Marmotte en vie. — M. de La Palisse. — Malbrough s'en va-t-en guerre.
La Boulangère a des écus. — Au Clair de la Lune. — Nous n'irons plus au bois.
La Mère Michel. — Cadet-Roussel.

L. FRŒLICH

La Bride sur le cou. — M. César. — Le Cirque à la maison. — Mlle Furet. — Pommier de Robert. Moulin à paroles. — Jean le Hargneux. — Hector le Fanfaron. — La Revanche de François.

BECKER . . . . Une drôle d'École.
COURBE . . . . L'Anniversaire de Lucy.
GEOFFROY . . . . Monsieur de Crac. — Don Quichotte. — Gulliver.
— . . . . L'Ane gris. — Le pauvre Ane.
JAZET . . . . L'Apprentissage du Soldat.
KURNER . . . . † Une Maison inhabitable.
DE LUCHT . . . . †L'Homme à la Flûte. Les 3 montures de John Cabriole.
— . . . . La Leçon d'Équitation. — La Pêche au Tigre.
MATTHIS . . . . Métamorphoses du Papillon.
MARIE . . . . Mademoiselle Suzon.
TINANT . . . . Du haut en bas. — Un Voyage dans la neige.
— . . . . Une Chasse extraordinaire.
— . . . . Les Pêcheurs ennemis. — La Guerre sur les Toits.
— . . . . La Revanche de Cassandre.
TROJELLI . . . . Alphabet musical de Mlle Lili.

1er et 2me Age
PETITE BIBLIOTHÈQUE BLANCHE
Volumes gr. in-16 colombier, Illustrés

AUSTIN . . . . Boulotte.
BAUDE (L.) . . . . Mythologie de la Jeunesse.
BERTIN (M.) . . . . † Les Douze. — Voyage au Pays des défauts.
— . . . . Les deux Côtés du mur.
BIGNON . . . . Un Singulier petit Homme.
CHAZEL (PROSPER) . . . . . . Riquette.
DE CHERVILLE (M.) . . . . . . Histoire d'un trop bon Chien.
DICKENS (CH.) . . . . L'Embranchement de Mugby.
DIENY (F.) . . . . La Patrie avant tout.
DUMAS (A.) . . . . La Bouillie de la comtesse Berthe.
DURAND (H.) . . . . † Histoire d'une bonne aiguille.
FEUILLET (O.) . . . . La Vie de Polichinelle.
GÉNIN (M.) . . . . Le Petit Tailleur Bouton. — Marco et Tonino.
— . . . . Les Pigeons de Saint-Marc. — Un petit Héros.
GENNEVRAYE . . . . Petit Théâtre de Famille.
GOZLAN (LÉON) . . . . Le Prince Chènevis.
KARR (ALPHONSE) . . . . . . Les Fées de la mer.
LA BÉDOLLIÈRE (DE) . . . . . Histoire de la Mère Michel et de son chat.
LACOME . . . . La Musique en famille.
LEMAIRE-CRETIN . . . . Le Livre de Trotty.
LEMOINE . . . . La Guerre pendant les vacances.
LEMONNIER (C.) . . . . Bébés et Joujoux.
— . . . . Histoire de huit Bêtes et d'une Poupée.
LOCKROY (S.) . . . . Les Fées de la Famille.
MULLER (E.) . . . . Récits enfantins.
MUSSET (P. DE) . . . . Monsieur le Vent et Madame la Pluie.
NODIER (CHARLES) . . . . . . Trésor des Fèves et Fleur des Pois.
NOEL (E.) . . . . La Vie des Fleurs.
OURLIAC (E.) . . . . Le Prince Coqueluche.
PERRAULT (P.) . . . . Les Lunettes de Grand'Maman.
SAND (GEORGE) . . . . Le Véritable Gribouille.
STAHL (P.-J.) . . . . Les Aventures de Tom Pouce.
VAN BRUYSSEL . . . . Les Clients d'un vieux Poirier.
VERNE (JULES) . . . . Un Hivernage dans les glaces. — Christophe Colomb.
VILLERS (DE) . . . . Les Souliers de mon voisin.
VIOLLET-LE-DUC . . . . Le Siège de la Rochepont.

Bibliothèque d'Éducation et de Récréation

Quels souvenirs agréables et charmants ce titre général ne rappelle-t-il pas aux hommes jeunes d'aujourd'hui, ceux qui entraient dans la vie au moment même où une révolution complète s'opérait, en leur faveur, dans la littérature! Car il n'y a pas beaucoup plus de vingt ans que les jeunes gens lisent, c'est-à-dire qu'ils ont des livres conçus pour eux, écrits pour eux, et dont le succès est tel qu'on n'aurait pas osé l'attendre.

« C'est presque une innovation que l'introduction de la lecture dans les plaisirs de la jeunesse. Elle date presque d'hier : mettons vingt ans, c'est tout le bout du monde. Pendant ces vingt années, l'éditeur Hetzel a su publier 900 volumes de premier ordre.

« Le titre trouvé par l'éditeur constitue à lui seul un programme : ÉDUCATION et RÉCRÉATION. Et, en effet, tout est là. Ces beaux et bons livres instruisent et ils amusent. »

VOLUMES IN-8° CAVALIER, ILLUSTRÉS

ALDRICH	Un Écolier américain.
F. ALONE	Autour d'un Lapin blanc.
ASTON (G.)	L'Ami Kips.
AUDEVAL (H.)	La Famille de Michel Kagenet.
BENTZON (TH.)	Pierre Casse-Cou.
	Yette (Histoire d'une jeune Créole).
BIART (L.)	Voyage de deux Enfants dans un parc.
—	Entre Frères et Sœurs. — Deux Amis.
BRÉHAT (A. DE)	Aventures de Charlot.
CAHOURS ET RICHE	Chimie des Demoiselles.
CHAZEL (PROSPER)	Le Chalet des sapins.
DEQUET	Histoire de mon Oncle et de ma Tante.
ERCKMANN-CHATRIAN	†Pour les Enfants (Les Vieux de la Vieille).
FATH (G.)	Un Drôle de Voyage.
GENIN (M.)	La Famille Martin.
GOUZY	Voyage d'une Fillette au pays des Étoiles.
	Promenade d'une fillette autour d'un laboratoire.
GRAMONT (COMTE DE)	Les Bébés.
KAEMPFEN (A.)	La Tasse à thé.
LEMAIRE-CRETIN	Expériences de la petite Madeleine.
MICHELET (gr. in-8°)	Histoire de la Révolution française. 2 vol. (brochés).
MULLER	La Morale en Action par l'Histoire.
NÉRAUD	La Botanique de ma Fille.
PERRAULT (P.)	Pas-Pressé.
RATISBONNE	Dernières scènes de la Comédie enfantine.
RECLUS (É.)	Histoire d'une Montagne. — Histoire d'un Ruisseau.
REY (I.-ARISTIDE)	Travailleurs et Malfaiteurs microscopiques.
STAHL (P.-J.)	La famille Chester. — Mon premier Voyage en mer.
STAHL ET DE WAILLY	Contes célèbres anglais.
VADIER (B.)	Blanchette.
VALLERY-RADOT (R.)	Journal d'un Volontaire d'un an.
VAN BRUYSSEL	† Scènes de la Vie des Champs et des Forêts aux États-Unis.

VOLUMES IN-8° RAISIN, ILLUSTRÉS

BADIN (A.)	Jean Casteyras. (Aventures de 3 Enfants en Algérie).
BENEDICT	La Madone de Guido Reni.
BENTZON (TH.)	† Contes de tous les pays.

Les Voyages involontaires

BIART (L.)	La Frontière indienne. — Monsieur Pinson. — Le Secret de José. — Lucia.
BLANDY (S.)	Le petit Roi.
	† Fils de veuve. — L'Oncle Philibert.
BOISSONNAS (B.)	Une Famille pendant la guerre.
BRÉHAT (A. DE)	Les Aventures d'un petit Parisien.

Contes et Romans de l'Histoire naturelle

Dr CANDÈZE	Aventures d'un Grillon. La Gileppe (Histoire d'une population d'insectes). Périnette (Histoire surprenante de cinq moineaux).

Aventures d'un Grillon. — « Cette biographie d'un insecte obscur cache, sous une fine allégorie, non seulement un petit traité de morale familière, mais encore des notions d'entomologie très précises et très sûres. L'auteur, M. Ernest Candèze, est un écrivain déjà connu des lecteurs de la *Revue Scientifique*, et ses qualités littéraires ne nuisent pas, bien au contraire, à l'autorité de son enseignement.

Volumes in-8° illustrés (SUITE)

« C'est une philosophie ingénieuse que celle qui cherche dans l'étude du plus petit des mondes, du monde des insectes, des leçons applicables à l'univers entier. C'est merveille de voir comment même les petits côtés de la science gagnent à être traités par des écrivains littéraires, quand ils ont su se munir au préalable d'un savoir sérieux et éprouvé. »

(*Revue Scientifique*.)

« La Gileppe est un roman.... j'allais dire naturaliste, mais il ne faut pas confondre; c'est un *roman d'histoire naturelle* bâti sur cette simple donnée : les infortunes d'une population d'insectes. C'est de la science amusante, le tout spirituel et d'un très bon style. »

CAUVAIN (H.)	Le grand Vaincu (le Marquis de Montcalm).
DAUDET (ALPHONSE)	Histoire d'un Enfant.
—	Contes choisis.
DESNOYERS (L.)	Aventures de Jean-Paul Choppart.
GENNEVRAYE	Théâtre de Famille.
—	La petite Louisette.
GRIMARD (E.)	La Plante.
HUGO (VICTOR)	Le Livre des Mères.
LAPRADE (V. DE)	Le Livre d'un Père.

La vie de Collège dans tous les Pays

ANDRÉ LAURIE

Mémoires d'un Collégien. (Un Lycée de département).
Une Année de Collège à Paris.
La Vie de Collège en Angleterre.
Un Écolier hanovrien.
Tito le Florentin.
Autour d'un Lycée japonais.
Le Bachelier de Séville.

M. Francisque SARCEY a consacré à chacun des livres qui composent cette série, une étude spéciale.

« Notre ami Hetzel, écrivait-il au mois de décembre 1885, a commencé une collection bien curieuse et dont le titre générique suffit à indiquer l'intérêt. Chaque année, il paraît un volume qui nous transporte dans un pays différent. Il y a quatre ans, nous étions en France, l'année suivante on nous a menés en Angleterre; l'an d'après, en Allemagne. L'ensemble des volumes, dont cette série doit se composer, formera une étude assez complète des divers systèmes d'éducation suivis par chaque nation.

« Tous ces volumes partent de la même main; ils sont de M. André Laurie, qui me paraît être un universitaire fort au courant des questions pédagogiques, et qui n'en est pas moins un conteur agréable et un écrivain élégant. C'est chaque année un régal attendu par moi de recevoir et de déguster son volume. »

FRANCISQUE SARCEY.

LES ROMANS D'AVENTURES

ANDRÉ LAURIE	Le Capitaine Trafalgar.
—	L'Héritier de Robinson.
J. VERNE ET A. LAURIE	L'Épave du Cynthia.
STEVENSON ET A. LAURIE	L'Ile au Trésor.

A propos de l'*Épave du Cynthia*, M. Ulbach écrivait les lignes suivantes :

« La collaboration de MM. Jules Verne et André Laurie ne pouvait être que féconde. La science de l'un, l'observation de l'autre, les qualités littéraires des deux collaborateurs font de ce livre un des plus émouvants de la collection nouvelle. »

« Il y a peu de livres plus nourris de faits, plus substantiels, et d'un intérêt mieux soutenu que l'*Épave du Cynthia*, » a écrit M. Dancourt dans la *Gazette de France*.

« Plus sombre, plus terrible est l'*Ile au Trésor*, roman popularisé en Angleterre par des milliers d'éditions, et dont la maison Hetzel s'est assuré le droit de traduction exclusif. On raconte que M. Gladstone, le grand homme d'État, rentrant chez lui, après une séance agitée, trouva, par hasard, sous sa main, l'*Ile au Trésor* de Stevenson. Il en parcourut les premières pages, et il ne quitta plus le livre qu'il ne l'eût achevé. C'est que ces premières pages sont un chef-d'œuvre d'exposition mystérieuse, d'attractions captivantes... »

LEGOUVÉ	Nos Filles et nos Fils.
—	La Lecture en famille.
LERMONT (J.)	Les jeunes Filles de Quinnebasset.
MACÉ (JEAN)	Contes du Petit-Château.
—	Histoire d'une Bouchée de Pain.
—	Histoire de deux Marchands de pommes.
—	Les Serviteurs de l'estomac.
—	Théâtre du Petit-Château.
MALOT (HECTOR)	Romain Kalbris.
MARELLE (CH.)	Le Petit Monde.

Volumes in-8° Illustrés (SUITE)
Aventures de Terre et de Mer
Œuvres choisies. — *16 volumes*

MAYNE-REID. { Désert d'eau. — Deux Filles du Squatter. — Chasseurs de chevelures. — Chef au Bracelet d'or. — Exploits des jeunes Boërs. — Jeunes Esclaves. — Jeunes Voyageurs. — Petit Loup de mer. — Montagne perdue. — Naufragés de l'Ile de Bornéo. — Planteurs de la Jamaïque. — Robinsons de terre ferme. — Sœur perdue. — William le Mousse. — Les Émigrants du Transwaal. — La Terre de Feu.

MAYNE-REID est un Cooper plus accessible à tous, aux jeunes gens en particulier. Scrupuleusement moral, d'une imagination riche et curieuse, mettant en scène quelque simple récit, autour duquel il groupe des incidents romanesques, et cependant possibles, il promène son lecteur au milieu des forêts vierges, parmi les tribus sauvages, et exalte le courage individuel aux prises avec les difficultés et les nécessités de la vie. » CLARETIE.

« Que les jeunes gens à qui les *Chasseurs de Chevelures* et les *Naufragés de l'Ile de Bornéo* ont procuré tant d'émotions dramatiques et toujours saines, jouissent de leur reste, a écrit Victor Fournel, dans le *Moniteur universel*, dans son étude sur la *Terre de feu*, la dernière œuvre de Mayne-Reid; il n'écrira plus pour eux, ce conteur inépuisable, ce Cooper de la jeunesse, dont les *Aventures de terre et de mer* ont charmé tant d'imaginations, en les entraînant au loin dans les contrées mystérieuses de l'Afrique et les solitudes du nouveau monde. »
VICTOR FOURNEL.

MICHELET (J.) (Gr. in-8°).... Histoire de France. 5 volumes.
MULLER (E.)............. La Jeunesse des Hommes célèbres.
— .... Les Animaux célèbres.
RATISBONNE (LOUIS).... La Comédie enfantine.
RIDER HAGGARD....... † Découverte des Mines de Salomon.
SAINTINE (X.)........... Picciola.
SANDEAU (J.)........... La Roche aux Mouettes. — Madeleine.
— .... Mademoiselle de la Seiglière.
SAUVAGE (E.).......... La Petite Bohémienne.
SÉGUR (COMTE DE)...... Fables.
ULBACH (L.)............ † Le Parrain de Cendrillon.

ŒUVRES de P.-J. STAHL

{ Contes et Récits de Morale familière. — Les Histoires de mon Parrain. — Histoire d'un Ancel de deux jeunes Filles. — Maroussia. | Les Patins d'argent. — Les Quatre Filles du docteur Marsch. — Les Quatre Peurs de notre Général. }

STAHL a voulu enseigner familièrement la morale, la mettre en action pour tous les âges. De tous les livres de Stahl se dégage une morale présentée avec toute la séduction et cette forme spirituelle qui donne à la fiction les apparences de la réalité. Peu d'hommes ont plus et mieux fait pour la jeunesse qui lui doit sa libération littéraire. »
Ch. CANIVET. *(Le Soleil.)*

STAHL ET LERMONT..... Jack et Jane.
— .... La petite Rose, ses six tantes et ses sept cousins.
TEMPLE (DU)........... Sciences usuelles. — Communications de la Pensée.
TOLSTOÏ (COMTE L.).... Enfance et Adolescence.
VERNE (JULES) ET D'ENNERY. Les Voyages au Théâtre.
VIOLLET-LE-DUC........ Histoire d'une Maison.
— .... Histoire d'une Forteresse.
— .... Histoire de l'Habitation humaine.
— .... Histoire d'un Hôtel de Ville et d'une Cathédrale.
— .... Histoire d'un Dessinateur.

Volumes grand in-8° jésus, Illustrés

BIART (L.)............. Aventures d'un jeune Naturaliste.
— .... Don Quichotte *(adaptation pour la jeunesse)*.
BLANDY (S.)........... Les Épreuves de Norbert.
CLÉMENT (CH.)........ Michel-Ange, Raphaël, Léonard de Vinci.
FLAMMARION (C.)...... Histoire du Ciel.
GRANDVILLE........... Les Animaux peints par eux-mêmes.
GRIMARD (É.).......... Le Jardin d'Acclimatation.
LA FONTAINE.......... Fables, illustrées par EUG. LAMBERT.
LAURIE (A.)............ † Les Exilés de la Terre.
MALOT (HECTOR)...... Sans Famille.
MEISSAS (DE).......... Histoire Sainte.
MICHELET (J.)......... Histoire de la Révolution française, 2 volumes.
MOLIÈRE.............. Édition SAINTE-BEUVE et TONY JOHANNOT.
STAHL ET MULLER..... Nouveau Robinson suisse.

Jules Verne

VOYAGES EXTRAORDINAIRES

33 VOLUMES IN-8° JÉSUS, ILLUSTRÉS

† Deux ans de vacances.
Nord contre Sud.
Un Billet de Loterie.
Autour de la Lune.
Aventures de trois Russes et de trois Anglais.
Aventures du capitaine Hatteras.
Un Capitaine de 15 ans.
Le Chancellor.
Cinq Semaines en ballon.
Les Cinq cents millions de la Bégum.
De la Terre à la Lune.
Le Docteur Ox.
Les Enfants du capitaine Grant.
Hector Servadac.
L'Ile mystérieuse.
Les Indes-Noires.
Mathias Sandorf.
Le Chemin de France.
Robur le Conquérant.
La Jangada.
Kéraban-le-Têtu.
La Maison à vapeur.
Michel Strogoff.
Le Pays des Fourrures.
Le Tour du monde en 80 jours.
Les Tribulations d'un Chinois en Chine.
Une Ville flottante.
Vingt mille lieues sous les Mers.
Voyage au centre de la Terre.
Le Rayon-Vert.
L'École des Robinsons.
L'Étoile du sud.
L'Archipel en feu.

L'œuvre de Jules Verne est aujourd'hui considérable. La collection des *Voyages extraordinaires*, que l'Académie française a couronnés, se compose déjà de vingt-cinq volumes, et tous les ans, Jules Verne donne au *Magasin d'Éducation et de Récréation* un roman inédit.

Ces livres de voyage, ces contes d'aventures, ont une originalité propre, une clarté et une vivacité entraînantes. C'est très français. »

CLARETIE.

Découverte de la Terre

3 Volumes in-8°

Les premiers Explorateurs. — Les Grands Navigateurs du XVIIIe siècle.
Les Voyageurs du XIXe siècle.

J. VERNE et TH. LAVALLÉE. Géographie illustrée de la France, nouvelle édition revue et corrigée par M. DUBAIL.

BIBLIOTHÈQUE DES JEUNES FRANÇAIS

Volumes gr. in-16 colombier

MICHELET (J.). La Prise de la Bastille et la Fête des Fédérations (*illustré*).—Les Croisades. François Ier et Charles-Quint (*illustré*). — Henri IV (*illustré*).
ERCKMANN-CHATRIAN. Avant 89 (*illustré*).
BLOCK (M.). *Entretiens familiers sur l'administration de notre pays.*
La France. — Le Département. — La Commune.
Paris, Organisation municipale. — Paris, Institutions administratives. — L'Impôt. — Le Budget.
L'Agriculture. — Le Commerce. — L'Industrie.
Petit Manuel d'Économie pratique.
GUICHARD (V.) . . . . Conférences sur le Code civil.
PONTIS . . . . Petite Grammaire de la prononciation.
J. MACE . . . . La France avant les Francs (*illustré*).
MAXIME LECOMTE . . . . . La Vocation d'Albert.

Motteroz. — Imp. réun. C. Paris. — 7895.

www.ingramcontent.com/pod-product-compliance
Lightning Source LLC
Chambersburg PA
CBHW072108220426
43664CB00013B/2040